텍스트언어학의 미래

전통, 전환, 경향

엮은이
게르트 안토스·하이케 티츠

옮긴이
김갑년

어문학사

일러두기

i 본문에서 자주 나오는 필자는 각 기고문의 필자이며 번역자가 아님을 알려드립니다.

ii 본서에 수록된 기고문들은 1996년 3월 8일부터 10일까지 할레·잘레에서 개최된 볼프강 하이네만의 70회 생일을 축하하기 위한 국제회의에서 발표되었습니다.

게르만 언어학 총서(RGL 188)

텍스트언어학의 미래

전통, 전환, 경향

엮은이
게르트 안토스·하이케 티츠

옮긴이
김갑년

어문학사

목차

게르트 안토스·하이케 티즈 (할레)

서문

텍스트언어학, 어디로 가는가?

“텍스트언어학, 어디로 가는가?(Quo vadis, Textlinguistik?)” 볼프강 하이네만(Wolfgang Heinemann)과 디터 비베거(Dieter Viehweger)는 이제는 필독서가 된 그들의 저서 『텍스트언어학(Textlinguistik)』 서문 “텍스트언어학은 무엇이며 그리고 텍스트언어학은 무엇을 하려고 하는가?”를 이 시사적인 질문으로 끝맺는다. “텍스트언어학, 어디로 가는가?”라는 물음은 1991년 출판된 이 책이 당시 동독에서 출판될 수 없었지만 이미 원고의 형태로 있었던 그 10년 전보다 아마도 현재에 더 시사적이다. “텍스트언어학에서 무엇이 남았나?”라는 물음은 과거를 되돌아본다면 분명 앞으로 자주 제기될 것이다. 이 책의 제목에는 두 가지 질문이 숨어있다: ‘**어떤** 미래를 텍스트언어학은 갖고 있는가?’ 경쟁 분야의 연구 역동성을 고려할 때 ‘텍스트언어학에 미래가 있기는 한가?’

이러한 물음에 답하기 위해서 다음과 같은 것을 분명히 해야 한다:

텍스트언어학은 대략 1970년대 중반부터 언어학의 핵심 분야에 속한다. 이 시기 텍스트언어학은 새로운 형태로 옛날 전통을 다시 수용했고 이를 계승하였다(장르이론, 수사학, 문체론, 논증, 서술). 텍스트언어학은 문법적 이론에서 화용론적 이론(브링커 Brinker 1985)으로, 그리고는 인지언어학 지향적인 이론으로 전환되었다. 오늘날 텍스트언어학이 새로운 언어학적 경향에 어떻게 반응할 것인가 하는 물음이 제기된다. 다시 말해 텍스트언어학이 텍스트생산 연구와 텍스트수용 연구(안토스·크링스 Antos·Krings 1989, 크링스·안토스 Krings·Antos 1992, 반 다이크·킨취 van Dijk·Kintsch 1983, 릭하이트·슈트로너 Rickheit·Strohner 1993), 특히 새로운 매체와 관련하여 어떤 위치를 차지할 것인가 하는 물음이다: 이러한 발전이 대상영역의 확정을 위해 어떤 결과를 가져왔는가? 어떤 방법론적 추가발전이 나타났는가? 어떤 접근방법과 핵심영역이 텍스트언어학을 지배하는가(예를 든다면 누스바우머 Nussbaumer 1991, 포르트만 Portmann 1991)? 그리고: 텍스트언어학은 앞으로 새로운 동향에 어떻게 대응할 것인가, 또는 새로운 경향을 어떻게 함께 형성할 것인가?

텍스트언어학의 미래에 관한 이러한 물음들을 더 자세하게 살펴보자: "텍스트과학(Textwissenschaft)"(반 다이크 van Dijk 1980)으로 상승한 텍스트언어학은 지난 30여 년간 언어학 내에서 단지 일회적인 현상인가, 아니면 기호학과 유사하게 "통합 학문(integrative Wissenschaft)"으로 변모하였는가? 이 긴 시간에도 불구하고 텍스트언어학은 결국 하나의 유행 현상인가? 아니면 이미 언어학의 확고한 영역에 속하며, 더 나아가 언어학의 핵심 분야인가? 그것이 사실이라면 텍스트언어학의 미래에 관하여 어떤 예측이 가능한가? 아니면 이러한 물음들이 제기되는 것은 텍스트언어학이 안정기에 접어들었기 때문에 제기되는 것인가? 그래서 텍스트언어학에 관한 물음들이 예를 들면 음운론, 의미론 또는 통사론 연구에 관한 물음처럼 부적절하게 보이는 것인가?

아무튼: 이 새로운 분야의 연구자들은 인정을 받았으며 논란의 여지 없이 자리를 잡았다. 학문적 이론으로 자리 잡기 위해 필수적인 개론서와 개괄서가 출판되었으며(귈리히·라이블레 Gülich·Raible 1977, 반 다이크 van Dijk 1980, 브링커 Brinker 1988, 보그란데·드레슬러 Beaugrande·Dressler 1981, 소빈스키 Sowinski 1983, 파터 Vater 1992 등), 대학에서 텍스트언어학에 관한 관심도 부족하지 않았다. 이러한 점은 공고해지는 언어학의 핵심 분야 내의 수용에도 마찬가지이다: 언어학 개론서들은 텍스트언어학을 하나의 영역으로 수용하였고(링케·누스바우머·포르트만 Linke·Nussbaumer·Portmann 1991), 마침내는 텍스트언어학에 통합학문성까지도 부여되었다. 그리고 텍스트언어학이 최소한 20세기 독일어권 언어학의 현황을 다른 어떤 문헌보다 잘 반영하는 "언어학과 커뮤니케이션학 편람(Handbücher zur Sprach- und Kommunikationswissenschaft)"에 수록될 것이다.

다른 한편으로는 텍스트언어학이 - 다행히도 - 텍스트언어학에 부여되었던 "대체-언어학"(문법과 비교하여)으로서의 역할에서 벗어났다는 것은 분명하다. 그러나 어느 정도 그와 관련된 이미지에서 자유로워졌는지 판단하기는 어렵다. 텍스트언어학은 국제적인 자리매김에도 불구하고 아직은 언어학의 유럽 이론처럼 보인다. 결국 "텍스트과학"으로의 통합학문적 확대가 텍스트언어학의 부각에는 큰 도움이 되지 못했다. 늦어도 1980년대 이후부터 나타난 것처럼 텍스트언어학은 대화분석의 등장과 함께 자신의 분야라고 믿었던 이 분야를 잃게 되었다. 수사학과 논증학, 문체론의 통합은 중요한 화용론적 관점을 풍부하게 하였지만, 텍스트언어학에만 특징적인 부분을 불분명하게 하였다. 이러한 세분화 현상은 텍스트언어학의 수용을 통해 - 예를 든다면 전문어연구와 통시언어학에서 - 완전하게 보충되지 못하였다. 텍스트유형론(칼마이어 Kallmeyer 1986)과 같은 텍스트언어학의 핵심 분야조차도 제자리걸음을 걷고 있는 것 같다.

인지과학과 그 패러다임의 영향으로 텍스트언어학은 최신의 발전에 접속점과 현실성을 얻었다(보그란데·드레슬러 Beaugrande·Dressler 1982). 동시에 이 점에서 텍스트언어학의 연구대상에 아마 가장 피해가 큰 침해가 일어날 위험이 있다: 그 이유는 생산물로서의 텍스트는 인지과학 테두리 안에서 완전히 인지적 작업과 과정을 위해서 해체된다. 텍스트수용과 생산 이론들은 일반적으로 언어적 현상에서 인지적 작업과 전략으로 관심을 이동하였으며 그로써 생산으로부터 과정으로 관심을 옮겨놓았다. 이러한 대립은 당연히 지금 나타나는 것처럼 분명하고 명확하지가 않다: 여기서 열거된 것 중 많은 것들이 실제로는 이중적인 면을 보여준다.

몇 가지 예로 이를 분명히 한다면, 본서에서도 중요한 부분으로 등장하는 쓰기연구(안토스Antos·포그너Pogner(1995), 바우르만Baurmann·바인가르텐Weingarten(1995))는 텍스트언어학의 한 유형인가, 아니면 텍스트언어학의 경쟁자인가? 전문어연구나 번역학과 같은 응용분야에 관한 텍스트언어학의 관계는 어떤가? 새로운 매체들은 일반적인 텍스트개념(하이퍼텍스트 현상을 생각해보자)에 어떤 결과를 가져왔는가? 또는 인류언어학, 의미론, 기호학 또는 인지심리학(예를 든다면 수용연구) 분야의 방법론들이 어떤 영향을 미쳤는가?

이와 같은 것이 - 우리에게 보이는 것처럼 - 당면한 물음과 문제 중의 몇 가지이다. 이러한 물음에 관한 대답이나 혹은 해결이 중요한 만큼 이러한 물음과 문제의 구체적인 형식화 또한 중요하다. 이와 같은 것들이 본서의 과제이다. 이때 - 아마도 놀랍게도 - 텍스트언어학의 미래에 관한 물음에 관한 많은 연구의 취지가 나타날 것이다: 텍스트언어학을 고려하여서나 언급된 관련 분야를 고려하여서나 어떤 권리나 특권, 그리고 예외도 부여되지 않는다. 그보다 텍스트언어학은 많은 길이 합쳐지지만, 그 출발점은 다양한 방향으로 향하는 교류점인 것 같다. 만일 텍스트언어학의 모습이 출발점과 경유점으로서 많은(새로운) 전개에 적합하다면 텍스트언어학의 미래에 관한 물음은 답변이 이루어지지 않았지만, 긍정적인 대답의 방향은 보여주었다.

본서의 목표는 최근에 텍스트언어학에서 볼 수 있는 보수적 경향에 제한적이고 배타적이지 않은 개념을 가지고 적절히 대응하고자 하는 것이다. 그리고 텍스트언어학의 분야를 넓혀주고 의식적으로 이론과 실제에서 새로운 자극을 주고자 시도하는 새로운 현상들을 다루려는 것이다. 따라서 본서의 대부분의 기고문은 계속 발전하는 텍스트언어학에 새로운 활력을 불러일으키는 새로운 이론이나 관점을 명시적으로나 암시적으로나 다룬다.

이러한 목표설정 하에 본서의 기고문들은 다음과 같은 7가지 중요 부분으로 분류될 수 있다:

1. 텍스트개념과 텍스트언어학의 기능: 개념정의 시도(하르퉁 Hartung, 안토스 Antos, 보그란데 Beaugrande, 퓌쉘 Püschel, 티즈 Tietz)
2. 텍스트와 "상호-텍스트"의 관계(픽스 Fix, 링케·누스바우머 Linke·Nussbaumer)
3. 텍스트언어학과 쓰기연구의 관계(포르트만-첼리카스Portmann-Tselikas, 포그너Pogner)
4. 텍스트의 매체성으로부터의 결과(사우어 Sauer, 야콥스 Jakobs)
5. 텍스트언어학과 번역/통역(빅토로비츠 Wiktorowicz, 주무즈키 Zmudzki)
6. 역사적 단계에서의 텍스트언어학(멩엘 Mengel)
7. 텍스트언어학과 교수법(호눙 Hornung)

본서에 수록된 기고문들은 1996년 3월 8일부터 10일까지 할레·잘레(Halle·Saale)에서 개최된 볼프강 하이네만(Wolfgang Heinemann)의 70회 생일을 축하하기 위한 국제회의에서 소개되었다.* 발표자들 외에 클라우스 브링커(Klaus Brinker), 칼-디터 뷘팅(Karl-Dieter Bünting), 콘라트 에리히(Ehlich), 볼프강 하이네만(Wolfgang Heinemann), 호르스트 시타(Horst Sitta), 베른하르트 소빈스키(Bernhard Sowinski) 등이 성공적 회의 개최를 위해 도움을 주었다.

---

* 독일학술재단(DFG)과 Halle-Wittenberg의 마틴-루터-대학의 재정적 지원에 대해 감사를 표한다.

참고문헌

Antos, Gerd/Krings, Hans P. (Hgg.) (1989): Textproduktion, Ein interdisziplinirer Forschungs überblick. - Tübingen: Niemeyer.

Antos, Gerd/Pogner, Karl Heinz (1995): Schreiben. Studienbibliographien Sprachwissenschat 14. - Heidelberg: Julius Gross.

Antos, Gerd/Brinker, Klaus/Heinemann, Wolfgang/Sager, Sven (Hrsg) (in Vorbereitung): Tex- und Gesprächslinguistik. Ein intemationales Handbuch geigenestsh forschuang (Handbücher zur Sprach- und Kommunikationswissenschaft). Berlin: de Gruyter.

Baurmann, Jürgen/Weingarten, Rüdiger (Hrsg.) (1995): Schreiben, Prozesse, Prozeduren, Produkte. - Opladen: Westdeutscher Verlag.

Beaugrande, Robert-Alain de/Dressler, Wolfgang (1981): Einführung in die Textlinguistik. - Tübingen: Niemeyer.

Gülich, Elisabeth/Raible, Wolfgang (1977): Linguistische Textmodelle. Grundlagen und Möglichkeiten. - München: Fink (UTB 130).

Heinemann, Wolfgang/Viehweger, Dieter (1991): Textlinguistik. Eine Einführung. - Tübingen: Niemeyer.

Kallmeyer, Werner (Hrsg.) (1986): Kommunikationstypologie. Handlungsmuster, Textsorten, Situationstypen. (Jahrbuch 1985 des IdS, Sprache der Gegenwart 67). - Düsseldorf: Schwann.

Krings, Hans P./Antos Gerd (Hrsg.) (1992): Textproduktion. Neue Wege der Forschung. - Trier: Fokus.

Linke, Angelika/Nussbaumer, Markus/Portmann, Paul R. (1991): Studienbuch Linguistik. - Tübingen: Niemeyer.

Nussbaumer, Markus (1991): Was Texte sind und wie sie sein sollen. Ansätze zu einer sprachwissenschaftlichen Begründung eines Kriterienrasters zur Beurteilung von schriftlichen Schülertexten. - Tübingen: Niemeyer (RGL 119).

Portmann, Paul R. (1991): Schreiben und Lernen. Grundlagen der fremdsprachlichen Schreibdidaktik. - Tübingen: Niemeyer.

Rickheit, Gert/Strohner Hans (1993): Grundlagen der kognitiven Sprachverarbeitung. - Tübingen: Franke (UTB 1735).

Sowinski, Bernhard (1983): Textlinguistik. Eine Einführung. - Stuttgart: Urban.

Vater, Heinz (1992): Einführung in die Textlinguistik. Struktur, Thema und Referenz in Texten. - München: Fink.

텍스트언어학

새로운 영역을 향하여?*

몇 가지 관점에서 필자의 텍스트언어학 발전에 관한 견해는 보편적인 것은 아니고 볼프강 하이네만(Wolfgang Heinemann)**의 견해와도 다를 수 있다. 너무 일찍 죽은 디터 비베거(Dieter Vie hweger)와 공동집필한 저서(1991)에서 그것을 발견할 수 있다. 그러나 텍스트언어학으로의 필자의 접근은 본질적으로 언어학 지향적이 아닌 전혀 다른 관점, 즉 번역과 문예학 그리고 수용미학의 관점에서 이루어졌다(보그란데 Beaugrande 1978): 필자에게 텍스트언어학은 예를 들어 캣포드(Catford 1965)의 취약한 번역의 레벨-모델(Ebenen-Modell)에서 접한 것처럼 다양한 형식의 형식적 시스템언어학보다 훨씬 더 생산적으로 보였다.

60년대와 70년대에서 80년대까지 지속된 **텍스트언어학**과 **문장언어학**의 대비(예를 들면 페퇴피Petöfi 1979)는 역사적 관점에서 만족

---

* 이 기고문은 학술회의의 비디오로 만들어졌지만, 배송 과정에서 사라져서 볼 수가 없었다. 그러나 사본 하나가 저자에게 있어서 이를 문서로 만들었고 그것이 본고의 기초가 되었다. 문서화 해준 Andrea Heildborgh와 Dr. Dr. Barbara Seidlhofer에게 감사드린다.

** 필자가 Leipzig의 Karl-Marx-대학에서 처음으로 발표할 기회를 가진 게 거의 10년이 지났다. 그곳에서 볼프강 하이네만(Wolfgang Heinemann)을 개인적으로 만났고 많은 생산적인 토론이 시작되었다. 후에 필자가 Leipzig의 Karl-Brugman-초빙교수로 있게 되면서 그 토론은 한 학기 내 이어질 수 있었다.

스럽지 못한 것 같다. 필자는 텍스트언어학이 이미 소위 말하는 문장언어학에서 나타난 문제점들을 더 적절히 다루기 위해 생겨났으며, 그리고 그 후에야 의도적으로 문장언어학의 대응방법론으로 이해되었다는 견해이다. 텍스트언어학의 위상이 평가될 수 있는 이에 관한 적절한 배경으로 필자는 두 가지 근본적인 비교를 제안한다.

첫 번째 비교는 아주 잘 알려져 있다: **서술언어학**과 **생성언어학**이다. 초기 텍스트언어학은 이 두 분야 모두에서 나타난다: 서술언어학에서 텍스트는 '문장을 넘어서는 다음 단계의 요소'로 도입되었으며, 생성언어학에서 텍스트는 '잘 구성된 문장들의 잘 구성된 연속'이다. 이 두 방향은 지금까지 각기 나름의 이유로 텍스트와 별 관련이 없었다: 서술언어학에서 문장은 예를 든다면 블룸필드(Bloomfield 1933)에서처럼 가장 큰 언어학적 단위로 정의되었다: 그리고 생성언어학에서 문장은 공리화되었다. 그 분야에서 '무한의 문장'으로서 언어정의(촘스키Chomsky 1957)는 더 큰 단위를 다루는 것을 무익한 것으로 여기게끔 하였다.

훨씬 덜 강조되었던 두 번째 비교는 언어적 자료를 다루는 것이다. 언어학의 초기 단계에는 소위 말하는 **필드워크**(fieldwork)가 특징적이다. 필자의 견해로는 이 현장연구는 현대언어학에서 가장 중요하고 가장 견고한 결과들을 제공하였다. 이러한 연구에서 언어학자는 실제로 언어와 직면하는 어렵지만 유익한 상황에 있다. 그래서 블룸필드(Bloomfield)처럼 언어의 형식적이고 추상적인 이론을 대변했던 언어학자들조차 현장연구에서 이론과 실제 사이의 변증법적 관계를 유지하기 위해 현장연구를 해야 한다고 느꼈을 수도 있다. 그 외에 현장연구를 하는 언어학자는 순수이론에서 벗어나 공동체 안에서 소통적 실제에 참여하며 자신의 이론을 검증해야만 한다. 자신의 이론이 잘못되었다면 그 언어학자는 곧 혼란과 오해 또는 비웃음에 직면하게 될 것이다. 그래서 현장연구의 결과들은 다른 분야에 알려지기 전에 충분하게 검증된다.

다른 방법은 공식적인 명칭이 없어 필자는 이를 'Heimwerklinguistik 연구실 언어학'으로서 **homework** linguistics라 부르기를 제안한다. 위의 명칭에서 알 수 있듯이 언어학자들은 집(또는 사무실)에서 언어적 실제로부터 그들이 정할 수 있는 어느 정도의 거리를 두고 작업을 한다. 이때 소통적 실제를 과소평가하거나 전혀 고려하지 않을 위험이 존재한다. 특히 이러한 위험은 언어학자들이 촘스키(Chomsky 1965) 식의 '이상적인 모국어화자'와 화자-청자의 역할을 수용하는 경우 두드러진다. 이러한 경우 체계지향적 언어학에서 자주 경험하였듯이 이론형성이 쉽게 비대해지고 순수한 가설이 충분한 검증 없이 실제에서 비판 없이 수용된다.

역사적으로 보아서 이러한 언어학은 실제로부터 이론의 강령적 분리이다(보그란데Beaugrande 1996a). 소쉬르(Saussure)의 언어학은 언어를 시간과 역사 외부에 있는 추상적인 공시적 체계로 서술하기 위해 '랑그(langue)'와 '빠롤(parole)' 또는 언어와 말하기(Sprache und Rede)를 엄격히 서로 구분하며 이에 관한 모범을 제공하였다(보그란데 Beaugrande 1996b).

그로 인해 생겨난 이론과 실제 사이의 간격은 그 후 수십 년간 많은 문제점을 발생시켰다. 이 추상적인 공시적 체계로서의 언어를 실질적으로 서술하기 위한 가능성은 다만 가정되었을 뿐이다. 당시 이러한 언어가 **실증적으로 검증 가능한 형태로 존재한다**는 아무런 전거가 없었다. 그래서 소쉬르(Saussure) 언어학은 어쩔 수 없이 '랑그(langue)'조차도 구성해야 하는 과제에 직면하였다.

대립에 의해 체계 안에서 서로 구별됨을 통해 분명하게 배열된 요소들의 체계로서의 언어 개념은 음운론에서 아주 훌륭한 성과를 가져왔다. 언어학은 음운론에서 이론적 발화요소인 '음소(Phonem)'가 언어음의 실제적 요소에 실증적이고 만족스럽게 대립시켜지는 추상적인 체계를 발견하는 커다란 성과를 거두었다. 이로써 이론과 실제의 관계가 우선은 만족스럽게 균형을 이루었다.

그러나 음소는 이론과 실제에 매우 쉽게 고정할 수 있다는 점에서, 즉 관련된 음성장치와 조음발생을 기반으로 정의된다는 점에서 비정형적인 언어 단위였다. 이미 형태론에서 그 성과는 많이 감소했다. 이론적 요소인 '형태소(Morphem)'는 예를 든다면 접두사, 접미사, 어미, 어간, 낱말 등과 같은 많은 실제적 요소와 대립한다. 그리고 '의미를 갖는 최소의 언어요소'라는 의미에서의 형태소는 음소와는 달리 그 수가 매우 많다. 그래서 전체 어휘가 형태론에서 다뤄지지 않아도 된다는 합의가 이루어졌다: 그리고 이론적 요소인 '형태소'는 예외 없는 부류나 또는 최소한 적은 부류나 범주로 분류되었다. 어휘는 언어학의 일반적인 방법론으로 다루기가 가장 어려웠으므로 많은 언어학 이론에서 아주 간략하게만 다뤄진(볼린저Bolinger 1970 참조) 사전학으로 넘겨졌다.

그에 비해 통사론에서는 상황이 근본적으로 달랐다. 왜냐하면, 통사론에서는 어떤 이론적 요소가 핵심 역할을 갖게 되는지 분명히 알 수가 없었기 때문이며 또한 실제적 요소들이 혼란스러운 다양성을 보여주기 때문이다. 그래서 예를 들면 구, 부문장, 주문장, 문장 등이 어떤 경우에는 이론적 요소로 어떤 경우에는 실제적 요소로 다루어졌기 때문에 심각한 혼란을 일으키었다. 음운론과 형태론에서 분절을 통하여 최소의 체계적 요소를 분리하는 분석을 보완하는 것이 근본적으로 가능하였다면 통사론에서는 분석이 어떻게 진행되어야 하는지 그리고 언제 이 분석이 종결되었다고 보아야 하는지 전혀 명확하지 않았다.

이론적 요소와 실제적 요소 사이의 관계는 통사론이 데이터 자체를 관찰함으로써 다양한 요소들이 선적 연속에서 어떻게 배열되어 있는지와 같은 **패턴**(Muster)만 확인할 수 있기에 아주 복잡해진다: 그러나 이 배열 **동기**(Motivierung)와 이 선형성 **원리**는 관찰할 수 없다. 그 결과 언어학이 이러한 선적인 배열동기를 설명할 수 있고 구분할 수 있게 하는 '기초구조'를 주장하는 해결책을 발견한 것은 전혀 놀라운 일이 아니다. 그러나 이 단계에서 **몇몇** 선적 배열을 파악할 수 있는 정말 많은 형식적 시스템이 설정될 수 있다는 것과 어떤 형식적 시스템도 모든 잘 구성된 선적 배열을 파악할 수 있다는 것, 그리고 **단지** 이 몇 개의 선적 배열만을 파악할 수 있다는 것이 아직은 분명하지 않았다. 그 외에 어떤 이론적 요소와 실제적 요소가 주장되느냐에 따라 그리고 이들 상호 간의 관계가 어떻게 규정되느냐에 따라 많은 완전히 형식적인 '근거'와 '특성'이 존재할 수 있다는 견해가 우려된다.

여기서 유명한 또 다른 대조를 기억해보자: **표층구조**와 **심층구조**. 필자가 알기로는 심층구조가 실제로 어떤 모습인지 그리고 이 심층구조가 표층구조와 어떤 명백하거나 확고한 방식으로 연관되는지에 관하여 아무런 합의도 이루어지지 않았다.

음운론과 형태론은 일찍이 언어학이 언어(langue)를 **한정적** 체계(deterministisches System)로 간주하도록 영향을 주었다. 그 후로 현대 언어학은 항상 그러한 체계를 상응하게 규정하는 '제한(Einschränkungen)'을 찾으려 하였다. 이러한 제한은 - 또다시 음운론과 형태론을 모델로 - '순수하게 언어학적'이어야만 했다. 음운론에서 이 제한들은 음소의 변별력과 조음적 규정성을 통해 분명하게 존재한다. 형태론에서는 가장 잘 제한되는 형태소 그룹이 가장 잘 분류되며, 명사와 동사의 어간과 같은 열린 그룹은 사전학으로 넘겨졌다. 그러나 통사론에서 '순수한 언어학적' 제한을 고집스레 찾는 것은 큰 고민거리가 되었다. 그래서 통사론에서 이 제한들의 본질과 잠재력에 관한 논쟁은 원칙적으로 결론이 없다. 사실적 커뮤니케이션의 실제적 제한들이 이 모두가 '순수한 언어학적'인 것은 아니라는 (틀리지 않은) 생각에서 간과되는 동안 다양한 언어학 이론들은 가설적 제한들의 거대한 기구를 만들었다. 그래서 이 제한들 역시 최소한 통사론적이라는 개념이 형식 언어학에서 공식적으로 이해되는 맥락에서 모두가 '순수하게 통사론적'이지 않다. 이런 관점에서 '통사론의 이론'에 관한 요구는 이 통사론이 그 자체만을 위해 유지될 수 없으므로 충족될 수 없다: 문장구조를 설명하는 데 필요한 제한들은 독자적인 형식적 층위로서의 '통사론'에 의해 제공될 수 없다. 통사론은 기능 언어학과 특히 프라그학파에서처럼 다수 층위의 상호작용으로 이해되어야만 한다(보그란데 Beagrande 1994).

이 형식 언어학은 그때까지 철학에 속했으며 이 철학에 공식적인 '요소'를 부여한 의미론으로 넘어가며 다른 가능성을 찾았다. 역설적으로 이러한 행보는 비생산적인 의구심과 함께 이루어졌다: 의미론은 통사론이 지금까지의 '형식성'을 완전하게 유지해야만 했다. 고대 이후로 의미와 형태가 극단적으로 대립한다는 것을 인정했다면 이제 의미를 형태로 다루어야 한다는 것이다. 이 모순적 과제는 왜 의미론이 '표준이론'에서 계속해서 정리작업에서 제외되며 이미 배열된 문장과 형식적 '규칙'과 '특성'에 따라 실현되는 형식적 조처로서 수동적인 해석적 역할이 강요되는지 알게 되면 부분적으로 설명될 수 있다.

얼마 후 화용론(mutatis mutandis)도 '형식성'의 조건에 따라 공식적 언어학으로 편입됨으로 이와 유사한 운명에 처하게 되었다. 그 결과 화용론적 설명에 동반하는 또 다른 형식적 '규칙'이 생겨났다. 그 외에 '화행'이 커뮤니케이션의 실질적 요소들과의 관계가 밝혀지지 않은 채 이상적인 요소로 도입되었다(셰글로프 Schegloff 1992).

의미론과 화용론에 관한 언어학의 개방은 '텍스트언어학'으로의 첫 움직임과 대략 동일한 시기에 이루어졌다: 필자가 추측하기로는(필자는 그 시기 함께 하지 않았으며, 그래서 초기의 저항가는 아니었다) 텍스트언어학에서도 문장연쇄 내에서의 또 다른 '제한'을 찾아내려는 시도가 주로 이루어졌다. 이 단계에서 텍스트언어학 -자주 전적으로 '텍스트문법'과 동일시- 은 개별 문장 내에서가 아니라 문장연쇄 내에서만 존재하는 형식적 제한들을 증명할 수 있다는 사실로 정당성을 부여받을 수 있다는 점이 자주 주장되었다. 이러한 까다로운 과제가 의미론과 화용론처럼 텍스트언어학에 동일한 '형식성'의 제한을 부과하였다: 그 때문에 정말로 본질적인 제한인 '텍스트성'이 넓은 의미에서 부수적인 것이 되었다.

대부분의 초기 텍스트언어학자들은 텍스트를 다루는 것이 언어학의 이론적, 실제적 상황을 얼마나 변화시킬지 전혀 예상하지 못했던 것 같다. 페터 하르트만(Peter Hartmann)이 이를 가장 먼저 이해하였다. 하르트만(Hartmann)이 좁은 의미에서 '언어학자'가 아니라(그에게 의미심장한 이름인) 베를린의 훔볼트-대학에서 시작한 폭넓은 교육을 받은 '언어과학자(Sprachwissenschaftler)'라는 것은 우연이 아니다. 그래서 하르트만(Hartmann)은 그의 기초가 되는 고찰에서 다양한 언어학의 경향들만이 아니라 고대와 중세, 현대의 언어철학, 기호학과 시학인 초기의 기호학을 포괄하였다. 하르트만(Hartmann)은 대부분의 언어학자에게 훨씬 좁은 것을 연상시키는 제목인 **통사론과 의미**(1964)에 관한 연구에서 수학, 기하학, 음악 그리고 미술의 '결합술(Kombinatorik)'까지도 다루었다.

필자는 언어에 관한 깊이 있는 학문이 하르트만(Hartmann)에 의하여, 특히 그의 두 저서인 **Theorie der Grammatik**(1963a)과 **Theorie der Sprachwissenschaft**(1963b)에 의해 이해가 가능해졌다는 것을 언급하지 않을 수 없다: 그리고 필자는 하르트만(Hartmann)을 단지 사적인 만남으로만 알게 됐지만 그를 필자의 실제 스승이라 생각한다.

그렇기에 독일어권에서 독자적인 '텍스트언어학'의 큰 진전들은 대부분 하르트만(Hartmann)이 지도한 박사학위 논문들이었다는 것도 역시 우연한 일은 아니다. 예를 들어 롤란트 하르벡(Roland Harweg 1968), 지그프리트 슈미트(Siegfried J. Schmidt 1968), 발터 코흐(Walter A. Koch 1971) 그리고 괴츠 빈홀트(Götz Wienold 1971)의 논문들이 여기에 속한다.

필자의 견해에 따르면 하르트만(Hartmann)은 지금까지의 언어학을 계속하거나 이 언어학을 '문장연쇄' 내에서의 몇 가지 '제한'들로 도와주는 텍스트언어학을 발전시키려고 한 것은 아니었다. 그에게 있어서 그보다 중요한 것은 텍스트를 이론적이고 실질적 요소로서 기호학적, 철학적, 현상학적 그리고 언어학적으로도 설명하려고 하는 것이었다. 그리고 하르트만(Hartmann)은 그때까지 서술언어학과 생성언어학 어디에도 포함되지 못했던 많은 관점을 포괄할 수 있는 복합적인 이론을 구성하였다.

필자는 전체적으로 텍스트언어학의 '넓은' 영향력을 텍스트언어학이 아주 다른 유형의 제한들을 가지게 된 것 때문이라 생각한다. 그로써 텍스트언어학은 생성언어학의 'homework linguistics'에서 극에 달했던 이론과 실제 사이의 간격을 잠재적 시스템과 실제적 시스템 사이의 순수한 변증법을 통해 대체할 가능성을 제공하였다. 필자는 이러한 가능성을 하르트만(Hartmann)(1963a)에서 처음으로 찾았다(영어 요약본 보그란데 Beaugrande 1991 참조).

이러한 행보는 이전의 언어학이 과도한 이론형성으로 무시하거나 거부했던 많은 근본적인 문제들을 드러나게 하였다. 텍스트언어학은 이제 의미론과 화용론을 형식적-해석적 구속으로부터 해방시켰으며 다양한 연구분야의 결과들을 수용하기 시작했다. 예를 들면 프라그 학파의 기능문장론(다네스Danes, 피르바스Firbas), 소련의 행위이론(레온테프Leon'tev, 루리자Lurija), 영국의 시스템이론(할리데이·하산 Halliday und Hasan), 인지심리학(킨취 Kintsch, 룸멜하르트 Rumelhart) 그리고 인공지능(샹크Schank, 우즈Woods) 등이 이러한 분야이다. 이 넓은 분야로 퍼진 상황을 필자와 드레슬러(Dressler)가 - 필자의 견해로는 최초로 - 두 사람의 공동저서(1981)에서 요약하려고 하였다. 이 개론서는 그 후 영어, 독일어, 일본어, 이태리어, 아랍어, 한국어, 슬로베니아어, 불가리아어, 스페인어로 출판되었다.

하이네만(Heinemann)과 비베거(Viehweger 1991)의 개론서에서 조금 다른 결론이지만 유사한 넓이를 만날 수 있다. 두 저자는 텍스트언어학에서의 "현저한 이론결핍"을 지적하며 이 "이론의 기초"에 관한 필요성을 주장한다(1991: 275). 필자는 잠재적 기초를 제시하였으나(보그란데Beaugrande 1996a), 하이네만(Heinemann)과 비베거(Viehweger)가 생각하는 것은 아닌 것 같다. 무엇보다 필자는 "문법이 다른 인지 시스템에서 상대적으로 독립적으로 접근 가능하며 모델화할 수 있다"(1991: 276)는 견해를 형식적 사고의 비생산적 잔재라고 생각한다. 이러한 형식적 사고가 현대언어학을 - 전체적으로 평가한다면 - 언어학자들에 의해 탁상공론으로 자의적으로 찾아진 '순수하게 언어학적'이고 '형식적'인 제한을 추구하는 효과 없는 시도를 하게끔 하였다. 그렇기에 형식적 텍스트문법을 설정하려는 시도는 포괄적으로 중지되었다. 이에 관한 예로 70년대 초 콘스탄츠 대학의 야심적인 연구계획을 생각할 수 있다. 이 연구계획은 만족스럽지 못하여 연구결과 보고조차도 생략되었다.

그것은 필자의 생각으로는 문법을 언어학적이고 인지적이고 사회적인 기초에 놓는 것이며 이후의 이론들이 형식적으로나 기능적으로 따라야 하는 버밍햄 대학교의 '영어은행' 같은 매우 많은 자료에 대한 실증적인 검증을 통해서 확인되어야 한다는 것이다(보그란데Beaugrande 1994, 1996a, 1996b). 이에 대한 필자의 강령은 다음과 같다: **가능한 한 기능적으로 그리고 필요한 만큼만 형식적으로.** 할리데이(Halliday)의 기능적 모델에 따른 그러한 문법을 필자는 '기초'에 관한 필자의 책에서 역시 제시하였다(보그란데 Beaugrande 1996a).

현대언어학의 발전에 대해 회고해 본다면 현대언어학은 '그 자체로 언어'만을 설명하는 학문이고자 했던 것이 분명하다. 이러한 현대언어학은 초기에 사회학, 심리학, 인류학, 철학 또는 문예학과 같은 인접 학문에 의해 수용될 것을 두려워했었다. 소쉬르(Saussure)의 이분법에 관한 열광적이지만 경솔한 수용은 독자적인 학문을 원하는 언어학자들의 단순한 소망이라 설명할 수 있다. 필자의 생각으로는 그동안에 '언어' 내부에서만 머무르려 하고 '순수 언어학적' 제한들만 인정하려는 언어학은 서술과 설명의 분명한 목적과 관련하여 언젠가 득실이 교차하는 상황에 부닥칠 것이 분명해졌다. 언어학이 화자와 화자들이 사는 사회의 세계지식에서 분리되면 될수록 서술과 규명에서 본질적이고 중요한 성과는 점점 더 적어진다. 이는 '순수 언어학적' 사실의 설명과 규명에서도 마찬가지이다.

필자는 이러한 논거를 텍스트는 어떤 요소인가, 그리고 텍스트가 다른 언어요소와 관련하여 어디에 위치하는가의 질문으로 설명하고 싶다. 텍스트언어학의 초기에 서술언어학은 (이미 언급했듯이) 텍스트를 단순히 '한 단계 위의 요소'로 도입함으로 아주 작은 문제들을 일으키었다. 예를 들면 클라우스 헤거(Klaus Heger)는 텍스트를 **의미소, 낱말과 문장에서 의미소, 낱말, 낱말과 텍스트**의 4번째 요소로 자신의 책의 신판에 수용했다(1976). 필자는 그러나 여러 번 언어를 일련의 '계층' 또는 '언어영역'으로 이해하고자 했던 이론형성은 지금까지 일반적으로 인정되었던 것보다 훨씬 문제가 많다는 의견을 제시하였다(보그란데 Beaugrande 1994).

이 영역들은 대부분 독립적으로 다루어졌으며 20세기 중엽에 몇몇 미국 언어학자들은 의미를 제외하기를 요구하듯이 이 영역들의 완전한 분리를 요구하였다. 이 두 요구는 실현되지 않았지만, 그러나 많은 언어학자는 예를 들어 만일 그들이 음운론에서 통사론으로 생각을 바꾸고, 그로써 이러한 모든 영역이 실질적 텍스트의 생산과 수용에서 어떻게 서로 공동 작업을 하느냐는 불편한 질문을 피하고자 이 영역 사이에 정신적 '기어변경'을 자주 하였다.

(그림 1)에서 볼 수 있듯이 불름필드(Bloomfield) 이래로 형식적 모델 안에서 이론적 요소들은 서로 부분-전체 관계로 배열되었다. 이것은 불름필드(Bloomfield)에 의하면 음소는 형태소의 부분이며, 형태소는 어휘소의 부분, 어휘소는 통사체의 부분이다.

이 이론적 요소들은 그림 오른쪽의 실제적 요소들과 상대적으로 분명한 관계에 있다: 음소 ⇔ 음, 형태소 ⇔ 단어부분, 어휘소 ⇔ 단어들, 통사체 ⇔ 구. 영역들의 공동작용에 관한 질문은 단순하게 보인다: 전체를 추구하고, 선택하며 처리한다면 부분은 자동적으로 같이 다루어진다. 그러나 이것은 실질적으로 전혀 가능하지 않다. 이는 요소들이 각기 완전히 다른 기준에 의해 정의되기 때문이다.

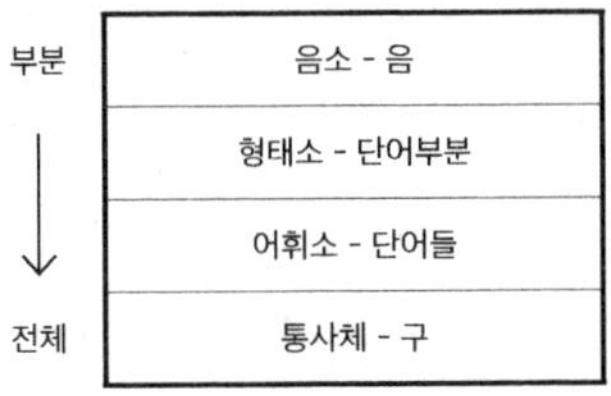

그림 1

(그림 2)에서 나타나는 불름필드(Bloomfield) 도식의 기능적 테두리에서 결정적인 관계는 전체에 관한 부분의 관계가 아니라 목적에 관한 수단의 관계이다. 요소들이 일반적으로 반드시 더 작지 않은 영역의 요소들은 수단이고, 요소들이 일반적으로 반드시 더 크지 않은 영역의 요소들은 목적이다. 그러므로 우리가 형태소를 가지기 위해 음소는 수단을 제공하고, 어휘소를 가지기 위해서 형태소는 수단을 제공하고, 통사체를 가지기 위해서 어휘소는 수단을 제공한다.

여기서 의미는 명백하게 포함될 수 있다: 모든 형태는 동시에 각각의 의미들의 목적에 관한 수단들이다. 오른쪽에 있는 의미들은 목적

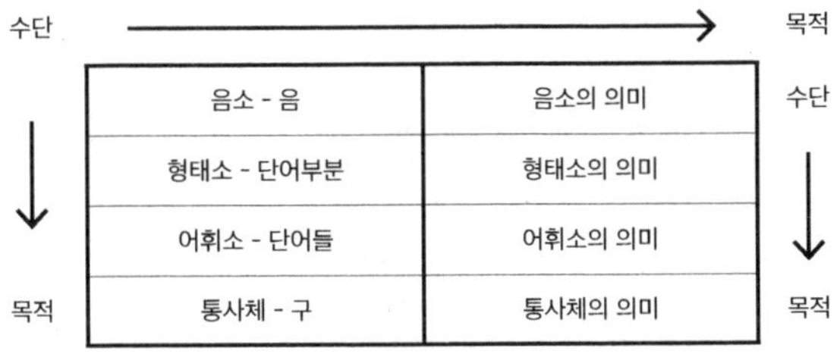

그림 2

이고, 왼쪽에 있는 형태들은 수단이다. 즉, 음소는 음소의 의미를 위한 수단이고, 형태소는 형태소의 의미를 위한 수단이며, 어휘소는 어휘소의 의미를 위한 수단이고, 끝으로 의미소는 의미소를 위한 수단이다. 오른쪽에 다시 한번 수단-목적-관계가 있다. 음소의 의미 차이는 형태소가 의미를 갖는 목적을 위한 수단(여러 가지 중 하나)이다: 형태소의 의미는 어휘소가 의미를 갖는 목적을 위한 수단이다.

(그림3)에서 의미에 관한 다양한 검증이 가능하게 좀 더 명확하게 표현되었다. 음소는 소리를 통해 의미를 구분하는 체계 안에서의 기능을 갖는다. 형태소는 단어부분을 통해 의미를 문법화시키는 기능을 체계 안에서 갖는다. 어휘소는 단어들을 통해 의미를 어휘화시키는 기능을 체계 안에서 갖는다. 통사체는 구와 문장을 통해 의미를 선형화(linearisieren)시키는 기능을 체계 안에서 갖는다. 텍스

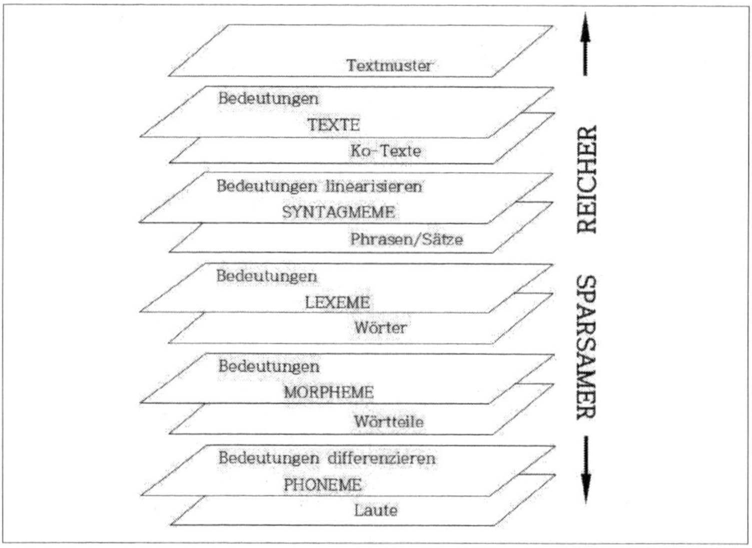

그림3

트는 공동-텍스트를 통해 의미를 통합하는 기능을 가지고 있다. 마

지막으로 텍스트유형은 텍스트패턴을 통해 의미를 **도식화**시키는 기능을 갖는다. 이러한 도식에서 핵심은 본질적으로 더 이상 **형식적인 단위**가 아니며 불충분한 의미와 풍부한 의미(그림3이 보여주듯이) 사이의 발전적 단계를 넘어서 진행되는 **기능적 처리양식**이다. 그래서 우리는 이제 텍스트와 그리고 텍스트유형까지도 기존의 영역도식에서 확고한 위치를 갖는 요소가 아닌 것으로 이해한다. 이 도식은 의미가 온라인에서 만들어지고, '스스로 체계화(Selbst-Organisation)'를 하며, 단순히 사전에서 불려 나오는 것이 아니라는 것을 보여주는 인지과학, 복합이론, 인공지능과 같은 분야의 새로운 결과들을 반영한다. 더 자세한 내용과 설명은 최근에 출간된 필자의 책을 참고하면 된다.

그러나 '근본(Fundamenten)'에 관한 모색은 하이네만(Heinemann)과 비베거(Viehweger)가 단호하게 다음과 같은 주장으로 거부한 또 다른 결론으로 필자를 이끈다: "…텍스트언어학은 초(거대)학문으로 이해될 수 없으며, 텍스트과학으로도 이해될 수 없다.": "오히려 텍스트언어학은 각각 의사소통적, 일반 사회적, 정신적 연관 속에서 텍스트구조와 텍스트형성의 연구에 국한해야 한다."

필자는 이에 반해 생산적 개념은 그보다 '텍스트언어학'이 아니고 '텍스트과학'이라고 해야 한다고 확신한다. 너무 많은 중요한 질문들이 - 텍스트구조와 텍스트형성과 관련한 질문들 역시 - '언어학적'이란 개념이 일반적으로 이해되는 의미에서 언어학적이지만은 않다. 미래에는 텍스트언어학 분야의 교육을 받은 연구자들은 그러한 질문들이 다차원적으로 연구되고 설명되는 상황과 연구 분할이 처음부터 '언어학적'인 것의 전통적 사고와 제한에 의해 결정되지 않는 상황에서 원칙적으로 넓은 '영역 간(Transdisziplin)'에서 텍스트전문가와 공동연구가라는 생각을 해야만 한다. 그 대신 앞으로는 어떤 특정한 문제나 현상이 사실적으로 적절한 조화 속에서 어느 정도 언어학적인지 또는 인지적인지 사회적인지 하는 것은 실증적으로 결정되는 일이 될 것이다.

이 텍스트과학에서 설명과 규명에서 언제나 세 가지 요소가 나타나야만 할 것이다. 이 세 가지 요소는 언어학적 관점, 인식적 관점 그리고 사회적 관점이다: 그리고 이 요소들은 각각 언어학, 심리학 그리고 사회학에서 확고한 위치를 가진 관점들과 반드시 일치할 필요는 없다. 그보다 이 관점들은 무엇보다 새로운 이론과 실제의 변증법을 통해 텍스트과학이 발전하는 동안 함께 발전해야 한다. 그래서 여러 분야에서 결합된 **'간 학문성**(Interdisziplinarität)**'**만이 나타나는 것이 아니라, 근본적으로 다른 학문에서 종합된 관점으로 구상된 **초 학문성**(Transdisziplinarität)도 생겨난다.

1994년 11월에 초 학문성의 첫 번째 국제회의가 많은 학자와 예술가들의 참가하에 포르투갈에서 열렸다. 필자는 이 어려운 시기에 학문과 예술이 사회적인 의무와 가능성을 자각하는 정말로 생태적인 프로젝트에 참여하려는 많은 사람에게서 깊은 인상을 받았다.

이러한 희망이 필자가 본고의 제목으로 파우스트-인용을 하게끔 하였다. 여기 서술된 생각들은 텍스트언어학이 싫든 좋든 간에 '새로운 영역'을 향해서 떠나야만 한다는 것을 추측하게 한다. 우리는 이 영역을 통해 아직 누구도 정확한 지도를 갖고 있지 못한 새로운 땅에 들어서게 된다. 이때 우리는 우리의 근원을 자각하는 것이 더욱 중요하며 볼프강 하이네만(Wolfgang Heinemann)과 같은 선구자들에게 감사해야만 한다.

참고문헌

Beaugrande, Robert de(1978): Factors in a Theory of Poetic Translating. - Assen: van Gorcum, and Amsterdam: Rodopi.

- (1991): Linguistic Theory. The Discourse of Fundamental Works. - London: Longman.

- (1994): Function and form in language theory and research. The tide is turning. - In: Functions of Language 1/2, 163-200.

- (1996a): New Foundations for a Science of Text and Discourse. - Norwood: Ablex.

- (1996b): The 'pragmatics' of doing language science. The 'warrant' for large-corpus linguistics. - In: Journal of Pragmatics 25, 503-535.

- (im Erscheinen a): Theory and practice in applied linguistics. Disconnection, conflict, or dialectic? - In: Applied Linguistics.

- (im Erscheinen b): On history and historicity in modem linguistics. Formalism versus functionalism revisited. - In: Functions of Language.

Beaugrande, Robert de/Dressler, Wolfgang (1981): Einführung in die Textlinguistik. - Tübingen: Niemeyer.

Bloomfield, Leonard (1933): Language. - NY: Holt.

Bolinger, Dwight (1970): Getting the words in. - In: American Speech 45, 78-84.

Carter, Ronald (ed.) (1990): Knowledge about Language and the Curriculum. The Line Reader. - London: Hoffer and Sloughton.

Catford, John C. (1965): A Linguistic Theory of Translation. - Oxford: Oxford University Press.

Chomsky, Noam (1957): Syntactic Structures. - The Hague: Mouton.

- (1965): Aspects of the Theory of Syntax. - Cambridge, MA: MIT Press.

Hartmann, Peter (1963a): Theorie der Grammatik. - The Hague: Mouton.

- (1963b): Theorie der Sprachwissenschaft. - Assen: van Gorcum.

- (1964): Syntax und Bedeutung. - Assen: van Gorcum.

Harweg, Roland (1968a): Pronomina und Textkonstitution. - München: Fink.

Heger, Klaus (1971): Monem, Wort und Satz. - Tübingen: Niemeyer.

- (1976): Monem, Wort, Satz und Text. - Tübingen: Niemeyer.

Heinemann, Wolfgang/Viehweger, Dieter (1991): Textlinguistik. Eine Einführung. - Tübingen: Niemeyer.

Koch, Walter (1971): Taxologie des Englischen. - München: Fink.

Petöfi, Janos S. (Hg.) (1979): Text vs. Sentence. Basic Questions of Text Linguistics. - Hamburg: Buske.

Schegloff, Emmanuel (1992): To Searle on conversation. A note in return. - In: Parrett, Hermann/Verschueren, Jef (eds.): On Searle on Conversation (Amsterdam: Benjamins) 113-128.

Schmidt, Siegfried J. (1968): Bedeutung und Begriff. - Braunschweig: Vieweg.

Wienold, Götz (1972): Formulierungstheorie. - Frankfurt: Athenäum.

텍스트와 관점

구성주의적 텍스트이해의 요소

필자는 여기서 텍스트언어학이 지난 수십 년간 무엇을 이룩했는지에 관한 개괄을 하거나, 텍스트언어학의 미래를 예측하거나 아직 해야 할 것에 대해 말하려는 것이 아니다. 그것은 필자의 능력을 뛰어넘는 것이다. 필자는 시간이 흐르면서 “Text”를 주제로 몇 편의 논문을 썼지만 한 번도 필자를 텍스트언어학자로 부르거나 그렇게 느낀 적이 없었기 때문이다. 텍스트에 관한 필자의 관심은 한편으로는 특별하고 다른 한편으로는 일반적인 관점들에 기인하고 있다(“관점들”이 무엇을 의미하는지 이 기고문의 뒷부분에서 좀 더 분명해진다). 물론 필자는 다음을 주장한다. 필자에게 좀 더 친숙한 대화분석적 관점이 텍스트언어학적 관점과 함께 어떻게 텍스트가 의의(Sinn)를 얻고 무엇을 통해서 텍스트가 의의를 가질 수 있는가 하는 점에서 유사하다고 말할 수 있다. 필자는 본고로 생각할 계기를 주려고 한다. 당연히 과거의 것, 전통적인 것, 도식화된 사고모형에 관해 언급할 것이며, 지금까지 중요하지 않았던 문제들과 텍스트언어학의 미래에 관한 기대를 더 자세히 다루고자 한다. 필자가 근본적인 질문을 함에도 지금까지 익숙했던 것들에 관한 기본원칙의 비판을 하거나 반대 계획을 약술하려는 것을 의도하지 않는다. 반대로, 필자는 많은 견해가 동시에 존재할 수 있고, 서로 의견이 일치되며, 서로 간에 보완된다고 생각한다. 만약 언어학자들과 모든 사람이 자신들의 견해가 유일하고, 적어도 다른 것들보다 뛰어나다고 항상 믿는다면, 그것은 심각한 잘못이다.

필자는 구성주의적 텍스트관점에 관한 관심을 오래전부터 가졌었다. 필자의 무능력 때문에 실제로 큰 시선을 끌지 못했던* 관심이 필자의 출판물의 일부분인 것은 그런 점에 있다. 분명히 사고가 인지되고 수용될 수 있기 전에, 또한 그것이 생각될 수 있기 전에 특별한 조건들이 먼저 되어야 하기에 출판했다. 좀 더 분명히 하면: 사람들이 자신의 주변 환경과 그들의 정신적 주변 환경에 관하여 갖는 관점은 이 주변 환경에서 특정한 순간들이 인식될 수 있고 생각할 수 있게 되어야 한다. 필자가 이전에 사회적인 토대를 세우고 인식적으로 조정된 관점성(Perspektivität)의 문제에 몰두했다는 사실은 실제로 이미 과거에 있었던 것처럼 여겨지는 생각으로 이끌었다. 그러나 필자는 여기서 필자에 대해 언급하지 않을 것이다. 단지 필자가 문제에 접근하는 데 필요했던 경험을 이야기하려 한다.

필자는 몇 주 전에 문학사적 주제를 다룬 강연에 참석했었다. 강연의 사회자는 강연이 끝난 뒤에 강연이 정신적인 기쁨이었다고 말했다. 이런 긍정적인 평가는 정확하게 필자의 느낌과 일치했다. 필자 역시 그렇게 느꼈다. 사람들은 행사개최자와 필자가 강연에 대해 같거나 적어도 매우 비슷한 관점을 가졌다고 말할 수 있다. 우리 두 사람은 특정한 기대(Erwartungen)/관점(Perspektiven)을 가지고

---

* 하르퉁(Hartung 1985), (1988) 그리고 특히 (1991), 그 문헌에 있는 필자의 내용 "Kommunikation und Text"와 미하엘 바헤(Michael Wache)의 "Methodologische Brennpunkte" 참조 바람.

행사에 참석했었다. 우리는 기대/관점에 따라 강연을 평가했다. 관점은 우리를 대부분 특별한 관심을 가지고 듣게 하고 다른 경우 흘려듣게 했을 것이다. 우리는 이런 기대를 확실하게 느끼는 것을 보았다. 우리의 관점은 즐거움을 얻게 했다. 필자는 행사의 모든 참석자가 강연이 정신적인 즐거움이라는 느낌을 함께 가졌는지는 알지 못한다. 아마도 아닐 것이다. 그러나 필자는 확신한다: 강연이 다른 청중들 앞에서 동일한 내용으로 "수선스럽게(laut)" 진행되었다면, 그 강연은 또한 다르게 인식되었을 것이고, 강연을 의미 없는 것, 중요한 문제를 다루지 않은 무성의한 강연이라고 평가했을 수도 있었을 것이다. 그 평가는 다른 관점 때문일 것이다. 그렇지만 그런 평가들이 정당하지 않다고 할 수 없다. 그렇게 평가하는 사람들에게 그 동일한 텍스트는 완전히 다를 뿐이다. 다행히도 어떤 그룹, 어떤 구성소, 어떤 텍스트와 접촉하는지, 어떤 유형의 텍스트를 중요하다고 보는지에 관한 임시결정이 이루어진다. 그렇기에 관점들은 이 예에서 할 수 있는 것처럼 항상 극단적으로 달라지면 안 된다. 그러나 일반적으로 관점들은 적어도 특별한 점에서 상이하다.

물론 텍스트수용은 관점들에 의해서 일차적으로 유도되지 않는다. 또한 텍스트생산자(그 학술대회에서 문학사학자)는 자신의 강연의 대상, 동기, 또한 최근의 의사소통상황의 특수성에서 특정한 관점을 가졌다. 그의 관점은 분명 필자의 특별한 수신자-관점과 상당히 구별되었다. 그러나 이것은 관점-일치(Perspektiven-Konvergenz)를 무조건 조건으로 하지는 않는다. 긍정적으로-동의하는 반응은 무관한 원인을 가질 수 있다. 그렇지만 필자가 만약 문학사적 전문지식을 많이 가졌거나 적어도 전문지식을 가졌다고 믿는다면, 필자의 관점에서 대상은 추측건대 큰 역할을 했을 것이다. 확실히 이것은 필자의 전체적인 인상을 변화시켰을 것이고, 적어도 강조점은 바꿀 수 있었을 것이다. 아마도 "정신적 즐거움"을 평가하는 바로 그 관점은 전문성의 결여를 특징으로 하며, 이로 인해 다른 사람들이 그것을 약간 피상적으로 생각할 수도 있다. 따라서 상황이 나와 다른 사람들에게 관점을 강요하거나 우리가 이미 준비된 몇 가지 관점으로 되돌아가야 하는 것은 아니다. 오히려 우리는 - 물론 어느 정도만 - 관점들을 자유롭게 선택할 수 있다. 그리고 우리의 희망에 따라 그 관점들을 만들고 다시 변경할 수 있다. 그러나 필자는 또한 완고하고 편견을 가지고 친숙하고 "검증된" 또는 편리하게 선호하는 관점을 고수할 수 있다. 그러면 예를 들어 문학사 강의를 듣는 것과 그것이 나에게 중요하다고 받아들이는 것을 막을 수 있다.

필자에게 중요한 문제는 다음과 같다: 우리는 관점에 이끌리지 않고는 아무것도 할 수 없다. 우리는 세상에서 각기 특별한 위치와 입장을 갖고, 그리고 그로부터 "우리의" 세상과 "우리의" 주변 환경의 세상을 "본다". "우리의" 세상은 우리가 무언가를 "얻는다"라는 의미가 아니다: 아주 특정한 이해에서 우리는 그 세상을 "창조"하기도 한다는 의미이다. 이때 우리가 차지하는 장소는 공간과 시간의 또는 의사소통이나 상호행위에 기초할 수 있다. 그것은 일반적으로 직시(Deixis)로 인식되는 장소화(Ver-Ortungen)이다. 그러나 그러한 장소는 또한 우리 세계에 관한 정신적 구성물, 의사소통적 상호행위를 가능하게 하고, 그 안에서 확장되고, 압축되고, 개별적으로 조정되어 초개인적 사실이 되는 우리 생활공간의 특정 확장에 기초할 수도 있다. 이 "인지적 영역(Maturana)"에서 자리 잡은 위치도 관점을 결정한다. 개인은 사회적 그룹의 구성원이라는 관점에서 의사소통 상황을 경험하고, 순간 실현된 역할이나 과업에 관한 의무감,

다른 참여자와 관련하여 사회 안에서 유형화된 또는 순간적으로 유형화될 수 있는 상태와의 연관성에서 의사소통 상황을 경험한다. 두 개인은 서로 다른 세계에서 동일한 장소를 점유하지 않기 때문에 상호작용할 때마다 반드시 관점-차이(Perspektiven-Divergenzen)에 직면하게 되며, 이는 때때로 바람직하고 종종 무시할 수 있지만 때로는 바람직하지 않으며 적절하게 "다루어져야" 한다. 이것이 세상에서 우리의 움직임이 함께 하는 근본적이고 돌이킬 수 없는 관점이다. 우리가 지각하고 말하는 모든 것을 우리는 이런 식으로 인식한다.

언어학자들이 텍스트를 연구한다면 그들은 텍스트 현상과 서로 이웃한 영역과 관련해서 특정한 사고모형, 특정한 일반적 사고패턴(Denkmuster)에 좌우된다. 그러한 사전 결정과 사고의 체계화는 전통 지식의 정상적인 사용 또는 발견된 것에 관한 필요한 반응이다: 새로운 것조차도 적어도 상당 부분은 오래된 개념으로만 생각할 수 있다. 이러한 방식으로 연구대상에 관한 원리적 관점이 구성된다. 우리가 근본적이고 제거할 수 없는 관점을 전제한다면 텍스트에 관한 지배적인 관점의 몇몇 점들은 상이한 관점들이 동시에 존재할 수 있기에 그 유효범위와 그 보완가능성에 대해 연구돼야 한다. 필자의 생각은 특히 다음과 같다:

- 텍스트는 일반적으로 유사하게 활동적이고 실제로 "생산적인" 수용을 위한 출발점이라기보다 생산적인 언어적 행위의 결과로 간주된다. 이것은 문학에서는 부분적으로 다르다(문학에서 발생한 수용연구와 비교). 그러나 언어학에서는 언제나 발화생산이 언어사용의 더 중요하거나 "고유한" 부분이라는 생각이 지배적이다. 그리고 수

용은 기껏해야 생산의 전환으로 여겨진다.

- 이 사고패턴은 텍스트생산, 즉 말하기 또는 쓰기가 본질적으로 특정 정보매체, 즉 특정 배열의 언어 기호에 정보를 포장하는 것으로 구성된다는 관점에 의해 뒷받침된다. 그러면 수신자의 과제는 담겨진 정보를 가능한 한 많이 "풀기"로 간주된다.

- 텍스트의 이 저장용기-개념의 배경에는 언어적 기호가 인간으로부터 독립적이라고 생각되는 현실의 대상, 또는 적어도 의식이나 개념의 내용을 표현한다는 일반적인 견해가 있다. 그것들은 그러한 "실제" 대상을 많든 적든 분명하게 그리고 어떤 경우에도 궁극적으로 "객관적으로" 묘사하므로 언어과정은 본질적으로 반영활동에서 수행된 내용에 관한 "올바른" 표현을 찾는 것이다. 이를 인정하는 것으로서 "문자적" 의미 외에도 비유적, 순간적 또는 발화의미도 언급되고 있는데, 이는 다소 부차적이며 어떤 경우에도 파악하기 어려운 것으로 간주된다.

- 기호와 의미 사이에 그러한 명확한 관계가 있다면 - 이는 또 다른 일관된 사고 패턴이다 - 추출할 정보의 양은 기호의 출현에 따라 어떤 식으로든 결정되어야 한다. 또는 다른 말로 표현하면 기호가 나타날 때 더 이상 의미에 관한 것이 아니다. 또는 더 분명히 말한다면: 등장하는 기호에 결부된 것보다 더 많은 의미는 언어적으로 흥미롭지 않으며, 언어학의 대상이 아니다.

필자는 이러한 일상적인 사고모형(통신공학에서 사회과학 및 인문학으로의 모델 이전에 관한 쾩 Köck 1992: 355ff.에 의해 요약된 비판 참조)의 타당성이 어디에서 제한되는지를 서술하고자 한다. 우리가 의사소통 과정을 복잡하고 전체적인 과정으로 생각한다면 텍스트(또는 발화)의 출현은 그 전체 과정에서 특정하고 중요한 단계이다. 그 전체적인 과정 안에서 **물질적**인 형상이 나타나는 것으로 이 과정이 중요한 것이다. 그런데도 이 과정은 매우 복잡한 사건 안에 하나의 단계로 머물러 있다.* 텍스트가 우리의 감각 환경에서 지각할 수 있는 사건이 되기 전에 다양한 정신적 과정이 일어나야 하며, 이는 계획, 코딩 또는 지식 요소 풀에서 선택하는 것으로 대략적으로만 설명돼 있다. 이러한 과정에서 무엇보다도 정신적 형상이 구성되고 이 형상이 각각의 환경에서 이전 또는 전승되고 관습화된 경험과 관련지어진다. 그런 의미에서 필자는 필자의 필요와 바람에 일치하는, 또는 필자가 필자의 필요와 바람으로 받아들인 것에 상응하는 소통 대상을 **만든다**. 우리는 그것을 다시 다르게 표현할 수 있다: 화자는 텍스트를 생산할 때 관점에 의해 유도된다.

수신자의 측면에서 텍스트의 출현은 단지 시작을 표시한다. 기존 언어 기호를 식별하고 해독하는 것 이상의 심리적 과정도 유발된다. 이해에 관한 연구에서 이해의 과정이 이미 오래전부터 **건설적**인 요소를 포함하고 있고 데이터 중심적일 뿐만 아니라 개념 중심적이라는 점이 강조되었다(훼어만 Hörmann 1977 또는 리크하이트 Rickheit 1995 비교). 언어학에서는 인간의 구성 능력이 너무 성급하게 지식 구성요소라는, 축적된 지식을 단순히 **활용**한다는 개념 아래 포함된 것 같다. 이는 익숙한 사고모형에 해당하지만, 지식의 차이와 지식의 결핍으로 활성화되는 주관성을 축소하기도 했다. 개인이 텍

---

* 이 견해는 코토프·쿠르바코프(Kotov·Kurbakov 1983)에서 처음으로 필자에게 분명해졌다. 그러나 당연히 다른 동인들도 생각할 수 있었을 것이다.

스트를 수신할 때 관점에 따라 스스로를 유도되게 한다는 생각은 이러한 축소를 상쇄할 수 있다.

어쨌든 텍스트는 "정보의 저장고" 그 이상이다. 텍스트생산자와 관련하여, **그는 자신의 내적 과정을 표현**한다. 이 과정은 생산자에게 의식될 필요는 없지만, 종종 이 과정은 의식될 수도 있다. 그중 일부는 의심할 여지 없이 의지에 따라 제어될 수도 있다. 따라서 텍스트에 무엇이 "들어가는"가는 역시 의도에도 종속적이다. 그런데도 텍스트생산자는 자유롭지 않다. 생산자는 관점의 제한 및 확정에 묶여 있다: "모든 것"을 말할 수 있는 것이 아니라 항상 내가 가진 것, **나의** 세계의 일부인 "인지 영역"에 있는 것만을 말할 수 있다.

수신자에게 텍스트는 무엇보다도 자신의 정신적 형성물을 만들라는 하나의 **자극**이다. 이 정신적 형성물은 현재 상황에서 텍스트에 수신자에게 중요한 의미(Sinn)를 부여한다. 상황에 관한 수신자의 심적 상태는 그가 이 행위를 하도록 유발한다. 그는 부분적으로 의식적으로 그리고 의도적으로, 그러나 상황에 관한 그의 관점에 의해 확정적으로 또는 이미 처음부터 확정적으로 이러한 의미귀속을 수행한다. 최선의 경우 수신자는 텍스트생산자의 관점에서 가능한 한 많은 것을 이해하려고 노력한다. 다시 말해, 감각적으로 지각할 수 있는 텍스트는 텍스트생산자의 내적 과정과 상태에 관한 이미지를 형성하거나 그 생산자의 의식 내용을 재구성하도록 할 뿐만 아니라, 수신자는 그러한 재구성을 상호작용 조건, 즉 텍스트가 발생하는 조건과 연관시켜야 한다. 즉, 텍스트는 독립적인 외부 세계에 관한 정보와 생산자의 내부 세계에 관한 정보를 '전달'하는 것이 아니라, 그것은 오히려 세계에서 관점에 의해 유도되는 제자리 찾기(Zurechtfinden)의 **산물**이며, 여러 개인의 협동적 제자리 찾기 수단의 역할을 한다. 텍스트는 수신자에게 도움을 주지만 (물론 수신자에게 영향을 미치고 조정하기도 (하지만) 수신자는 스스로 능동적이어야 한다.

슈미트(S. J. Schmidt 1992)는 **의사소통수단**과 **코무니카트**(Kommunikat)를 구분했다. 그는 텍스트 역시 의사소통수단에 속한다고 했으며, 텍스트 구성요소도 의사소통수단에 속한다고 했다. 이 코무니카트는 인지적 구성물로 수신자에 의해 텍스트에 부여되고, 그리고 다른 수신자들이 동일한 텍스트에 부여하는 그 해당 코무니카트에 의해 구별된다. 이러한 코무니카트-개념이 일단 불분명하고 그로써 다루기 힘든 것처럼 보일 수 있으나, 우리에게 근본적인 문제를 지적해준다: 그 개념은 텍스트생산자로부터 수신자에게로 가는 과정에서의 텍스트내용의 분해를 언급한다. 또는 더 분명하게 말하자면, 텍스트의 내용은 가변적이며 “객관적으로” 주어진 사실에 관한 일종의 모사일 뿐인 영구적인 불변의 것이 아니다. 수신자들은 동일한 텍스트를 서로 다르게 이해한다. 또한, 수신자가 동일한 텍스트를 다른 시간 또는 여러 번 선택적으로 그리고 상이한 관점으로 읽거나 듣는다면, 동일한 수신자에게 동일한 텍스트라도 큰 차이를 일으킨다. 또한, 주제, 기본생각이나 중심정보(하르퉁 Hartung 1988)와 같은 내용의 구조적 중요성은 생산자에 의해서 단지 **제공**될 뿐이다. 관습에 따라 수용이 강요되더라도 그 내용을 전체적으로나 부분적 또는 전혀 수용하지 않을지의 여부는 원칙적으로 수신자에 달려있다. 관습에 의해 강요된 이 수용은 합의나 전면적인 거부를 통해서만 무효로 할 수 있다. 텍스트내용은 생산자에게도 고정된 것은 아니다. 생산자의 관점은 텍스트를 생산하는 동안 변할 수 있다. 그런 다음 생산자는 자신의 대상을 다르게 “본다”. 또는 그가 이미 말한 것 혹은 이전 텍스트에 연관을 맺는 경우 그는 원래 생산한 것이 아니라 그 원래 생산물에 관한 관점적으로 방향이 바뀐 기억과 관련을 맺는 것이다.

물론 텍스트내용이 분해되고 있다는 사실이 일련의 초-개인적으로 유효한 관습에 의해 뒷받침되거나 뒷받침되어야 한다는 것을 배제하지는 않는다. 모든 언어공동체와 의사소통 공동체에는 기호와 의미 또는 내용의 관습화된 할당, 즉 문법과 사전에 설명된 사회화 과정에서 습득되고 지시관계형성(Referenzherstellungen)의 근간을 용이하게 하는 커뮤니케이션 수단의 특성이 있다. 여기에 어떻게 사람들이 다양한 텍스트를 생산하고, 어떤 목적으로 텍스트를 사용하며, 이 텍스트들이 공동체 안에서 어떤 의미를 가질 수 있는지에 관한 어느 정도 더 높은 층위에서 관례가 추가된다. 텍스트생산자는 이런 협약을 사용하고 수신자는 이것을 먼저 전제할 수 있다. 이와 관련하여 광범위한 이해의 도움이 존재한다. 수신자는 자신의 소통 코무니카트를 자신을 위해서 구성하지 않는다. 그러나 "문자적 의미"와 같은 구성물이 텍스트에 대해 여전히 유용한 것인지 의문스럽다. 문자적 의미가 텍스트의 구성요소와 짧거나 고도로 관습화된 발화/텍스트에 대해서는 의미가 있다는 가정은 텍스트내용이 점점 더 길어지고 복잡해질 경우, 그래서 텍스트내용이 점점 더 분명하게 분해되고 가능한 독해(Lesarten)의 수가 증가할 경우 그 의미를 상실하게 될 것이다. 그 결과 텍스트의 유일성이 커진다: 어쨌든 텍스트 발화는 문장 발화보다 훨씬 더 새로운 것, 이전에 발화되지 않은 것이다. 이 텍스트 발화를 "그의" 상황에서 분리하는 것은 점점 더 어려워진다. 비유적으로 표현하자면: 수신자 관점과 생산자 관점은 복합적 의사소통 과정에서 분해되는 구성요소를 언제나 다시 서로 연관시키는 기구(Instanzen)이다. 그러나 우리는 전형적인 구성에 대해서 수신자를 자신의 것을 구성하도록 권장하는 이러한 특성의 삭제가 반드시 단점이라고 생각해서는 안 된다. 오히려 상대적으로 자유로운 해석 가능성은 높은 수준의 인지적 유연성과 상호행위에서의 행위공간을 가능하게 한다.

일상적 사고모형의 타당성에서 예시된 제한은 우리가 텍스트에 무엇을 신뢰하고 텍스트로부터 무엇을 기대할 수 있는가에 관한 우리의 생각에 대해 영향을 준다. 궁극적으로 그 제한들은 텍스트에 관한 나의 관점을 결정한다.

모든 임의의 텍스트에 임의의 코무니카트를 부가할 수 있고, 그리고 임의의 다수의 코무니카트를 특정 텍스트에 부가할 수 있다는 것을 생각할 수 있다. 그러나 부가자에게 유용한 것은 부가자가 포함된 그 상호행위에서 증명된 코무니카트만이다. 이것은 적어도 특정 문제에서 소통하는 대상에 관한 수렴적 관점뿐만 아니라 상호작용하는 당사자 간의 특정 합의 또는 공통성을 전제로 한다. 이는 논쟁하는 사람들이 실제로 무엇을 다투는지 알지 못한다면 논쟁의 경우에도 해당한다. 언제부터 그리고 일치가 존재하는지에 대해서 누가 결정하는가? 동일한 언어 또는 커뮤니케이션 공동체에 속함이 의심할 여지 없이 수용 가능한 특정 전제조건을 만든다는 것은 분명하다. 어쨌든 이로써 지시관계형성(Referenzherstellungen)을 위한 기반이 만들어졌다. 말한 것처럼 이것은 여전히 텍스트-층위에는 별로 도움이 되지 않는다. 그 이유는 실제로 의미하는 것과 무언가가 "올바르게" 이해되었는지에 관한 보다 광범위한 결정은 "객관적" 기준이나 전체 언어 커뮤니티 또는 더 큰 부분에 적용되는 기준을 기반으로 할 수 없기 때문이다. 무엇이 올바르게 이해되었는지는 궁극적으로 텍스트생산자, 즉 마투라나(Maturana)의 의미에서 "지향자(Orientierende)"만이 결정할 수 있다. 일상적인 의사소통에서는 그 결정은 문제가 없을 수 있거나 아니면 그 결정은 합의, 즉 "더 나은" 논거에 맡겨진다. 그러나 텍스트생산자가 자신의 사회적 지배력을 가지고 자신의 독해를 구속력 있게 하는 경우가 적지 않다. 이러한 사례는 무엇보다도 계층적으로 조직된 공동체에 적용되며 더 큰 공동체와 전체사회를 하나로 묶는 커뮤니케이션에서 드문 일이 아니다.

텍스트수신자 또는 "목표자(Orientierte)"는 부가된 코무니카트를 상호행위에 유리하거나 불리한 것으로서 경험한다. 텍스트수신자가 목표자(Orientierenden)에 의해서 받아들여지고자 하는 이해자 중 하나라면 다음의 원칙을 준수한다. 그는 무엇인가를 그렇게 이해해야 하는 것으로 이해했을 때에 그것을 이해한다. 그가 그 원칙을 따르지 않는다면 그는 자신의 코무니카트를 자세히 설명하거나 그 원칙을 비판적으로 분석하는 것을 시작해야만 한다. 우리가 이 상황을 끝까지 생각한다면, 이해는 단지 어떤 하나의 특정한 인식적 수행이 아니라 텍스트생산자(또는 공동체에서 그를 대변해주는 위임받은 기관)의 확인에 좌우되는 것이라는 것이 분명해 진다. 이런 의미에서 이해가 어떻게 이루어지는지는 (어쨌든) 중요하지 않을 수 있다. 중요한 것은 "이해된" 텍스트가 상호행위에서 지향되는지 그리고 어떻게 지향되는지 이다(더 자세한 내용은 루쉬 Rusch 1992 참조). 물론 우리는 더 이상 그러한 축소된 이해를 이해라고 부르지 않을 가능성을 가지고 있다. 그러나 이론적으로 이러한 이해가 가능하다는 것을 제외하고도 우리는 그러한 축소된 이해를 의사소통에서 많이 경험한다.

의사소통적으로 지향되는 사람(Orientierte)은 물론 사회적 및 사실적 제한을 받기 때문에 상호행위의 이점이나 성공에 주의를 기울여야 한다. 그는 이 틀 안에서는 자유롭다: "자신의 상태에 관한 독립적인 내부 영향을 통해 자신의 인지 영역을 어디로 향하게 하느냐는 그(Orientierte)에게 달려 있다. 그의 선택은 '통지(Botschaft)'를 통해서 야기되나, 이렇게 생성된 지향(Orientiertierung)은 이 '통지'가 지향자(Orientierenden)를 위해 표현하는 것에서는 독립적이다(마투라나 Maturana 1982: 57)." 이는 우리의 이해가 종종 다른 사람의 말에 전혀 영향을 받지 않는다는 우리의 경험과 일치한다. 우리는 **우리의** 독해를 가진다. 그리고 당연히 그 반대 역시 유효하다: 우리는 우리가 생각하는 것 또는 "실제로" 우리를 움직이는 것과는 거리가 먼 것을 말할 수 있다(이와 관련하여 쾩 Köck 1992: 369 참조). 그러나 말했듯이 기준은 상호행위에서의 유용성이며 우리는 매우 특정한 경우에만 그러한 자유로운 지향과 함께 나아간다. 그런데도 원칙적인 가능성은 존재한다. 우리는 드물지 않게 예를 들어 그 텍스트가 유발할 수 있는 모든 연상을 거부하거나 그 연상을 완전히 다른 방향으로 이끌며 어떤 한 텍스트를 제외할 수 있다. 이것이 우리에게 어느 정도 가능한지는 물론 텍스트가 수신자로서 우리를 어느 정도 의무화하는가에 좌우된다. 그러나 우리는 텍스트를 무조건 전개된 지식체계의 구성 혹은 형태를 위한 기초로 만들어서는 안 된다. 그래서 우리는 체계화된 지식의 지속을 재구성하려고 노력한다. 아마도 우리는 텍스트를 통해 단지 텍스트에 있는 위로를 찾거나 우리에게 스스로 재확인하는 것 등의 확인을 경험하려 한다. 우리의 수용적인 관점은 또한 유발된 연상의 방향과 범위를 결정한다. 텍스트가 우리에게 "의미하는 것", 텍스트가 우리를 위해 어떤 의미를 갖는지, 그리고 텍스트가 하나의 의미를 가졌는지가 결정된다.

필자의 핵심을 다시 요약하면 다음과 같다: 돌이킬 수 없는 사실로서의 관점은 텍스트에 표현된 것이 특정한 개별적이고 개인적인 성격을 갖도록 한다. 그것은 수용에서 발생하는 정신적 형성물, 즉 코무니카트에도 동일하게 적용된다. 그 수는 -텍스트유형과 무관하게 수신자 수와 반복 수신의 수에 따라- 무한정 증가한다. 언어적 상호행위에서 발생하는 상호 지향적인 **교환**의 일정한 안정성을 보장하기 위해서는 가능한 한 소통자들 간의 관점 차이를 고려할 필요가 있다. 그것을 위해 언어적 상호행위에 다양한 가능성이 있다. 가장 간단한 방법은 자신이 수용한 관점을 **표시**하고 다른 참여자에게서 예상되는 관점을 언급하는, 다양한 관점을 어떤 방식으로든 메타커뮤니케이션 방식으로 사용할 수 있도록 하는 것이다. 상호행위적 연관이 느슨할수록 -특히 서면 텍스트의 경우가 그러하다- 커뮤니케이션 참여자가 상호행위적 관점을 다루기가 더 어렵다.

문어적 텍스트 역시 해석에 다양하게 큰 여지를 부여한다. **문학적 텍스트**들은 가변적으로 수용되어야 한다. 그 텍스트들은 어느 정도까지는 매우 개인적인 수신자 세계에 적응하면서 존재한다. 지침텍스트(예를 들면 사용설명서)는 모사 혹은 상세하게 기술된 대상의 묘사를 통해 가능한 독해의 수를 제한할 수 있다: 그 텍스트들은 그럼에도 불구하고 종종 불분명하며, 여전히 너무 많은 독해를 허용한다. **법률텍스트**는 구속력이 있는 독해를 요구하며, 필요한 경우 주석이나 사례 판결(Musterurteile)이 부가된다. 유사한 것이 **종교텍스트**를 포함한 많은 **제도적 텍스트**에도 동일하게 적용된다. 여기에 "정확한"과 같은 규범화된 독해가 있을 가능성이 가장 크다. 모든 다른 독해는 텍스트에 더 이상 적합하지 않다. 그러나 이것이 우리가 그 텍스트를 "다르게" 읽을 수 없다는 것을 의미하지는 않는다. 우리는 모든 텍스트를 우리 마음에 드는 방식으로 읽을 수 있다. 그러나 그것은 우리가 그것을 적어도 우리에게 읽는 것이 허락되는 층위에서 이해했다는 것을 전제로 한다. 그런 다음 텍스트가 여전히 기능을 수행하는지 아니면 상호행위적 조건을 만나는지는 또 다른 문제이다. 필자가 의미를 부여하는 데 제한이 없지만, 특정 상황에서는 그 의미부여가 매우 독특할 것이다.

많은 텍스트는 처음부터 익명의 수신자그룹을 위해 만들어진다. 이 익명의 수신자그룹은 시간상으로 아주 멀리 떨어져서 있을 수 있고 상황에 따라서는 많은 세대를 포함한다. 이러한 수신자그룹이 이질적일수록 개별 수신자나 어떤 특정한 수신자그룹은 텍스트에 관한 새로운 관계를 생성해야 하며, 여전히 또는 다시 그 텍스트에 정당성을 부여하는 의미부여를 가능하게 하는 상호행위 상황을 만들어야만 한다. 그러나 우리에게 보내진 것이 아닌 텍스트 혹은 다른 시대나 다른 문화, 또는 다른 사회의 텍스트는 어떻게 해야 하는가? 우리는 이러한 텍스트에 관해 어떤 관점을 가질 수 있는가? 어떤 관점이 도대체 의미 있는가? 우리는 텍스트를 "외부에서" 어느 정도 관찰하고 이해할 수 있는가? 애초부터 다른 사람을 위해 쓰인 것이 아닌 일기는 우리가 특별한 관점에 의해서 접근하기 어렵다. 그런데도 우리는 **일기**에 (다른)의미를 가질 수 있다. 그 일기를 시대사의 문서로 또는 우리의 고유한 상태에 관한 기준점으로 읽을 수 있다. 그렇다면 우리는 일기를 쓴 사람을 제한적으로만 "이해"하는 것이다. **동독의 텍스트**는 그 텍스트가 영향을 주는 환경의 중요한 부분을 잃어버렸다. 우리가 오늘날 그 텍스트를 새롭게 읽는다는 것은 우리는 "다른 시각", 즉 다른 관점으로 읽는다는 것이다. 그것은 정당하고 어떤 경우에도 다시 이해될 수 있다. 그러나 그것은 우리 현재의 관점이다. 우리는 여전히 동독-텍스트와 관련이 있는가?

당연히 특정한 개인이 특정한 시간에 만든 텍스트는 항상 그 텍스트로 존재한다. 이점에 있어서 텍스트는 동독과 연결되어 있다. 그러나 텍스트는 수신자 없이는 아무것도 아니다. 그리고 텍스트는 이 예에서 잘해야 기억을 가지며, 더 이상 이 텍스트수신인으로서 가졌거나 가질 수 있는 관점은 갖지 않는다.

텍스트는 문화 혹은 사회에 시사점을 줄 수 있다. 그러나 텍스트들이 그를 위해서는 우리는 "실제" 상호행위에서 텍스트와 연결된 사람들이 가지고 있는 관점을 재구성하거나 최소한 그것들을 우리 자신의 관점에 관한 가능한 수정으로 고려하도록 노력해야 한다. 그렇지 않으면 우리는 우리 스스로 그리고 이 순간만을 이해한다. 또는 역사적인 관점은 과거에 관한 **우리**의 전망 그 외에는 아무것도 아닌 것은 아닌가? 필자는 이러한 축소에 동참하지 않을 것이다.

번역에서(적어도 훌륭한 번역에서)도 **새로운** 텍스트가 생성된다. 번역에서는 단순히 개별 언어의 표현들이 다른 어떤 언어의 표현으로 대체되는 것만이 아니라, 새롭고 변경된 수신자그룹과 관련하여 현실의 구성이 이루어진다. 그러나 이 수신자그룹 역시 현실구조를 수용하며 먼저 구성되어야 한다. 필자의 생각으로는 마틴 루터(Martin Luther)는 자신의 "통역에 관한 서신(Sendbrief vom Dolmetschen)"에서 이 상황을 아주 명료하게 설명하였다:

> …das ich das Newe Testament verdeudscht habe / auff mein bestes vermögen vnd auff mein gewissen / habe damit niemand gezwungen / das er es lese / sondern frey gelassen / Vnd allein zu dienst gethan / denen / die es nicht besser machen können / Ist niemand verboten ein bessers zu machen / Wers nicht lesen wil / der lasse es ligen / Ich bitte vnd

feyer niemand drumb / Es ist mein Testament vnd mein dolmetschung / vnd soll mein bleiben vnd sein…(1951: 9ff., 필자에 의한 강조).

관점과 텍스트의 관계는 이전에 이미 학문적으로 다뤄졌다. 부분적으로 다른 개념을 사용했던 역사를 모사하는 것은 이 상황에서 유감스럽게도 가능하지 않다. 몇 가지 암시로 충분하다. 문예학에는 관점을 다룬 더 긴 전통이 있다(스탄젤 Stanzel 1991의 요약 참조). 그러나 여기에서 중심적인 질문은 어떻게 작가가 독자를 서술된 현실의 인지에서 움직일 수 있는가이다. 문예학자의 관심 역시 허구적 세계의 서술에 의해 독자의 인지의 조종에 있지, 현실세계에서 관점-차이를 다루는 대화분석가의 관심과 같은 동일한 언어적 현상으로 향하는 것은 필요하지 않다. 그런데도 언어학에서 문학적 연구가 주목을 많이 받지 못한 것은 유감이다. 장르가 텍스트의 구조적 속성이 아니라 지향 네트워크(지향 프레임워크 orienting frameworks), 해석절차 및 담론의 생산 및 수용을 위해 의사소통하는 사람들의 기대라고 가정한다면, 우리 문제에 관한 특별한 접근 방식은 장르 연구에서 비롯된다(브릭스·바우만 Briggs·Baumann 1992). 특별한 접근 방식은 상호텍스트성에 관한 연구에서도 발생한다.

관점에 관한 언어학적 관심은 최근에 특히 대화분석 연구와 함께 발전했다(칼마이어 Kallmeyer 1996 참조). 그리고 심리학으로부터도 특히 그라우만 Graumann(1990)에 의해 중요한 공헌이 있었다. 흥미로운 아이디어가 급진적 구성주의를 중심으로 발전했다(슈미트 S. J. Schmidt 1992, 루쉬 Rusch 1992).

초기 소련 심리언어학에서 관점의 접근은 **주관적** 또는 **개인적**인 의미(Sinn) 개념을 통해 시도되었다. 그러나 주관적인 의미는 관점이 아니며, 오히려 그 안에서 주관적 의미가 우리에게 이해되는 틀이다(레온트예프 Leontjew 1979: 144ff., Leont'ev 1982, 루이야 Lurija 1982: 269ff. 참조). 트라소프 Tarasov는 우리가 이중적 기호개념에서 출발한다면, **하나**의 생산자-텍스트와 **무제한**의 수신자-텍스트를 구별해야만 하는 문제를 다루었다(트라소프·소스노바 Tarasov·Sosnova 1985). 다른 사람들(코토프-쿠르바코프 Kotov·Kurbakov 1983 또는 진킨 Zinkin 1982)은 전체론적 텍스트모델을 다루었다. 그러나 당시 언어학에서 지배적이었던 텍스트에 관한 관점은 지식구성요소 또는 텍스트구조를 기반으로 하는 모듈식이었다. 또한, 기껏해야 특정 "견해" 또는 특별한 "심리적 상태"가 있었지만, 이들에 관한 언어적 지표가 있는 정도까지만 관심이 있었다.

필자는 대화분석 또는 관점연구가 텍스트언어학에서 중심적인 위치를 차지해야만 한다고 이해되고 싶지 않다. 그러나 보완이 가능한 몇 가지 점이 있다. 다리를 만들 수 있는 질문은 - 일반적으로 의미구성의 과정에 관한 물음이 중요하다 - 다음과 같은 내용이다: 어떤 방식으로, 어떤 방법으로 그리고 어떤 과정으로 텍스트생산자에 의해 텍스트에 의미가 부여되는가? 어떻게 이 의미부여가 표현되는가? 수신자들은 텍스트에 의미를 어떻게 부여하는가? 어떤 차이가 그때 나타나는가? 그때 관점의 의사소통적 처리는 어떤 역할을 하는가?

이 질문에 관한 대답은 당연히 실증적으로만 가능하다. 다양한 방법들이 가능하다. 필자는 여기서 이 점에 대해 자세히 설명할 수는 없지만, 결론적으로 적어도 언어적 접근 방식 중 일부를 언급하고 싶다(좀 더 자세한 것은 하르퉁 Hartung 1996 참고).

- 관점을 설명하는 단순한 형태인 **관점의 존재에 관한 가리킴과 언급**을 필자는 이미 언급했다.

- 또 다른 영역은 참여자를 통한 관점의 특징적 명명이다. 참여자들은 자주 그들 혹은 파트너가 어느 하나의 또는 다른 관점을 갖고 있다는 것을 표현할 뿐만 아니라 무엇을 통해서 이 관점이 특별한지 알린다. 그래서 그들은 특정한 범주화(언어학자로서의 필자, 비전문가, 비참여자 등등으로)를 사용한다. 이 범주화와 함께 그들은 다양한 사회적 체계에서 상황에 관련을 맺는다. 이 범주화는 텍스트에서 기록된 지시로 스스로 원하는 또는 다른 확실하거나 추측하는 이해의 배경에서 기능을 발휘한다. 그 명명의 분석은 텍스트유형학을 목표로 하는 것이 아니라, 의미의 구조 또는 의미의 합의 방법을 목표로 한다.

- 관점에 명명을 하는 것은 상당히 직접적인 설명이다. 그러나 화자/글쓴이/작가가 그가 있는 특별한 **상황**을 **서술을 통해 다양한 방식으로 발전**시키는 것도 가능하다. 그렇게 텍스트의 이해를 위한 특별한 배경이 만들어질 수도 있다.

- 관점은 우리가 그를 통해 우리 주변의 환경을 인식할 수 있는 필터이다. 그리고 우리가 인지의 처리 시 영향을 받을 수 있는 기본입장이다. 그러한 **기본태도**는 논증을 구성하는 텍스트에서 종종 발견할 수 있고 참여자가 계속해서 채택하는 **고정 관념화된 공식**, 신념, 믿음, 지식 요소를 중심으로 구성된다. 이러한 방식으로 텍스트의 주제 구조의 관점 차원이 드러날 수 있다.

필자에게는 다음이 중요했다: 텍스트가 복합적 커뮤니케이션 과정의 특별한 단계일 뿐이라면 텍스트를 생산하고 수신하는 사람들과 매우 밀접하게 연결되어 있다. 개별 분석을 더 잘 수행하기 위해 이 결합을 느슨하게 할 수 있지만 간과해서는 안 된다. 그 연결과 함께 관점을 찾고 그것을 다루는 방법은 우리에게 지침이 될 수 있다. 간혹 이것은 또는 수신자를 고려하는 것이 텍스트개념을 와해시킬 것이라는 두려움은 필자의 견해로는 근거가 없다. 물질적 형성물로서 텍스트는 (근본적으로) 불변이다. 그러나 그의 이상적인 기준점의 끊임없는 변화, 이러한 변화에 관련된 사람들의 반응, 무엇보다도 관점의 처리, 커뮤니티에서 유효한(언어적) 관습을 통한 변화의 조정 및 제한에 관한 질문 모두가 매우 흥미롭지만 서로 관련될 수도 있는 다양한 유형의 주제 영역을 구성한다. 그 개념적 관련점의 지속적 변화에 관한 질문, 이 변화로의 관여자의 진입, 관점의 처리, 또한 공동체에서 유효한(언어적) 관례를 통한 변화의 조종과 제한에 관한 질문 모두가 매우 흥미롭지만 서로 관련될 수도 있는 다양한 유형의 주제 영역을 구성한다. 그밖에 텍스트생산의 시작은 표면상으로는 큰 확실성을 제공하는 것 같다. 의도에서 최종적으로 말해지는 것까지의 경로는 짧고 직선적이지 않으며, 발화수반행위(Illokution)의 개념적 도구가 텍스트생산에 관한 충분히 이해할만한 배경의 재구성을 위해서는 여전히 너무 단순하다. 그렇기에 필자는 지금 당장은 다양한 연관성과 가능한 설명을 하나의 텍스트 용어로 강요하는 것이 의미 없다고 생각한다. 텍스트에 관한 다양한 관점이 있다. 그리고 그것이 사실이기 때문에, 필자는 필자의 관점이 유일한 것이 아니라는 것을 역시 받아들여야 한다.

참고문헌

Briggs, Charles L./Bauman, Richard(1992): Genre, Intertextuality, and Social Power. - In: Journal of Linguistic Anthropology 2 (2), 131-172.

Graumann, Carl F.(1990): Perspectival structure and dynamics in dialogues. - In: Markovä, I./Foppa, K.(eds.): The Dynamics of Dialogue(New York et ah: Harvester Wheatsheaf) 105-126.

Härtung, Wolfdietrich(1985): Sprachliche Kommunikation und Linguistik. Offene Fragen einer kommunikationsorientierten Linguistik. - In: Zeitschrift für Phonetik, Sprachwissenschaft und Kommunikationsforschung, Bd. 38, H. 1, 3-24.

\- (1988): Zum Zusammenhang von Textkonstitution, Organisationsprinzipien und Textrezeption.

\- In: Hämisch, H./Michel, Georg(Hgg.): Funktional-kommunikative Aspekte des Sprachsystems und des Textes (=Potsdamer Forschungen, Reihe A, H. 89) 72-87.

\- (Hg.) (1991): Kommunikation und Wissen. - Berlin: Akademie.

\- (1996): Perspektivität im Gespräch. - In: Sitzungsberichte der Leibniz-Sozietät, Bd. 10, H. 1/2, 99-128.

\- (erscheint): Perspektiven-Divergenzen als Verständigungsproblem.

Hörmann, Hans (21977): Psychologie der Sprache. - Berlin, Heidelberg, New York: Springer. Kallmeyer,

Werner (Hg.) (1996): Gesprächsrhetorik. Rhetorische Verfahren im Gesprächsprozeß. - Tübingen: Narr.

Köck, Wolfram (51992): Kognition - Semantik - Kommunikation. - In: Schmidt, Siegfried J. (Hg.): Der Diskurs des Radikalen Konstruktivismus (Frankfurt/M.: Suhrkamp) 340-373.

Kotov, Renat G./Kurbakov, K.I. (Hgg.) (1983): LingvistiJfeskie voprosy algoritmiceskoj obrabotkisoob&enija. - Moskva.

Leontjew, Aleksej N. (1979): Tätigkeit, Bewußtsein, Persönlichkeit. - Berlin: Volk und Wissen.

Leont'ev, Aleksej A. (1982): Psychologie des sprachlichen Verkehrs. - Weinheim und Basel: Beltz.

Lurija, Alexander (1982): Sprache und Bewußtsein. - Berlin: Volk und Wissen.

Luther, Martin (1951): Sendbrief vom Dolmetschen. Hg. von Karl Bischoff. - Halle: Niemeyer.

Maturana, Humberto R. (1982): Erkennen: Die Organisation und Verkörperung von Wirklichkeit. - Braunschweig, Wiesbaden: Vieweg.

Rickheit, Gert (1995): Verstehen und Verständlichkeit von Sprache. - In: Spillner, Bernd (Hg.): Sprache. Verstehen und Verständlichkeit (=forum Angewandte Linguistik, Bd. 28) (Frankfurt/M. et al.: Lang) 15-30.

Rusch, Gebhard (21992): Auffassen, Begreifen und Verstehen. Neue Überlegungen zu einer konstruktivistischen Theorie des Verstehens. - In: Schmidt, Siegfried J. (Hg.): Kognition und Gesellschaft (Frankfurt/M.: Suhrkamp) 214-256.

Schmidt, Siegfried J. (s1992): Der Radikale Konstruktivismus: Ein neues Paradigma im interdisziplinären Diskurs. - In: Schmidt, Siegfried J. (Hg.): Der Diskurs des Radikalen Konstruktivismus (Frankfurt/M.: Suhrkamp) 11-88.

Stanzel, Franz K. (51991): Theorie des Erzählens. - Göttingen: Vandenhoeck & Ruprecht.

Tarasov, Jevgenij F./Sosnova, M.L. (1985): O formach suSiestvovanija teksta. - In: Ufimceva N.V. (Hg.): Reievoe obscenie: celi, motivy, sredstva (Moskva) 33-44.

Žinkin, Nikolaj I. (1982): Reć'kak provodnik informaeii. - Moskva: Nauka.

울리히 퓌첼 (트리어)

"퍼즐-텍스트"

텍스트개념에 관한 논평

1. 텍스트개념 문제

텍스트언어학을 소개할 때 일반적으로 다양한 문제점들이 텍스트개념과 결부되어 있다고 강조되고 있다. 그래서 볼프강 하이네만(Wolfgang Heinemann)과 디터 비베거(Dieter Viehweger 1991: 16)도 예를 들어 성경구절과 그 구절에 관한 설교 또는 문학텍스트와 이에 관한 주석 사이의 관계에 대해 서로 다른 의견이 존재한다고 언급한다. 이제 누군가 다음과 같이 말할 수 있을 것이다: 왜 거기에 문제가 있는가? 성경구절은 이론의 여지 없이 독립적인 텍스트의 한 부분이다: 이런 구절에 기반을 둔 설교 역시 성경에 나오는 게 아니라 설교단에 의해 행해진다. 그리고 성경텍스트의 생성과 설교텍스트 사이에는 수 세기에 걸친 오랜 시간 간격이 존재한다. 문학텍스트와 주석 사이에도 공간적으로 어느 정도 서로 분리된 것과 같이 역시 문학텍스트의 생성과 주석의 작성 사이에 시간적 간격이 있다. 앞에서 언급한 그 누군가도 각각의 텍스트가 서로 관련되어 있음을 분명히 인정하겠지만, 그는 또한 그 텍스트들이 서로 독립적임을 역시 강조할 것이다. 그는 성경구절, 설교, 문학텍스트에 대해 분명히 이 모든 텍스트가 독자적으로 수용될 수 있으며, 의심할 바 없이 읽는 즐거움을 주고 적어도 부분적으로는 괴테 텍스트에 관한 지식 없이도 읽기가 가능한 괴테의 "파우스트"에 관한 알브레히트 쇤(Albrecht Schön)의 주석과 같은 주석에 대해서도 마찬가지일 것이라고 말할 것이다.

필자가 위에서 언급한 그 누군가는 일상에서나 어문학-인문학적 전통에서 넓게 확산된, 텍스트는 명확하게 구분되고 전체적이며 독자적인 구성물이고 또한 일반적으로 일관된 의미(geschlossenen Sinn)를 갖는다는 견해를 지지한다. 여기서 포괄적인 평가가 허용된다면, 이러한 주장이 계속해서 텍스트언어학 설명에서 별 물음 없이 자리 잡고 있다는 것은 놀라운 일이 아니다. 예를 들어 제한성(Abgegrenztheit) 및 전체성(Ganzheitlichkeit)의 개념은 텍스트를 위해 주제가 "거시규칙(Makroregeln)"의 도움으로 도출될 수 있다는 토인 반 다이크(Teun van Dijk)의 이론에서 나온다. 반 다이크는 이를 "거시구조(Makrostruktur)"라고도 한다(van Dijk 1980: 45). 자율성 개념은 예를 들어 클라우스 브링커(Klaus Brinker)의 텍스트정의에서 찾을 수 있다. 그는 텍스트가 "전체로서 인식 가능한 의사소통 기능을 나타낸다(브링커 Brinker 1985: 17)"고 한다. 그러한 의미는 결국은 예를 들어 보그란데(Beaugrande)와 드레슬러(Dressler 1981: 88)에서 볼 수 있듯이 텍스트의미의 연속성과 정합성으로 수용되었다. 그러나 무엇보다도 이러한 텍스트이해는 텍스트언어학 설명의 예들에 반영되어 있다. 이는 하이네만(Heinemann)과 비베거(Viehweger)가 인용한 사례와 견줄 만한 사례는 거의 없기 때문이다. 그러나 이러한 예가 나온다면 '상호텍스트성(Intertextualität)'이라는 마법의 단어로 다뤄진다. 그러나 - 간접적이기는 하지만 - 그들에게 이것은 완전하고 자율적인 실체라는 주장의 강조일 뿐이다.*

필자는 이제 많은 경우, 아니 아마도 대다수의 경우에 문제 없이 다음과 같이 말할 수 있다는 것을 부인하고 싶지 않다: 이것은 텍스트이며 이에 관한 추가 논의는 불필요하다. 이 경우들이 논란의 여지가 없는 것은 텍스트 수신자들이 이 경우들을 평가할 때 생산자와 의견의 일치를 보았기 때문이다. 그렇지만 어떻게 그것이 예를 들어 Boccaccio의 "Decamerone"과 관계가 있는가? 우리는 당연히 Boccaccio가 단순히 단편 소설들을 늘어놓은 것이 아니라 오히려 매우 주도면밀하게 광대하고 세분된 텍스트를 생성했다는 것을 알고 있다. 그렇지만 솔직히 우리 중 누가 Decamerone을 처음부터 끝까지 완전히 읽었겠으며, 그중에 이 단편이나 저 단편만을 읽은 사람이 왜 없겠는가? 그렇다면 무엇이 텍스트인가? 우리가 읽은 각각의 소설인가, 아니면 읽지 않은 전부인가? 이를 좀 더 날카롭고 확실하게 표현하면: "Decamerone"을 전체로는 알지만 아주 막연하게만 알고 5일 차의 9번째 소설인 매의 이야기를 알고 있는 사람들에게 텍스트가 실제로 무엇인가 하는 의문은 나타나지 않는다.

텍스트는 - 이 예가 우리에게 주는 교훈은 - 이 세상에 자연적으로 생기는 것들인 돌이나 풀 또는 물고기 같은 것이 분명 아니라는 것이다. 텍스트가 무엇이냐는 우리가 어떤 언어현상을 텍스트로서 간주하는지 또는 아닌지에 달려 있다. 따라서 무언가는 그 자체로

---

* 여기서 상호텍스트성이 텍스트의 자율성에 관한 텍스트언어학적 개념을 뒷받침하기 위해 사용된다면, 이것이 만프레드 피스터(Manfred Pfister 1985: 12)의 의미에서의 "특정한 상호텍스트성"을 의미하는 것이지 "보편적인 인터텍스트(Intertext)"를 의미하는 것이 아니라는 점을 즉시 언급해야 한다.

텍스트가 아니고, 언제나 누군가의 이해에 따라서만 텍스트이다. 기울어진 그림의 경우처럼 이러한 이해가 변하는 경우가 분명히 있다. 어떤 관점에서는 5일째의 9번째 소설은 독립적인 텍스트일 수 있고 다른 관점에서는 포괄적인 텍스트의 부분으로 나타날 수도 있다. 그래서 우리는 누군가에게 무엇이 텍스트인지 물어야 한다. 그러나 이는 텍스트에는 수신자뿐만 아니라 반드시 생산자도 포함되어야 한다는 다른 애호되는 견해에서 벗어나기를 강요한다. 이것은 어떤 이유에서든 우리가 알지 못하는 개별 텍스트생산자를 가정할 수 있는 경우를 의미하지 않는다. 마찬가지로 〈일리아드(Ilias)〉와 〈오디세이아(Odyssee)〉 또는 〈구약성서〉와 같이, 혹은 대중매체에 확산된 대부분 텍스트와 같이 다수의 익명의 생산자가 텍스트 제작에 관여한 경우도 포함되지 않는다. 대신 우리는 수신자로서의 우리가 생산자가 우리에게 제공한 텍스트를 다루는 것이 아니라 주어진 자료에서 우리 자신의 텍스트를 만드는 동시에 우리 자신이 텍스트생산자라는 생각에 익숙해져야 한다. 어떤 면에서 Decameron의 독자는 그 소설을 읽을 때 하나 또는 몇 개의 소설을 읽는 것으로 제한할 때 그렇게 한다. 이것은 우리가 리모컨을 사용하여 채널을 로밍하고 다양한 프로그램에서 우리 자신의 “텔레비전 텍스트”를 조합할 때 극단적인 형태로 발생한다(관련하여 자세한 것은 슈미츠 Schmitz 1996 참조).

특정 경우에 텍스트가 정확히 무엇인지에 관한 질문에 대해 서로 다른 대답이 있을 수 있다는 사실을 알게 되면 세계문학에서 또 다른 예를 수집하는 것이 더는 어렵지 않다. 그 예는 “1001 Nights의 이야기”부터 “Canterbury Tales”, “West-Eastern Divan” 및 그 이상에 이르기까지 다양하다. 그러나 문학 외에, 특히 대중매체에서도 텍스트가 정확히 무엇인가에 관한 질문에 답하기가 항상 쉽지 않고 관점에 따라 다른 답이 나올 수 있음을 똑같이 볼 수 있다. 그래서 필자는 이런 종류의 텍스트를 간단하게 "퍼즐-텍스트"라고 부르는데 그 이유는 퍼즐처럼 서로 다른 조각으로 구성되어 있기 때문이 아니라 일상적인 텍스트이해와 전통적인 텍스트 언어적 관점에서 혼동될 수 있기 때문이다.* 그런 퍼즐을 위해 필자는 주로 '신문'의 인쇄매체에서 나오는, 한 경우에는 '텔레비전'의 시청각매체에서도 나오는 몇 가지 예를 제시할 것이다. 그렇게 함으로써 필자는 이 "퍼즐-텍스트"가 우연히 발생하는 것이 아니라 우리가 신문을 볼 때마다 마주치는 실제로 그것이 대중매체 '신문'이라는 것을 보여주기 위해 신문의 초기 시대로 돌아갈 것이다. 또한, 이 텍스트들이 시간의 흐름 속에서 그 출현 형태를 바꾸고 이러한 변화는 신문 커뮤니케이션의 변화와 관련이 있다는 것을 보여주고 싶다.

---

* 필자는 이 명칭을 선택할 때 사실 조각 그림 맞추기(jigsaw puzzle)을 생각했는데 지금 보니 이 비유가 그리 정확하지 않다. 조립 게임의 부분들은 어떤 내용도 알아볼 수 없을 정도로 잘려져 있다. 그러나 Decameron을 구성하는 부분이나 이 기고문의 뒷부분에서 논의되는 미디어 사례는 의미 있는 단위를 형성한다.

2. 통신원보도(Korrespondenz)에서 개별 보도까지

1609년의 예로 시작해보자. Wolfebütteler의 "Aviso"의 첫 호에서 발췌한 것이다.*

Auß Wien von Primo Jenner Primo Jenner

[1] Die Mährischen Gesandten/ so diese Tag allhie gewesen/ haben die Österreicher ansehnlich Intercession bey dem Köng gethan/ sein aber so wol als andere/ Male content von hinnen.

[2] der König hat den Obristen von Hoffkirchen nach Horn geschickt/ jhme alles Mündtlich befohlen/ auff den verwart man mit verlangen.

[3] Zu Horn wird diese Tag eine Generalberathschlagung gehalten/ alsdann wird man erfahren/ wo es hinauß wil/

[4] auff 14. diß/ sein alle Euangelische vnnd Catholische/ so gehuldiget/ allhero citirt/ da werden die Catholischen auch eine Versamblung im Landhauß halten/ allda man sie schetzen/ und neben einem Landtag Geld machen wird.

[5] Gleich jetzt hat man zu Hoff außgeben/ das die Euangelische Osterreichische Stendt/ vnd die Königischen zu Granuersdorfif in den Quardiern zusammen kommen/ vneins worden/ vnd die Königischen eingebüsset haben.

[6] Vor 3. Tagen hat ein Curier auß dem Reich von 6. Chur und Fürsten an jhr K. Maytt. ein Intercession Schreiben für die Stend allhero gebracht/ ist aber alles

---

* 슈뢰더(Schröder) 1995: 71 인용: 대괄호 안의 숫자 U. P.

vmbsonst/ das Schreiben ist 6. Wochen alt/ vnd an einem Ort verliegen blieben.

[7] Der König ist ein zeithero sehr unlustig/ darumb er beyde Ertzhhertzog Maxim, vnd Leopold nicht hinweg lassen wollen.

[8] Des Herrn von Heberstein Türg. Orators erwartet man teglich.

위 통신원보도는 제목에서 알 수 있듯이 1월 1일 빈(Wien)에서 발송된 기사이다.* 분석적 관점에서 이 통신원보도는 8개의 개별 보도로 구성된 것이다. 개별 보도로의 분류기준은 우선 단락구성이다: 내용 관련 기준을 적용할 경우 첫 번째 및 두 번째 단락의 예에서 가능한 것처럼 개별 단락이 기사들로 더 세분될 수 있다. 그것이 구체적인 예에서 올바른 판단이었는지 아닌지는 지금 논의할 필요가 없다. 왜냐하면, 여기서는 다만 뒤에 있는 문제가 중요하기 때문이다: 우리는 신문텍스트들이 분명하고 명확하게 구분된 것에 익숙하기 때문이다. 이와 반대로 17세기와 18세기의 통신원보도에서는 개별 보도들 사이의 경계가 명확하게 표시돼 있지 않고 분명하게 구분할 수도 없었다. 몇 개의 개별 텍스트로 하나의 통신원보도가 구성되는지 하는 물음에 분명하게 답을 할 수가 없었다. 아마도 그 질문이 틀릴 수도 있다. 우리는 통신원보도가 여러 텍스트로 구성되어 있다고 가정해서는 안 되며, 통신원보도 자체가 다소 명확하게 구별할 수 있는 일련의 하위 텍스트로 구성된 텍스트단위를 나타낸다.** 따라서 기사 [8]은 이전에 테마화 된 사건 중 하나와

---

* 최초의 독일 신문의 텍스트구조에 대해서는 슈뢰더 Schröder 1995 참조.

** 물론 그러한 생각이 예를 들어 슈뢰더의 보도경계의 재구성 가치를 바꾸지는 않는다

전혀 관련이 없으며, 그래서 독립적이다. 주목할 만한 것으로 생각한 것을 결합한 익명의 통신원은 그 기사들을 두 개의 별도 텍스트로 또는 밀접하게 관련된 것으로 본 것인가? 기사의 배열이 통신원의 기사작성에서 연원하는지 아니면 편집자의 작업인지 알 수 없으므로 이 보도의 배열도 최종적인 답변으로 이어지지 않는다.*

홍미로운 것은 통신원보도의 제목이 표준형식에 일치하게 장소와 날짜가 포함된 것이다. 이 제목의 목적은 무엇보다도 독자에게 기사의 출처와 발송 날짜를 알려주는 것이지만, 그다음에는 기사의 일부 부분을 이해하는 데도 도움이 되며, 따라서 이 기사들과 밀접한 관련이 있다. 우리는 예를 들어 헤드라인의 날짜 덕분에 첫 번째 문장에서 **diese Tag**(이 날) 아마도 12월 말**을 의미하고 **all hie**는 빈(Wien)을 의미한다는 것을 알 수 있다. 이러한 제목에 관한 언급은 첫 번째 문장뿐만 아니라 두 번째 문장에서도 찾아볼 수 있는데, **der König**는 빈에 거주하는 왕을 의미하기 때문이고, 다섯 번째 문장에서는 **Hoff**에 관한 언급이 빈의 궁정으로 이해될 수 있기 때문이다.

헤드라인은 신문독자가 기사를 이해하는 데 도움이 될 뿐만 아니라 선택 가능성이 매우 제한적이지만 기사를 이해하는 선택에 도움을 주기도 한다. 독자가 "신문"을 펼치면 통신원기사 위의 위치 정

(Schröder 1995: 68ff.).

* 잘 알려진 바와 같이 미디어텍스트는 많은 사람이 제작에 참여하는 속성을 가지고 있다. 독일 신문의 초창기에도 편집자들은 교정만이 아니라 편집적으로 개입했다(Schröder 1995: 84 참조).

** 이 시점이라는 가정이 높은 확률을 갖는 것은 보도의 시사성에 관한 슈뢰더의 고찰 때문에 뒷받침될 수 있다(Schröder 1995: 222ff. 참조).

보를 확인할 수 있다. 즉, 통신원기사 중 프라하, 빈, 베니스 또는 쾰른에서 송고된 기사 중 어떤 기사를 읽고 싶은지 또는 읽는 순서를 결정할 수 있다. 그러나 개별 통신원기사는 독자에게 처음부터 끝까지 읽히고자 하는 닫힌 블록으로 주어진다. 독자가 중요한 것을 놓치고 싶지 않다면 전체를 읽어야 하는데, 이는 그가 기사를 하나의 단위로 인식한다는 것을 암시한다. 하나의 단위로 인식된다는 것은 그림 1의 예에서 볼 수 있는 것처럼 외적 출현 이미지에 의해 뒷받침된다.

기사의 왼쪽 열에는 **런던, 1월 23일**이라고 제목이 붙은 블록이 있다. 그런 다음 왼쪽 아래에 두 번째 표제인 **Verona, 1월 24일**이 있으며, 이 기사는 오른쪽 약 2/3를 차지하는 블록 위에 있다. 첫 번째 블록은 여섯 또는 일곱 부분으로 구성된 통신원기사이다. 두 번째 블록은 Verona에서 프랑스 부대가 철수하였고 오스트리아 부대가 진입했다는 서로 연관 있는 보도로 형성됐다. 여기서 정확하게 보지 못한다면 이 두 블록은 완전히 다른 구조를 보여준다는 것을 알지 못할 것이다. 읽고 난 후에서야 통신원 보도가 무엇이고 전체적인 텍스트가 무엇인지 알 수 있다. 그렇지만 하나의 텍스트로 구성된 것 같은 두 번째 블록은 문제점을 드러낸다. 그 이유는 연대순으로 배열된 이 사건 보도에 대해서 광경의 묘사 하나가 추가되었기 때문이다: 얼마큼의 관객이 거기 있었고, 무엇을 관객들이 외쳤는지, 어떻게 도시가 치장되었는지. 수평의 선으로 구분된 이 시놉시스는 사건 보고서의 일부인가, 아니면 별도의 텍스트인가? 특파원은 이런 식으로 이 정보를 강조하고 싶었지만 다른 텍스트에 통합할 수 없었던 것인가?

통신원보도를 "퍼즐-텍스트"로 규정하고 싶은 사람은 이 퍼즐-

텍스트가 생산자가 보도가치 기준에 따라 그것을 조합하고 수신자가 그것을 읽기 단위로 인식한다고 주장할 수 있다. 더 나아가서 이 방식의 텍스트는 부분적으로 내용상 서로 일치하는 조각으로 구성됐다. 즉, 텍스트는 또한 읽을거리 선택에 관한 방향을 제시하고 이해를 돕는 헤드라인으로 함께 제공된다. 이런 방식의 텍스트형성은 신문커뮤니케이션에 있어서 대단히 유용했을 것이며, 19세기까지 유지됐다. 하지만 그 형태는 어떤 발전에 지배받는 것 같다. 이것은 내부 구조를 증가시키기 위해 글머리 기호를 사용하는 “Augsburger Ordinari Postzeitung”의 예에서 볼 수 있다.

19세기 후반에 뉴스가 엄청나게 증가하면서 신문의 크기가 커지

Augsburgische Ordinari Postzeitung

그림 1

Augsburgische Ordinari Postzeitung" Nr. 33 vom 7. Februar 179

고 내용의 범위가 넓어졌다. 이 모든 것은 신문생산자가 자료를 보

다 명확하게 구성하고 더는 신문을 처음부터 끝까지 읽을 수 없거나 읽을 의사가 없는 독자들에게 읽을 내용에 관한 더 많은 도움을 제공하는 조처를 하도록 강요하고 있다. 무엇보다도 이 기간에 섹션이 만들어지고 콘텐츠 제목이 나타나기 시작하는 반면 장소 및 날짜 정보는 장소 표시와 날짜 표시줄로 들어간다. 통신원 보도는 루브릭으로 나뉘며, 그 보도는 이제 그림 3의 예에서 볼 수 있듯이 명확하게 별도의 개별 텍스트를 형성한다(34페이지 참조).

이 발췌 부분은 두 번째 페이지의 왼쪽 아랫부분이다. **Telegraphic Dispatchen**이라는 루브릭은 왼쪽 아래서 시작한다. 각 보도는 장소와 날짜, “Frankfurter Zeitung” 특파원의 파견, 약어와 시간 **A. Trier, 1월 30일, 밤 9시 10분**으로 시작한다. 또한, 각 텍스트에는 한 단어 또는 단어그룹이 구별되어 제시된다. 이는 첫 번째 단어나 줄을 강조하기 위한 첫머리에 굵게 인쇄된 것(Spitzmarke) 이상이다(Meissner 1995: 122 참조). 그러나 그 Spitzmarke는 예에서 볼 수 있듯이 제목보다는 적다:

헤드라인과 “핵심단어”의 강조 표시는 읽는 사람이 선택적으로 읽을 수 있는 더 많은 기회를 제공한다. 관심 있는 보도를 찾기 위

Untergang des Norddeutschen Lloyd-Dampfers „Elbe".

Ein entsetzliches Unglück hat einen der großen deutschen Ocean-dampfer betroffen und tiefe Trauer wird Jeden ergreifen, der die lange Liste der Passagiere, welche wir bereits im zweiten Morgenblatte wiedergeben konnten, sowie die große Anzahl der Mannschaften mit der kleinen Zahl der Geretteten vergleicht. Schwach nur ist die Hoffnung, daß noch mehr Personen gerettet worden sind und selbst wenn das zweite Boot mit seinen Insassen landen oder von einem vorbeifahrenden Fahrzeuge aufge-

그림 2
Frankfurter Zeitung Nr. 31, Zweites MorgenbLatt vom 31. Januar 1895, S. 2

해 신문 페이지를 스캔하는 독자는 이제 격자체 키워드로 방향을 잡을 수 있으며, 상황에 따라서는 중간 굵기 위치 정보도 포함할 수 있다. 예를 들어 그의 시선이 황제라는 키워드에 고정되어 있다면 추가 이름 또는 장소제시로 황제가 누구인지에 관한 더 많은 정보를 얻을 수 있다: 즉 **Kaiser Wilhelm**: 또는: **Kaiser, Kaiserin, 107 Deputationen und Petersburg 또는: Kaiser와 Gier 및 Petersburg.**

이러한 관행의 전제조건은 한 문장보다 긴 보도 경향이다. 이렇게 무엇보다 제목을 위에 두거나 혹은 격자체 제목을 강조하는 의미가 있게 된다. 독자 지향적인 조치와 결합된 텍스트의 증가하는 양은 완전하고 전체적인 텍스트로서의 이러한 단위의 위상을 강화한다. 동시에 수신자는 선택을 통해 자신의 읽기 텍스트를 만드는 사람의 위치로 이동한다.

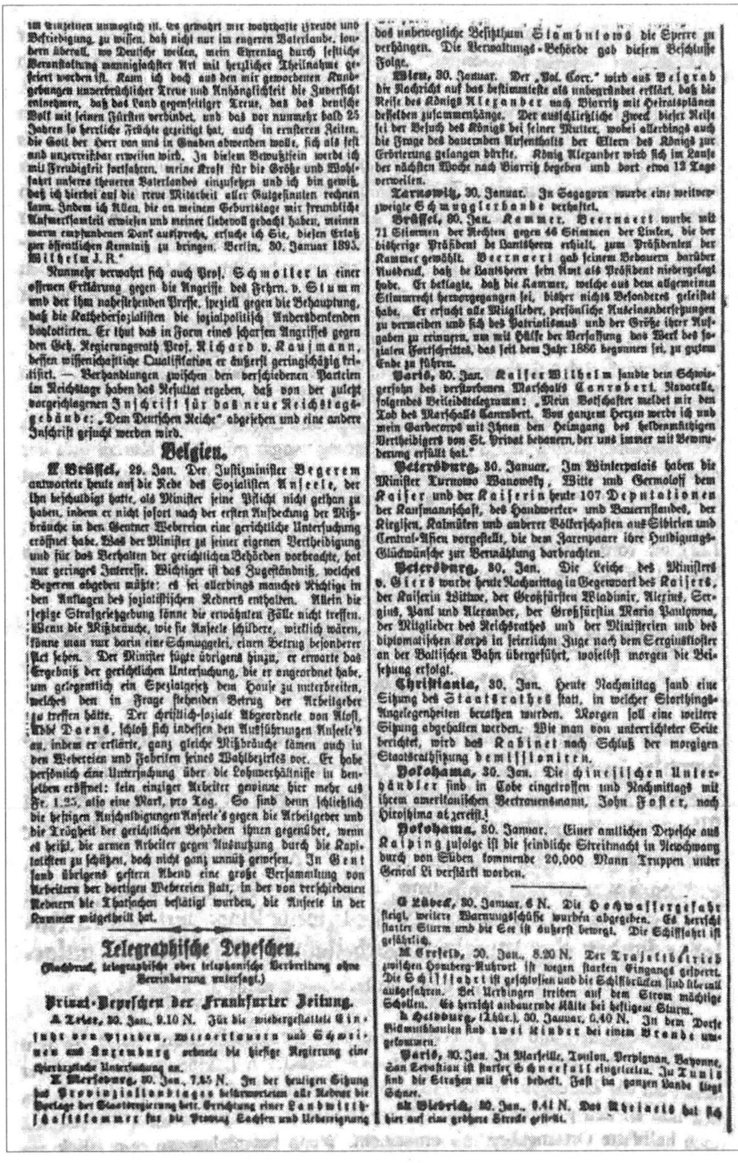

im Einzelnen unmöglich ist. Es gewährt mir wahrhafte Freude und Befriedigung, zu wissen, daß nicht nur im engeren Vaterlande, sondern überall, wo Deutsche weilen, mein Ehrentag durch festliche Veranstaltung mannigfachster Art mit herzlicher Theilnahme gefeiert worden ist. Kann ich doch aus den mir gewordenen Kundgebungen unverbrüchlicher Treue und Anhänglichkeit die Zuversicht entnehmen, daß das Band gegenseitiger Treue, das das deutsche Volk mit seinen Fürsten verbindet, und das vor nunmehr bald 25 Jahren so herrliche Früchte gezeitigt hat, auch in ernsteren Zeiten, die Gott der Herr von uns in Gnaden abwenden wolle, sich als fest und unzerreißbar erweisen wird. In diesem Bewußtsein werde ich mit Freudigkeit fortfahren, meine Kraft für die Größe und Wohlfahrt unseres theueren Vaterlandes einzusetzen und ich bin gewiß, daß ich hierbei auf die treue Mitarbeit aller Gutgesinnten rechnen kann. Indem ich Allen, die an meinem Geburtstage mit freundliche Aufmerksamkeit erwiesen und meiner liebevoll gedacht haben, meinen warm empfundenen Dank ausspreche, ersuche ich Sie, diesen Erlaß zur öffentlichen Kenntniß zu bringen. Berlin, 30. Januar 1895. Wilhelm J. R."

Nunmehr verwahrt sich auch Prof. Schmoller in einer offenen Erklärung gegen die Angriffe des Frhrn. v. Stumm und der ihm nahestehenden Presse, speziell gegen die Behauptung, daß die Kathedersozialisten die sozialpolitisch Andersdenkenden boykottirten. Er thut das in Form eines scharfen Angriffes gegen den Geh. Regierungsrath Prof. Richard v. Kaufmann, dessen wissenschaftliche Qualifikation er äußerst geringschätzig kritisirt. — Verhandlungen zwischen den verschiedenen Parteien im Reichstage haben das Resultat ergeben, daß von der zuletzt vorgeschlagenen Inschrift für das neue Reichstagsgebäude: „Dem Deutschen Reiche" abgesehen und eine andere Inschrift gesucht werden wird.

Belgien.

Brüssel, 29. Jan. Der Justizminister Begerem antwortete heute auf die Rede des Sozialisten Anseele, der ihn beschuldigt hatte, als Minister seine Pflicht nicht gethan zu haben, indem er nicht sofort nach der ersten Aufdeckung der Mißbräuche in den Genter Webereien eine gerichtliche Untersuchung eröffnet habe. Was der Minister zu seiner eigenen Vertheidigung und für das Verhalten der gerichtlichen Behörden vorbrachte, hat nur geringes Interesse. Wichtiger ist das Zugeständniß, welches Begerem abgeben mußte: es sei allerdings manches Richtige in den Anklagen des sozialistischen Redners enthalten. Allein die jetzige Strafgesetzgebung könne die erwähnten Fälle nicht treffen. Wenn die Mißbräuche, wie sie Anseele schildere, wirklich wären, könne man nur darin eine Schmuggelei, einen Betrug besonderer Art sehen. Der Minister fügte übrigens hinzu, er erwarte das Ergebniß der gerichtlichen Untersuchung, die er angeordnet habe, um gelegentlich ein Spezialgesetz dem Hause zu unterbreiten, welches den in Frage stehenden Betrug der Arbeitgeber zu treffen hätte. Der christlich-soziale Abgeordnete von Aalst, Abbé Daens, schloß sich indessen den Ausführungen Anseele's an, indem er erklärte, ganz gleiche Mißbräuche kämen auch in den Webereien und Fabriken seines Wahlbezirkes vor. Er habe persönlich eine Untersuchung über die Lohnverhältnisse in denselben eröffnet: kein einziger Arbeiter gewinne hier mehr als Fr. 1.25, also eine Mark, pro Tag. So sind denn schließlich die heftigen Anschuldigungen Anseele's gegen die Arbeitgeber und die Trägheit der gerichtlichen Behörden ihnen gegenüber, wenn es heißt, die armen Arbeiter gegen Ausnutzung durch die Kapitalisten zu schützen, doch nicht ganz unnütz gewesen. In Gent fand übrigens gestern Abend eine große Versammlung von Arbeitern der dortigen Webereien statt, in der von verschiedenen Rednern die Thatsachen bestätigt wurden, die Anseele in der Kammer mitgetheilt hat.

Telegraphische Depeschen.

(Nachdruck, telegraphische oder telephonische Verbreitung ohne Vereinbarung untersagt.)

Privat-Depeschen der Frankfurter Zeitung.

Trier, 30. Jan., 9.10 N. Für die wiedergestattete Einfuhr von Pferden, Wiederkäuern und Schweinen aus Luxemburg ordnete die hiesige Regierung eine thierärztliche Untersuchung an.

Merseburg, 30. Jan., 7.35 N. In der heutigen Sitzung des Provinziallandtages befürworteten alle Redner die Vorlage der Staatsregierung betr. Errichtung einer Landwirthschaftskammer für die Provinz Sachsen und Ueberweisung

das unbewegliche Besitzthum Stambulows die Sperre zu verhängen. Die Verwaltungs-Behörde gab diesem Beschlusse Folge.

Wien, 30. Januar. Der „Pol. Corr." wird aus Belgrad die Nachricht auf das bestimmteste als unbegründet erklärt, daß die Reise des Königs Alexander nach Biarritz mit Heiratsplänen desselben zusammenhänge. Der ausschließliche Zweck dieser Reise sei der Besuch des Königs bei seiner Mutter, wobei allerdings auch die Frage des dauernden Aufenthalts der Eltern des Königs zur Erörterung gelangen dürfte. König Alexander wird sich im Laufe der nächsten Woche nach Biarritz begeben und dort etwa 12 Tage verweilen.

Tarnowitz, 30. Januar. In Sagagorn wurde eine weitverzweigte Schmugglerbande verhaftet.

Brüssel, 30. Jan. Kammer. Beernaert wurde mit 71 Stimmen der Rechten gegen 46 Stimmen der Linken, die der bisherige Präsident de Lantsheere erhielt, zum Präsidenten der Kammer gewählt. Beernaert gab seinem Bedauern darüber Ausdruck, daß de Lantsheere sein Amt als Präsident niedergelegt habe. Er beklagte, daß die Kammer, welche aus dem allgemeinen Stimmrecht hervorgegangen sei, bisher nichts Besonderes geleistet habe. Er ersucht alle Mitglieder, persönliche Auseinandersetzungen zu vermeiden und sich des Patriotismus und der Größe ihrer Aufgaben zu erinnern, um mit Hülfe der Verfassung das Werk des sozialen Fortschrittes, das seit dem Jahr 1886 begonnen sei, zu gutem Ende zu führen.

Paris, 30. Jan. Kaiser Wilhelm sandte dem Schwiegersohn des verstorbenen Marschalls Canrobert, Navacelle, folgendes Beileidstelegramm: „Mein Botschafter meldet mir den Tod des Marschalls Canrobert. Von ganzem Herzen werde ich und mein Gardecorps mit Ihnen den Heimgang des heldenmüthigen Vertheidigers von St. Privat bedauern, der uns immer mit Bewunderung erfüllt hat."

Petersburg, 30. Januar. Im Winterpalais haben die Minister Turnowo Wanowsky, Witte und Germoloff dem Kaiser und der Kaiserin heute 107 Deputationen der Kaufmannschaft, des Handwerker- und Bauernstandes, der Kirgisen, Kalmüken und anderer Völkerschaften aus Sibirien und Central-Asien vorgestellt, die dem Zarenpaare ihre Huldigungs-Glückwünsche zur Vermählung darbrachten.

Petersburg, 30. Jan. Die Leiche des Ministers v. Giers wurde heute Nachmittag in Gegenwart des Kaisers, der Kaiserin Wittwe, der Großfürsten Wladimir, Alexius, Sergius, Paul und Alexander, der Großfürstin Maria Paulowna, der Mitglieder des Reichsrathes und der Ministerien und des diplomatischen Korps in feierlichem Zuge nach dem Sergiuskloster an der Baltischen Bahn übergeführt, woselbst morgen die Beisetzung erfolgt.

Christiania, 30. Jan. Heute Nachmittag fand eine Sitzung des Staatsrathes statt, in welcher Storthings-Angelegenheiten berathen wurden. Morgen soll eine weitere Sitzung abgehalten werden. Wie man von unterrichteter Seite berichtet, wird das Kabinet nach Schluß der morgigen Staatsrathsitzung demissioniren.

Yokohama, 30. Jan. Die chinesischen Unterhändler sind in Kobe eingetroffen und Nachmittags mit ihrem amerikanischen Vertrauensmann, John Foster, nach Hiroshima abgereist.

Yokohama, 30. Januar. Einer amtlichen Depesche aus Kaiping zufolge ist die feindliche Streitmacht in Newchwang durch von Süden kommende 20,000 Mann Truppen unter General Li verstärkt worden.

Lübeck, 30. Januar, 6 N. Die Hochwassergefahr steigt, weitere Warnungsschüsse wurden abgegeben. Es herrscht starker Sturm und die See ist äußerst bewegt. Die Schifffahrt ist gefährlich.

Crefeld, 30. Jan., 8.20 N. Der Trajektbetrieb zwischen Homberg-Ruhrort ist wegen starken Eisganges gesperrt. Die Schifffahrt ist geschlossen und die Schiffbrücken sind überall ausgefahren. Bei Uerdingen treiben auf dem Strom mächtige Schollen. Es herrscht andauernde Kälte bei heftigem Sturm.

Salzburg (Thür.), 30. Januar, 6.40 N. In dem Dorfe Rückmuthhausen sind zwei Kinder bei einem Brande umgekommen.

Paris, 30. Jan. In Marseille, Toulon, Perpignan, Bayonne, San Sebastian ist starker Schneefall eingetreten. In Tunis sind die Straßen mit Eis bedeckt. Fast im ganzen Lande liegt Schnee.

Biebrich, 30. Jan., 8.41 N. Das Rheineis hat sich hier auf eine größere Strecke gestellt.

그림3

Frankfurter Zeitung Nr. 31, Zweites Morgenblatt vom 31. Januar 1895, S. 2

3. 신문에서 텔레비전으로, 그리고 다시 신문으로

선택적 읽기의 가능성이 증가함에 따라 신문텍스트의 상태가 일반적으로 더 명확해지고 문제가 줄어들 것이라는 결론을 도출하려는 것은 잘못된 것이다. 대신에 신문텍스트가 특정 규모를 초과할 경우 선택적 읽기를 제공해야 한다는 새로운 압력이 나타나고 있다. 우리 모두에게 익숙했던 해결책은 소위 말하는 피라미드 원칙이다. 이 뉴스형식은 핵심정보를 포함하는 헤드라인, 다소 정교한 형식으로 핵심정보를 제공하는 리드 또는 서론텍스트, 추가정보 및 세부정보를 포함하는 본문의 세 부분으로 구성된다. 알려진 바와 같이 이 텍스트구조는 편집자가 메시지의 본질을 잃지 않고 텍스트를 끝에서 짧게 줄일 수 있도록 한다. 이 가능성은 또한 다양한 신문에서 원본 버전의 다른 버전을 찾을 수 있도록 사용된다. 모든 버전은 텍스트이다! 극단적 경우에 편집자가 헤드라인을 인쇄하는 것으로 제한할 수도 있다. 그리고 그 편집자가 일련의 제목을 함께 묶는다면 다시 우리는 일종의 대응 구조를 갖게 될 것이다. 독자는 다시 자신의 읽기를 다양한 범위로 확장할 기회를 얻는다. 독자는 헤드라인으로 제한할 수 있으며 그리고 필수 사항에 관한 정보를 받는다: 독자는 리드를 포함하고 조금 더 알 수 있다: 그는 마지막으로 본문에 전념할 수 있으며 그래서 관련성과 세부 내용을 알게 된다. 그 독자는 또한 그가 어디까지 읽는가에 따라 특정 텍스트와 관련이 있다.

새로운 매체가 나타날 때마다 항상 이 매체에 사용된 텍스트패턴이 어디에서 왔는지에 관한 물음이 제기된다. 텔레비전을 보자, 특히 텔레비전 뉴스를 보면 답을 찾기가 매우 쉽다: 최초의 텔레비전 뉴스 편집자는 신문과 라디오에서 왔고, 당연히 그들에게 익숙한 텍스트패턴을 가지고 왔다. 이런 점에서 텔레비전 뉴스에 앞서 언급한 피라미드 원리에 따라 구축된 텍스트가 있다는 것은 놀라운 사실이 아니다. 텍스트패턴이 새로운 매체에서 특정 방식으로 구현된다면 - 다른 경험에 따르면 - 매체의 특정 요구와 요구사항에 맞게 조정되는 것이 불가피하다. 이것은 피라미드 원리에 기반을 둔 메시지텍스트에 특히 해당한다.* 텔레비전은 순간적 매체이기 때문에 시청자에게 긴 텍스트를 읽어주면 그는 곧 부담을 갖고 지루해 한다. 텔레비전 초창기에는 더 긴 텍스트에 정지 이미지가 깔려 있었고 나중에는 영상이 표시되어, 예를 들어 다음 구성표에 따라 화면에서 사라진 화자를 대체한다:

1. 서론/Lead - 내레이터 on
2. 본문/Body - 영상(내레이터 off)
3. 본문/Body 연속 - 내레이터 on

이 단점은 메시지텍스트를 여러 구성요소로 분해함으로 첫 번째 단계에서 나타난다. 일반적으로 내레이터는 오프닝 크레딧이나 리드에 해당하는 텍스트를 읽은 다음 본문이나 주요 부분에 해당하는 특파원보고가 이어진다. 이에 - 전환으로 구분된 - 다른 특파원보고가 뒤따를 수 있다: 내레이터의 오프닝은 마무리 부분에 해당한다:

---

* 이에 관한 자세한 내용은 퓌첼 Püschel 1992 참조.

1. 오프닝 - 내레이터 on
2. 특파원보도 1
3. 전환 - 내레이터 on
4. 특파원보도 2
5. 마무리 - 내레이터 on

이는 부분들이 - 비록 어떻게든 전체를 형성하고 있지만 - 서로 다른 지위를 갖는다는 결과를 가져온다. 도입 보도는 뉴스룸의 책임이고 특파원의 보도는 해당 지역 저널리스트의 책임이다. 그러나 모든 것에도 불구하고 이 "퍼즐-텍스트"는 주로 리드 본문의 구조를 따르고 전환과 결론만 추가 요소를 형성하기 때문에 여전히 매우 긴밀하게 구성되어 있다.

미디어 특성적 적응의 다음 단계는 훨씬 더 급진적인 것으로 판명되었다. 보도 단위는 다음 부분을 내보이는, 그러나 반드시 그러한 것은 아닌, 텍스트 클러스터로 단편화된다:

1. 도입 - 진행자 주제 소개
2. 통신원보도
3. 전환 - 진행자 on
4. 문의 - 진행자 현장 기자 문의
5. 전환 - 진행자 on

6. 개요보도

7. 전환 - 진행자 on

8. 인터뷰 - 진행자 전문가, 정치인, 이해 관계자 인터뷰

9. 논평

10. 마무리 - 진행자 on

Organ-Entnahme: Spender müssen zuvor zustimmen

Gesetz kommt offenbar noch 1995

BONN. Eine gesetzliche Regelung der Organspende mit einer erweiterten Zustimmungslösung scheint noch in diesem Jahr möglich. Dabei kann die fehlende schriftliche Einwilligung des potentiellen Spenders zur Entnahme von Organen durch die Zustimmung der Angehörigen ersetzt werden.

Voraussetzung für die Entnahme von Organen wird voraussichtlich die Feststellung des Hirntodes durch zwei unabhängige Ärzte sein, die mit einer anschließenden Transplantation nichts zu tun haben. Das zeichnete sich am Donnerstag nach Aufnahme der offiziellen Gespräche von Koalition und SPD unter der Leitung von Bundesgesundheitsminister Horst Seehofer (CSU) und Rudolf Dreßler (SPD) in Bonn ab.

Alle Teilnehmer betonten die große Übereinstimmung und ihren Willen, im gesamten politischen Bereich und in der Öffentlichkeit nach einer breiten Übereinstimmung zu suchen. Zu den weiteren Gesprächen soll auch die Bundestagsfraktion von Bündnis 90/Grüne eingeladen werden. Dreßler meinte, Parlamentariern mit anderer Meinung müsse man die Möglichkeit zu einem eigenen Antrag geben. Dabei geht es vor allem um die Befürworter einer engeren Zustimmungslösung, bei der nur der niedergelegte Wille des potentiellen Spenders maßgeblich sein soll.

◊ Kommentar Seite 2
Themen der Zeit Seite 3

그림4

Trierischer Volksfreund" Nr. 99 vom 28. April 1995

퍼즐이라는 용어는 그러한 클러스터에 특별한 방식으로 적용된다. 그러한 텍스트 모음의 목적은 다양한 방식과 다양한 관점에서 사건을 조명하는 것이어야 한다. 또한, 시청자들이 순차적으로 처리할 수 있도록 부분적으로 정보를 제시하여 적절한 양으로 제공함으로써 재미를 더한다. 따라서 전반적으로 이해도를 높이는 조치를 다루어야만 했다.* 그러나 이러한 노력은 텔레비전이 모든 텍스트 절단에도 불구하고 수신자에게 전체 수신을 요구하는 순간적인 매체라는 사실로 인해 좌절된다.

인쇄매체로 돌아가면 최근에는 분명히 텔레비전 모델의 영향을 받은 인쇄매체에서 선택적 읽기의 가능성을 향한 더 일관된 단계를 볼 수 있다. 텔레비전의 애피타이저 문화 또는 교양 없는 보도는 잡지 "Focus" 또는 주간 신문 "Die Woche"와 같은 인쇄매체에 진입했다. 예를 들어 "Zeit" 독자가 읽어야 하는 긴 텍스트는 잡지와 주간 신문에서 그 자체로 수용될 수 있는 개별 텍스트, 다이어그램 및 그래픽의 클러스터로 분해되지만, 전체로서만 독자에게 더 많은 정보를 제공한다.** 그림 4의 비교적 단순한 구조의 예에서 볼 수 있듯이 일간신문에서도 점차로 이 옵션을 사용하고 있다.

---

* 이 관점은 우리가 이러한 수단들을 진지하게 이용하는 텔레비전 저널리즘을 다루고 있다는 것을 암시한다.

** 필자는 이 상황에서 저널리즘의 위치확정에 관심이 없다. 즉, McJournalism 또는 저널리즘의 맥도날드화(참조 슈미벤 Schnibben 1995: 바이쉔베륵 Weischenberg 1995: 330ff.)가 아니라 텍스트디자인의 형식에만 관심이 있다. 필자는 격렬한 공개 토론에서 비난받는 구성수단이 어떻게 다르게 사용될 수 있는지, 예를 들어 요하임 블움(Joachim Blum)과 한스-유르겐 부허(Hans-Jürgen Bucher)(Blum·Bucher 1994ff.: Bucher 1996)가 설명하는 것처럼 진지하게 사용될 가능성에 관심이 있다(Blum·Bucher 1994ff.: Bucher 1996).

Die besten Spielfilme

13.20 ZDF

Der gebrochene Pfeil

„Ich wollte die Indianer nicht als Wilde, sondern als Menschen zeigen", diktierte Regisseur Delmer Daves den Journalisten nach der Premiere dieses Films in die Notizblöcke. Das ist ihm gelungen. Daves bewegendes Epos über den steinigen Weg zum dauerhaften Frieden zwischen Siedlern und Apachen wurde zu Recht für drei Oscars nominiert. Foto: James Stewart und Debra Paget.

22.40 PRO 7

Stephen Kings „Der Feuerteufel"

Ein achtjähriges Mädchen kann durch Gedankenkraft alle Materie entflammen. Skrupellose Regierungskreise machen Jagd auf die Kleine – und verbrennen sich (nicht nur) die Finger. Spannende Verfilmung eines Stephen-King-Romans. In der Hauptrolle: Ex-„E.T."-Freundin Drew Barrymore (Foto).

TAGESTIP

22.20

Getäuscht

Die Antiquitäten-Restauratorin Adrienne Saunders lebt glücklich mit ihrem Ehemann Jack und der fünfjährigen Tochter Mary in New York. Eine perfekte Familienidylle – so scheint es. Doch dann geschehen grauenhafte Dinge: Ein Mord wird im Büro ihres Gatten verübt, und wenig später kommt dieser bei einem Autounfall selbst ums Leben. Adrienne ist erschüttert. Vor allem, als sie feststellen muß, daß John nicht der war, für den er sich ausgab. Sie stellt Nachforschungen an – und gerät in tödliche Gefahr. Bei der Kritik löste dieser Psychothriller ein geteiltes Echo aus. Während ihn das „Hamburger Abendblatt" als „spannend und solide gemacht" lobte, urteilte „Die Welt": „Ein nicht besonders origineller Seelenkrimi." Einig waren sich die Kritiker jedoch in einem: Komödien-Spezialistin Goldie Hawn (Foto r., mit John Heard und Ashley Peldon) überzeugt als zunehmend verstörte Frau, die feststellen muß, daß Liebe blind machen kann.

그림 5

Hörzu Nr. 16 vom 13. April 1995, S. 34

여기서는 리드 스토리가 이미 정보 그래픽과 결합 되어 있으나 페이지 2의 논평과 페이지 3의 배경보도를 참조하도록 혼합 형식과 관계가 있다. 여기에 한스-유르겐 부허 Hans-Jürgen Bucher(1996)가 제시한 예가 더 예시적이다. 여러 텍스트, 다이어그램 및 표의 조합이 엉성한 더미가 아닌 의미 있는 클러스터를 형성하기 위해 기자들이 주제를 준비하는 것이 얼마나 시간이 많이 소모되는지를 보여준다. 여기서 의미 있는 이라는 것은 수신자가 상대적으로 완결된 정보 상태에 도달하는 것을 의미한다. 이때 수신자가 어떤 순서로 이 조합의 부분들을 인식하는 가와 상관없다. 이 원칙은 “Hörzu”(그림 5)에서 발췌한 것에서 훨씬 더 명확해진다. 특히 프로그램 가이드는 수신자의 차별화된 관심에 부응하는 방식으로 프로그램 정보를 나누는 광범위한 기술을 개발했다.

토요일 최고의 영화에 관한 개요는 전체로 텍스트 클러스터를 형성하며, 그 일부 역시 클러스터라고 할 수 있다. 이 부분들은 각각은 (a) 장면 사진, (b) ShowView의 시간, 채널 및 가이드 번호가 있는 박스, (c) 장르 정보, 엔터테인먼트 유형, 등급 및 기타 정보, (d) 제목과 간략한 시놉시스가 있는 연속 텍스트(상황에 따라 영화에 관한 추가 정보 포함)의 4가지 요소로 구성된다.

이러한 클러스터는 4개의 창을 열어 4단계의 텍스트를 동시에 제시하는 하이퍼 텍스트처럼 배치된다. 사진이 확실히 눈길을 끌고 노란색 배경의 시간 상자도 시선을 끌기 때문에 독자는 이 텍스트 클러스터를 무작위로 이동하지는 않을 것이다. 그에 비해 간략한 정보와 연속된 텍스트가 있는 박스는 더 많은 수용 노력이 필요하다. 그러나 독자는 평가를 보거나 에로 영화가 제공되고 있는지를 보기 위해 오락 유형에 관한 정보를 보고 짧은 정보에 먼저 몰두할 수 있다. 수신전략이 무엇이든 독자는 어느 창에서나 읽기에 들어갈 수 있으며, 따라서 높은 수준의 선택적 읽기가 필요하다. 또한, 독자는 선택한 구성요소의 수와 순서로부터 자유로우며, 제공된 구성요소에서 많은 수의 텍스트가 구성될 수 있다.

4. 텍스트 - 관계적 단위

이러한 텍스트 클러스터를 사용하는 언론인과 카피라이터에게 목표가 무엇인지 묻는다면 분명 이러한 방식으로 독자가 원하는 정보에 빠르고 쉽게 액세스할 수 있어야 한다는 대답을 들을 수 있을 것이다. 그들에게 텍스트를 쓰는 방식이 텍스트언어학적 문제를 일으킨다고 지적하면 그들은 별 반응을 하지 않을 것이다. 이 텍스트의 소비자들 또한 이 지적을 무시할 것이다. 앞에서 설명한 텍스트에 관한 전통적인 이해가 있더라도 "퍼즐 텍스트"는 일반적으로 그들에게 문제를 일으키지 않는다. 이것은 텍스트언어학자가 텍스트가 실제로 무엇인지 질문해서는 안 된다는 의미가 아니라 일상이나 이론적 규명은 늘 이중적이라는 것이다. 그러나 텍스트언어학자들은 답을 찾을 때 경험적 결과물에서 출발해야 한다. 즉, 언어커뮤니케이션 자체를 살펴보고 언어적 현상에서 무엇이 발생하는지 확인해야 한다. 그리고 텍스트언어학자들은 행위 관련자인 생산자와 수신자가 언어적 현상을 어떻게 이러한 현상을 구성하는 데 있어서 그들의 역할은 무엇인지에 대해 좀 더 자세히 살펴야 한다. 이때 이러한 방식으로 텍스트는 정적인 생산물로 귀결되기 때문에 텍스트 속성 또는 텍스트 구성적 자질의 분석을 하지 않는 것이 논리적이다. 이 잘못을 피하려면 커뮤니케이션 과정이 전체적으로 조망되어야 한다. 우리는 생산의 측면과 수용의 측면 사이를 오가는 방식으로 관점을 전환하는 다단계 분석을 수행해야 한다. 필자는 "퍼즐-텍스트"의 다양한 예를 제시할 때 이것이 어떤 것인지 약술했다. 그러나 텍스트는 행위 관여자의 관점에서만 규정할 수 있는 관계적 단위로 남아 있다.* 그래서 물음은 "텍스트가 무엇인가?"가 아니라 "누가 어떤 것을 텍스트로 이해하는가?"이다. 자신의 언어생산물에 대해 생산자는 수신자와 다른 관점을 가질 수 있고 수신자들은 다시 언어현상에 대해 서로 다르게 이해를 할 수 있으므로 우리는 텍스트에 관한 질문에 대해 다른 대답이 나올 수 있다는 것을 받아들여야만 한다. 이것은 텍스트가 고정된 것이 아니라 동적인 것이라는 의미이다. 이는 우리가 미디어수용에서 주어진 자료를 사용하여 우리 자신에게 우리 자신의 고유 텍스트를 생산할 수 있다는 것을 분명히 한다.

---

* 이때 분석자는 의사소통 외적 관점에서 볼지라도 미디어텍스트의 이미지를 형성하려고 하는 행위참여자이기도 하다는 것을 유념해야 한다.

참고문헌

Beaugrande, Robert-Alain de/Dressler, Wolfgang Ulrich (1981) Einfuhrung in die Textlinguistik. - Tübingen: Niemeyer.

Blum, Joachim/Bucher, Hans-Jürgen (1994ff.): Textdesign in der Tageszeitung (6 Folgen). - In: Sage & Schreibe 7ff.

Brinker, Klaus (1985): Linguistische Textanalyse. Eine Einführung in Grundbegriffe und Methoden. - Berlin: Erich Schmidt.

Bucher, Hans-Jürgen (1996): Textdesign — Zaubermittel der Verständlichkeit? Die Tageszeitung auf dem Weg zum interaktiven Medium. - In: Hess-Lüttich, Ernest W. B./Holly, Werner/Püschel, Ulrich (Hgg.): Textstrukturen im Medienwandel (Frankfurt usw.: Lang) (demnächst).

van Dijk, Teun (1980): Textwissenschaft. Eine interdisziplinäre Einführung. - München: dtv.

Heinemann, Wolfgang/Viehweger, Dieter (1991): Textlinguistik. Eine Einführung. - Tübingen: Niemeyer.

Meissner, Michael (1995): Zeitungsgestaltung. Typografie, Satz, Druck, Layout und Umbruch. - München, Leipzig: List.

Pfister, Manfred (1985): Konzepte der Intertextualität. - In: Broich, Ulrich/Pfister, Manfred (Hgg.): Intertextualität. Formen, Funktionen, anglistische Fallstudien (Tübingen: Niemeyer) 1-30.

Püschel, Ulrich (1992): Von der Pyramide zum Cluster. Textsorten und Textsortenmischung in den Fernsehnachrichten. - In: Hess-Lüttich, Emest W. B. (Hg.): Medienkultur — Kulturkonflikt. Massenmedien in der interkulturellen und internationalen Kommunikation (Opladen: Westdeutscher Verlag) 233-258.

Schmitz, Ulrich (1996): ZAP und Sinn. Fragmentarische Textkonstitution durch überfordernde Medienrezeption. - In: Hess-Lüttich, Ernest W. B./Holly, Werner/Püschel, Ulrich (Hgg.): Textstrukturen im Medienwandel (Frankfurt usw.: Lang) (demnächst).

Schnibben, Cordt (1995): Der McJouraalismus. - In: Die Journalisten (= Spiegel special 1/1995) 49-50.

Schröder, Thomas (1995): Die ersten Zeitungen. Textgestaltung und Nachrichtenauswahl. - Tübingen: Narr.

Weischenberg, Siegfried (1995): Journalistik. Bd. 2. Medientechnik, Medienfunktionen, Medienakteure. - Opladen: Westdeutscher Verlag.

게르트 안토스 (할레)

지식구성 요소로서의 텍스트

텍스트언어학의 진화론적 논거에 관한 논제*

1. 문제제기

경험성(Empirizität)은 모든 학문의 기초이며, 그 구별능력은 그 백미이다. 그러나 이론성은 정당성이다. 어떤 학문이 무엇을 설명해야 하고 무엇을 설명할 수 있는지 분명하지 않으면 이 학문은 장기적으로 경쟁 분야와의 관계에서 주변화되거나 소멸할 것이다. 이는 또한 -텍스트언어학처럼- 그 대상의 가치로부터, 예를 들면 교수법적 중요성과 같은 실용적 가치로부터 똑같이 훌륭하게 기초가 세워질 수 있는 학문으로 간주되는 것처럼 보인다. 그러나 소쉬르(Saussure)이래로 스스로를 주로 이론적인 학문으로 여기고 예를 들어 가장 광범위한 이론적 가정과 관련되기 때문에 통사론-연구를 우선순위로 분류하는 언어학의 관점에서 이것이 충분한가? 따라서 텍스트언어학에도 적용된다: 결국 이론성은 경험성과 서술적인 섬세함(Subtilität)에 관한 결정적인 (유일한 것은 아니지만) 인식론적 열쇠이다.

"텍스트언어학이 무엇을 설명해야 하고, 무엇을 설명할 수 있는

* 비판적인 논평을 해준 앙겔리카 링케(Angelika Linke), 헬무트 파이케(Helmuth Feilke), 라인하르트 필러(Reinhard Fiehler) 및 예륵 바그너(Jörg Wagner)에게 감사하다.

가?"라는 질문은 다른 이유로 위험하다: 이론적인 합의는 결코 없었지만(참고 파터 Vater 1991) 대체로 연구실용적인 합의였던 텍스트 개념은 이제 이론적으로나 실질적으로나 **해체**되는 것처럼 보인다(참고 링케·누스바우머 Linke·Nußbaumer i.d.Bd): 텍스트의 해체주의적(dekonstruktivistisch) 개념은 말할 것도 없고, 구어성/문어성-논쟁에서 나온 구어적 담화개념의 독립, 하이퍼텍스트의 발전, 쓰기연구의 과정적 텍스트개념, 우리 "머릿속의 텍스트"에 관한 인지적 개념(누스바우머 Nussbaumer 1991) 또는 "상호텍스트성"의 모호한 개념(Linke·Nußbaumer i.d.Bd. 참조)이 언급되어야 한다.

"도대체 텍스트언어학이 무엇을 설명해야 하고, 무엇을 설명할 수 있는가?"라는 질문은 그 외에도 논증론, 화술학, 문체론, 쓰기연구 같은 경쟁하는 분야로부터 발생하기도 한다. 이러한 분야들이 요구와 실제가 통합적 텍스트언어학에 의해 어느 정도 반박될 수 있는지는 설명에 관한 요구에 관한 질문하고 답할 수 있는지 여부와 방법에 결정적으로 달려 있다. 이 분야들에서 이론적으로 형성된 몇 가지 답변은 아래와 같다:

1. 복합적 문장으로서의 텍스트(텍스트언어학의 문법적 근거)
2. 거시구조의 (주제 중심적) 확장으로서의 텍스트(의미론적 근거)

3. 복합적 기호로서의 텍스트(기호론적 근거)
4. 복합적 화행으로서의 텍스트(화용론적 근거)
5. "경직된" 담화로서의 텍스트(담화화용론적 근거)
6. 인식적 과정의 언어화로서의 텍스트(인식론적 근거)
7. 의사소통적-언어적 관습을 가능하게 하는 특별한 수단으로서의 텍스트(에리히 Ehlich 1994)*

이 글에서 이런 (증가할 수 있는) 근거시도를 설명하거나 논평하는 것은 적절하지 않다. 그러한 시도는 위 근거들이 모두 텍스트언어학적 연구의 중요한 관점을 강조하기 때문에 광범위한 시도가 될 것이다. 여기에서는 앞에서 언급한 텍스트개념의 해체와 관련된 부분적으로 새로운 설명이 시도된다.

2. 테제

이제 지식의 문화적 진화의 맥락에서 텍스트의 역할을 텍스트언어학의 "진화론적" 설명의 출발점이자 목표로 삼으려는 시도를 해보겠다. 부분적으로 심화하여야 하는(III.) 12개의 테제의 출발점은 서로 연관될 수 있는 두 가지 전제조건이다:

---

* "이런 의미에서 텍스트에 필수적인 것은 언어적 수단의 구조적 변화이며, 이는 특히 새로운 형식의 생성에서 나타난다. 이러한 언어적 수단들은 특수한 기억력의 구현을 통해 전통을 낳는 기능이 있으며, 따라서 단순한 복원을 넘어 직접적이고 상황에 메여있는 화행의 피상성(Flüchtigkeit) 극복을 보장한다."(에리히 Ehlich 1994: 18)

1. 문화적, 역사적, 기능적 다양성을 지닌 지식의 현대적 진화는 텍스트가 없었다면 불가능했을 것이다. 거기에는 - 텍스트언어학에서 크게 무시되는 - 그사이에 전 세계적으로 익숙해진 다양한 (사회-문화적, 경제적, 미디어적, 외국어 등) 형식의 텍스트 확산 및 수용도 포함된다. 텍스트는 문화적 진화과정에서 - 언어적 의사소통행위의 "발견된"* 부산물로서 - **복합적 지식의 구성 및 조직의 언어적으로 갖춰진 형태**로 발전했다. 이러한 입장이 대체로 간과되고 있다는 사실은 "빈 서클(비트겐슈타인 Wittgenstein, 카르납 Carnap)"에서 수행된 언어의 지식구성 기능에 관한 오해와 관련이 있다. 또한, 다른 한편으로는 지식은 언어적으로 다양한 형태의 조직에서 쉽게 추상화될 수 있다는 사실이 여기에 추가된다. 집단적(kollektiv)으로 유효한 지식(언어적 구성형식에 관한 추상화 클래스로 이해됨)이 항상 언어적으로 **표현된 지식** (그리고 사회-인지적으로 이런 방식으로만 존재함)이라는 사실은 잊히고, 텍스트의 구성형식은 사회적 진화의 과정에서 발전해야만 한다는 사실도 잊힌다: 무엇이 어떤 미디어, 장르, 양식에서 어떤 방식(양태, 시간적 또는 공간적 범위 등)으로 제시될 수 있는지(또는 그럴 수 있는지)**는 사회의 역사적, 사회-문화적 전통, 수요 및 기타 매개변수에 달려 있다. 부분적으로는 언어 안의 그리고 언어로 행

---

* 진부한 기능적 설명과 달리 파이케(Feilke)는 언어 및 의사소통수단이 일반적으로 행위의 "발견된" 가능성으로 범주화할 수 있다고 강조한다(파이케 Feilke 1996: 33f.). 필자의 생각으로는 여기에는 지식보관의 수단으로서 문어성과 이를 바탕으로 하는 지식확장이 포함된다.

** 여기에는 발화수반행위(Illokutionen)가 텍스트에서 어떻게 명백해지는지가 포함된다(참조, 에리히 Ehlich 1994: 25f.).

하는 행위의 사회-문화적으로 일반적인 형태와 전략에 관한 이 지식이 수사학, 문학, 언어학 등에서 학문적, 실질 지향적, 예술적 성찰의 대상이 되었다: 이를 명료하게 하려고 이하에서는 "텍스트적 구성지식"이라고 칭하기로 한다.*

2. 복합적 지식이 우리의 개인적이고 집단적인 삶의 많은 부분에서 텍스트적으로 기초를 이루는 지식이라는 테제는 인지론적 축소에 대항하여 좀 더 정확하게 규정되어야 한다: 텍스트는 단지 지식표현과 지식보관의 수단이 아니라(단지 인식적 개념, 구조, 과정의 언어적 '실현Realisate'이 아니라), - 쓰기연구가 보여주듯이(안토스·크링스 Antos·Krings 1989, 몰리토-뤼베르트 Molitor-Lübbert 1989) - 텍스트는 **개인적**이고 **사회적**인 지식구성의 중심 수단이다(역사-문화적이고 심리지각생성적 aktualgenetisch 관점에서). 필자는 이를 한편으로는 **지식의 세분화, 분리, 구조화**를, 다른 한편으로는 의사소통의 수용을 지원하는 목적의 지식 **제어, 비평, 변화**("수사학적" 지향)의 **제시와 표현**이라고 이해한다. 배포와 수신에 기반한 이러한 지식구성만이 텍스트(또 다시 지속적 배포 및 수용 과정으로서)를 지식 진화의 사회-문화적으로 효과적인 수단으로 만든다.

이런 두 가지 전제조건에서 필자는 - 훔볼트(Humboldt)와 비트겐슈타인(Wittgenstein)을 따르며 - 언어의 인지구성적 역할에 관한 언

---

* 2천 년이 넘는 수사학의 전통이 보여주듯이, 여기에는 텍스트생산 및 수신에 관한 절차적 "어떻게-지식" 뿐만 아니라 언어적으로 기초한 지식조직의 사회적으로 적절하고 유망한 형식 및 전략에 관한 선언적 지식이 포함된다.

어분석철학의 중심적 인식을 계승한다: 적어도 우리 사회의 모든 선언적 지식은 - 단순함을 위해 (숫자, 공식 등으로 나타낼 수 있는) 자연과학적 지식을 제외한다면 - 먼저 언어적으로, 더 정확하게는 텍스트적으로 근거한 지식이다. 오늘날의 인지언어학과 인지심리학은 언어분석철학의 이런 인식을 무시하거나 뒤집으려는 것 같다. 그렇기에 텍스트는 -때로는 의도치 않게, 그러나 과학적으로 시대착오적으로- 단순히 "사고의 외피(Kleid)" 또는 표현매체로 보인다. 이 과정에서 인지적 표현개념 자체가 매우 문제가 많다는 것이 간과된다(헤어만 Herrmann 1988).

여기에 형태관점의 강조가 추가된다: 텍스트는 언어적, 개념적, 지각적으로 사회적 인식의 **형태**이다(파이케 Feilke 1996: 55ff.). 여기에는 (부분적으로 전 세계적으로 매체적으로 매개되는) 명확히 **지식의 의사소통적 분포의 형태**로서 고려되어야만 하는 집단적 지식의 모든 의사소통적 사용방식 역시 포함된다. 그래야만 복합적 집단지식이 현대 사회에서 사회적 타당성과 관련성을 주장할 수 있다. 더 나아가: 이런 식으로만 지식이 사회-문화적일 뿐만 아니라 초 문화적으로, 즉 다른 문화에 대해 존재하고 존재할 수 있다!

형식-테제의 물리주의적 환원주의(Reduktionismus)와 대조적으로 텍스트는 **지식의 선택, 축적, 구조화와 표현의 사회적으로 미리 각인된 형태**로서 그 "존재"를 증명해야 한다는 점이 강조되어야 한다. 필자는 매체, 장르, 다양성, 스타일과 같은 다소 일반적인 형태 측면에 사회적 주제화 전통, 상호텍스트성 및 연상(Kollokationen) 외에 정보의 분배와 균등화 역시 포함한다(파이케 Feilke 1994, 1996). 지식선택, 축적 및 구조화의 측면에서 그것으로부터 결과가 나타난 전반적인 표현문제(안토스 Antos 1982)에 대해 다음과 같이 질문할

수 있다: 어떤 매체에서 도대체 무엇이 "언어화"될 수 있으며/돼도 되는지, 무엇이 테마화 되지 않고 남아 있는지 또는 심지어 침묵 되는지. 무엇이 언제, 어떤 순서로 그리고 어떤 강도로 언어화되는가? 그리고: 무엇이 (단지) 가정되거나 전제되는지, 무엇이 (함유) 의미되었는지, 무엇이 어떻게 표현되는지, 무엇이 어떻게 연결되는지, 무엇이 어떻게 구조화되고 정렬되는지, 무엇이 어떻게 구체화되고, 세분화되거나 도해 되는지 등등. 텍스트가 지식을 "언어화"하는 것이 아니라 텍스트가 무엇을 어떻게 언어적으로 "형성"(그리고 무엇보다: 무엇이 아닌!)하는가 하는 것이 텍스트를 특별하게 만든다. 거기에 내용 배열(물론 항상 이미 언어적으로 제시된 정보, 데이터, 사실 등)과 "**의미 있는**" 텍스트 간의 차이가 있다.

결국은 인지학적 쓰기연구의 관점을 텍스트언어학에 적용하는 시도가 이루어져야 한다. 이때 핵심은 과정적이고 역동적인 텍스트개념의 수용이다: 텍스트는 - 언제나 선택적으로만 지식을 형성할 수 있으므로 - 한편으로는 추가 텍스트생성을 위한 "중간지점"일 뿐이며, 다른 한편으로는 텍스트적으로 기반한 지식("머릿속의 텍스트")의 수용 처리를 위한 시작점이다. 따라서 매우 의식적으로 텍스트(복수형)들이라고 한다. 텍스트의 복수형은 개별 텍스트가 - 지식을 구성하는 기능에도 불구하고 또는 정확히 그 때문에 - 다른 지식 체계(사전지식 Vorwissen, 전제 및 추론의 활성화 등)의 활성화에 의존한다는 것을 나타내기 위한 것이다. 이 텍스트처리는 매우 빈번하게 추가 텍스트의 형성(예: 초록, 요약, 주석, 해석, 의역, 텍스트 간 업데이트 등을 통해)을 필요로 한다.

공시적 관점에서 이러한 과정적이고 역동적인 텍스트개념을 수용하려면 최근 몇 년 동안 콘라트 에리히(Konrad Ehlich 1994)가 개발한 통시적 영역에 관한 상응하는, 즉 텍스트생성적 접근이 필요하다. 그에게 텍스트는 "의사소통적-언어적 전승을 가능하게 하는 탁월한 수단"(1994: 18)이다. 텍스트는 문어적 의사소통의 조건과 특정한 사회-문화적 필요로부터 이해되며, "언어적 행위의 변혁"(1994: 19)으로 이끌었다. 이는 무엇보다도 다음에 적용된다:

i) 문자화를 통한 언어의 시각화(아래 참조):

ii) 문어의 발전:*

ii) 언어적 행위의 과성성의 사라심, 특히 언어/텍스트-생성 및 수신의 사라짐(비교 에리히 Ehlich 1994: 20):

iii) "발화수반행위의 망각":**

iv) 텍스트 형태관점의 강조:***

v) "문자와 학문의 공존"(1994: 33).****

---

* 텍스트의 발전에 결정적인 역할을 하는 문자언어의 발달은 그사이에 "그 규범적 특성으로 인해 언어를 혼자 대표하고, 그리고 그 언어라는 주장(에리히 Ehlich 1994: 29)"을 한다. 이러한 주장의 대체로 잊힌 결과는 언어개념 자체의 변화("언어학의 문자 언어 편향")이다:

** "전승방법의 발전은 본질적으로 언어적 행위의 명제적 차원을 발화수반적 행위보다 우월하게 하는 것과 관련이 있다."(에리히 Ehlich 1994: 26)

*** "(구두)텍스트에서 달성된 구조적 복합성과 비교하여 문어커뮤니케이션은 우선 구조적 빈곤이 특징이다. 이것은 문자매체에서 그리고 문자매체를 위해 새로운 형식적 다양성이 발전할 수 있고, 그리고 결국 이미 달성된 텍스트-형식과 구조가 문자매체로 옮겨질 수 있다는 사실의 기초이자 출발점이 된다. 그 결과 심지어 임의성의 지점까지 차별화되고, 전문화되고, 닳아 없어질 수 있는 명백히 의사소통과 무관한 다양한 텍스트 형식이 생성된다."(에리히 Ehlich 1994: 26)

**** "이런 의미에서 통시적 의사소통으로서 시간을 연결하는 수단으로서의 문어의사소통은 학문적 지식의 핵심이다."(에리히 Ehlich 1994: 37)

에리히 Ehlich가 텍스트의 문화적 진화를 지식의 보존에 매우 밀접하게 연결하지만, 그 과정에서 역사적으로 관련된 텍스트의 독립성 경향, 즉 텍스트의 독립화의 과정을 전달의 목적과 장르역사적 지식진화에 관한 그 가능성에 대해 숨기지 않은 것은 흥미롭다. 이러한 관점은 오늘날 문어커뮤니케이션이 주요 커뮤니케이션 형태가 된 것을 고려하여 아래에서 더 자세히 살펴보기로 한다.

12개의 논제:

위에서 서술된 전제들을 아래와 같이 12개의 논제로 세분하여 설명하고자 한다:

1. 우리 지식의 상당 부분은 텍스트로 표현되고 보존될 뿐만 아니라 실제로 언어적으로 **텍스트**로서야 비로소 **구성**된다. 이런 의미에서 텍스트는 역사적으로 그리고 체계적으로 **지식**의 **언어적 구성 형태**이며 물론 부차적으로는 그렇지만 단지 (개인적 또는 사회적) 지식의 언어적 **표현형태**가 아니다. 관점적이고 복합적 지식의 구성요소로서 텍스트는 모델이나 이론과 존재론적으로 관련되어 있다. 그것처럼 텍스트는 사회-인지적, 심지어 초 문화적 통용을 요구하며 텍스트적으로 구성된 "지식세계"를 생성한다. 이것이 종종 간과되는 것은 지속적인 생산, 수용 및 배포 과정의 중심요소로서의 지식의 언어적 구성을 본질적으로 텍스트에 지식을 단순히 집어넣는 (Instantiierung) 것으로 축소하는 환원주의와 관련이 있다.

2. 그런데도: 개인 또는 집단지식의 모든 기호적인 표현이 텍스트에서 적절하게 또는 알맞게 구성되거나 체계화될 수 있는 것은 아니다. 복합적 지식에서조차도 기호적 "표현"이 필요하지는 않다: (i) 베토벤의 피아노소나타를 휘파람으로 불 수 있는 사람이라고

이를 악보 형태로 기록할 수 있는 것은 아니다. (ii) 수학적-자연과학적 또는 "시각적", 다시 말해 그래픽적이고 회화적인 지식 대부분은 (일차적으로) 언어적이 아니라 기호적으로 근거한다. (iii) 지식의 많은 형태는 언어적으로 기초를 이루었지만 -메모, 리스트(vgl. 에리히 Ehlich 1994) 또는 관용어/상투어/속담/문학적 상투문구 등(vgl. 파이케 Feilke 1996)과 같이- 그러나 무조건 텍스트적으로 체계화하지 않았다. 그럼에도 아래와 같다: (iv) 우리의 개인 또는 집단지식 대부분에 대해 텍스트는 "유일한" 것은 아니지만, 집단지식의 사회적으로 가장 성공적인 복합적 구성형태와 체계화 형태이다.

3. 텍스트는 **사회-인지적으로 중요한 지식의 언어적 구조**를 위한 형식을 제공하기 때문에 복합적 지식의 조직형식이다. 이때 특별한 텍스트화를 통한 지식의 "구조적 형성"은 구조화되는 지식의 복합성의 정도가 상승하는 것과 같은 정도로 필요하게 된다. 지식구성 및 행동매개 관점에서 (그리고 텍스트생성 및 수신의 측면에서도) 이 지식의 선택적 및 관점적 "질서성"에 관한 필요성이 증가한다(본서의 하르퉁 Hartung 참조). 텍스트가 (기호적으로 기반한 지식구성의 다른 형태보다) 이러한 요구를 일관되게 더 잘 충족한다는 사실은 텍스트의 세 가지 속성에서 비롯된다:

i) 텍스트는 문자/인쇄매체를 통해 "지식을 시각화" 한다. 즉, 문자화의 역사적 과정(특히 인쇄술의 발명으로 촉진됨)은 언어를 더욱 쉽게 시각화하고 보관할 수 있게만 해주는 것이 아니다. 언어에 통합된 지식은 주제적으로 더 간결하고 일관성 있고 이해하기 쉬운 방식으로 표현되며 조망되고 비판적으로 검증될 수 있게 되었다. 그로 인한 명백한 역설적 결과: 지식은 문자화를 통한 지식의 시각화로 구성형식에서 그 특별함을 더욱 쉽게 잃게 되었다. 사람들은 여기서 - 칼 빌러

(Karl Bühler)에 기대어 - 텍스트의 역사적 발전과 보급(또한, 다양한 언어에서도!)으로 이미 구성된 사회-문화적 지식의 "언어분리(Sprachentbindung)"가 수반된다고 말할 수도 있다.

ii) 텍스트의 문화적 진화와 함께 텍스트는 "더 성찰적" 경향이 되었으며 상황과 무관한 "언어작품(Sprachwerk)"(칼 뷜러 Karl Bühler)으로서의 성격이 증가한다. "개념적 문자성"(코흐·웨스터라이허 Koch·Oesterreicher 1995)의 속성이 형식적 구조를 강조하는 텍스트의 속성(상황적 "분리(Entbindung)", 응집성, 분절성, 의미 압축 등과 같은)에 의해 널리 예시되는 것은 우연이 아니다. 이것은 극단적으로 명백해진다: 철학, 종교, 문학 그리고 많은 학문에서 텍스트(뷜러 Bühler의 "언어작품")의 "문학적" 형성은 텍스트(아리스토텔레스의 "실제"의 의미에서, 참조 Antos 1982)의 단순한 수단 관점 보다 우선된다.

iii) 텍스트는 오늘날 점점 많은 사람, 단체, 기구들을 통해 점점 더 쉽게 (더 저렴하고, 더 편하고, 더 빠르고, 더 목표를 잘 잡은) 수용될 수 있다.

4. 그러나 지식(전체론적으로 생각될 수 있는)과 언어적-순차적으로 전개된 텍스트의 동일시는 지식과 텍스트가 말하자면 서로를 위해 만들어졌으며 (적어도 심층구조적으로) 동형성의 구조를 갖는다는 생각처럼 적절하지 않을 것이다. 완전히 반대로: (계층적으로 구조화되고 전체론적으로 활성화 가능한) 지식의 선형 배열에 관한 언어를 통한 강요된 구속은 인류의 먼 문화적 발전으로까지 텍스트의 역사적 발전 및 전 지구적 분포에 관한 현저한 진화적 장벽으로 간주하여야 한다. 지식을 표현할 때 선택과 관점에 관한 구속은 그 가능성뿐만 아니라 지식의 축적, 분화 및 세부화의 한계와 결국에는 지식의 시간적, 논리적, 인과적 또는 수신자 지향적인 연결의 한계 모두 중요한 **제한**이다. 그 제한들은 왜 언어적 "외부 표출(Nach-Außen-Setzen)",

즉 텍스트 형태의 지식의 "외형화(Exothetisierung)"가 집단적 지식의 지속적인 기억, 활성화 및 처리의 단지 **보조수단**이었고 현재도 그러한지 설명한다. 이 보조수단의 역사적 다면적 진화적 독립(에리히 Ehlich 1992, 1994)을 통해서만 텍스트가 역사적으로 지식의 보관 및 표현과 같은 기능을 통해 결국에는 그 스스로 지식 진화의 수단이 될 수 있었다. 그럼에도 불구하고: 텍스트는 - 이미 강조하였듯이 "발견된" - 복합적 지식의 구성과 체계화의 부산물이었다.* 즉, 텍스트 형태로의 지식의 구성, 전승과 확산(분포)은 문화적-진화적으로 "자명한" 것이다.

여기에 덧붙이면: 의사소통적 사용맥락에서조차 텍스트는 지식의 구성과 조직에 "당연히" 도움이 되지 않으며, 그리고 전적으로 이를 위한 것은 전혀 아니다. 의사소통수단으로서의 텍스트의 의도성과 다기능성과 비교하면 텍스트의 구성 및 형성 측면과 (때로는 의도하지 않은) **지식형태의 의사소통적 배포 측면****은 기능적으로 대체로 부차적***이다. 텍스트 층위에 있는 "소통과 인지(루만 Luhmann)"

---

* 자주 다녀서 저절로 난 길(Trampelpfad)의 의도하지 않은 출현과 마찬가지로(켈러 Keller 1994), 텍스트가 항상 의도된 것은 아니었음을 지식의 구성형태로서 텍스트의 진화적 발전에 대해서도 가정할 수 있다!

** 대부분 사람과 조직 및 기관은 -고맙게도- 의견과 전통의 형성, 도서관, 기록 보관소, 통계사무소, 관공서 또는 저장소를 위해 문서적이거나 그 외 다른 매체적 전거를 남겨놓았는지 의식하지 못한다. 이는 지식의 의사소통적 확산을 위한 하나의 중요한 원천이다. - 완전히 다른 확산형태가 연례 도서박람회에서 구체화되고, 이는 다시 텍스트 기반 지식(예: 번역 및 활용권리)의 세계적 확산을 위한 전제가 된다.

*** 비교가 너무 대담해 보이지 않는다면: 성(Sex)을 번식으로 축소하고 그에 상응하게 의사소통을 지식의 진화로 축소하는 것이 의미가 적듯이, 번식과 지식진화의 관점에서 성과 의사소통을 설명하려고 하는 것은 정당하다.

의 이 두 번째 분리는 시스템 이론적(그리고 진화적 관점에서)인 단점이 아닐 뿐만 아니라 텍스트에서 의사소통 및 인지적 측면(파이케·슈미트 Feilke·Schmidt 1995, 파이케 Feilke 1996: 62f. 참조)의 (또한, 두 번째 층위에 위치한)"형식적 결합"을 위한 조건 그 자체이기도 하다.

5. 텍스트에서 "지식이 언어화되려면" 사회-문화적으로 알려진 지식, 즉, **이해된** 지식에 언어적으로 연결되어야 한다. 이러한 점에서 구체적인 텍스트는 특정 텍스트 또는 지식 세계의 사회-문화적 풀에서 지식을 선택하고 관점화 해야 한다. 그래야만 의사소통수단으로서의 텍스트가 생산자의 상호적 기대로 의도할 수 있고 수신자가 기대할 수 있는 목적을 달성할 수 있다. 다시 말해서: 수신자 또한 텍스트가 특정한 텍스트 세계의 전체 설명할 수 있는 지식을 병합하는 것을 기대하지 않는다. 그러므로: 선택성에 따라서 구체적인 텍스트에서는 항상 지식의 (텍스트생산자, 그룹 또는 사회의) 작은 부분이 특정한 관점에 대해 뚜렷하게 드러난다. 그밖에도: 특정 (임의로 좁은) 지식 복합체(사전지식, 전제, 추론 등 포함)의 전체 암묵적 지식(폴라니 Polanyi 1985)을 완전하고 자명하게 설명하려는 시도는 기본적 이유(위노그라드·플로레스 Winograd·Flores 1989 참조)와 실행 가능성 이유로 실패할 것이다. 그것은 또한 인지의 자율성을 의사소통으로 파괴하려는 근본적으로 무익한 시도일 것이다(그밖에 모든 독재자의 소망!).

6. 텍스트는 복합적 지식이 선택적으로 언어화되는 정도로 우연성 감소의 일반적 전제조건의 지배를 받는다. 즉, 시스템 이론적으로 텍스트유형, 스타일 등은 선택수단으로 이해될 수 있으며, 이는 '화용적 구조형성' 원칙을 따라야만 하는, 그로써 의도하고 이해하는 것을 위한 사회적으로 구속력 있는 선호도를 확정한다(파이

케 Feilke 1994: 22). 이러한 언어적, 문체적, 텍스트적 선택수단은 원칙적으로 의미의 무제한 가능성을 사전에 줄이고 반복을 통해 추가 의사소통에 사용할 수 있도록 유지하는 목적이 있다(파이케 Feilke 1994). 선택-모형과 그와 동시에 "의미"-모형은 우연성(참조. Antos 1996)의 감소에 관한 (의사소통적) 체계의 작동을 위해 결정적 역할을 한다. 지식의 구성요소와 조직형태로서의 텍스트는 특정한 언어적, 개념적, 지각적 형성과 같은 우연적 의미 잠재성을 감소시키고 사회적으로 구속력이 있는 선택수단으로서 특정한 "의미"-모형을 형성한다.

7. 이분법적인 설명(어떤 측면에서는 문법 영역에서)과 비교하여 텍스트언어학은 결정적으로 다음과 같은 다른 물음에 직면한다(참조, 누스바우머 Nussbaumer 1991: 25ff.): 왜 텍스트는 단지 **어느 정도** "훌륭하거나", "이해할 수 있거나", "적절할" 수만 있을까? 텍스트의 이런 단계적인 특징에 관한 설명은 텍스트가 다차원적이고 **언어적인** 형성물(오스틴 Austin, 안토스 Antos 1982 참조)이고 그로써 다양한 성공-차원에 예속되어 있다는 것과 관련이 있다.

8. 본질적이고 지각적 장점, 그러나 무엇보다: 텍스트가 "하나의 훌륭한 형태"를 가진다면, 이것은 본질적인 장점이다. 복합적 지식의 배열은 - 의식적이거나 무의식적으로 - "훌륭한 형태"의 특징을 사용하는 텍스트적 구성을 통해 지원된다(아래 참조). "훌륭한 형태"로부터 나온 훌륭한 형태의 재인식성(Salienz)은 텍스트의 생산과 수용을 쉽게 한다. 텍스트생산과 텍스트수용에서 텍스트조각(조각으로서)의 수월한 인식, "형태종결구속(Gestaltschließungszwängen)"의 수용, 혹은 언어적 구성에서 분할가능성과 균형가능성에 관한 지식은 우리가 텍스트의 구성과 수용에서 게슈탈트 심리학의 원칙과 일치

하는 (해도 되는) 기준에 좌우될 수 있다는 것을 보여준다.

텍스트유형과 텍스트종류가 “훌륭한 형태”를 갖는다면, 텍스트유형과 텍스트종류는 그에 상응하게 문화적으로 그리고 초 문화적으로 진화적 성과의 큰 기회를 얻는다. 기억을 촉진하는 서사시의 형식성(옹 Ong 1987)에서 “훌륭한 형태”는 이러한 원래 구전 형태의 지식*을 전달하는 데 결정적인 역할을 한다. 그러나 문해력(Literalität)의 승리 후에 많은 문화권에서 명백히 “훌륭한 형태”의 텍스트가 “고전적 텍스트”에 관한 표준 지침이 되었다. 유럽 문화에서 이것은 수 세기 동안 많은 라틴어 원형텍스트와 텍스트생산 과정 자체에 유효했다(참조, 18세기 말까지 수사학의 가장 중요한 역할). 이 시기 이후 지식 생산과 함께 사회-문화적으로 다른 형태의 지식질서로서의 텍스트유형과 종류의 증식과 분화도 증가하였다.

9. 많은 텍스트가 특히 그 형태, 분포 및 수용 측면에서 지식진화의 수단이 되었다: 이런 의미에서 텍스트는 지식을 **명백하게** 만들고, **분할하고, 구별하고, 상세히 기술하고, 발견 가능하게** 형성하고(검색-기능), **새로운 연관**을 만들어주고, **검증하고, 평가하고, 수정하고, 새롭게 구조화하고**, 알려진 지식으로부터 **새로운 결론을 끌어내고**, 각각의 새로운 상황적이고 사회적인 관계를 고려해서 **언어적으로 새롭게** 표현하는 가능성의 전제조건이다. 여기서 점점 더 중요해지고 있는 관점은 특정 미디어에 관한 액세스와 연결되어 있지만 다른 일반적인 조건(예: 교육 수준, 사회적 및 정치적 권력 관계, 외국어

---

* 텍스트의 “형태와 형태구성하기”에서 미학의 대부분 과소평가된 중요성에 대하여 픽스(Fix) 1996 참조.

능력)에 따라 달라지는 **지식의 의사소통적 분배**(Distribution)이다. 그러므로 어느 특정한 사회-문화적 텍스트세계의 텍스트를 분리하거나 정적으로(즉, 개인적 행위의 산물로서)가 아니라 동적으로 지식구성을 위한 과정의 시작점 또는 중간지점으로 간주한다면 구체적인 텍스트는 재귀적이고 상호적 생산 및 수용의 과정으로 통합되고 다시 연결된다. **지식분배, 변환** 및 **혁신**의 이러한 프로세스는 현재 전 세계적으로 일치하는 텍스트적으로 기반한 지식의 진화 근간을 형성한다.

10. 텍스트의 형대적 구조는 지식의 언어적, 개념적, 지각적 체계화이다. 그런 이유에서 텍스트는 인지구성적 관점에서 - 약한 의미임에도 - 세상의 관점에 대해 언어적으로 기초를 이룬 이론으로 파악될 수 있다. 텍스트가 "사회적 인식의 형태"로 이해된다면, 텍스트는 사회적으로 관여적인 지식세계를 미리 구조화한다. 따라서 구성주의적 관점에서 줄여서 다음과 같이 말해야 한다: 텍스트는 세상에 관한 (즉, 구조화되고 관점적으로 선택된 사실 복합체) 모델이다. 매핑이론과 관련된 오해에 대응하기 위해 신중하게 다음과 같은 내용이 추가되어야 한다: 텍스트로 이러한 세계(상호텍스트적 재관련 하에)가 언어적으로 먼저 **생성된다**(또는 수용 및 재생산으로 계속 **생성됨**).

11. 이론과 같은 텍스트는 우리에게 인지적 정리를 가져다준다. 지식의 복합적 언어적 구성 및 조직형태로서 그리고 사회-문화적 지식진화의 기초로서 텍스트는 열역학에 기반하여 "인지적 정보평균치(Entropie)"라고 할 수 있는 것(데닛 Dennett 1995 및 1996)에 대해 말하자면 고도로 구조화되고 조직화된 "섬들(Inseln)"을 형성한다. 다시 말해: 모든 인지적 정리와 마찬가지로 텍스트로 구성된 지식은 어쨌든 장기적으로 보아 상실된다. 이런 점에서 텍스트는 선택

성을 통해 항상 암묵적 (사회-문화적) 지식을 염두에 두고 구성되는 경우 특히 저항력이 약하다. 원칙적으로 예방할 수 없는 명시적 및 암묵적 지식의 손실은 문화적 작업(도서관 유지관리, 교육, 문헌학 등)을 통해 일시적으로 연기될 수 있지만, 텍스트의 "업데이트"를 통해서도 가능하다.

이러한 배경에서 텍스트는 먼저 진화론적으로 인지적 정리를 증가시키는 수단으로써 이해될 수 있으며, 다른 한편으로는 인지적 정보평균치의 일시적인 전환으로 이해될 수 있다. 다른 시스템과 마찬가지로 텍스트(기호학적 장르로 이해됨)는 한편으로 지식의 구성, (선택적 및 구조적)조직 및 "전승(즉, 재생산)"에 기여하여 인지적 및 사회적 정리의 증가에 기여한다. 동시에 텍스트는 지식의 파괴, 손실, 망각 및 위조에 저항력이 약하다/약해진다(그 밖에 이는 널리 오해되고 있는 어문학적 연구에 관한 진화론적 논거이다!).

12. 이 논제들로부터의 결론은 1. 새롭게 강조된 텍스트개념과 2. 진화론적 기초의 텍스트언어학이다: 이 텍스트언어학은 **사회적 지식형태의 생성(및 재생), 조직 및 전승, 그리고 지식의 사회적 사용형태**(의사소통적 분배 형태 포함)의 문화적 진화를 설명해야 한다. 텍스트언어학의 과제는 인지심리학, 지식사회학 및 기타 학문분야와 비교하여 지식의 언어적, 개념 및 지각 패턴 및 형식 그리고 의사소통적 사용방식과 관련된 (오늘날 전 세계적으로)지식진화의 관점을 설명하는 것이다.

3. 확장과 설명

3.1. 텍스트적 구성지식

텍스트를 생산하고 수용하기 위해서는 문화적 발전의 과정에서 텍스트 특성적인 지식이 요구되었다. 하이네만·비베거(Heinemann·Viehweger 1991)는 이를 다음과 같이 분류하였다:

- 언어적 지식
- 백과사전적 또는 전문지식
- 상호행위지식
- 발화수반행위지식
- 일반적 의사소통적 규범에 관한 지식
- 메타커뮤니케이션적 지식
- 보편적 텍스트구조에 관한 지식

텍스트에서와 텍스트로서의 무엇-지식((WAS-Wissen), 헤어만 Herrmann et alii 1992)의 조직과 대조적으로 - 필자가 선호하는 명칭대로 - 텍스트적 구성지식(어떻게-지식(WIE-Wissen))은 텍스트의 (대상-)지식의 사회적으로 적합한 언어적 발현을 위한 조건이다. 그러나 이러한 텍스트 구성지식에 선언적 지식만 포함되는 것은 아니다. 그보다 텍스트의 형성 및 수용은 쓰기 및 텍스트생산 연구에서 문제해결로 모형화되는 언어 구성 및 해석의 절차적 능력을 요구한다(안토스 Antos 1982, 몰리토-뤼베르트 Molitor-Lübbert 1989).

여기서 하이네만·비베거(Heinemann·Viehweger)의 목록으로 자세히 들어갈 수는 없지만, 다양한 지식이 텍스트에서와 텍스트로서 (대상-)지식을 조직화하려면 필요하다는 것이 분명해진다. 다시 말해서: 텍스트는 일반적으로 언어 지식의 원리(촘스키 Chomsky)에서 파생될 수 있는 형식의 문장들로 구성된다. 개인과 집단지식의 조직은 일반적으로 통사론적 지식보다 훨씬 더 많은 생산 및 수용지식이 필요하다. 따라서 최소주의적-명제적 접근과 대조적으로 텍스트는 언어적으로 기초한 사회적 지식의 진화 결과이자 기초인 진정으로 독립적인 형태라는 점을 분명히 강조해야 한다.

3.2. "훌륭한 형태"의 텍스트언어학적 원리, 개관

복합적 지식의 구성적 및 조직적 형태로 기능하기 위해 텍스트는 어떤 속성을 가져야 하나? 필자의 생각으로는 합당하게 본래의 텍스트언어학은 텍스트에 본질적인 세 가지 관점에 관심을 두고 있었다: **정합성**, **텍스트유형** 그리고 **테마적 배열**(브링커 Brinker 1988). 이 개념들로 기호학적 지식의 중심 배열 원칙과 관련이 맺어진다. 텍스트유형 및 주제에 관한 지식은 기호학적 배열의 보편적 조직형태, 더 정확하게는: 텍스트구조를 정의한다(예: van Dijk 1980의 의미에서 초 구조). 생산과 수용의 보편적 조건으로서 이러한 텍스트적으로 기반한 지식의 사회적으로 기대되는 구조형태는 원칙적으로 말하고 이해할 수 있는 것의 우연성을 줄인다. 이를 인지적으로 가능한 한 효율적으로 수행할 수 있으려면 사회-문화적으로 발전된 보편적 조건이 게슈탈트 심리학에서 "훌륭한 구성"으로 설명되는 형식을 기반으로 해야 한다. 언어학적 관점에서 이는 무엇을 의미할 수 있나? 볼프강 클라인(Wolfgang Klein)은 - 특히 L2-습득(1984: 93f.)의 맥락에서 - 텍스트화의 원칙을 발전시켰다. 필자는 이를 "훌륭하게 구성된" 텍스트의 구조를 위한 절차로 수용하였으며, 이를

보완하고 부분적으로 체계화하고자 한다:

1. "증가하는 의사소통적 역학의 원칙"(새로운 프라하학파(Prager Schule)의 의미에서). 다음과 밀접하게 관련되어 있으며 결합될 수 있는:
2. "테마-레마-구조의 원리"("알려진 것에서 새로운 것으로!")
3. "의미론적 연결성의 원리"(그 의미에 따라 함께 속하는 요소를 최대한 가깝게 위치!)
4. "지향의 원칙"(누가-, 어디서-, 무엇-, 어떻게-질문은 일반적으로 텍스트의 시작 부분에 대답해야 한다.)
5. "자연스러운 순서의 원칙"(사건을 실제 연대순으로 통지하라). 이것은 "사실적-주제적 연속성의 원칙"의 특별한 경우인 것 같다(내용적, 시간적, 논증적, 논리적 등으로 함께 속하는 것은 일반적으로 함께 제시하거나 별도의 생략으로 처리해야 한다).
6. Klein이 나열한 억양 표시 대신 발전하고 있는 "현대의 시각적 의미론"(Giesecke 1992)을 수용하여 문어 텍스트를 위해 "훌륭한 텍스트 디자인의 원칙"(예: 명확성, 가독성 등 관점에서)을 표현할 수 있다.

텍스트의 "훌륭한 구성"을 가능하게 하는 아래와 같은 다른 원칙도 있다:

7. 문제(Quaestio): 텍스트는 (텍스트의 기초가 되는 암시적인) 문제/논제(Frage)에 관한 복합적 반응(Antwort)으로 볼 수 있다. 이 논제는 텍스트의 거시적 및 미시적 구조에 관한 내용 관련 및

구조적 요구사항을 규정한다(Klein/Stutterheim 1992).

8. "텍스트적 기여(Beitrag)의 주제적 고정의 원칙"(텍스트의 정보를 통한 탐색하는 수단으로서의 텍스트 주제)
9. "텍스트-정합성의 원칙"(명확하거나 추론할 수 있는 의미의 맥락에 관한 언어적 표시)*
10. "복합적 지식의 구조화 원리"(인지적으로 처리 가능한 지식 분할)
11. "기여의 내적 균형의 원칙"(대략 동일한 지식 분할)
12. "전향적 및 소급적 원칙, 즉 일반적으로: 메타커뮤니케이션적 명료화"(개요, '사전 주최자', 문서의 틀, 문서에 관한 논평, 초록 등)

우선 텍스트언어학이 여기에 나열된 많은 요점을 자세히 다루었다는 점이 두드러진다 - 그러나 원리의 관점하에서는 드물다. 형식적으로 "훌륭한" 텍스트에 관한 이러한 텍스트화의 원리가 게슈탈트 심리학의 원칙에서 파생될 수 있다는 것은 논문의 양적 이유고 여기에서는 다만 주장될 수만 있다. 물론 이러한 원리는 더 정확하게 기술되어야 한다. 인터페이스 및 중복 문제뿐만 아니라 결합능력과 철저함 역시 더 자세히 논의되어야 한다. 마지막으로 이 원리는 텍스트유형에 따라 매우 다른 방식으로 예상되고 사용된다는 점도 분명하다.

---

* "정합성"의 형성은 텍스트언어학에서 매우 다양하게 논의된다. 문법적으로 명백한 지시(Referenz) 형태(파터 Vater 1992)를 시작으로, 텍스트 주제(브링커 Brinker 1988), "지시적 움직임(referentielle Bewegung)(클라인·슈터하임 Klein·Stutterheim 1992)", 주제성의 언어화 또는 추론의 국지적 형태에 이르기까지 다양하다. 정합성이 텍스트의 속성인지 또는 수신자의 수행과 판단의 결과인지에 관한 논쟁은 정합성의 원칙을 텍스트생산과 수용 모두에서 언어적으로 적극적으로 구현되는 원칙으로 이해하면 어느 정도 완화될 수 있다.

그럼에도 불구하고 텍스트의 매우 중요한 특징이 게슈탈트 심리학의 관점에서 재해석될 수 있는 이 원리의 제시로부터 설명될 수 있다: 텍스트는 "맞다" 또는 "그르다", "문법적" 또는 "비문법적" 등과 같이 이분법적으로 판단될 수 없다. 이는 텍스트가 다양한 성공-차원을 준수(안토스 Antos 1992)해야 하고 또한 단일 차원 내에서 스칼라적으로 판단되어야 한다는 사실에서 비롯된다. 둘 다 텍스트가 형식적인 측면에서 (언어, 개념 및 인식 측면에서) "훌륭한 형식"의 원칙(원칙들!)에 더 많이 예속된다면 "더 좋다"는 가정이 맞을 수 있다.

3.3. 지식세계의 모델로서 텍스트

지식은 많은 서술, 보고, 설명 및 논증으로 재생산될 뿐만 아니라, 우선 첫째로 생성된다. 그러나 이 사실은 일반적으로 발생에 관한 진술로 암묵적으로 이해되지만, 텍스트의 인지구성적 기능의 타당성에 관한 진술로 이해되지는 않는다. 분석적 언어철학 없이, 그러나 상징적 상호행위주의도 과도하게 부담을 주지 않으면서, 우리는 우리의 사회적 실제의 특정 측면이 이 **실제의 재현**을 통해서야 생성되고 그래야만 **사회적 타당성과 관련성**을 부여받을 수 있다고 주장해도 된다. 텍스트는 지식을 가시화할 뿐만 아니라, 지식을 사회-인지적으로 먼저 존재하게 한다!*

이 두 가지 대부분 상호대립적인 관점은 어떻게 서로 관련될 수

---

* 이것은 무엇보다도 오래된 텍스트나 비문이 - 해독된 경우에도 - 종종 우리가 아직 이해할 수 없는 이유를 설명한다. 텍스트의 사회적 타당성을 결정하는 것은 텍스트의 언어적 표현의 사실 Faktum이 아니라 (이것은 실제로 진부한 물리주의 일 것이다!), 사회적으로 (다르게) 고정된 실제구성의 유형 Wirklichkeitskonstitution 이다.

있나? 텍스트적 선택성은 인지적-지식구성 및 언어적-사회적 측면을 **전달하**는 데 결정적인 역할을 한다. 여기에는 다음과 같은 현상이 포함된다: 주제, 매체, 관점, 초점 또는 전경/배경 구성의 선택, 말한 것과 말하지 않은 것의 분포(즉, 전제, 명시적 및 추론 가능한 관계), 양태 선택(진리, 확률, 허구 - 그러나 진지함이나 농담 같은 것), 문체 및 기타 수단의 사용 등.* 이러한 모든 현상은 텍스트적 구조와 상호관련에 있다.**

이제 지식선택의 보편적 형식을 텍스트적 구조의 특성으로 가정하면 텍스트는 Raible에 기대어 어느 **특정 세계의 언어적으로 형성된 모델**로도 이해될 수 있다. 모델 및 이론과 마찬가지로 텍스트도 (특히) 규칙(작성자와 수신자의 머릿속에서)을 생성한다. 한 번 더: 무엇이 테마화 되고***, 무엇이 어떻게 집중되고, 발전되고, 가중되고, 상세화되거나 숨겨지는지는 선택성을 통해 텍스트구조에 결정적일

---

* 보편적 선택구조의 구성은 운률이 맞는 법원 판결이 즉시 책임 문제, 여기서는 심각성을 유발한다는 사실과 관련이 있다. 또는: 비트겐슈타인이 오늘날 독일 대학에 박사학위 논문으로 "Tractatus"를 제출한다면 어떤 반응이 나올까? 현재 형태의 "Tractatus"가 논문으로 받아들여질 수나 있을까? 텍스트언어학적으로 흥미로운 것은 (내용적으로 동기 부여된) 찬성론과 형식 지향적인 반론일 것이다.

** 바로 여기에 텍스트의 인지구성적 기능이 존재한다: 텍스트가 이 기능을 달성할 수 있으려면 복합적 지식이 텍스트 안에 그리고 텍스트와 함께 한편으로는 보편적으로 다른 한편으로는 선택적으로 구조화되어야 한다. 반 다이크(van Dijk 1980) 이후 보편적 텍스트구조를 형태적 관점에서 초 구조(Superstrukturen)를 의미론적 거시구조(Makrostrukturen)와 구별하는 방식으로 이해한다. 그러나 이것은 여기에서 "텍스트의 구조론"이라고 불리는 것을 소진하지 않는다. 여기에는 텍스트 선택성의 결과인 보편적 구조도 포함된다.

*** "시스템 이론적인 관점에서 커뮤니케이션의 주제는 사회적으로 구조화되는 기능이 있다. 커뮤니케이션은 주제가 필요하다. 주제는 상황이나 인식의 한 측면을 주제화하는 데서 비롯되는 불가피한 선택성을 통해 상황을 구성한다. 많은 주제가 가능하지만, 소수만이 의사소통으로의 입구를 찾는다(참조 루만 Luhmann 1985)"(파이케 Feilke 1996: 286).

뿐만 아니라 세계(들)에 관한 이론과 유사한 "접근"을 위한 수단이기도 하다. 텍스트의 그리고 텍스트에서의 이러한 "세계관"은 "잘못된 지식"을 수정하고 지식 검증 과정을 진행시키는 비판과 대안적인 텍스트 세계구성의 기초이다.

따라서 지식의 구조적 조직형태로서의 텍스트는 사람들이 의사소통 목표의 맥락에서 동시에 지식의 새로운 세계를 만들 수 있는 이유를 설명할 수 있는 선택구조에 결정적으로 종속적이다. 이러한 지식 세계는 - 의사소통 목표와 관련하여 뿐만 아니라 독립적으로 - 사회의 지식에 관한 개별 기여로 간주될 수 있다. 그것들이 얼마나 집단적 지식으로 받아들여지고 전승될지는 또 다른 문제이다.

텍스트가 어떤 특정한 세계의 모델로서 기능한다는 명제는 어떻게 구체화될 수 있는가? 우선 텍스트는 "실제"의 서술적 구성을 위한 모델 역할을 하지만, 우리는 예를 들어 엔터테인먼트와 소설에서 명백한 "세계"의 예술적 창작물을 만들기 위해 텍스트를 사용하기도 한다. 텍스트는 적절한 표현을 선택함으로써 세계(또는 세계의 흐름)를 보존 또는 변경하거나 - 법원 판결의 경우와 같이 - 사회적으로 특정 세계/실제를 확립하는 것을 목표로 하는 행동 및 행동결과를 형성하는 데 사용될 수 있다. 예를 들어 법이나 종교 분야의 텍스트는 궁극적으로 세계를 규정하는 역할을 한다.

텍스트를 보는 이러한 관점에서 필자에게 세 가지가 결정적인 것 같다:

1. 세계의 모델로서 텍스트는 정의상 '무언가의 모델'로서 정합적 의미연관을 생성한다.
2. 텍스트는 모델로서 **'무엇에 관한 지식'**을 통합한다. 그렇지 않

으면 명제상 비어 있게 된다.

3. 모델로서의 텍스트는 일반적으로 기본적인 의사소통 및 인지적 기본전제를 충족할 수 있도록 언어적으로 표현되어야 한다.

3.4. 지식진화의 구성요소로서 텍스트

쓰기는 일반적으로 자기 생각을 기록하거나 표출하는, 즉, '외부'로 전환함으로써 의사소통할 수 있게 만드는 수단으로 간주된다. 그러나 쓰기연구에서는 텍스트생산의 '인식적 기능'이 정당하게 강조된다. 그 의미는: 쓰기는 생각을 기록하는 수단일 뿐만 아니라 복합적 사고의 시각화 덕분에 새로운 지식을 생산하는 중심적 매체라는 의미이기도 하다(몰리토-뤼베르트 Molitor-Lübbert 1992). 다르게 표현하면: 계획적 쓰기는 "말하기와 쓰기에서 사고의 점진적인 완성"(안토스 Antos 1992)이라는 Kleist의 격언 의미에서 아이디어 생성에 기여한다. 특정 개인의 지식 생산의 개별적 과정에 관한 이러한 견해가 텍스트생산으로 일반적으로 전이되면 텍스트도 지식진화의 수단으로 볼 수 있다. 전제조건은 텍스트로 표현된 지식에 관한 이미 존재하는 "비판적 대중(kritische Masse)"과 같은 것이다. 일련의 행위를 통해 특정한 목적설정에서 새로운 지식이 생성될 수 있다. 이러한 행위들의 출발점은 지식을 텍스트에 시각화하는 것이다. 다음과 같은 행위들이 추가된다:

- 텍스트의 비교적, 비판적 수용(모순 없음, 완전성 등)
- 텍스트의 도움으로 지식을 발견할 수 있도록 함(검색-기능)
- 습득한 지식을 새로운 텍스트 컨텍스트에 배치
- 일관성에 관한 내재적 비교를 통해 지식 검증을 가능하게 함

- 다양한 지식의 평가
- 비교적 텍스트수신에 기반한 지식의 비판적 수정
- 텍스트적 지식의 재구성
- 추론, 즉, 결론형성을 통한 지식의 언어화

우리가 보듯이 이러한 행위들은 지식이 텍스트에서 명료해질 때, 즉 가시화될 수 있는 경우에만 더 큰 규모로 수행될 수 있다. 이러한 의미에서 텍스트는 텍스트생산 및 "아이디어 생성"의 추가 프로세스의 기초이다.

3.5. 진화론적 틀

진화는 대략적 고찰에서 서로를 기반으로 하는 질서의 조직으로 이해될 수 있다. 은하의 생성, 생물학적 자연의 진화, 특히 생명의 출현에 적용되는 것은 문화, 예술 및 학문의 진화에 대해서 적용할 경우 오늘날까지 논쟁의 여지가 있다(참조, 데닛 Dennett 1995 및 1996). 그럼에도 불구하고 많은 학문(예: 인지과학, 시스템이론, 구성주의)*에서 한편으로는 질서의 "자연적" 자기생산적 자기조직화와 다른 한편으로는 사회-문화적 자기조직화 사이의 확실히 분명한 차이는 포괄적인 이론적인 것들에 관한 모순을 의미하지 않는다는 견해가 증가하였다. 그 반대로: 오늘날 질서, 조직 및 의미의 생성(크론·퀴퍼스 Krohn·Küppers 1992)은 "자기조직화" 및 "창발(Emergenz)"

---

* 많은 참고문헌이 있다: 바렐라·톰슨(Varela·Thompson 1992), 루만(Luhmann 1985), 슈미트(S.J. Schmidt 1992, 1994).

과 같은 핵심 개념 아래 전적으로 통합적으로 관찰될 수 있다. 여기에는 "자연적"과 "문화적 진화" 간의 차이점에 관한 상세한 설명이 포함된다. 이를 어떻든 가정하면, 문화 영역에서도 항상 일시적인 질서의 증가가 있다고 가정하는 것이 의미 있다. 문화적 질서의* - 단순하게 말해서 - 이 더 높은 조직형태가 다른 질서구상에 대해 - 통제된 것이든 자연적이든 - 관철되려면 "전승(Vererbung)"의 형태를 발전시켜야 한다.

진화론의 원칙이 문화 발전에 사용되기 위해서는 문화적 지식의 "전승"을 위한 조직형태가 필요하며, 이는 한편으로는 매우 유연해야 하지만 다른 한편으로는 안정적이어야 한다. 복합적 문자화된 사회에서 "문화적 기억"(아스만 Assmann 1992)으로서의 텍스트는 또한 넓은 영역에서 "집단적 기억"(할바학스 Halbwachs 1991)을 나타내기 때문에 유연하고 동시에 안정적인 형태의 지식조직이 개발되어야 한다. 이는 한편으로는 앞선 의사소통(패턴)에 연결할 수 있게 하고 다른 한편으로는 계속되는 의사소통을 위해 반복을 통해 사용될 수 있도록 유지하는 것이다(파이케 Feilke 1994, 1996). 이는 문어적 텍스트로 인류의 발전에서 - 그러나 이는 매우 늦고 원래는 현저하게 일상적인 의사소통의 영역이 아닌 곳에서 - 일어났다.**

---

* "문화적 질서의 상위 조직 형태"라는 개념은 내용적 가치를 포함하지 않고 사회적 관행의 복합성에 관한 형식적 기준과 연결되어야 한다.

** 여기서 문자성의 역사를 - 부분적으로라도 - 서술할 수 없고, 서술해서도 안 된다. 아래 내용 정도만: 동양의 문자성은 경제 및 교서나 통치령 보존 분야에서 먼저 발전되었다(참조: 옹 Ong 1987). 이와 관련하여 HSK의 "문자와 문자성"(귄터·루드비히 Günther·Ludwig 1994·1996) 참조.

텍스트에 기반하고 따라서 사회적으로 구조화된 지식은 복제가 가능한 경향이 있어야 하는 복합적 형태의 조직형태(문장 또는 문장 구조를 넘어서는 것)를 필요로 한다는 사실은 진화론적 의미가 있다. 이것은 진화론적 전제로 인한 문화적 표현과 발전의 다양성을 정당화할 수 있다는 (매우 터무니없는) 주장과 전혀 관련이 없다. 그러나 이러한 문화적 발전 과정의 다양성이 진화론적 접근 방식에 반하여 적용되어서는 안 된다. 반대로: 다양성의 바로 그 사실(말하자면 돌연변이)과 무엇이 전달될 수 있는지에 관한 질문은 “인지적 평균치”라고 불리는 것과 관련이 있다.

먼저 “정보의 평균치”라는 개념에 관하여: 열역학 제2법칙에 따르면 모든 고립계의 Entropie는 시간이 지남에 따라 증가한다. 즉, 각 질서는 감소한다는 것이다. 생명의 발달은 질서가 꾸준히 감소하지 않는 형태 중 하나이지만, 이것은 때때로 구조성과 복합성의 증가세를 보여준다. 이것은 - 큰 도약을 하기 위해 - 물론 특히 여기에서 일반적으로 “지식”이라고 불려야 하는 것에 적용된다. 지식의 역사적 진화는 지식의 질서를 필요로 하고 요구한다. 특히 텍스트는 고립된 문장, 구술 내러티브 또는 시각적 표현과 대조적으로 반복적이고 비유적인 형식으로 인해 축적된 지식의 무한, 즉 무한한 형성 및 구조화된 설계를 허용한다.

상호텍스트적 표현을 통해 원칙적으로 확장될 수 있는 사회의 지식 축적을 추가하면 텍스트와 함께 - 적어도 이제 시작되는 정보의 디지털화까지 - 개인과 집단지식을 위한 구조성, 유연성 및 복합성 처리 측면에서 다른 모든 언어적 형태를 능가하는 우수한 구성 및 조직형태가 주어진다.*

여기에 설명된 과정은 물론 지식진화의 과정으로 설명될 수도 있다. 그러나 진화론적 관점에서 보면 - 위의 논의를 계속하면 - 배타적으로 일방적인 것이 아니다. 지식은 개별적으로나 집합적으로 구성되고 전달될 뿐만 아니라, 지식도 끊임없이 손실될 위험이 있다. 우리가 너무 잘 알고 있듯이: 인간의 지식, 즉 감각을 통해 경험할 수 있는 지식, 특히 시각적으로 표현된 지식은 물론 언어를 통해 전달되는 지식도 보관되지 않았거나 보관되지 않은 집합적 지식처럼 인간적 지식보존자의 망각과 죽음을 통해 상실된다.**

그러나 물론: 보존이라고 해서 지식의 "전승"이 보장되는 것은 아니다: 언어변화, 언어소멸, 지식 운반체 보관물의 붕괴(산성으로 인한 서적의 손상, 디스켓의 바이러스, 전쟁, 보관문제, 수용중단 등)가 이미 달성한 지식의 역사적 또는 사회 문화적 수준을 지속적으로 위협한다. 모든 인간적 지식의 이러한 경향적으로 위협적인 손실을 "인지적 엔트로피"라고 불러야 한다.

이러한 진화론적 이론적 배경에서 적어도 일시적으로 무질서에 관한 경향을 억제하거나 돌리는 텍스트는 이제 "인지적 엔트로피"

---

* 부정적 관점에서 본 완전히 비현실적인 사고실험은 여기에서 주목해야 한다: 잘 알려진 바와 같이 정치인은 최대 45초를 초과하지 않는 한 텔레비전 성명서에서 무엇이든 말할 수 있다. 이제 복합적 지식이 최대 45초의 키워드로만 재생산될 수 있는 방식으로 형태화되어야 하는 사회를 상상해 보자. 이를 넘어서는 지식의 모든 표현은 사회적 교류에서 철회된다(그리고 아마도 박물관으로 추방될 것이다). 분명한 것은: 이 관행이 도입되고 시행된다면 고도로 복합적 사회는 순식간에 무너질 것이다.

** 개별적 지식이 얼마나 손실되었는지는 "구술사"의 방법을 사용하여 삶의 경험을 구성하고 보관하려는 시도를 부정적으로 보여준다.

에 관한 수단으로 이해될 수 있다. 이러한 배경에서야만 이 두 첫 번째 테제의 의미에서 텍스트는 지식을 형성하고 그로써 구조화를 통해 축적하며 보존을 통해 지식을 "전승 가능"(재생 가능)하게 만드는 수단이라고 말할 때 그것이 의미하는 바가 명확해진다. 짧게 말해: 텍스트는 형식적 속성을 통해 복합적 인지적 질서를 만든다. 상응하는 텍스트의 출현, 즉 기호학적 질서의 역동적인 출현이 굳어지면* 생산과 수용에서 사회적으로 유효한 지식의 조직형태를 어느 정도 이용할 수 있다.

4. 결론

서적 인쇄의 출현 이후 지식의 중심적 사회적 구성 및 조직의 형태로서의 텍스트의 명백한 중요성은 오늘날 디지털화 및 정보제공의 시각화로 인해 시대에 뒤떨어진 것이 된 것 같다. 지식 혁명과 진화는 분명히 새롭고 더 우수한 형태의 지식표현을 해야 하고 진흥한다. 이 프로세스가 어떻게 진행되든: 텍스트언어학은 이를 무시할 수 없고 무시할 수도 없다.

---

* 창발 Emergenz은 관련된 요소의 특성이나 반응으로 설명할 수 없는 새로운 질서의 갑작스러운 출현으로 이해되지만, 오히려 특정한 자기조직화적 과정역학에 의해 설명된다(크론·퀴퍼스 Krohn·Küppers 1992: 7f.). 텍스트가 언어적 요소와 관계의 합으로 적절하게 정의될 수 없는 언어적 형태라는 사실은 일상적인 이해에 매우 가깝다. - "창발"이라는 용어는 텍스트 형식의 생성과 관련하여 확실히 문제가 있다: 필자는 세기의 전환기부터 문자적 인사말이 등장한 예를 들어 그 용어가 완전히 무의미하지 않다는 것을 보여주었다: 인접하고 상대적으로 구조화되지 않은 텍스트부분에서 새로운 질서가 매우 갑작스럽게 나타나고 - 여러 변형과 변종을 통해 - 짧은 시간에 일련의 예측할 수 있고 의례적인 텍스트 구절이 있는 독립적인 텍스트유형이 나타난다(안토스 Antos 1987 및 안토스 Antos 1995).

이를 위한 전제조건은 대상의 역사성이 해당 분야의 논거 중심에 위치해야 한다는 것이다. 이것은 문해력, 문학, 지식 간의 관계에서 특정한 문화적 발전뿐만 아니라 관점의 진화론적-이론적 확장에도 해당한다. 여기에 제시된 테제는 이러한 확장을 대비적으로 정당화하려고 시도한다. 진화론적 개념과 역사적-문화적 발전의 아이디어 사이에 다리를 놓으려는 이러한 시도에서 이론적으로 지향되고 실제로 동기가 부여된 많은 바람이 충족되지 않은 채로 남아 있음을 인정해야 한다. 그러나 결정적인 것은 그러한 다리가 가능하고 필요하다는 전거이다.

마지막으로 세 가지 주요 사항을 강조하고자 한다:

1. 텍스트와 이론은 사람들을 위해 인지적 질서를 세상에 가져온다. 텍스트는 사회적 인식의 특별한 언어적 **형태**이기 때문에 이를 수행할 수 있다(구성 측면). 텍스트는 바로 이 능력 때문에 (특히 통시적)의사소통을 위한 좋은 수단이기도 하다.
2. 텍스트는 그 구조를 통해 다른 언어적 형태와 구별된다(전형적으로 게슈탈트 심리학의 원리에 기초함). 이것은 복합적 지식조차도 적절하고 수용에 적합한 형식(조직 또는 형식 측면)으로 언어적으로 조직될 수 있는 방식으로 주제, 의미 및 문체 선택성을 보편적 구조성의 요구사항과 결합해야 한다. 텍스트적 선택성은 텍스트에 통합된 암시적 지식(사전지식, 전제, 추론, 텍스트 간 지식 등)과 명시적 지식으로의 분할을 조정한다.
3. 텍스트의 보존, 전승, 수신 및 업데이트는 지식의 "전승"에 도움이 되며 "인지적 엔트로피"(전승-측면)에 의해 지속적으로 위협을 받는다. 이런 의미에서 텍스트는 일시적으로 인지적

(따라서 어떤 의미에서는 문화적)질서를 유지하거나 증가시키는 수단이다.

세 가지 측면의 상호작용을 이론적으로 그리고 실제적으로 연구하는 것이 텍스트언어학의 과제이다. 따라서 예를 들어 쓰기 및 텍스트생산 연구와 인지심리학 연구는 구성관점 및 조직관점에서 텍스트언어학의 확장이다. 테마발전, 정합성 및 텍스트유형에 중점을 둔 전통적인 텍스트언어학은 여전히 조직 및 형식 측면과 관련하여 중심 연구영역으로 남아 있다. 마지막으로 수용연구, 문헌학 및 교수법은 전승의 측면에 초점을 맞춘 접근 방식이다.

참고문헌

Antos, Gerd (1982): Grundlagen einer Theorie des Formulierens. Textherstellung in gesprochener und geschriebener Sprache. - Tübingen: Niemeyer.

- (1987): Grußworte in Festschriften als 'institutionale Rituale'. Zur Geschichte einer Textsorte. - In: LiLi 17/Heft 6 5, 9 - 4 0 .

- (1995): Sprachliche Inszenierungen von "Expertenschaft" am Beispiel wissenschaftlicher Abstracts. Vorüberlegungen zu einer systemtheoretischen Textproduktionsforschung. - In: Jakobs Eva-Maria/Knorr, Dagmar/Molitor-Lübbert, Sylvie (Hgg.): Wissenschaftliche Textproduktion. Mit und ohne Computer (Frankfurt: Lang) 113-127.

- (1996): Jargon. Zum Prozeß der 'Hybridisierung' von Stilen am Beispiel der Verwaltungssprache. - In: Fix, Ulla/Lerchner, Gotthard (Hgg.): Stil und Stilwandel (=Leipziger Arbeiten zur Sprach- und Kommunikationsgeschichte 3) (Frankfurt: Lang) 27-48.

Assmann, Jan (1992): Das kulturelle Gedächtnis. Schrift, Erinnerung und politische Identität in frühen Hochkulturen. - München.

Beaugrande, Robert-Alain de/Dressler, Wolfgang 1981: Einfuhrung in die Textlinguistik. - Tübingen: Niemeyer.

Brinker, Klaus (1988): Linguistische Textanalyse. Eine Einfuhrung in Grundbegriffe und Methoden. 2., durchgesehene und ergänzte Auflage. - Berlin.

Dennett, Daniel C. (1995): Darwin's Dangerous Idea: Evolution and the Meanings of Life. - New York: Touchstone.

- (1996): Es geht auch ohne Gott und Geist. Darwins ätzende Idee zerfrißt die letzten Mythen. Als Sinn des Lebens bleiben nur Neugierde und die Liebe zur Wahrheit. - In: DIE ZEIT Nr. 8 (16.2.96)30-31.

Dijk, Teun A. van (1980): Textwissenschaft. Eine interdisziplinäre Einfuhrung. - München.

Ehlich, Konrad (1992): Zur Genese von Textformen - Prolegomena zu einer pragmatischen Texttypologie. In: Antos, G./Krings H.P. (Hgg.): Textproduktion. Ein interdisziplinärer Forschungsüberblick (Tübingen) 84-99.

- (1994): Funktion und Struktur schriftlicher Kommunikation. - In: Günther/Ludwig (Hgg.) Bd. I., 18-41.

Engelkamp, Johannes/Pechmann, Thomas (1993): Kritische Anmerkungen zum Begriff der mentalen Repräsentation. - In: Engelkamp, Johannes/ Pechmann, Thomas (Hgg.): Mentale Repräsentation (Bem/Göttingen) 7-16.

Feilke, Helmuth (1994): Common sense-Kompetenz. Überlegungen zu einer Theorie "sympathischen" und "natürlichen" Meinens und Verstehens. - Frankfurt: Suhrkamp.

- (1996): Sprache als soziale Gestalt. - Frankfurt: Suhrkamp.

Feilke, Helmuth/Schmidt, Siegfried J. (1995): Denken und Sprechen. Anmerkungen zur strukturellen Kopplung von Kognition und Kommunikation. - In: Trabant, J. (Hgg.): Sprache denken. Positionen aktueller Sprachphilosophie (Frankfurt: Fischer) 269-297.

Fix, Ulla (1996): Gestalt und Gestalten. Von der Notwendigkeit der Gestaltkategorie für eine das Ästhetische berücksichtigende pragmatische Stilistik. - In: Zeitschrift für Germanistik 2, 308-323.

Giesecke, Michael (1992): Sinnenwandel, Sprachwandel, Kulturwandel. Studien zur Vorgeschichte der Informationsgesellschaft. - Frankfurt.

Günther, Hartmut/Ludwig, Otto (Hgg.) (1994/1996): Schrift und Schriftlichkeit. Bd. I. u. II. (Handbücher zur Sprach- und Kommunikationswissenschaft). - Berlin: de Gruyter

Halbwachs, Maurice (1991): Das kollektive Gedächtnis. - Frankfurt: Suhrkamp.

Heinemann, Wolfgang/Viehweger Dieter (1991): Textlinguistik. Eine Einführung. - Tübingen: Niemeyer.

Herrmann, Theo/Kilian, Elvira/Dittrich, Sabine/Dreyer, Peter (1992): Was- und Wie-Schemata beim Erzählen. - In: Antos, G./Krings, H.-P. (Hgg.): Textproduktion. Neue Wege der Forschung (Trier: Fokus) 147-158.

Klein, Wolfgang (1984): Zweitspracherwerb. Eine Einfuhrung. - Königstein/Ts.

Klein, Wolfgang/von Stutterheim, Christiane (1992): Textstruktur und referentielle Bewegung. - In: Zeitschrift für Literaturwissenschaft und Linguistik 86,67-92.

Koch, Peter/Oesterreicher, Wulf (1985): Sprache der Nähe - Sprache der Distanz. Mündlichkeit und Schriftlichkeit im Spannungsfeld von Sprachtheorie und Sprachgeschichte. - In: Romanisches Jahrbuch 36, 15—43.

Krohn, Wolfgang/Küppers, Günter (1992): Emergenz: Die Entstehung von Ordnung, Organisation und Bedeutung. - Frankfurt/M.: Suhrkamp.

Luhmann, Niklas (1985): Soziale Systeme. Grundriß einer allgemeinen Theorie. - Frankfurt/M.: Suhrkamp.

Molitor-Lübbert, Sylvie (1992): Schreiben und Kognition. - In: Antos, G./Krings, H.P. (Hgg.): Textproduktion. Ein interdisziplinärer Forschungsüberblick (Tübingen) 278-296.

Nussbaumer, Markus (1991): Was Texte sind und wie sie sein sollen. Ansätze zu einer sprachwissenschaftlichen

Begründung eines Kriterienrasters zur Beurteilung von schriftlichen Schülertexten. - Tübingen: RGL 119.

Ong, Walter (1987): Oralität und Literalität. Die Technologisierung des Wortes. - Opladen: Westdeutscher Verlag.

Polanyi, Michael (1985): Implizites Wissen. - Frankfurt/M.: Suhrkamp.

Raible, Wolfgang (1980): Was sind Gattungen? Eine Antwort aus semiotischer und textlinguistischer Sicht. - In: Poetika 12, 320-349.

Schmidt, Siegfried J. (Hg.) (1992): Kognition und Gesellschaft. Der Diskurs des Radikalen Konstruktivismus 2. - Frankfurt/M.: Suhrkamp.

\- (1994): Kognitive Autonomie und soziale Orientierung. Konstruktivistische Bemerkungen zum Zusammenhang von Kognition, Kommunikation, Medien und Kultur. - Frankfurt/M.: Suhrkamp.

Varela Francisco J./Thompson, Evan mit Eleanor Rosch (1992): Der Mittlere

Weg der Erkenntnis. Die Beziehung von Ich und Welt in der Kognitionswissenschaft - ein Brückenschlag zwischen wissenschaftlicher Theorie und menschlicher Erfahrung. - Bern/München: Scherz.

Vater, Heinz (1992): Einführung in die Textlinguistik. Struktur, Thema und Referenz in Texten. - München: Fink UTB.

파울 R. 포르트만-첼리카스(그라츠)

텍스트구조 개발

쓰기연구와 인지적 텍스트언어학 사이의 몇 가지 연관성에 관하여

쓰기과정, 특히 수정 및 마무리과정에 관한 분석은 텍스트생성과정의 중요한 측면을 볼 수 있을 뿐만 아니라 그 과정에서 개발된 언어적 대상에 관한 접근을 가능하게 해준다. 필자는 소규모 텍스트구조의 개발에 특히 관심이 있어 이를 아래 설명의 테제로서 기초로 삼겠다. 이와 관련하여 쓰기연구의 관점과 생산자의 입장에서 텍스트언어학에도 관련이 있을 수 있는 몇 가지 고찰이 이루어지고 결론이 도출될 수 있다. 이는 텍스트언어학에 새로운 것은 아니지만 생산자 측 조건을 언급함으로써 특정 텍스트언어학적 구상을 지지하고 그 중요성을 높이는 역할을 할 수 있기 때문이다.

1. 문제 제기

최근 등장한 텍스트생산에 관한 다양한 연구들은 텍스트완성(Textelaboration)의 과정을 과거보다 더 정확하게 서술할 수 있게 해준다. 필자는 다음에서 일반적으로 참조할 특히 유익한 예부터 시작하겠다. 출처는 코르넬리아 라우(Cornelia Rau)의 책 “Revisionen beim Schreiben”(1994)이며 다른 곳에서도 사용되고 언급되

었다(참조 브로벨 Wrobel 1995: 108 및 브로벨 Wrobel 1992: 371).* 그러나 그것은 여기에서는 해당 문헌에서와는 완전히 다른 관점에서 활용되었다.

Heute erhielt ich die Rechnung für die Montage eines Laugenschlauches(incl. Materialpreis). Diese Rechnung kann ich nicht akzeptieren, da dieser Schlauch erst vor 20 Tagen durch Mitarbeiter Ihrer Firma - zusammen mit einer neuen Waschmaschine - eigenhändig installiert wurde.(나는 오늘 배수 호스 설치에 관한 청구서를 받았습니다(자재 가격 포함). 이 호스는 겨우 20일 전에 귀사 직원이 - 새 세탁기와 함께 - 직접 설치했기에 나는 이 청구를 수용할 수 없습니다.)

> ***(stöhnt) so, jetzt muß ich noch η ‹en bißchen sauer werden im Hinblick auf Kundendienstfragen***
>
> *Ich frage mich nur (unverständlich), welche Auffassung von Kundendienst Ihren Vorgehenzugrunde gelegt*
>
> ***hm, ts***
>
> *Da stellt sich die Frage, wieso muß ich einen neuwertigen Schlauch/*
>
> *wieso muß ich einen bereits bezahlten, neuwertigen/*
>
> ***also***
>
> *un/für mich ist es selbstverständlich, daß Material,*

---

* 예제는 Marburg 프로젝트 "Sprachproduktion(언어생산)"에서 가져왔다. 필자는 가독성을 위해 여기에서 표현을 변경하였다. 로그 데이터의 들여쓰기와 각각의 새로운 시작(라우 Rau에서는 슬래시로만 표시됨)에 관한 줄 바꿈은 모두 필자의 작업이다.

ts

welches nur noch nicht einmal einen Monat in Gebrauch is'

hi

daß Material, welches kaputt, zerstört is, nicht mehr funktionsfähig is/

nicht mehr funktionstüchtig ist/

daß Material, welches nach nicht 'mal einem Monat nicht mehr funktionstüchtig ist selbstverständlich/

Kosten für Material/

oh, nomma

Für mich ist es/

steht es außer Frage/

ist es keine Frage, daß Material, welches nach nicht einmal einem Monat/

nach nicht einmal einem Monat/

Da stellt sich also die Frage, warum muß ich/

Für mich

Was will ich denn sagen? Ich will sagen, daß man das Ganze einem Kundendienst unter/

aber schreiben

für mich war es bisher selbstverständlich, daß solche Schäden und entstandenen Kosten im Sinne eines Kundendienstes oder Dienst am Kunden von der Firma übernommen wird

Das is gut

Für mich war es bisher selbstverständlich, daß solche Schäden bzw. Kosten von der verantwortlichen Firma im Sinne eines Kundendienstes übernommen werden.(라우

Rau 1994: 108)(고객 서비스 의미에서 그러한 피해나 비용을 책임이 있는 회사에서 부담하는 것이 나에게는 지금까지 당연했습니다.)

지금까지 완성된 텍스트의 마지막 부분이 앞부분에 일반문자체로 있으며(라우Rau의 예에서는 첫 번째 문장이 빠져 있으며, 해당 문장은 브로벨 Wrobel 1994에서 가져왔다), 그 아래에 새로 수정되어 최종적으로 추가된 속행이 있다. 그 사이에 이탤릭체와 들여쓰기로 된 **생각말하기방법**(Methode des lauten Denkens)을 사용하여 수집된 텍스트완성을 제어하는 인지적 과정의 가장 의식적이고 텍스트적인 순간에 관한 정보를 주는 데이터의 사본이 온다. 작성자의 감탄사, 코멘트 및 “조정지시”는 굵은 글씨로 쓰여졌으며, 다양한 이유텍스트(Prätexte)는 일반적인 인쇄로 제시되었다. 이것은 텍스트요소들의 ‘최종적’ 표현 및 작성을 위한 기준으로서 사용할 수 있는 언어적 연속을 생성하려는 작성자의 시도이다.*

일반적으로 중요한 관점들이 이제 명확성과 복합성에서 가시화된다. 이 예에서는 완전히 일반적인 쓰기 현상이 이 명확성과 함께 기록되어 있다. 필자는 주석에서 이것을 언급할 것이며 동시에 이 예를 확실히 적극적으로 적용하고 추가적 고찰을 여기에 결부시킬 것이다. 그러므로 필자는 그것이 필자의 설명에 관한 전거로 이해되기를 원하지 않지만, 다른 데이터 및 일반 모델 가정에 의해 뒷받침되는 고려 사항에 관한 유용한 **출발점**으로 사용되기를 원한다는

---

* 이 이유텍스트에서 텍스트 관련 표현의도가 언어적 형태를 취한다. 텍스트생성을 위한 이유텍스트 개념과 그 역할, 그리고 수정이론을 위해서도 라우(Rau)와 브로벨(Wrobel) 참조.

점을 미리 밝히고 싶다.*

예제를 처음 읽는 순간 작성자가 텍스트와 관련된 추가 구성을 시도할 때 길을 잃었다는 것이 분명해진다: 작성자는 앞의 텍스트에서 이미 언급된 요소들을 고수하고 질문으로 귀결되는 무언가를 표현하려고 시도한다.

Wieso muß ich einen Schlauch bezahlen, der eh schon bei der Montage kaputt war? (설치 중 이미 파손된 호스를 왜 내가 지불해야 합니까?)

작성자는 몇 번 실패한 후에야 만족스러운 계속쓰기를 가능하게 하는 실마리를 찾는다. 이의신청서 형식에 의해 설정된 틀 내에서 최종적으로 작성되고 요구되는 내용은 주제와 진술의 초점에서 상당히 중요한 변화를 나타낸다.

Es ist selbstverständlich, daß solche Kosten im Sinne eines Kundendienstes von der Firma übernommen werden. (이러한 비용은 고객 서비스의 의미에서 회사가 부담하는 것은 당연합니다.)

우리는 여기에서 라우(Rau)와 브로벨(Wrobel)의 용어로 **구상적 수정**(konzeptuelle Revision)을 기록했다: 그들의 코퍼스 내에서 그것은 꽤 복합적 예이다. 일상적인 텍스트는 - 연구에서 다루는 - 일반적으로 매우 유창하게 작성되며 여기에 문서화된 범위의 이유텍스트

---

* 이 중 일부는 포르트만(Portmann) 1991, II/3.장에서 찾을 수 있음.

수정(Prätextrevisionen)은 특히 일반적이지 않다. 그러나 이것이 우리가 특별한 현상을 다루고 있다는 것을 의미하지는 않는다. 작성자가 여러 가지 이유로 복잡하거나 어렵다고 느끼는 텍스트를 쓸 때, 가능한 연속성을 찾는 그러한 순간은 일반적이며 개별 에피소드뿐만 아니라 전체 텍스트생성과정을 특징지을 수 있다. 여기에 기록된 '정확한 표현'에 관한 대대적인 탐색은 텍스트완성의 현상에 관한 창을 열어주며, 텍스트완성 현상은 아마도 '방해받지 않은' 프로세스에서도 역할을 하지만 그 내부 구조는 여기에서 특히 명확해진다.

필자는 여기에서 드러나는 주제적 전환과 그것이 달성되는 방식에 약간의 중요성을 부여한다: 그것은 쓰기연구에 관한 질문뿐만 아니라 일반적으로 텍스트와 텍스트구조에 관한 우리의 생각과도 관련이 있다. 다음 내용에서 이것이 명확해지기를 바란다. 필자는 아래의 질문에 관한 답변을 위해 몇 가지 요소를 찾으려고 노력할 것이다:

1. 적합한 표현을 찾는다는 것은 무엇을 의미하나?
2. 예에서 기록된 대로 표현-새로운 시도, 주제적 전이를 어떻게 설명할 수 있나?
3. 텍스트구조의 출현, 특히 의도와 텍스트 간의 관계에 관한 그러한 전이는 무엇을 드러내는가?

2. 적합한 표현 찾기: 수렴(Konvergenz)과 승인(Sanktionierung)

쓰기 시점에서의 텍스트완성은 텍스트와 관련된 의도와 계획에 의해 통제되지만, 미시적 영역(Mikroebene)에서 언어적, 내용적 실행은 이 의도나 계획에서 표시되지 않았거나 단지 암시적으로 나타난다. 현재의 명제문제에 관한 만족스러운 해결책은 쓰는 순간에 찾아야 한다. 이 사실은 쓰기연구에서 매우 다양한 방식으로 표현되지만, 그 핵심은 상식이다: 텍스트구조, 무엇보다도 로컬 영역의 구조인 '결속(Kohäsion)' 및 '정합성(Kohärenz)'과 같은 개념으로 텍스트언어학에서 다뤄진 대부분은 쓰기과정 자체, 현장에서 생성된다. 텍스트의 명제와 그와 함께 실현되는 텍스트의 (미시)구조는 표현하기(Formulieren)에서 생성되고 표현하기의 결과이다.*

라우(Rau)의 예는 표현이 항상 즉시 성공하는 것은 아니며 항상 즉시 성공할 수는 없다고 가정할 만한 이유가 있다는 예이다.** 어쨌든 텍스트요소들은 - **현재 맥락에서 말해질 수 있는 만족스러운 콘셉트**, 그리고 그에 관한 표현 - 종종 힘들게 생성된다. 이유텍스트가 중단된다면 이것은 작성자가 생성될 텍스트부분의 현재 인식된 모든 요구사항에 상응하는 언어 표현을 찾는 데 성공했거나 성

---

* 표현(Formulierungen)에 대해서는 안토스(Antos 1982)를 참조. 이 문헌과 이 기고문에서는 표현이 충족해야 하는 조건을 다룬다. 그 기원에 대해서는 케셀링(Keseling 1993): 106ff., 브로벨(Wrobel 1995): 82ff를 참조.

** '성숙한' 쓰기의 궁극적인 인식론적, 사고를 일으키고 변화하는 성격에 대해서는 스카르다말리아·베라이터(Scardamalia·Bereiter 1987), 랑어·애플비(Langer·Applebee 1987)을 참조. 물론 이러한 까다로운 쓰기 개념은 가능한 많은 개념 중 하나일 뿐이지만, 예를 들어 학교 졸업자의 쓰기능력과 같은 현재의 요구사항을 고려할 때 매우 적절한 것으로 보인다.

공한 것처럼 보인다는 표시이다. 이런 의미에서 이유텍스트는 텍스트생산에 영향을 미치는 요소들의 복합적 분야의 **언어적 수렴점**(Konvergenzpunkte)이다.*

이러한 요구사항을 모두 충족하지 않고 내용 관련 측면만 고려하면 결과는 텍스트에 관한 계획적 또는 논평적 담론이며, 감탄사와 같은 텍스트적으로 연결되지 않은 말하기이다(필자는 그것을 평가행위를 위한 극도로 축약된 신호로 해석한다, 아래 참조). 그리고 무엇보다 예시에서 작성자의 언급이 보여주듯이. 이러한 발화는 분명히 과제관련적이지만 - 여기서 생략을 다루는 것은 결코 아니다 - 텍스트관련적 표현을 생성하려는 시도가 아닌 것은 분명하다.

텍스트 구성적 활동의 결과인 이유텍스트는 잠재적인 텍스트 부분들이고, 그리고 그러한 것으로서 언어적 형태찾기(Gestaltfindung) 과정이 완료되기 전에 종종 즉시 평가된다. 이 예는 많은 그러한 표현시도의 즉각적인 평가를 보여준다. 이 평가는 대부분의 경우 추가 표현형태가 중단 없이 호출되기 때문에, 즉 표현프로세스가 완료되지 않았기 때문에 부정적인 것으로 눈에 띄게 된다. 이것은 새로운 접근법이 발견되고, 그 결과 표현이 명시적으로 "훌륭한"으로 평가된 후에만 발생한다. 글을 쓸 때 이 결과는 그리고 나서 **승인된다**(sanktioniert) - 그것은 위 예의 작성자가 재론하지 않으면 텍스트의 요소로서 - 최소한 잠정적으로 - 좋은 것으

---

* 안토스(Antos 1982)는 표현의 "성능관점", 텍스트생성으로서의 표현 또는 성공의 다차원성과 같은 다양한 질문에 따라 그의 책에서 표현의 많은 관련 측면을 분석한다.

로 간주되며 남게 된다.*

필자는 승인의 이 부분이 매우 중요하다고 생각한다. 승인은 적어도 "원숙한" 쓰는 사람과 아마도 쓰기에 어느 정도 익숙한 모든 사람을 위한 쓰기과정의 바로 **그**(den) 핵심은 아닐지라도 쓰기과정의 하나(ein)의 핵심이다. 쓰기연구는 쓰기과정에서의 인지적 활동의 통제와 관리 관점인 메타인지에 여러 해 전부터 주목하였다: 이 초인지적 구성요소는 이 표현의 승인에서 다음 두 가지 방식으로 특히 분명하다:

- 이 초인지적 구성요소는 표현의 거부나 수용에서 다른 곳보다 더 명확하게 나타나며, 무엇보다 쓰기과정의 메타인지적 제어 **효과**가 매우 중요하다,
- 이 초인지적 구성요소는 이 평가의 **수준**(항상 관련 규범 및 기대와 관련하여)에서 표준 또는 기준의 명확성과 적절성 및 성공적 조정을 보여준다.

---

* 많은 글쓰는 사람들이 특히 어려운 과제에서 적용하는 '모색하며 쓰기(suchendes Schreiben)'는 흥미로운 중간 형식이다: 표현되지만 표현의 적합성 측면에서 요구사항이 줄어든다. 그것을 쓴다는 것이 승인을 의미하는 것은 아니며, 나중에 광범위한 수정이 필요하다는 것을 처음부터 감수해야 한다. 이것은 일반적으로 일상적인 텍스트에 사용되는 쓰기 방식이 아니다.

쓰기연구는 텍스트요소의 평가에 중요한 개별 요소를 명시적으로 다루지 않았다. 쓰기연구는 텍스트계획, 그리고 작성자의 의도가 정교함의 다양한 층위에서 제어절차를 가능하게 하고 떠받치는 결정적인 수단이라고 반복해서 지적하였다.* 이는 분명 정확하지만, 그러나 충분하지 않을 수 있다. 텍스트는 피상적으로만 계획되는 경우가 많으며, 정교한 계획이 있는 경우에도 텍스트적 세부구조에 관한 대략적인 표시가 없거나 대략적인 내용만 포함된다. 따라서 텍스트를 구현하고 해당 표현을 평가할 때 텍스트 특성적 계획뿐만 아니라 일반 지식 및 일반 규범 또는 규칙이 역할을 한다고 생각해야 한다. 필자의 견해로는, 보다 최근의 텍스트언어학은 모듈성 테제와 함께 메타인지적 접근과 잘 결합될 수 있는 개념을 제공한다. 그러나 이것은 텍스트의 형성과 관련된 지식과 능력의 다양한 영역을 명확히 하는 이점이 있으며, 쓰는 사람이 쓰기 전에 계획을 수립할 때에만 활용하지 않을 것이다(그러한 계획이 실행되는 경우). 그보다는 오히려 쓰기과정 자체에서 다양한 지식체계가 직접 호출되고 구체적인 텍스트부분의 평가에 사용된다고 생각해야 한다.**

---

* 쓰는 사람이 추구하는 의도에서 출발하여 "텍스트아이디어"라고 부를 수 있는 것이 작성될 텍스트에 관한 대략의 구상으로 발전하며, 그 안에는 특정한 내용적 핵심들이 이미 형성되었을 수도 있다. 작은 쓰기 경우에는 이것이 지침 원칙으로 충분할 것 같다. 더 어려운 계획의 경우 텍스트 아이디어의 예상 차별화로 인해 다양한 수준의 정교함을 갖춘 일련의 전체 계획이 생성될 수 있다.

** 계획과 일반 지식의 상호작용이 실제로 어떻게 모델링 되는지는 당분간 열어놔야 한다. 필자에게는 정서법적 또는 통사적 지식이 계획의 개입 없이 텍스트에서 직접적으로 적용될 수 있다는 것이 그럴듯해 보인다: 의문인 것은 패턴과 체계 등에 관한 지식이 텍스트를 작성하는 맥락에서 어떻게 작용하는지 이다. - 평가하기 어려운 의도나 계획과 텍스트의 관

비베거(Viehweger: 1989)에 의하면 텍스트구조는 다음의 지식영역 내지는 능력영역의 상호작용 결과이다: 언어지식, 세계지식, 발화수반행위지식, 패턴 및 체계지식, 대화격률에 관한 지식. 그러한 모듈 개념과 관련하여 - 모듈의 이 구체적인 열거가 얼마나 철저하고 정당한지에 관계없이* - 표현의 표현방법이 요소 분야의 언어적 수렴점인 것이 좀 더 설득력이 있다. 다음 장에서는 이 점에 대해 더 자세히 설명하고 예제 텍스트 작성자의 어려움과 최종 결정이 그러한 모듈식 개념의 배경에 대해 설명될 수 있는 방법을 보여주려고 한다.

3. 표현의 새로운 접근법들: 정합성 조정

위 예의 작성자는 일련의 유사한 이유텍스트를 모두 폐기한다. 분명히 그 작성자는 게임에 싫증이 나고 다시 시작할 때까지 합리적으로 정착된 개념에 관한 올바른 문구를 찾고 있다(처음에 이에 관한 검색 지침이 제공됨). 흥미롭게도 이 점은 적절한 언어적 버전에 도달하기 불가능하여 이제 올바른 콘셉트를 찾는 데 어려움으로 해석되는 일종의 독백인 명시적 코멘트로 표시된다("Was will ich denn sagen? - Ich will sagen…(내가 말하고 싶은 것은? - 나는 …라고 말하고 싶다)"). 이것은 그때까지 '블라인드' 실험과 그리고 내용적으로 대체로 비

계에 대해서는 아래를 참조.

* 그러나 이 콘셉트에는 쓰기연구에 특히 중요하고 없으면 정돈된 텍스트형성 과정이 불가능한 계획 및 절차적 순간에 관한 언급이 부족하다.

어 있고 아마도 판단적인 설명(“ts”, “hi”, “nomma”)으로 특징지어졌던 절차의 명백한 중단이다. - 메타인지적 접근의 힘에 관한 거의 교과서적인 전거인 - 이 명시적 문제화는 물러섬과 진행 중인 행동 라인에서 거리두기, 그 평가 및 새로운 주제화를 허용한다. 그리고 그 주제화는 “화났다”라는 수반되는 (그리고 오해의 소지가 있는) 내용이 없이 맨 처음에 나온 아이디어(“고객 서비스”)와 연결된다. 이 새로운 접근 방식은 이를 위해 적절한 표현도 찾아질 수 있는 명제 콘셉트로 이어진다.

무엇이 최종적으로 선택된 표현을 삭제된 표현에서 구별시키는가? 필자는 비베거(Viehweger)의 모듈을 더 자세한 설명의 기초로 사용하고자 한다. 그의 모듈적 텍스트관이 설명될 수 있다면 텍스트 대안이 존재하고 그로써 작성자의 결정이 부정적 (표현 선택 취소)으로나 긍정적(대체 표현 승인)으로 모두 취해질 수 있는 여기에서 이루어져야 한다: 텍스트형성과 관련된 서로 다른 영역 사이의 긴장의 장에서 텍스트가 어떻게 정착하는지 이해할 수 있어야 한다. 그렇다면 여기서 합리적으로 의미 있는 분석이 가능해진다. 아래 나열된 항목의 순서는 주로 비베거(Viehweger)를 따른다: 이 순서는 영역의 우선권을 나타내지 않는다.

세계지식

위 예의 작성자는 자신의 문제를 새로운 관점에서 다룬다. 작성자는 결함이 있는 호스 등에 관한 언급과 청구서에 관한 불만의 표현에서 회사의 의무로서의 고객 서비스 문제로 이동한다. 다르게 표현하면: 작성자는 그 구체적이고 경험한 사실에 관한 설명에 더는 머물지 않고 이제 법률적 관점에서 일어난 일을 다룬다. 그리고 작성자는 고객에 관한 서비스제공회사의 법적 또는 최소한 영업권 의무를 주장하기로 결정한다. 그렇게 함으로써 작성자는 그 사건을 다른 맥락에 놓고 (사실을 표현하는 다른 방식을 결정함) 의사소통적 유형의 대안적 옵션을 시작한다.

발화수반행위지식

이러한 주제적 변화와 함께 발화수반행위적 방향의 변화가 발생한다. 새로운 표현은 이제 불만이나 비난을 목표로 하지 않고 지금까지 존재하는 입장을 드러내고 관습에 기반한 기대를 간접적으로 표현하여 그로써 회사의 서비스에 관한 특정 권리를 포함한다.

패턴지식과 도식지식

주제적 및 발화수반행위적 이동을 통해 위 예의 작성자는 대립의 의사소통적 틀을 협력 방식으로 바꿀 수 있다. 선택되지 못한 표현들은 이미 언급된 사실에서 모든 것을 가지고 있으며 그것을 주관적인 언짢음의 표현과 연결시킨다: 작성자는 그가 표현하듯이 조금 '화가 났으며', 잘못이 있는 누군가를 목표로 하고 있다. 그 목표가 직접적으로 언급되는 것은 아니지만, 회사는 책임이 있는 것은 회사라는 것이 언급된다는 것을 분명하게 인식할 수 있다. 그 자체로 이해할 수 있는 불만 표현의 포기와 책임의 귀인은 내용적 중복을 피할 수 있을 뿐만 아니라(**Schlauch/Material, bezahlen, 20 Tage, ...** (호스/자재, 지불, 20일, …) - 서신에서 이미 명시적 또는 묵시적으로 언급된 요소) 무엇보다도 의사소통적인 재배치를 가능하게 한다: 작성자는 관습법을 원용하여 중립적이고 강함의 일정한 포지션에서 반응할 수 있음과 동시에 잘못 이해했다고 하면서 체면을 잃지 않고 그 사안에서 벗어날 수 있는 기회를 회사에 제공한다. 마지막 문장에서 암시적으로 표현된 요구는 편지가 진행됨에 따라 더 명확해질 수 있지만, 그러나 이것은 필요하지 않다. - 처음에 채택된 전략은 자기 이미지와 타인의 이미지를 완전히 다르게 투사하고 다른 의사소통적 역동성을 일으키거나 비난에도 불구하고 화해적 결말에 도달하기 위해 추가적인 언어적 노력이 필요했을 것이다.*

대화격률

필자는 이미 마지막 문장의 간접성을 언급했다. 작성자는 이전에 유효했던 절차를 언급하며("für mich"), 아마도 수신자가 이전에 유효했던 것에 불가항력적인 반대 이유 없이 미래에도 유효해야 한다는 인식을 갖고 있다고 추정한다. 작성자의 간접적인 표현은 수신자가 해당 청구서가 유효하지 않다고 결론을 다시 내리도록 강요한다. 이 끝맺음에 내포된 자명함은 작성자가 자신이 선호하는 해결책을 - 즉, 청구서를 지불하지 않아도 됨 - 세상의 질서에 완전히 부합하고 그로써 실제로 더 이상의 설명이 필요하지 않은 것으로 제시하려는 노력을 뒷받침한다.

---

* 필자는 작성자가 1차 초안을 만족스럽게 완성할 수 없는 이유가 여기에 있지 않나 생각한다. 방향전환이 그렇게 오래 걸렸다는 것은 "협력전략"이 표현되는 순간에서야 선택되거나 초기에 계획된 비난(처음에 명시적으로 제시된 바와 같이)과 협력 전략 사이의 특정 비호환성이 쓰는 중에 그리고 씀으로써 명백해진다는 것을 나타낸다.

언어

처음의 많은 시도가 헛수고였던 것은 아니다. 탐색은 "Ich frage mich (궁금합니다)", "Da stellt sich die Frage (질문이 발생합니다)" 및 "Für mich ist es selbstverständlich(나에게는 당연합니다)"와 같은 문구 사이를 오간다. 최종적으로 선택된 문구는 이러한 버전 중 하나로 시간적 측면에 관한 강조로 - 첫 번째 표현의 날카로움과 잠재적인 공격성은 누그러진다(그리고 간접 전략은 계속해서 가능해진다). 언어적 외양의 안전성을 감소시키지 않으면서. 최종적으로 선택된 문구는 이러한 버전 중 하나로 시작하지만, 시간적 측면을 강조하여 언어적 표현의 안정성을 감소시키지 않으면서 "Für mich war es bisher selbstverständlich(나에게는 지금까지는 당연했습니다)" 문구의 날카로움과 잠재적 공격성이 부드러워졌다(간접성 전략은 계속해서 가능하며).*

이 모든 것이 더 명확하고 정확하게 설명될 수 있으며, 무엇보다 언어적 현상이 - 단어선택, 지시, 통사론, 초점-배경-배열 - 표현의 필수 구성요소로서 작성자에게 적합한 형태를 부여해준다. 이는 작성자가 어느 정도 예측 가능성과 함께 그가 의도한 의미와 의사소통 효과를 생성하거나 지원할 수 있도록 한다. 최종적으로 수용된 표현은 여기에서 예시된 (그리고 아마도 또 다른) 지식구성요소의 상호작용에서 비롯된다. 그 표현은 현재 고려해야 하는 모든 제한 조건

---

* 원하는 경우 마지막으로 선택한 표현에서 책망하거나 최소한 훈계하는 어조를 사용할 수도 있다. 그러나 필자는 그러한 책망이 지배적이라고 생각하지는 않는다. - 필자의 해석은 그 문구가 협력 의지의 신호를 보내며, 그러나 회사가 양보하지 않으면 작성자가 궁극적으로 비용을 지불할 의사가 있다는 것을 내포하고 있지는 않다. 작성자는 의사소통적 의미에서 협조적이다. 왜냐하면, 작성자는 분명하게 표현된 논쟁점을 제거하지 않으면서 자신이 제기한 모든 주장에 충분하고 회사의 체면을 지켜주는 해결 방법을 열어두기 때문이다.

의 최적 또는 거의 최적의 수렴점(상황에 따라 다름)을 나타내는 것으로 받아들여진다.*

여기에서 취한 관점에서 그 예가 분명히 보여주는 것은 다음과 같다: 작성자는 - 더 정교하게 텍스트를 생산하면 할수록 좋다 - 자신이 수신자에게서 얻고자 하는 반응의 관점에서 텍스트의 다양한 맥락과 측면을 조정한다. 응집력과 일관성, 또는 더 정확하게 말하면: 작성자가 생성하는 응집적이고 결속적인 표현의 특정 형태는 텍스트언어학적 모듈식 틀에서 나타나는 방식으로 해석될 수 있다. 그 예에서 여기에 언급된 모든 영역에서 대규모의 변화가 관찰되어 진다: 추가 예를 분석하면 이러한 영역 중 몇 개만이 이유 텍스트 또는 텍스트 수정의 영향을 받을 수 있음을 알 수 있다. 라우(Rau)와 브로벨(Wrobel)에서는 이러한 변경을 "ko-(공동)" 또는 "kontextuelle(문맥적)" 수정이라고 한다.

작성자가 어떻게 정합성을 구축하고 조정하는지, 그리고 어떻게 그가 목표로 하는 특정 수신 모드를 텍스트에 새기는지 설명하는 것은 쓰기연구 및 텍스트언어학 분야에서 매우 중요하고 유망한 분야인 것 같다. 쓰기연구에서 프로세스 영역에서 관찰되고 명명되는 현상들이 텍스트에서 발견되는 언어학적 내용과 어떻게 관련되는지에 관한 정확한 지식이 너무 부족하다. 여기서 더 명확한 설명을 할 수 없다면 교수법을 위한 쓰기연구로부터 정말로 자신 있게 어떤 결론을 도출할 수 있을까 하는 논란의 여지가 남게 된다.

---

* 플라워·헤이스(Flower·Hayes 1980)는 쓰기를 제한을 지닌 저글링이라고 말한다("저글링 제한juggling constraints").

텍스트언어학에서 정합성 현상에 관한 연구를 최근에 제기된 중심 질문, 즉 도식에 기반한 작업에 기초하여 명백하게 불일치한 텍스트 진술이 어떻게 정합적인 것으로 이해될 수 있는지에서 다소 전환하는 것이 유익할 수 있다. 모듈식 관점에서 정합성 현상의 다양성과 무엇보다도 그 복합성을 연구하는 것도 마찬가지로 흥미로울 수 있다. 바로 텍스트생산 연구의 예에서 텍스트의 정합적 표현이 단순히 달성되거나 누락되는 것이 아니라 독자유도의 관점에서 전략적으로 구축되고 사용된다는 것이 분명해진다.* 이와 같이 명백한 정합성의 결핍은 - 예를 들어 완전히 다른 요소가 공존할 수 있는 특징이 있는 사적 편지, 그리고 정확히 이 공존이 편안하고 거의 구어체 작문 스타일의 전거로 간주될 수 있는 텍스트에서 수신자에게 중요한 신호가 될 수 있다.**

4. 주제적 전환: 의도와 텍스트 개발

문자를 바탕으로 한 텍스트생성으로서 쓰기는 적어도 두 가지 특징을 가지고 있다: 1) 필요에 따라(예: 개별 표현에 더 오래 머무름) 프로세스의 시간적 관리, 그로써 말하기보다 더 촘촘한 계획 및 제어

---

* 정합성생성은 "텍스트생산에 참여하는 개별 지식 시스템이 실행 계획과 관련하여 도구화되고 제어되는 모든 언어생산의 근간이 되는 동적 절차"(비베거 Viehweger 1989: 262)이다. 정합성생성 전략에 대해 - 주로 대화 관련 - 자무너(Zammuner 1989) 참조, 루이스 Lewis(1979)의 고찰 역시 비슷한 방향으로 진행된다.

** 텍스트를 주제에 연결하려면 이러한 경우에 텍스트구성 주제로 "무엇이 흥미로울 수 있습니까?"라는 질문을 제시할 수 있지만, 이는 주제 개념을 지나치게 확대할 수 있다.

프로세스를 허용하는 생산의 자유로운 흐름, 그리고 2) 쓰여진 내용을 가시화하고 안정성을 제공하며 작성자가 자신의 생산물에 관한 개요를 얻고 말한 내용에 반복적으로 액세스할 수 있도록 하는 쓰기의 결과적인 특성. 이 두 특징에 관한 조건은 수신자가 없다는 것과, 이는 작성자에 관한 주요 요구사항을 정당화한다: 작성될 텍스트는 일단 완료되면 의도한 의사소통 행위를 수행하는 데 적합해야 한다.*

필자가 근거를 두고 있는 예는 의도, 텍스트의 아이디어 및 쓰여진 텍스트 사이의 다양한 얽힘과 상호작용 덕분에 텍스트를 작성하는 맥락에서 달성할 수 있는 특별한 역학과 관련하여 특별히 유익하지는 않다. 생산과정은 선형적으로 이루어지며 반복적인 액세스는 일어나지 않는다. 그렇지만 텍스트 구성을 위한 문어적 표현을 열어주는 확장된 옵션은 적합한 표현에 관한 오랜 탐색에서 드러난다: 텍스트를 진척시키기 위해 아이디어가 오는 그대로 사용해야 하는 직접적인 시간 압박은 없다: 그 아이디어의 승인은 미뤄질 수 있고 신중하게, 즉 표준과 기준에 기초하여 수행될 수 있다. 이 표준과 기준은 적어도 부분적으로는 과정 중에만 형성되며, 그런 다음 조정된 텍스트구조에 표현의 문어적 텍스트에 적합하고 논리적인 순응을 허용한다.

표현에 관한 승인 및 작성과 함께 쓰여진 텍스트는 추가 텍스트

---

* 구어적 텍스트생산이 문어적 텍스트생산과 어떻게 다른지, 그리고 이러한 차이가 얼마나 중요한지 여기에서 고찰할 수는 없다. 따라서 여기에서 언급된 모든 언급은 구어로 구현된 텍스트에만 제한적으로 적용될 수 있다.

작업을 위한 관련 플랫폼 및 중심이 된다. 작성자가 종종 자신의 텍스트 또는 개별 부분을 다시 읽고 그럼으로써 자신의 표현의 세부사항에 관한 새로운 아이디어를 얻는다는 사실, 또는 작성자가 텍스트작성의 속행에 관해 확신이 서지 않거나 아이디어가 부족하면 마지막 줄을 다시 읽고 그렇게 함으로써 말하자면 텍스트의 연속을 용이하게 하려고 한다는 사실에서 그렇다는 것을 알 수 있다. 두 방식 모두 라우(Rau)와 브로벨(Wrobel)에 의해 잘 나타나 있으며, 예제에는 포함되어 있지 않다. 물론 예제에서 적합한 속행에 관한 긴 탐색은 역시 중요한 것을 가리킨다: 작성자는 주제를 잃어버려서 그 작업에 관한 통제력을 잃는 것을 두려워할 필요가 없기에 문제에 매우 강하게 집중할 수 있다. 이미 언급한 내용은 서면으로 기록되어 있으며, 대안적 표현의 확장적 탐색의 경우에도 단 한 번에 언제든지 문맥에 관한 통제력을 되찾을 수 있다.*

문자에 기반한 텍스트작성이 제공하는 가능성이 이 예에서 과도하게 활용되지 않더라도 문어적 텍스트구성의 한 예이다. 여기에서도 문자적 텍스트는 프로세스의 중요한 추이며 추가 텍스트생산의 구성에서 의도를 문자화하는 시도의 효과적인 요소이다. 이는 텍스트의 흐름이 신중한 재구성을 통해 실현된다는 점에서 특히 분명하

---

* 쓰기진행을 위해 쓰여진 것의 효과성에 관한 이러한 측면은 쓰기연구 초기부터 강조되어 왔으며(예: 플라워·하이스(Flower·Hayes 1980)의 쓰기과정의 거의 고전적인 모델에서) 핵심 포인트 중 하나이다. 어떤 표현이 찾아지면 관심은 다른 것으로 이동한다. 정확한 표현과 그에 따른 텍스트의 상세한 의미론적 및 화용론적 효과의 대부분은 일반적으로 잊혀진다. 내부적으로 남는 것은 다소 모호한 텍스트의 '이미지'이다. 이것은 계속쓰기 과정을 지원하기 위해 문제가 없는 쓰기에서는 충분할 수 있지만 어떤 이유에서든지 이러한 세부 사항이 중요해지면 충분하지 않다.

다. 즉흥적으로 솟구치는 이유텍스트는 조정되고(수취인에게는 보이지 않게 됨), 두 번째 및 세 번째 표현이 탐색되고, 그리고 최종적으로 받아들여진다. 이와 함께 연관된 변화 및 압축은 (일차)**의도**와 **텍스트 사이의 거리**를 증가시킨다.* 선택되지 않은 이유텍스트로 언어학적으로 정합적 계속 작업도 가능했을 것이다. 그러나 이는 작성자의 (아마도 글을 쓰는 과정에서 정교해졌을) 의도와 일치하지 않았다. 올바른 접근 방식을 찾는 신속한 해결책은 만족스러운 수렴점을 찾았음을 보여주며, 이는 첫 번째 표현 방식으로는 분명히 달성할 수 없었을 것이다.

작성자의 텍스트 관련적 결정은 합리적 의사소통 이론의 의미에서 이해될 수 있다(켈러 Keller 1995: 202ff.: vgl. 베커-므로젝 Becker-Mrotzek 1994: 165ff.): 작성자는 자신의 발화의 최대한의 효율을 추구한다. 이는 작성자가 자신이 원하는 목표를 가장 확실하게 달성할 때 주어진다. 문어적 소통에서 텍스트가 수신자에 미치는 영향은 관찰할 수 없고 제어할 수도 없으므로 목적에 적합한 표현과 가능한 오해의 여지가 없는 해석 패턴에 관한 지시를 통해 선취적으로 (가능한 최대한) 원하는 결과를 확보하는 것이 더욱 중요해진다. 문어적 소통과 관련된 이러한 프레임 워크 조건과 관련하여 불만을 표출하고 회사를 공격적으로 비난하려는 작성자의 초기 바람은 작성 과정에서 의사소통을 잠재적으로 어렵게 하는 것으로 드러난다.

---

* 전체 쓰기의 전개는(내용적, 언어적, 의사소통적으로) "더 나은" 표현과 관련하여 통제된 방식으로 일차적 의도를 재구성하고 변경할 수 있는 바로 이 기회를 얻는 것으로 다소 대담하게 이해할 수 있다.

작성자는 아마도 이 바람의 실현이 주요 목표 달성을 위태롭게 할까 두려워 그렇게 하는 것을 삼가한다. 적어도 우리가 운영하는 문화적으로 형성된 의사소통 틀은 수신자에 대한 비난이 그들이 바라는 목적을 달성하는 데 도움이 되기보다 해를 줄 것이라고 예측하는 것을 가능하게 한다.*

---

* 이해를 보장한다는 것은 충분히 명확한 정보를 제공함으로써 원하는 이해 작업이 높은 확률로 수행되도록 하는 것을 의미한다. 이런 의미에서 텍스트는 명시적이어야 한다. 예에서 작성자는 마지막 문장에서 간접적으로 표현된 요청이 올바르게 이해되었다고 어느 정도 확신할 수 있다. 즉, 작성자의 표현이 미리 결정된 추론 패턴을 불러일으키기에 충분히 관용적이고 문맥적으로 적합하기 때문이다. - 산디히(Sandig 1987)는 수정의 예를 사용하여 이 텍스트 행위 패턴이 어떻게 구조화되어 있고 유형에 관한 지식이 적절한 이해와 관련하여 구체적 실현을 허용하는 방법을 매우 훌륭하게 보여준다. - 의미적 명확화와 같은 기본적인 것조차도 인지 체계를 기반으로 수행되지만, 텍스트에서 충분히 명확한 지시에 의해 조정되어야 한다. 마르쿠스 누스바우머(Markus Nussbaumer 1991: 49, 169)의 훌륭한 예를 참조 바람:

α Nach dem Streit verließ sie das Theater. Am Hinterausgang wartete ihr Mann auf sie. (말다툼 끝에 그녀는 극장을 떠났다. 그녀의 남편은 뒷문에서 그녀를 기다리고 있었다.)

b Nach dem Streit verließ sie das Theater. Sie baute sich im Modegeschäft eine neue Karriere auf. (말다툼 끝에 그녀는 극장을 떠났다. 그녀는 패션 비즈니스에서 새로운 경력을 쌓았다.)

일반적인 세계지식은 Theater('건물' 또는 '기관')와 verlassen('나가기' 또는 '직장 포기')에 관한 두 가지 해석을 불러온다. 그러나 그것만으로는 충분하지 않다. 이 문장을 말하는 사람은 누구나 해당 텍스트에 대체읽기가 불가능하거나 불가능하게 만들기에 충분한 강한 지시가 있기에 자신의 방식으로 이해될 것이라고 확신할 수 있다. 여기서 결정적인 것은 다음 문장에서 뒷문에서 누군가(jn)를 기다린다는 것과 새로운 경력을 쌓는다 라는 술어와 관련된 특수한 시간적 진행 구조이다. 이러한 시간적 관점이 오로지 세계지식을 통해서만 제공되는 것인지 또는 관용적으로 만들어진 전체적 표현에 속하는 것인지에 대해서는 여기서 자세히 설명하고 싶지 않다. 어쨌든 언어적 지시가 너무 강해서 해당 의미론적 결과가 거의 필연적으로 그려진다. - 덧붙여서, 시간 정보만으로도 동일한 효과를 유발하기에 충분하다:

a' Um 18.30 Uhr verließ sie das Theater. (?Am Montag, ??Im Juli, ????1989) (그녀는 오후 6시 30분에 극장을 떠났다. (?월요일, ?? 7월 ???1989년))

5. 전망

필자는 이 글에서 예제를 사용하여 로컬 텍스트구조의 개발을 서술하고자 하였다. 요약하여 말하자면: 쓰기연구가 지향하는 바는 소통의 수단으로서 쓰여진 글이라고 말할 수 있다. 이 텍스트는 내적으로 이미 만들어진 것이 아니며 내적으로 이미 존재하는 것의 표현도 아니다 - 만일 그러하다면 예에서 기록된 것과 같은 완전히 일상적인 과정 현상을 거의 설명할 수 없을 것이다. 그러나 그것은 읽는 사람(작성자로서 역시)인 우리가 완성된 텍스트에 귀속시키려는 의도가 그와 연관되어 있다는 것을 의미하며, 그 의도는 텍스트와 함께 그리고 텍스트에서 비롯된다.* 적절한 표현을 찾는 것이

---

b' 1989 verließ sie das Theater. (?Am 6. Juli 1989: ??? Um 18.30 Uhr) (1989년 그녀는 극장을 떠났다. (?1989년 7월 6일: ??? 오후 6시 30분))

실제로 "부적절한" 시간적 확정(a' 및 b'의 괄호 안에 있는 것과 같은)이 제시되면 올바른 독해를 보장하기 위해 적절한 도움을 동원해야 하거나 c에서와 같이 두 독해를 모두 동시에 유지해야 한다:

a" Ich habe das Theater 1989zum letzten Mal/einmal/durch Zufall/… durch die Hintertür verlassen. (나는 1989년에 마지막으로/한번/우연히/… 뒷문을 통해 떠났다.)

b" Ich habe das Theater 1989für immer hinter mir gelassen, um genau zu sein am 6. Juli um 18.30 Uhr. (나는 1989년, 정확히는 7월 6일 오후 6시 30분에 극장을 영원히 떠났다.)

c Um 18.30 verließ ich das Theater, für immer, wie sich später herausstellte, und, der Situation angemessen, durch den Hinterausgang. (오후 6시 30분에 나는 영원히 극장을 떠났고, 나중에 밝혀진 대로 그리고 상황에 맞게 뒷문으로 나왔다.)

* "현재의 의미는 완성된 텍스트에 표현된 의미와 멀 수 있다"(플라워·하이스 Flower·Hayes 1984: 122). 아마도 쓰기가 (매우 불확실한 의미에서) 이미 구성된 생각을 표현하는 것으로 간주될 수 있는 경우가 있을 것이다. 필자는 이것이 가능한지 여부에 관심이 없지만, 여기서 논의되는 텍스트구성으로서의 쓰기의 경우는 쓰기에 기반한 텍스트의 적절한 개념에

표현될 내용이 이미 '거기에' 있다는 것을 의미하지는 않는다. 표현이 충족해야 하는 요구사항 영역은 텍스트의 아이디어, 일차적 의도 및 이미 작성된 텍스트의 상호작용에서 텍스트를 작성하는 동안 구축되고 효과적으로 된다. 작성 시점에서 얻어지고 '적합'한 표현은 현재 고려되는 모든 텍스트 관련 요구사항의 수렴점으로 간주될 수 있다. 그 표현들은 텍스트의 일차적 의도와 아이디어에서 직접 파생될 수 없다. 각각의 승인행위가 요구되고 기존 요구사항을 확인할 뿐만 아니라 그러한 요구사항을 적절하게 만들기 때문에 중요하다. 그리고 이는 표현의 수용은 텍스트에 형식을 부여할 뿐만 아니라 텍스트에서 인식할 수 있는 의도를 부여하기 때문에 중요하다. 결국, 이것은 말하고자 하는 바가 구체적으로 드러나는 것은 전체 생산과정의 역학을 통해서만 가능하기에 텍스트작성의 결과가 미리 정해져 있지도 않고 될 수도 없다는 사실에 관한 조건이다.

여기서 필자는 - 텍스트언어학에 수신자 관점을 끌어오려는 경향에 반대하며 - 생산자의 관점에서 출발했다. 여기서 제시된 고찰, 특히 텍스트와 의도 사이의 관계에 관한 고찰을 확장하고, 또한 수신자의 관점에서 텍스트 및 텍스트구조에 관한 이해를 세부적으로 추적하고 그 다양한 측면을 더 자세히 조사하고 싶은 것은 유혹적이다: 주어진 언어 구조에서 각각의 읽기 지점에서 텍스트를 통한 현재 구절에서 이해가 일어나는 순간적이고 매우 **피상적인 이해**: 문어적 텍스트와 완전히 다른 속성을 특징으로 하는 텍스트에 관한 **결과적인 이해** - 무엇보다도 텍스트의 언어적, 선형 및 정보적 세부

의해 다루어져야 한다는 사실에만 관심이 있다.

사항에서 일정한 거리를 유지하는: 마지막으로 아마도 그것은 텍스트를 통해 여러 단계를 거친 후에 나타나며 문어적 텍스트의 특정 언어적, 조직적 등의 세부 사항에 관한 지식을 텍스트의 정신적 모델로 통합한 성찰적이고 완성적 이해일 것이다.* 이는 여기서 수행될 수 없다: 한 가지만 언급하고 싶다: 그것은 텍스트개념에 관한 것이다.

필자는 앞에서 의도와 정합적 텍스트 등에 대해 계속해서 언급했다. 필자에게 중요한 것은 의도든 그 무엇이든 텍스트에 인코딩되어 있다는 의견을 제시하는 것이 아님을 밝히는 것이다. 필자는 그것은 사실 불가능하다고 생각한다: 문어적 텍스트는 단지 외적으로 이해할 수 있는 우리가 의도 (생산자 측) 또는 우리가 머릿속에 가지고 있는 텍스트의 이해(수신자 측)의 내용적으로 조금 부족한 버전이 아니다. 그것은 범주적으로 완전히 다른 것이고, 언어적 대상이다. 그러나 우리는 쓰는 사람으로서 그리고 읽는 사람으로서 처음부터 텍스트가 의도적으로 코딩되어 있다고 알고 있으며 이를 가정한다. 거기에 있는 것은 우연히 거기에 있는 것이 아니라 언어적 표현의 선택과 승인작업 과정의 결과이다.** 따라서 지면의 텍스트가 여기저기에서 언급되는 것처럼 지면의 검은색 물결선 뭉치라고 말하는

---

* 존슨-라이드(Johnson-Laird 1983), 반 다이크·킨취(van Dijk·Kintsch 1983)의 연구 및 언급 참조.

** 그에 상응하게 전통적으로 텍스트라고 하는 것의 대부분과 텍스트와 언어적으로 관련이 있는 것은 문어적 텍스트에 좌우된다: 고정성, 언어 및 언어적 구조, 무엇보다도 서면적 텍스트가 이해 및 의사소통 과정의 직접적인 기반을 나타낸다는 사실. 이는 정신 모델에 귀속될 수 없는 속성이다. 그것이 이해이든 의도이든, 같은 의미가 아니든 상관없다. 하르퉁 Hartung 1991: 211 참조.

것만으로는 충분하지 않다. 이것은 구어적 의사소통에 필수 불가결한 모든 것의 성립을 위한 수신자의 성과에 도발적으로 주의를 환기시킨다: 이는 이 사안에서 흥미로운 모든 것을 차단하기 때문에 궁극적으로 그다지 해명적이지 않다. 읽는 사람으로서 우리는 누군가가 무언가를 말하고 싶어 한다는 것을 알고, 그가 합리적인 방식으로 그렇게 한다고 가정하기 때문에 (그리고 이해 과정에서 일반적으로 확인되기 때문에) 해석에 참여한다. 모든 실제적이고 주관적 의미생성에서 인지적 과정은 전적으로 내적이고 양도할 수 없지만, 이 전제는 우리가 문어적 텍스트에 언어적 구성을 부여하는 것을 정당화한다.

참고문헌

Antos, Gerd (1982): Grundlagen einer Theorie des Formulierens. - Tübingen: Niemeyer.

Becker-Mrotzek, Michael (1994): Schreiben als Handlung. - In: Brünner, Gisela/Graefen, Gabriele (Hgg.): Texte und Diskurse. Methoden und Forschungsergebnisse der Funktionalen Pragmatik (Opladen: Westdeutscher Verlag,) 158-175.

Flower, Linda S./Hayes, John R. (1980): The dynamics of composing: making plans and juggling constraints. - In: Gregg, Lee W./Steinberg, Erwin R. (Hgg.): Cognitive processes in writing (Hillsdale, N.J.: Lawrence Erlbaum) 31-50.

\- (1984): Images, plans, and prose: the representation of meaning in writing. - In: Written Communication 1/1, 120-160.

Härtung, Wolfdietrich (1991): Kommunikation und Wissen. - Berlin: Akademie-Verlag.

Johnson-Laird, Philip N. (1983): Mental models. Towards a cognitive science of language, inference and consciousness. - Cambridge: University Press.

Keller, Rudi (1995): Zeichentheorie. - Tübingen und Basel: Francke.

Keseling, Gisbert (1993): Schreibprozeß und Textstruktur. Empirische Untersuchungen zur Produktion von Zusammenfassungen. - Tübingen: Niemeyer.

Langer, Judith A./Applebee, Arthur N. (1987): How writing shapes thinking. - Urbana, 111.: National Council of Teachers of English

Lewis, David (1979): Scorekeeping in a language game. In: Bäuerle, Rainer/ Egli, Urs/von Stechow, Arnim (Hgg.): Semantics from different points of view (Berlin et al.: Springer) 89-98.

Nussbaumer, Markus (1991): Was Texte sind und wie sie sein sollen. - Tübingen: Niemeyer.

Portmann, Paul R. (1991): Schreiben und Lernen. Grundlagen der fremdsprachlichen Schreibdidaktik. - Tübingen: Niemeyer.

Rau, Cornelia (1994): Revisionen beim Schreiben. Zur Bedeutung von Veränderungen in Textproduktionsprozessen. - Tübingen: Niemeyer.

Sandig, Barbara (1987): Textwissen. Beschreibungsmöglichkeiten und Realisierungen von Textmustern am Beispiel der Richtigstellung. - In: Engelkamp, Johannes (Hg.): Wissensrepräsentation und Wissensaustausch (St.Ingbert: Röhrig) 115-155.

Scardamalia, Marlene/Bereiter, Carl (1987): Knowledge telling and knowledge transforming in written composition. - In: Rosenberg, Scheldon (Hg.): Advances in applied psycholinguistics. Vol.2: Reading, writing, and language learning (Cambridge: University Press) 142-175.

van Dijk, Teun A./Kintsch, Walter (1983): Strategies of discourse comprehension. - New York: Academic Press.

Viehweger, Dieter (1989): Coherence - interaction of modules. - In: Heydrich, Wolfgang et al. (Hgg.): Connexity and coherence. Analysis of text and discourse (Berlin: de Gruyter) 256-274.

Wrobel, Arne (1992): Revisionen und Formulierungsprozeß. - In: Kohrt, Manfred/Wrobel, Arne (Hgg.): Schreibprozesse - Schreibprodukte (Hildesheim: Olms) 361-385.

- (1995): Schreiben als Handlung. Überlegungen und Untersuchungen zur Theorie der Textproduktion. - Tübingen: Niemeyer.

Zammuner, Vanda Lucia (1989): Strategies speakers use to achieve coherence. - In: Charolles, Michel (Hg): The resolution of discourse. Processing coherence or consistency dissonances (Hamburg: Buske) 88-113.

칼-하인츠 포그너 (오덴세)

텍스트와 역동성

기술 작업장에서의 텍스트생산에 관한 고찰

1. 관점

문이적 텍스트를 완성품으로 볼 뿐만 아니라 생성과 수정의 이력도 고려하면 지금까지 고려되지 않았던 텍스트의 질과 기능을 인식할 수 있게 되며, 그리고 실제로 연구된 특성이 아니라 이전에 가정된 것이 명백해진다. 그래서 예를 들어 지금까지 거의 문학적 담론에서만 입증된 텍스트와 다른 텍스트*의 결합과 작가의 사라짐이 전문텍스트 영역에서도 명백해졌다(에데·룬스포드 Ede·Lunsford 1990 참고). 더 나아가 분업화되고 그리고 종종 양방향으로 구성된 - 적어도 직장에서 글을 쓸 때 - 텍스트생산을 조사하면 텍스트의 생산, 즉 텍스트의 의미 구성이 전적으로 생산자 = 쓰는 사람**이나 수신자 = 읽는 사람***에 의해 수행되는 것이 아님이 분명해진다.

이 경우 문어적 텍스트의 의미는 쓰기연구의 더 오래된 형식주의적 접근 방식, 특히 쓰기교수법이 주장하는 지면 위의 언어적 형태

---

* 상호텍스트성의 관점에 관해서는 이 책의 픽스(Fix) 및 링케·누스바우머(Linke·Nussbaumer)의 기고문을 참조.

** 저자 관점에 관해서 이 책의 하르퉁(Hartung)의 기고문 참조.

*** 수신자 관점에 관해서는 이 책의 하르퉁(Hartung)의 기고문 참조.

에서만 발견되는 것도 아니며 보다 최근의 인지적 (사회인지적 역시) 또는 개인적-구성주의적 접근이 많은 중요성을 부여하는 개별 저자의 머리에서만 발견되는 것도 아니다(예를 들어 플라워 Flower 1994 참조).* 그보다 텍스트는 상호작용에서 의미를 얻는다: 텍스트생성과 수정 자체가 그 구성요소인 행위연쇄 내에서 "커뮤니케이션의 사슬"(페이글리 Faigley 1985: 241) 내에서. 이 견해에 따르면 텍스트생산은 좁은, 다시 말해 인지적 의미의 쓰기 그 이상이다. 이러한 종류의 텍스트생산은 행위를 수반할 뿐만 아니라 행위이다. 따라서 지금까지 비-상호행위적으로 간주되었던 유형의 텍스트(예: 비즈니스 또는 기술적 쓰기 영역의 보고서)에도 분명 상호행위적 자질(interaktive Qualitäten)을 인정할 수 있다.

텍스트와 텍스트생산에 관한 니스트란드(Nystrand 1986 및 1989)에 따른 사회적-상호행위적 관점에 관한 문어적 커뮤니케이션의 대화식 '문법'을 뛰어넘는 논제적 견해가 다음에서 기술 작업장에서의 쓰기에 관한 사례연구 결과의 도움으로 기술된다. 기술적 쓰기의 연구정의(2장) 및 기본사례 연구에 관한 정보(3.1 및 3.2)에 관한 제안 후 몇 가지 특징적인 쓰기전략 및 과정이 서술되고(4.1), 그리고 이어서 텍스트생산의 행위특성의 개별 사례에서 강조된다(4.2). 마지막으로 쓰기에 관한 '전통적-인지적' 관점에 관한 이러한 형태의 텍스트생산 함의가 논해진다(5장).

---

* 쓰기연구에 관한 간략한 역사적-체계적인 개요는 안토스·포그너(Antos·Pogner)1995: 1-5의 필자의 개관을 참조.

2. 개념정의 시도

기술적 쓰기라는 용어는 다음에서 페어링·슈파로프(Fearing·Sparrow 1989)의 의미에서 상위의 명칭으로 사용된다.

매뉴얼, 제안서, 문서, 메커니즘 설명 등 산업 및 기술 환경에서 발견되는 모든 종류의 실용적인 담론을 의미한다. 매뉴얼, 제안서, 문서, 메커니즘 설명 등 구두 발표, 그래픽, 레이아웃 및 디자인과 같은 관련 커뮤니케이션 기술(Fearing·Sparrow 1989: V).

기술적 텍스트유형과 프리젠테이션 형식의 이러한 열거는 궁극적으로 이 실용적인 담론을 실제로 특징짓는 것을 열어둔다. 그렇기에 필자는 추가 논의를 위해 다음의 정의를 제안한다:

- 기술적 쓰기는 전문지식과 기술을 특정 요구사항에 적용할 수 있도록 한다.
- 이 적용은 기술 생산품의 직접적 사용에 존재할 수 있거나, 또는 그러나 회사 내부 및 외부의 기술적, 경제적, 조직적 및 정책적 결정에 관한 지원으로 구성될 수도 있다.

기술적 텍스트는 전문지식의 이전 외에도 개인적, 조직적 및 사회적 목표에 도움이 되며, 예를 들어 사실에 기반한 행위를 존중하고 기술자 커뮤니티에서 수용되고 관습적인 텍스트유형을 사용함으로써 기술자의 담론 커뮤니티*에 소속되어 있음을 드러내는 역할

---

* 담론공동체는 어떤 문제가 어떻게 이야기되고 쓰여질 수 있는지에 관한 구성원들의 공통

을 한다. 따라서 기술자의 수많은 텍스트는 학문적 객관성의 전문적 가치에 관한 동시적 지향과 쓰는 사람과 회사의 동일시 사이의 긴장이 특징이다. 사용된 언어는 객관성을 나타내기 위한 것이어야 하며, 따라서 전문적인 능력에 근거한 결정이 요구되지 않는 한 개인적인 태도는 그러한 것으로 표시되어서는 안 된다(쿠퇴르 Couture 1992 참고). 공학 분야의 쓰기에 관한 이러한 사회적 관점은 가능한 순수하고 정확한 정보 전달이라는 의미에서 기술적 쓰기에 관한 광범위하고 형식적이거나 순수하게 기능주의적인 정의를 뛰어넘는다. 그리고 이는 쓰기의 사회적 맥락을 더 강조하는 보다 최근의 접근 방식을 기반으로 한다(킬링스워스·길버트슨 Killingsworth·Gilbertson 1992 그리고 특히 윈저 Winsor 1989와 1993 참조). 또한, 이 견해는 주로 민족지학적 방법의 도움을 받아 사회적 맥락(조직적·제도적 틀 포함)과 쓰기과정의 상호의존성을 조사하는 작업장의 질적 연구의 결과와 일치한다.* 이러한 연구들은 실제적 의사소통 상황에서 사회적 맥락이 어떻게 구성되고 재생산되고 확인되고 변화되는지를 매우 명확하게 보여준다.

된 생각이 특징이다. 문화 간 기술 커뮤니케이션에서 담론공동체의 중요성에 대해서는 포그너(Pogner i. Vorb.) 참조.

* 직장에서의 쓰기에 대해서는 독일어권 지역에서는 해키-부호퍼(Häcki-Buhofer 1985)의 획기적인 업적과 북미 지역에 관한 오델·고스와미(Odell·Goswami 1985) 전집 및 특히 스필카(Spilka 1993)의 전집을 참조.

3. 사례연구*

3.1. 배경

필자는 탐색적 사례연구에서 방대한 독일어로 된 "에너지구상(Energiekonzept)"**의 생성역사를 조사했다. 이 에너지구상은 동독 도시(Wendenburg)에 대한 계획 및 컨설팅 작업의 일환으로 덴마크 엔지니어링 사무실 《Kraftråds》에서 개발했다.*** 이 구상은 1992·93년에 약 8개월 동안에 작성되었으며 최종 버전은 약 150 페이지와 많은 부록으로 구성되었다.

필자의 회고적이고 질적연구의 핵심은 프로젝트 그룹의 텍스트 생성 및 수정이다. 이는 한편으로는 《Kraftråd》와 독일 컨설팅 및 투자회사 (투자자 풀 Kominvest) 또는 다른 한편으로는 이 계획을 채택하고 구현해야 하는 Wendenburg 시의 도시공사 사이의 포괄적인 (간 문화적) 컨설팅 상황에서 텍스트생산의 기능이다.

이 경우 외국어 업무의 분권화가 심화하면서 외국어 전문가(기술편

---

* 사례연구에 관한 자세한 설명은 포그너(Pogner)1995: 124-276에서 찾을 수 있다.

** 에너지구상은 에너지계획의 수단이다. 이는 공급회사의 경계가 아무런 역할을 하지 않는 지방자치단체의 종합계획 또는 특정 에너지 공급회사의 기업계획에 사용된다. 이 구상은 구서독 주에서는 에너지공급을 독립적으로 설계해야 한다는 지방 당국의 주장으로 인해 점점 더 중요해졌다. 구동독 연방 주에서 에너지구상은 에너지공급의 재구성에서 중요한 역할을 한다. 동독 지방자치단체와 서독 에너지공급업체 간의 공급인수에 관한 '전기분쟁' 및 '전기타협' 과정에서 지방자치단체는 시스템에 관한 상환을 받을 권리가 생기며 참여를 포기하는 대가로 지역 공급업체에서 - 에너지공급을 인수하여 자신의 손에 넣을 기회를 갖게 되었다. 그러나 에너지산업법 (EnWG) 5조에 따르면 에너지(전기 및 가스)를 생산 및 판매하려면 경제부 승인을 받아야 한다. 에너지구상과 수익성 연구는 지방자치단체의 의사결정과정과 승인과정에서 중요한 역할을 한다.

*** 관련된 회사, 도시 및 기술자의 이름은 익명을 위해 변경하였다.

집자, 전문번역가, 외국어 특파원)가 아닌 《Kraftråd》의 기술 전문가(엔지니어, 기술자)가 직접 텍스트생산을 담당하고 있다. 쓰기는 엔지니어 작업의 중요한 부분이지만 일상 작업의 주요 또는 유일한 내용은 아니다. 그들은 글을 쓰는 전문가이지만 글쓰기전문가는 아니다.

3.2. 텍스트생성 및 수정 분석

에너지계획은 5개의 연속 버전으로 《Kraftråd》에 의해 보관된다. 이러한 버전은 프로젝트 그룹 및 프로젝트 관리자의 관점에서 쓰기 과정 뿐만 아니라 그룹의 작업과정 및 기술자문 및 계획의 진행 상황을 강조한다. 다양한 버전의 경우 - 특히 초기 버전의 경우 - 메모, 손으로 쓴 텍스트 및 전자적으로 저장된 텍스트 형태의 예비 단계가 있으며 그중 일부는 《Kraftråd》 외부의 다른 엔지니어도 작성했다. 그리고 《Kraftråd》 직원 중 2명(프로젝트 관리자 포함)은 독일어로 직접 텍스트를 작성한다. 다른 사람들은 덴마크어 텍스트를 작성하여 독일어로 번역한다.

서면 배경자료와 내부 및 외부 통신의 중심적 문서의 도움으로 에너지구상의 생성역사는 '글로벌' 수준에서 재구성될 수 있다. 이 배경자료는 무엇보다도 기본 컨설팅 및 엔지니어링 계약, 다른 컨설팅 회사의 이전 연구, 질문목록, 회의록, 방문 보고서가 포함되지만, 무엇보다도 독일 고객 또는 고객(사업가와 기술자)의 의견 및 진술, 그리고 이러한 의견에 관한 프로젝트 그룹의 진술 및 현장 보고서가 포함된다. 그러나 이 자료의 민족지학적 데이터와 결합을 통해 텍스트의 개별 부분의 변화를 분석하는 것도 가능하다. 그리고 이 데이터는 《Kraftråd》를 방문하는 동안 수집되었지만, 프로젝트 그룹 내의 회고적 대화 또는 토론, 그리고 무엇보다도 관련된 엔지니어와의 인터뷰를 통해 수집되었다. 이러한 수정 분석에서 주요 질문은 단락, 문장 및 단어 수준에서 개별 수정(수정, 변경, 삭제, 잘라내기, 추가, 정교화, 재배열 등)이 생기는 이유이다. 이러한 분석은 기본 컨설팅 및 엔지니어링 계약의 개별 구절이 필연적으로 매우 개방적인 계약설명으로 인해 쓰는 사람/컨설턴트와 읽는 사람/고객 간의 개별 텍스트 구절이 현장에서 어떻게 타협이 이뤄지는지, 그리고 기본계획 및 작성작업에 포함되어야 하는 내용이 무엇인지, 문제해결이 어떻게 그리고 어떤 수단으로 수행되어야 하는지, -마지막으로- 어떤 해결책이 권장 사항으로 받아들여질 수 있는지 보여준다. 텍스트분석 결과를 논평 및 인터뷰 평가와 연결함으로써 텍스트생성 및 수정 프로세스가 내용적, 텍스트적, 언어적 및 수사학적 결정을 포함하여 국지적 층위에서 재구성될 수 있다.

원래 프로젝트 그룹은 문제해결 패턴에 따라 '실제상태, 목표상태, 전류를 목표상태로 전달'에 따라 '자료수집, 에너지구상[즉] 및 설계계획'으로 작업을 나눌 계획이었다. 개별 단계는 그에 따라 세 개의 부분 보고서에 제시되어야 했었다. 이 계획에서는 고객의 부분 보고서 수락이 다음 부분을 작성하기 위한 전제조건이었다. 또한, 《Kraftråd》는 원래 작업완료에 비교적 긴 시간을 예상했다. 이 프레임워크와 계획된 3단계 작업 처리는 구동독 주의 현재 경제 정책 전개로 급속히 무효화 되었다.* 에너지구상에 관한 중요한 예비

---

* 에너지공급 부문에 대한 투자 보조금 법률이 1992년 말에 -원래 기대했던 것처럼- 확대되지 않았다. 따라서 1992년 11월 투자 회사인 Kominvest와 Wendenburg 도시공사는 《Kraftråd》와 함께 그해 말 이전에 두 개의 새로운 열병합발전소(새로운 공급구조의 핵심) 건설계약을 체결하기로 했다. 입찰을 요청하고 계약을 체결하는 동안 새로운 공장의 용량,

결정이 매우 신속하게 이루어져야 했기 때문에 《Kraftråd》의 과제는 다른 성격을 띠게 되었다. 이를 통해 에너지계획에 관한 작업은 흥미로운 이중적 성격을 갖게 되었다. 한편으로 에너지구상은 미래 에너지공급에 관한 권장사항을 제공해야 하며 이에 따라 결정과정을 설정해야 한다. 다른 한편으로는 가속화되고 끊임없이 발전하는 의사결정과정'을 이해하고 '기록해야' 했다. 특히 의사결정 프로세스의 현재 상태에 관한 텍스트생산의 의존성 때문에 텍스트는 계속해서 업데이트되어야 했으며, 이는 기본적으로 일련의 '잠정적인 최종 텍스트'로 이어졌다.

4. 행위로서의 쓰기

4.1. 쓰기전략과 쓰기과정

수행된 미시적 분석은 프로젝트 그룹의 텍스트생산이 특히 다음과 같은 쓰기전략과 프로세스로 특징지어 지는 것을 보여준다:

(1) 엔지니어링 사무실의 조직구조와 작업 방법에서 나타나는 전문적 분업은 전체 텍스트의 생산과 그 생산물(텍스트)의 기본구조를 특징 짓는다. 이는 전체 텍스트의 생성은 전적으로 스키마에 따라 진행되기 때문이다(하향식(top down)). 특히 엔지니어링 및 컨설팅 계약과 프로젝트 일정에서 파생된 비교적 일찍 작성된 목차는 수행할 조사 및 계산, 작성해야 할 예측 및 작성 권장사항을 위한 작업 프로그램의 기능을 한다. 이는 그러나 동시에 분업에 기반한 텍스트

기술 및 운영방식에 관한 핵심적인 기본 결정이 짧은 시간 내에 이루어졌다.

생산의 기본구조를 형성한다: 개별 작성자는 자신의 전문 영역(예: 발전 시스템, 지역난방 배전, 배전, 프로젝트 관리 등)과 관련된 개별 문제에 대해 작업하며, 그리고 그들은 부분적 텍스트로 구조에 의해 열린 틈을 채운다. 따라서 문서작업의 배정은 《Kraftråd》의 엔지니어링 작업의 일반적인, 즉 변조된 구조에 해당하며, 관련된 엔지니어 중 한 명이 다음과 같이 묘사하였다:

> Also, wenn wir das mal ganz generell sagen sollen, dann würde ich meinen, es geht darum, einige, etwas - wie soll man sagen - übergeW-ordnete Ziele in einige konkrete Projekte oder Teilziele - wie soll man sagen - Einzelpunkte umsetzen zu können, die man dann bearbeiten kann, und es zu schaffen, daß das Ganze am Ende zusammenhängt.
>
> 따라서, 우리가 그것을 매우 일반적인 방식으로 말한다면, 나는 그것이 일부 - 어떻게 말할까요 - 상위의 목표를 몇 가지 특정 프로젝트 또는 개별 부분 목표로 - 어떻게 말할까요 - 전환할 수 있는가에 관한 것으로 생각합니다. 그런 다음, 이 하위 목표에 대해 작업하고 결국에는 모든 것을 하나로 통합할 수 있도록 해야 합니다. (전기엔지니어 Danielsen)

(2) 무엇보다 에너지구상의 첫 번째 부분("데이터 파악")의 생성은 일종의 '회계장부적 쓰기'로 이루어지며, 점차 들어오는 정보가 목록과 같은 방식으로 기록된다. 이전 버전은 여전히 기존 에너지공급을 설명하고 평가하기 위한 정보가 많이 부족하므로 작성자는 격차를 채우는 쓰기전략(Auf-Lücke-Schreiben)을 취한다(베커-무로젝 Becker-Mrotzek 1992 참조): 불확실하거나 누락된 정보는 실행 중인 텍

스트에서 상관사(예: 물음표)로 표시된다. 이런 방식으로 텍스트생산은 일단 방해받지 않고 계속될 수 있다. 누락된 정보는 문서검토, 현지전문가 문의, 현장방문 및 검사와 같은 조치를 차례로 촉발하며, 질문목록 작성, 방문보고서 작성 등으로 이어진다. 다음 버전에서는 누락된 정보가 텍스트 및 예측의 공백에 채워진다.

생산 및 수정의 여러 단계에는 다음과 같은 기능이 있다: 기록 후에는 일반적으로 내용적 수정이나 새롭거나, 더욱 정확한 인식을 기반으로 한 상술이 뒤따른다. 마지막 버전에서는 의사결정과정에서 새로운 발전에 관해 고려나 텍스트에 대한 비판에 관한 반응이 우선된다. 이는 비판에서 제시된 입장을 받아들이고, 자신의 작업 입력과 접근을 명확히 하고, 자신의 진술을 부드럽게 하거나, 비판된 구절을 삭제하는 것으로 구성될 수 있다. 《Kraftråd》 직원은 평가, 권고 사항 및 표현을 상호 수용되는 위치에 도달하기 위해 프로세스의 추가 과정에서 논평자/고객/구매자와 협상할 수 있고 또 협상해야 하는 일종의 '이해 제안(Verständigungsangebot)'으로 본다.

(3) 텍스트생산은 인터텍스트에서 높은 수준의 내용적, 때로는 문자 그대로의 수용이 특징이다. 이러한 텍스트는 일반적인 상용 자료*, 동료의 텍스트, 회사 내부 및 외부 동료와의 토론, 자신의 준비작업 및 다른 작성자의 준비작업에서 시작하여, 계약, 규정, 지

---

* 상용구 자료는 회사의 다양한 텍스트에서 거의 변경되지 않고 사용되는 텍스트 또는 텍스트의 일부이다. 이 자료는 회사 브로셔 또는 해당 회사의 자료수집에서 나오며 일반적으로 프로젝트 요약, 참조, 내력, 장비, 조직구조 및 회사 직원에 관한 자료, 표준기술 및 조직절차 및 방법, 조직 다이어그램 및 흐름, 도표뿐만 아니라 표준계약서, 일반약관, 직원 이력서와 같은 텍스트도 포함한다.

침, 기술표준, 다른 프로젝트의 텍스트, 대담, 서면 의견제시 및 의견제시를 넘어 수반하는 서신 교환에까지 다다른다. 반대로 에너지구상 텍스트는 그 스스로 예를 들어 참조, 경험 보고서 및 에너지구상의 향후 개발을 위한 사내 매뉴얼을 위한 다른 텍스트에 관한 인터텍스트 역할을 한다. 다른 텍스트의 일부를 에너지구상으로 가져올 뿐만 아니라 다른 형식의 논의형태도 '인용된다'. 이렇게 수학적 교수법-학습법은 패턴에 따라 사용된다: '계산 공식 명명', '공식 설명' 및 '공식 및 추가 계산을 사용한 표본 계산'.

(4) 텍스트생산은 지속적인 기술적 기획 및 컨설팅과 분리될 수 없다. 따라서 인터뷰에서 프로젝트 작업자가 계획과 텍스트를 모두 '에너지구상'로 이해하는 것은 놀라운 일이 아니다. 그들의 관점에서 볼 때 에너지구상과 그 표현은 일치하며, 결국 텍스트는 - 적어도 계획 단계에서 -《Kraftråd》의 작업을 볼 수 있는 유일한 형식이다. 개별 표현의 구체적인 합의와 개별 부문의 구성, 즉 로컬 수준에서, 문제에 관한 공동의 관점을 개발하는 단계는 클라이언트와 함께 동시에 처리됩니다.

(5) 프로젝트 과정에서 덴마크 기술자는 독일 법률, 환경 및 지역정치, 에너지 및 세금규정과 관습을 알게 될 뿐만 아니라, 관련된《Kraftråd》 직원 중 한 사람의 아이러니한 진술에 따르면 그들은 열역학 법칙을 거의 무효로 하는 요소를 알게 되기도 했다(기계 엔지니어 Larsen). 프로젝트 그룹의 구성원은 또한, 덴마크에서는 이러한 형태로 존재하지 않는 독일에서 일반적인 전력망 구조를 설명하기 위한 체계, 일관된 전력 분리 콘셉트와 같이 문화적으로 영향을 받는 플랜, 그리고 특히 콘셉트와 텍스트유형 '에너지구상'을 습득하고 배운다.

개별 버전에서 이러한 개념에 관한 점진적인 접근방식은 변경사항에서 확인할 수 있습니다. 그리고 Wendenburg 프로젝트가 끝나면 엔지니어 중 한 명이 앞서 언급한 핸드북 초안을 작성한다. 이 핸드북은 Wendenburg 경험을 확실하게 하는 동시에 에너지구상에 관한 미래 작업을 위한 프레임워크 역할을 한다:

보고서 자체의 구조 - 그것에 관한 논의도 있었다 - 물론, 어느 시점에서 우리는 목차를 함께 만들었고 그렇게 했다. 그리고 그 결과 우리는 프로젝트가 끝난 후 올바른 목차, 올바른 보고 구조를 수행하게 되었다. (기계엔지니어 Ulriksen, 강조 필자)

4.2. 세 가지 에피소드

에너지구상에 관한 덴마크 작성자와 독일 비판가 및 평론가의 서로 다른 기대가 드러나는 세 가지 에피소드가 아래에서 설명된다. 그밖에 프로젝트 초기에 도시공사의 대표와 독일 기술 대학의 과학 프로젝트 감독자가 덴마크 프로젝트 그룹의 초안 텍스트에 대해 논평한다. 후의 입장표명은 새로 고용된 도시공사의 부서장들에 의해 표현되었으며, 그들 중 일부는 지역 공급업체인 REV AG가 인계받았으며, 일부는 서독에서 모집되었다.

에피소드 1: 생략/삭제

에너지구상 서론의 첫 번째 버전에서 전기엔지니어이자 프로젝트 관리자인 Hendriksen은 서독 에너지 회사가 전체 에너지공급을 인수하는 것에 관한 동독 지방자치단체의 헌법 소원에 근거하는 특별한 문제를 언급한다. 불분명한 상황으로 인해 현재의 지역공급업체(Wendenburg의 REVAG 같은)는 수리, 유지관리 및 갱신작업에 필요한 투자를 극히 소규모로만 할 것이라고 한다. 도시공사의 대표는 (전술적인 이유로) 그의 의견에 따르면 이 구절이 잘못되었기에 이 구절의 삭제를 요구한다. Hendriksen은 상황에 관한 자신의 평가가 정확하다고 계속 믿고 있지만 (Wendenburg 작업을 완료한 후에도) 다음 버전의 서론에서 새로운 건설 및 유지관리가 매우 필요하므로 이 주장을 삭제한다.

《Kraftråd》의 계획 및 컨설팅 활동의 맥락에서 클라이언트가 문제에 관한 솔루션, 솔루션에 관한 경로 및 제안을 승인하는 과정에서 이러한 생략진략은 명백한 비판을 단순히 무시하지 않는다. 이는 주석이 달린 구절은 변경되지 않은 채로 남아 있기 때문이다. 오히려 생략은 '국지적' 차원에서 기존의 견해 차이를 보류하기 위한 일종의 암묵적 합의와 그리고 그로써 협상이라는 '국지적' 목표를 달성하기 위해 일시적으로 묵인하는, 즉 협상 파트너의 상호 합의 (참조 바그너Wagner 1995 및 피리스Firth 1991) 기능을 한다. 사람들은 결국 수리와 새로운 시설이 필요하다는 데 일반적으로 동의한다. 생략행위에는 '능동적'인 행위가 수반된다: 차이를 '없애는' 삭제 혹은 파기. 이것이 이 협상활동이 구두협상과 다른 점이다. 구두적 협상에서는 말한 것은 상당한 대화적 노력 없이는 '삭제'될 수 없다. 생략이나 삭제는 일반적으로 받아들여진 지식을 기술적 계획 논의에 '기재하는' 것과 같은 거울 이미지이며(에피소드 2 참조), 에너지구상의 생산은 궁극적으로 그에 기여한다. 왜냐하면, 삭제는 일반적으로 받아들여진 지식에 속하지 않는 것으로 지워진 것을 표시한다. 유지보수를 무시한다는 비판적인 주장 대신 다음 버전의 텍스트에서 새로운 단락은 새롭고 더 에너지 효율적인 시설에 투자해야 하는 또 다른 이유를 제시한다: 대형 플랜트 조성 조례의 요구사항 준수. 새로운 논증은 지역 공급자의 동기에 관한 가설에 기반하지 않고 대신 환경법적 이유를 사용한다. 이것은 이후 과정에서 이의가 제기되지 않을 것이다.

에피소드 2: 고객 지향과 자체 전문성

새로운 시설의 일부로 사용될 수 있는 정도를 명확히 하기 위해 기존 난방시설의 상태를 평가할 때 기계엔지니어 Ulriksen은 사내 보고서를 통해 자신의 평가를 확인하는 다양한 전략으로 대응한다. 그는 Wendenburg의 새로운 발전과 결정을 언급도 하는 지역난방 분야의 새로운 도시공사 직원에 대한 상세한 비판에 대해 자신의 관점을 정교화함과 동시에 자신의 진술을 약화하기도 한다. 특히 주목할 만한 것은 난방 플랜트의 제어기술 상태평가와 관련된 변화이다. 마지막에서 두 번째 버전에서 Ulriksen은 다음과 같이 쓴다:

> Das Steuer- und Regelsystem basiert teils auf Niederdruckpneumatik und teils auf selbstentwickelter elektronischer Hard- und Software. So₩-wohl fur den pneumatischen als auch den elektronischen Teil gilt, daß die Wartung mit einem recht großen Aufwand verbunden ist, weshalb eine totale Auswechselung erfdgen sollte.

> 제어 및 조절시스템은 부분적으로는 저압 공기압력을 기반으로 하고 부분적으로는 자체 개발한 전자 하드웨어 및 소프트웨어를 기반으로 한다. 공기압력 부품과 전자 부품 모두 유지관리에 큰 노력이 필요하므로 전체 교체가 필요하다.

그에 관한 도시공사 전문가의 생각은 다음과 같다:

Niederdruckpneumatik für das Steuer- und Regelsystem wird ausschließlich im HW Weststadt angewendet. Im HW Süd basiert die Steuer- und Regeltechnik bei den DE 1-4 auf Hochdruckpneumatik (Abriß bei HKW-Neubau). Für die HWE ist eine totale Auswechslung der Leittechnik wirtschaftlich nicht sinnvoll. Dies wird erst mit dem Neubau der Spitzenanlagen kompatibel zum KWK-Teil erfolgen, [bis, Ergänzung khp.] dahin ist eine Anpassung der wichtigsten Daten für die Netzfahrweise notwendig.

제어 및 조절시스템을 위한 저압 공기압력 장치는 Weststadt HW에서만 사용된다. 남부 HW에서 DE 1-4에 관한 제어 및 측정제어술은 고압 공기압력(HKC가 새로 건설될 때 철거)을 기반으로 한다. 제어기술을 완전히 교체하는 것은 HWE에게 경제적이지 않다. 이것은 CHP 부분과 호환되는 정점 시스템의 새로운 구성으로만 이루어지며 [bis, 보충 필자] 네트워크 운영을 위한 가장 중요한 데이터의 조정이 필요하다.*

또한, Ulriksen의 기록에 따르면 Wendenburg에서 열린 회의에서 같은 도시공사 직원은 보일러 시스템을 당분간 교체해서는 안 되고 새 보일러가 설치될 때까지 교체를 연기해야 한다고 말했다. 교체 문제는 새로운 열병합 발전소가 가동될 때 다시 제기되어야 한다고 했다. 에너지구상 텍스트의 마지막 버전 《Kraftråd》 텍스트에서 그와 관련하여 아래와 같이 언급되었다:

---

* 약어는 다음과 같은 기술용어를 나타낸다: HW: 난방 플랜트, DE: 증기 발생기, HKW: 열병합 발전소, HWE: 온수 발생기 및 KWK: 열병합 발전.

Das Steuer- und Regelsystem basiert sich [!] auf selbstentwickelter elektronischer Hard- und Software zusammengebaut mit handelsüblichen Komponenten. Für den elektronischen Teil gilt, daß die Wartung mit einem recht großen Aufwand verbunden ist, weshalb eine totale Auswechselung erfolgen sollte. Diese Auswechselung ist jedoch mit der Renovierung der Kesselanlagen zu koordinieren.

제어 및 측정제어술은 상거래관례적 요소로 구성된 자체 개발 전자 하드웨어 및 소프트웨어를 기반으로 [!] 한다. 전자부품에 관한 한 유지보수는 상당한 경비와 관련이 있으므로 완전히 교체해야 한다. 그러나 이러한 교체는 보일러 시스템의 수리와 함께 병행되어야 한다.

변경사항은 컨설턴트 Ulriksen의 협상 상황을 반영한다: 한편으로 그는 고객의 조건과 결정을 고려해야 하지만 다른 한편으로는 전문가로서의 자신의 위치를 희생해서는 안 된다. Ulriksen의 변경은 이 두 극 사이에서 중재한다: 명백한 오류를 바로잡고 원래 권고된 (즉시) 교체가 경제적인 이유로 연기되는 것은 인정하지만 원칙적으로 교체를 주장한다. 그러나 교체는 합리성을 이유로 보일러 시스템의 수리와 함께 수행되어야 한다. 따라서 Ulriksen의 재작성은 비판가의 입장을 수용하지만, 그것을 그대로 그리고 완전히 채택하지는 않는다.

에피소드 3: 에너지구상의 기능

에너지구상 텍스트는 과제 해결에 관한 Kraftråd의 상호적 관점에 의해 특징 지워진다. 따라서 《Kraftråd》가 덴마크 회사가 자료를 수집하거나 처리하는 데 도움을 준 독일 회사와 현지 전문가에게 계속 감사를 표하는 것은 놀라운 일이 아니다(예: 방법론 장).

결정된 사항은 -언급한 바와 같이- 상호행위자의 공통 지식에 '기록'된다. 최종 텍스트의 미래 발전 설비에 관한 부문에서 이러한 단위의 선택은 주로 이루어진 공동 의사결정 프로세스와 《Kraftråd》, Kominvest, 도시공사 및 독일 일반계약자 간의 합의를 참조하여 합법화된다. 첫 번째 버전에서 선택은 서독 에너지 컨설팅 회사의 예비조사 결과로 설명되었다. 그러나 이어지는 버전들에서는 그 선택이 진행 중인 계획에 참여한 기관들(도시공사, Komlnvest, 신규 시실 건설을 위한 독일 일반계약자)의 행위와 결정에 관한 묘사로 짐짐 '정당화'되고 있다. 그를 통해 이 장은 기술적, 경제적 논증 때문에 특징지어지는 것이 점점 줄어들고, 대신에 점점 더 서사적 특징과 연대기적 기본구조를 취하게 된다. 선택된 기술적 해결의 장점은 이후 버전에서 매우 일반적인 용어로만 설명되고, 그리고 덴마크에서의 조사에서도 선행조사와 유사한 결론에 이르렀음을 언급하고 있다. 이러한 의견은 《Kraftråd》의 전문지식과 풍부한 경험을 나타내지만, 조사의 구체적인 결과는 보고되지 않는다. 《Kraftråd》의 관점에서 그것은 선택된 요소의 정당성에 그러한 연구가 수행되었고 그 결과가 이전 연구의 결과와 일치한다는 사실에 주의를 환기하는 것이 무엇보다 중요하다. 반면에 Stadtwerke는 -이는 대표이사의 논평과 부서장의 의견에서 명확히 드러난다- 먼저 "책임 가능한", 즉 언제든지 확인할 수 있는 대안 및 비교 계산을 기대하며, 이를 통해 때때로 제3자(예: 승인 기관)에게 경제적, 환경친화적이고 기술적으로 최적의 대안으로 급하게 내린 결정을 정당화할 수 있다. 따라서 대표이사는 《Kraftråd》의 텍스트에서 "에너지구상 개발에 사용된 방법론" 소개 부문에서 새로운 열병합 발전소 계약의 낙찰이 에너지구상의 정교화에 영향을 미치고 가속화했다는 사실을 알려주는 한 구절을 삭제할 것을 요구한다. 이 삭제 요청은 전략적이다. 대표이사는 이 단락이 많은 데이터와 문서가 시간 부족으로 인해 추정 값으로만 문서화된다는 결론을 허용할 것이라고 언급한다. 에너지 감독관은 분명 이것을 들춰낼 것이며 따라서 많은 결과에 의심을 가질 가능성을 갖게 될 것이다.

에너지 콘셉토의 기능에 관한 평가의 차이점도 이 에피소드에서 분명해진다. 위의 이 구절은 누락된 데이터에 관한 설명과 일차적 수신자(Kominvest 및 도시공사)에게 콘셉트를 개발하는 프로세스에 관한 설명으로 프로젝트 관리자 Hendriksen이 텍스트에 포함했다. 그러나 도시공사의 대표이사는 그의 비판에서 다른 대상, 즉 2차 수신자(승인 및 감독 당국 및 승인 부여를 방해할 수 있는 경쟁자)를 염두에 두고 있다. 따라서 대표이사는 기술 및 경제적(!) 타당성* 검토가 에너지구상의 전면에 있으며, 그는 이를 주로 제3자를 위한 자문 (및 시스템 구매 후 정당화) 전문가 의견으로 본다. 《Kraftråd》의 관점에서 "첫 번째" 또는 "두 번째 계획"으로 표시된 텍스트는 계획된 건설의 기술 계획 또는 기존 시설의 제안된 수리에 관한 토론의 기초 역할을 해야 한다. 따라서 이 텍스트들은 먼저 현재의 의사결정 상황이 어떻게 발생했는지, 그로써 상대적으로 동등한 파트너 간에 합의에 도달한 방법에 관한 설명으로 주로 설계되었다.

---

* 특히 도시공사의 대표이사는 신청서 §5항의 전제조건으로 대안의 성공과 경제적 타당성 연구의 예측을 기대한다. 그밖에 이후에 독일 컨설팅 회사가 이러한 수익성 연구를 수행하도록 위임할 것이다.

요약

합의도달에 관한 서술은 발전소 운영자 연합의 기획부서에서 출발한 엔지니어링 사무소가 개별 위탁의 원칙에 따라 신규 발전소의 프로젝트 계획을 주로 작업하는 덴마크에서 《Kraftråd》의 상황을 반영한다. 《Kraftråd》의 고객은 일반적으로 높은 수준의 기술적 전문지식을 가지고 있으므로 계획 프로세스에서 강력한 균형을 나타낸다. 따라서 《Kraftråd》의 프로젝트 그룹은 토론의 기초로 제안 및 초안을 제시하고 프로세스가 진행됨에 따라 고객과 공통문제 규정 및 솔루션에 도달할 것으로 기대한다. 이 기술적인 균형은 처음에 Wendenburg에는 완전히 결여되어 있으며, 이것이 사람들이 《Kraftråd》로 눈을 돌리는 이유이다: 그러나 나중에 도시공사의 확장으로 인해 이 기술적 균형이 매우 강화되어 기술적으로 우위로 발전하였고 《Kraftråd》의 지식의 우위가 사라지게 되었다.

Wendenburger 도시공사의 대표이사에게 있어서는 그의 문제해결 제안과 함께하는 에너지구상은 기술적 조언의 최종 목표이다. 《Kraftråd》 프로젝트 관리자에게 있어 다양한 형태의 에너지구상은 협의 중에 문제에 관한 공동의 견해에 도달하고 공동으로 개발된 솔루션에 도달하는 수단이다. 이러한 다른 관점은 텍스트생산 과정에서 갈등을 일으키고 문제와 텍스트에 관한 해결책에 관한 기대에 대한 끊임없는 협상으로 이어진다. 3개의 에피소드는 계약서에서 필연적으로 공개적 작업서술이 상담 상황을 어떻게 열며 (구두상담 담론의 경우 레바인 Rehbein 1985 및 노스두르프트·라이텐마이어·슈뢰더 Nothdurft·Reitemeier·Schröder 1994 참조) 그리고 '문제규정', '문제해결 방법제시' 및 '문제 솔루션 개발' 단계가 텍스트제작 과정에서 어떻게 진행되는지 보여준다. 이는 동시에 작업과제의 점진적인 구체화와 과정으로 이어진다. 대부분 이 프로세스는 기술 콘셉트의 -에너지구상-텍스트로 제시되는- 기대치와 단계별 결정 또는 의사결정에 관한 협상으로 발생한다.

그러나 과제와 문제해결의 합의 및 확정은 전체적 -'공식적'- 형식적 협의 또는 회의에서 발생하지 않고, 많은 텍스트, 의견, 진술 및 토론에 걸쳐 확장되는 국지적 협의 활동에서 이루어진다. 이런 의미에서 텍스트제작과 수정의 과정은 "많은 회의와 전화통화를 거치며 단계와 단계가 진행되는 상호작용적 춤"의 일부로 나타난다 (보덴 Boden 1995). Wendenburg에서는 기술적 계획, 공고, 계약 체결, 콘셉트 조정, 다양한 참가자와의 내부 및 외부 프로젝트 회의, 정치적 결정 및 보도자료는 물론 공식 및 비공식 토론, 방문 및 견학 등과 텍스트생산, 논평 및 수정의 맥락에서의 '상호행위적 댄스'를 통해 의사결정이 이루어진다.

텍스트생산 전반에 걸쳐 《Kraftråd》는 고객과 함께 공통의 문제관점 및 솔루션을 구축하려고 노력한다. 이 계획은 프로젝트 과정에서 고객의 요구사항이 변경되고 에너지구상에 관한 《Kraftråd》의 평가(기준선 및 솔루션을 함께 확정)가 도시공사의 기대와 일치하지 않는다는 사실 (제3자에 관한 정당화) 때문에 더 어려워진다. 따라서 공동계획 담론에서 공동으로 수용된 지식과 작업 및 솔루션에 관한 상호공유 아이디어를 '기재'하는 것은 거의 불가능하다. 에너지구상에 제안된 열병합 발전소가 현재 가동 중이지만 콘셉트-텍스트가 그 자체로 허가 당국에 제출된 적이 없으며 Wendenburg의 도시공사 책장에 먼지가 묻은 채 놓여있다. 그러나 그 콘셉트는 - '완성'되지 않은 채 - 프로젝트의 '촉매'(수단)로서의 기능을 수행했지만, 항상 에너지공급 전환을 위한 '로드맵'(목표)은 아니었다.

5. 결론

사례연구를 통한 일반적인 결론은 당연히 극도의 주의를 기울여 도출할 수 있다. 연구는 또한 지식을 내보내기 하는 기능에 의해 결정되는 비표준적이고 비의례적인 의사소통에만 적용할 수 있다. 따라서 다음 고찰에서도 뚜렷한 이해를 돕는, 어떤 경우에는 추측적인 성격이 있으며, 추가 질적 연구에서 검증되어야 한다. 그러나 이 결론들은 잠정적 성격에도 불구하고 지금까지 연구된 학교나 대학의 쓰기가 반드시 모든 형태의 텍스트생산에 관한 원형이 아니라는 점을 언급한다. 이 인식만으로도 실제로 몇 가지 교훈적인 고찰을 유발할 수 있다. 어쨌든 필자의 견해로는 소개된 연구의 의미는 간과되거나, 무시되거나, 쓰기교육에서 그 중요성이 과소 평가된 텍스트생산의 측면을 더 많이 고려하는 데 기여할 수 있다.

직장과 직업 관련 세계에서 쓰기는 이해를 돕는 목적에 그렇게 기여하지는 않으며, 정보 전달에만 사용되는 것도 아니다. 그러한 쓰기는 일차적으로 업무를 완료하고, 다른 (일반적으로 복합적한) 작업을 수행하는 데 실제로 필요하고 사용되는 텍스트를 생성하는 것이다. 《Kraftråd》의 관점에서 볼 때는 그를 넘어 텍스트생성 및 수정의 도움을 받아 계획 합의도 찾고 수립해야 한다. 도시공사의 경우 문서의 생산 이력과 관계없이 상호작용자와 무관한 독립적인 의사결정 및 제3자에 관한 결정을 합법화하는 데 도움이 될 수 있는 문서의 생산에 중점을 두는 것이다. 이는 의사결정과정을 합리적 과정으로 재)구성해야 하기 때문이다. 《Kraftråd》와 도시공사는 기대치와 과제제시를 명확히 하고 그로써 텍스트제작의 사회적 맥락을 명백히 밝히고 확정하는 수단으로 텍스트제작, 논평 및 수정을 사용한다. 그러나 여기에서 요약된 작업장에서의 쓰기교수법 방법은

‘맥락’, ‘수정’, ‘글쓴이’ 및 ‘텍스트/텍스트유형’과 같은 쓰기연구와 텍스트언어학의 중심 개념에도 영향을 미친다.

맥락/맥락화

맥락은 계획 및 결정과정의 진행으로 인해 높은 수준의 역동성을 특징으로 하며, 이 두 과정은 부분적으로 에너지구상에 의해 추진된다. 미래 공급에 관한 계획뿐만 아니라 실제 구성 및 전환도 부분적으로 텍스트제작과 동시에 수행되며, 이는 콘셉트-텍스트의 전제조건과 Wendenburg에서 《Kraftråd》의 위치가 지속적으로 변경된다는 것을 의미한다. 거기에 상호행위자 역시 자체로 맥락이라는 것이 추가된다. 그들은 작성자, 기술자, 컨설턴트 및 협상 파트너로서 상호행위에서 맥락을 구성하고 지속적으로 변경한다. 맥락의 역동성은 맥락이 비교적 안정적인 학교와 대학에서의 교수/학습-맥락 밖에서 쓰기의 특징이다.

수정

이 점검된 쓰기과정은 어느 한 유리된 글쓴이의 쓰기(헤르만스 Hermanns 1988 참고)에서 자기 생각을 점진적으로 정교화하는 것을 매우 돕는 것은 아니다. 기술자들은 자신이 실제로 말하고 싶은 것이 무엇인지 알아내거나 텍스트가 표현하고자 하는 것이 무엇인지 확인하기 위해 쓰기과정을 이용하지 않는다. 따라서 수정은 드물게 만 이해를 돕는-인식적 기능을 갖는다. 회계 서신의 틀에서 우선적으로 내용수정 및 정교화에 관한 것이다. 기술적인 쓰기와 계획 또는 컨설팅의 동시성과 상호의존성 때문에 텍스트생산은 또한, 공통의 관점을 제안, 협의 및 확정하는 수단이다. 이 프로세스가 성공하지 못하면 상담과

이 상담을 문서화하는 텍스트의 성공이 어려워진다.

작성자

직업세계에서 (외국) 언어적 기능의 개별화와 높은 수준의 분업, 상호텍스트성 및 상호작용성으로 인해 전통적인 의미에서 개별적 저자의 위치가 사라지고 있다. 직업세계에서 텍스트를 생산할 때 다른 사람들과 유리된 외로운 작성자의 낭만적인 이미지가 들어갈 여지는 거의 없다. 프로젝트 관리자는 텍스트를 내부적으로 승인하고, 회사는 이를 외부적으로 수행하며, 법적 관점에서 텍스트는 궁극적으로 클라이언트의 자산이 된다. 그러나 프로젝트 관리자도 회사도 전통적인 의미에서 작성자로 등장하지 않는다. 오히려 작성자는 회사로부터 아이디어, 텍스트 및 정체성을 '얻기 위해' 자신의 정체성, 아이디어 및 텍스트를 회사에 '부여한다'(윈저 Winsor 1993 비교).

텍스트/텍스트유형

텍스트구성의 관습(형식 및 내용 관련)은 특정 담론 커뮤니티의 규범, 인식론 및 연구이념을 나타낸다. 텍스트유형은 개별 텍스트에 관한 독자의 기대치를 제어하고 특정 콘텐츠가 전달될 방법에 관한 프레임워크를 설정한다. 그것들은 상대적으로 안정적이며 동시에 변경될 수 있다(밀러 Miller 1984 비교). 이것은 순수 지역난방 콘셉트에서 독일 통일의 틀 내에서 재설계 및 인수계획에 관한 일반 에너지계획에 이르기까지 텍스트유형 '에너지구상'의 발전 역사에 따라 인상적으로 설명된다.

사회인지적 관점에서 텍스트유형은 동적이고 수사적 구조로도 설명되며, 이러한 텍스트유형은 사용조건, 즉 우선적으로 사용자의 사회인지적 필요에 따라 조작될 수 있다(베르켄코터·후킨 Berkenkotter·Huckin 1993: 477f.). 따라서 전문텍스트유형의 지식은 전문커뮤니케이션에 포함된 상황적 지식의 한 형태로 가장 잘 개념화된다. 이는 일상적인 직업생활의 의사소통 활동에 참여함으로써 습득되고 학습된다. 교수법적 관점에서 보면 이러한 학습상황에 대비하기 위해 '실생활'에서 쓰기에 더 가까워지기 위해 교수/학습 맥락에서 쓰기에 관한 요구가 있다고 생각한다.

사회적-상호행위적 관점에서도 기술적 텍스트와 텍스트유형은 역동적 요소로 나타난다. 프로젝트 과정에서 텍스트에 대해 어떤 기대치가 제기되며, 특정 상황에서 어떤 부류적 움직임이 중요하다고 간주되는지, 텍스트유형의 어떤 내용적 또는 형식적 버전이 선호되어야 하는지에 대해 협의가 이뤄진다. 이렇게 예를 들어 상호작용에서 도시 종합계획, 경제적 기업계획 또는 기술적 세부계획이 예상되는지가 분명해진다.

기술 작업장에서 생성된 텍스트의 적용 맥락과 그와 관련된 사용특성은 텍스트와 과업에 관한 끊임없는 협의로 이어지며, 이는 텍스트생산에 상호텍스트성의 개념을 뛰어넘는 뚜렷한 행위특성을 부여한다:

> 텍스트는 동일한 유형 및 동일한 주제의 이전 텍스트를 기반으로 작성된다: 그것은 구체적인 상황에서 필연적으로 발생한다: 버려도 필연적으로 반응을 유발한다. (페이글리 Faigley 1985: 24)

필자의 생각으로는 쓰기의 행위특성(기술을 사용할 수 있게 하는 서비스뿐만 아니라 의사결정에서도)은 텍스트언어학 내에서 맥락과 텍스트에 관한 역동적인 관점과 쓰기연구 내에서 텍스트생산의 사회적 상호작용 측면에 관한 더 강한 고려를 시사한다.

참고문헌

Antos, Gerd/Pogner, Karl-Heinz (1995): Schreiben (= Studienbibliographie Sprachwissenschaft 14). - Heidelberg: Groos.

Becker-Mrotzek, Michael (1992): Wie entsteht eine Bedienungsanleitung? - In: Krings, Hans Peter/Antos, Gerd (Hgg.): Textproduktion. Neue Wege der Forschung (Fokus 7) (Trier: WVT) 257-280.

Berkenkotter, Carol/Huckin, Thomas N. (1985): Rethinking genre from a sociocognitive Perspektive. - In: Written Communication 10/4, 475-509.

Boden, Deirdre (1995): Agendas and arrangements. Everday negotiations in meetings. - In: Firth (Hg.) 83-99.

Couture, Barbara (1992): Categorizing professional discourse. Engineering, administrative, and technical/professional writing. - In: Journal of Business and Technical Communication 6/1, 5-37.

Ede, Lisa/Lunsford, Andrea (1990): Singular texts/plural authors. Perspectives on collaborative writing. - Carbondale/Edwardsville IL: Southern Illinois University Press.

Faigley, Lester (1985): Nonacademic writing. The social perspective. - In: Odell/Goswami (Hgg.) 1985, 231-248.

Fearing, Bertie E./Sparrow,W.Keats (Hgg.) (1989): Technical writing. Theory and practice. - New York: MLA.

Firth, Alan (1991): Discourse at work. Negotiating by telex, fax, and phone (Unveröffentlichte Diss.). - Aalborg: Aalborg University, Department of Languages and Intercultural Studies.

- (Hg.) (1995): The discourse of negotiation. Studies of language in the workplace. - Oxford: Pergamon.

Flower, Linda (1994): The construction of negotiated meaning: A social cognitive theory of writing. - Carbondale/Edwardsville IL: Southern University Press.

Häcki-Buhofer, Annelies (1985): Schriftlichkeit im Alltag. Theoretische und empirische Aspekte - am Beispiel eines Schweizer Industriebetriebs (Zürcher Germanistische Studien 2) - Bern: Lang.

Hermanns, Fritz (1988): Schreiben als Denken. Überlegungen zur heuristischen Funktion des Schreibens. - In: Der Deutschunterricht 40/4, 69-81.

Killingsworth, M.Jimmie/Gilbertson, Michael G. (1992): Signs, genres and communities in technical communication. - Amityville NY: Baywood.

Miller, Carolyn R. (1984): Genre as social action. - In: Quarterly Journal of Speech 70,151-167.

Nystrand, Martin (1986): The structure of written communication. Studies in reciprocity between writers and readers. - Orlando FL: Academic Press.

- (1989): A social-interactive model of writing. - In: Written Communication 6/1, 66-85.

Nothdurft, Werner/Reitemeier, Ulrich/Schröder, Peter (1994): Beratungsgespräche. Analyse asymmetrischer Dialoge (= Forschungsberichte IDS 61). - Tübingen: Narr.

Odell, Lee/Goswami, Dixie (Hgg.) (1985): Writing in nonacademic settings. - New York: Guilford.

Pogner, Karl-Heinz (1995): Energiekonzept für Wendenburg. Arbeitsteilige Produktion fremdsprachlicher Texte an einem technischen Arbeitsplatz (Diss.) - Odense: Universität Odense.

(demn. unter dem Titel “Schreiben im Beruf als Handeln im Fach” in der Reihe “forum Fachsprachenforschung”, Tübingen: Narr).

- (i. Vorb.): Schreiben am Arbeitsplatz. - In: Antos, Gerd/Adamzik, Kirsten/Jakobs, Eva-Maria (Hgg.): Domänen- und kulturspezifisches Schreiben (Frankfurt/M.: Lang).

Rehbein, Jochen (1985): Medizinische Beratung türkischer Eltern. - In: Ders. (Hg.): Interkulturelle Kommunikation (Tübingen: Narr) 349-419.

Spilka, Rachel (Hg.) (1993): Writing in the workplace. New research insights. - Carbondale/Edwardsville IL: Southern Illinois University Press.

Wagner, Johannes (1995): .Negotiating activity' in technical problem solving.

- In: Firth (Hg.) 1995,223-245.

Winsor, Dorothy A. (1989): An engineer's writing and the corporate construction of knowledge. - In: Written Communication 6/3, 270-285.

- (1993): Owning corporate texts. - In: Journal of Business and Technical Communication 7/2, 179-195.

울라 픽스 (라이프지히)

규범과 규범의 해체
유형학적 상호텍스트성 - "포스트모던적" 문체 장치인가?

테제적 서술

> 우리가 스타일(Stil)을 기반으로 하는 곳에는 혁신, 갱신, 추월에 관한 지속적인 압박이 있다. (아스만 A. Assmann 1986: 128)

필자의 고찰은 **규범**과 **규범의 해체**의 양극적인 사고형상(Denkfigur)이 특징이다. 이 사고형상을 **구속력**과 **구속력 해제**라는 언어학에서 익숙한 다른 쌍과 함께 포괄적 용어 아래에 둘 수 있다: **규칙 - 규칙위배, 전형**(Muster) **- 전형혼합**(Mustermischung)/**전형위배**(Musterbruch)**, 규범 - 규범위반, 관례화 - 탈 관례화.** 덧붙인다면 기본 단어인 -bruch(어기다) 및 -verstoß(위반)는 의도한 무엇인가, 즉 각각 원하는 것에 대한 것을 나타낸다.

우리는 포스트모던 담론의 범주로서 유사한 사고형상들을 알고 있다. 예를 들어: **명확성** 대신 **불명확성**, **엄격한** 대신 **불분명하게 기술된 경계·스타일, 독립성** 대신 **상대성**, **전체** 대신 **파편**(하산 Hassan 1988 참고) 등이다. 하산 (Hassan 1988: 50)은 리오타르(Lyotard)에 기대어 "중심 사회 규범의 탈 정당화(Entlegitimisierung)", "문화적 규범의 해체"라고 말한다.

우리는 일상텍스트에서, 공공 커뮤니케이션의 특정 영역에서, 언급된 용어로 설명되는 현상을 점점 더 많이 접한다. 여기에는 정치적, 상업적 성격의 광고텍스트, 언론텍스트, 특히 대중학술지의 광고텍스트, 공공 공지, 슬로건, 구호, Graffiti가 포함된다. 간단하게 말해: 독자가 의무적으로 읽어야 하는 전문텍스트와 달리 대중의 관심을 불러일으키는 데 치중하는 텍스트들이다. 그러한 텍스트는 종종 규범을 해체하는 수단으로 구성된다: 변형, 텍스트구성, 텍스트 및 스타일 패턴붕괴 및 혼합.

우리는 홀트하우스(Holthuis)(1993: 3)가 이러한 텍스트에서 일반적인 경우로 기술한 미학적 성격의 상호텍스트적 유형학적 지시관계를 - "장르구성", "텍스트유형변경", "텍스트유형변형", "규범 충실에 관한 대화" - 발견한다(홀트하우스 Holthuis 1993: 57f., 87). 디트겐(Dittgen)(1989: 10)은 문학적 언어의 문체적 수단이 점점 더 비문학적 언어로 옮겨가고 있다고 언급하는데, 이는 규범의 해체와 같이 경계를 넘는 것으로도 볼 수 있는 과정이다.

우리가 현재 일상적인 텍스트에서 마주하고 있고 규범의 해체로 인해 발생하는 유형학적 상호텍스트성의 자주 발생하는 형태는 - 텍스트언어학 용어로 - 텍스트전형조립, 텍스트전형혼합 및 텍스트전형깨짐 현상이다. 필자는 산디히(Sandig)(1978)에 따라 '텍스트전형'을 고빈(Gobyn)의 '텍스트유형'(1992: 70)의 의미에서 화행론적, 즉 텍스트발화수반행위에 따라 텍스트명제 및 텍스트발화행위에 따라 서술할 수 있는 단위로 이해한다. 따라서 텍스트전형조립은 서로 다른 패턴/유형에 속하지만, 텍스트의도를 따르는 여러 텍스트표본의 결합으로 설명될 수 있다. 텍스트전형혼합 텍스트는 관계에 따라 서술될 수 있어야 한다. 텍스트는 발화수반행위적이고 명제적이며 미리 결정된 몇 가지 텍스트패턴/유형에 관한 전형적 지배력을 가진 텍스트표본으로 이러한 관계를 갖는다. 따라서 지향

점은 홀트하우스(Holthuis)(1993: 53 f.)에 따르면, 텍스트의 규범화된 속성, 즉 "시스템 텍스트"에 대한 관계이다. 전형위반은 어떤 텍스트표본이 텍스트 전형/유형의 움직임과 텍스트전형에 명확하게 할당되지 않는 경우 발생한다. 필자는 홀트하우스(Holthuis)와 달리 언어참여자의 텍스트유형에 관한 지식보다 유형지식에 기초하지 않고 그가 유형학적으로서 서술하는 상호텍스트적 연관을 본다. 홀트하우스(Holthuis)가 언어참여자의 "집단적 지식"(1993: 55)에 대해 말하지만, 텍스트유형에 관한 지식이 유형학적으로 조직되지 않고 일상적인 지식으로 구성된다는 사실에 대해서는 이제는 언급하지 않는다. 텍스트전형을 가지고 행할 때, 즉 전형의 일반적인 수정, 혼합 및 위반은 언어 참가자의 이론적이고 일관된 지식을 기반으로 하지 않는다. 오히려 그것은 불완전하고 부정확하지만 본질적으로 언어참여자가 공유하는 동일한 텍스트에 관한 일상적인 지식에 기반을 두고 있다. 언어참여자가 다루는 유형은 일상 지식의 일부이다.

유형학적 상호텍스트성의 특별한 변형으로서 위에서 서술한 유형의 기능적 텍스트의 문학적-미학적 텍스트 전형/장르에 관한 관계가 나타난다. 이 현상에는 또 다른 현상이 선행된다 - 문학텍스트는 비문학텍스트의 전형에 관계가 있다. 필자는 두 가지 예를 제시한다: 호르스트 비넥(Horst Bienek)의 시 "Deutsche Wertarbeit"(텍스트1)와 빌헬름 바르취(Wilhelm Bartsch)의 텍스트 "Prometheus의 심판"(텍스트2).

Bienek 시의 문구는 포장 안에 함께 있는 설명서(예: 사탕 상자용)로 이해될 수 있다. 우리가 시에서 알 수 있는 출판장소, 텍스트의 배열, 그것이 만들어내는 리듬과 구조가 텍스트를 시로 만든다.

Bartsch의 텍스트는 두 표현 영역의 의미장에 의해 결정된다: 그는 상상할 수 있는 제도적 전문적 텍스트(판결)와 상상할 수 있는 문학텍스트/신화텍스트(미학적 텍스트)를 혼합한다. 문장성분의 순서와 가정법의 사용은 시의 정교한 언어를 나타내며 "전투의 최전선에서" 또는 "지도부의 지시에 반하는 행위"와 같은 표현은 동독의 제도적 텍스트를 나타낸다. 헤드라인은 두 가지 모두를 명확하게 한다. 그리고 연속적으로 쓰여진 텍스트의 그래픽적으로 표시된 구조와 리듬은 두 가지 모두를 나타낸다: 사실 텍스트와 시 텍스트.

우리는 비문학텍스트 영역에서 실용텍스트 영역에 남아 있는 텍

Text 1

Deutsche Wertarbeit

Alle erzeugnisse
unseres hauses
unterliegen während der
herstellung einer dauernden und strengen
kontrolle
auch durch unser ... stammhaus
so garantieren wir ihnen
daß jederzeit nur frische ware
höchster qualität und aus besten rohstoffen
zur auslieferung gelangt
sollten sie dennoch
einmal
grund zu beanstandungen haben
bitten wir sie
uns packung mit inhalt
und ausgefüllter garantiekarte
zuzusenden wir tauschen ihnen
bei berechtigten
beanstandungen
diese packung um und vergüten
ihnen zusätzlich
ihre porto
auslagen

HORST BIENEK

Text 2

Beurteilung des Prometheus

Der Kollege P. war Aktivist der ersten Stunde, aber / Damals schon zeigte er anarchosyndikalistische Tendenzen, / Wenn er / Erstens: Unter Vorspiegelung falscher Tatsachen / Mittel erwirkte, kollektivegoistischen Interessen zu frönen, die / Seiner bekannten Eitelkeit dienten, / Zweitens: deshalb ihm Zulauf wurde, so daß / Alle Autorität der Leitung ständig in Frage gestellt war. / Selbst nach zahllosen Aussprachen mit höchsten Stellen, die / Mit Geduld und Nachsicht oftmals ihm die Hand / Boten, beharrte er in Abweichlertum und ließ es an nötiger / Achtung vor jedermann fehlen. Auch Offenheit / Mangelt ihm, seine Absichten liegen gewissermaßen im / Meßtechnischen Dunkel. Mehrmals äußerte er / Öffentlich: Er nehme sich alles heraus, was er kann. Dies / Hieße sein Schicksal. Zwar muß man ihm zugute halten, / Daß er in vorderster Linie im Kampf stand / Gegen die Barbarei, doch das betrachtet er als Freibrief, / Gegen die Anweisungen der Leitung zu handeln. Deshalb / Kam es zu ernsthaften Störungen des Betriebsablaufes, welche / Fast Sabotagecharakter trugen, worauf man / Ihn mit mehreren Jahren Arbeitsplatzbindung im Außenstützpunkt / Des Betriebes beauflagen mußte, die er auch einhielt, aber / Täglichen Aussprachen zum Trotz mit dem Kollegen Adler / Von der Obersten Leitung verblieb er in seinem / Störrischen Eigensinn. Schließlich, auf Antrag einiger / Seiner Kollegen und durch besonderen Einsatz des Arbeiters / Herkul, setzte man erneut das Vertrauen in ihn und gliederte / P. wiederum ein in das Kollektiv in der Hoffnung, er würde sich / Dort bewähren, aber sein Individualismus blieb / Ungebrochen bestehen. Eigenmächtiges Handeln und / Anmaßende bösartige Kritik / Zwingen uns, P. nunmehr vor der *ganzen* Belegschaft / Stellung zu seinem Verhalten nehmen zu lassen:

스트전형조립(텍스트3)과 텍스트전형혼합(텍스트4)을 볼 수 있다. 텍

스트3은 의학텍스트처럼 구성된 텍스트의 조립이며, 또한, 광고텍스트의 구성으로 전체 텍스트의 배열, 큰 글자로 인쇄된 헤드라인 “의학” 및 마찬가지로 큰 글자로 인쇄된 “억압된 감정”은 작은 지시인 “광고”를 간과할 수 있도록 한다. 전체 텍스트의 이 두 텍스트

ANZEIGE

MEDIZIN

DIE VERDRÄNGTEN GEFÜHLE

Werden Probleme nicht verarbeitet, kann das unser Lebensgefühl beeinträchtigen.

Susanne B., 37 Jahre, leidet unter starken Kopfschmerzen, gegen die kein Medikament helfen will. Sie geht zum Arzt, der aber keine organische Ursache feststellen kann. Er fragt Susanne B., ob es derzeit in ihrem Leben besondere Belastungen gibt. Nach einigem Zögern erzählt sie, daß sie ihrem Exmann und seiner neuen Frau begegnet sei. Susanne B. glaubte, schon lange über die gescheiterte Beziehung hinwegzusein. Doch ihre Kopfschmerzen lehrten sie, daß dies bei weitem nicht der Fall war... Ein seelisches Problem kann sich hinter der Maske verschiedenster körperlicher Fehlfunktionen, wie nervösem Herzrasen, innerer Unruhe oder Magen- und Rückenschmerzen, verstecken. Wenn den Beschwerden der Garaus gemacht werden soll, müssen sich die betroffenen Menschen zunächst ihr belastendes Problem bewußt machen. Helfen kann ihnen auch der Einsatz des hochdosierten Johanniskraut-Medikamentes Kira (Apotheke, rezeptfrei). Kira stellt das Gleichgewicht zwischen Körper und Seele sanft und schonend wieder her, indem es zunächst das nervliche Empfinden stabilisiert. Dadurch werden die körperlichen Symptome ohne organische Ursache, wie z.B. die Kopfschmerzen, gelindert oder sogar gänzlich beseitigt. Wenn man sich rundherum wieder stabiler fühlt, fällt es wesentlich leichter, problematische Lebenssituationen in den Griff zu bekommen und sie zu verarbeiten.

Kopfschmerzen können seelisch begründet sein

Kira Johanniskraut-Dragees zur Behandlung von psychovegetativen Störungen (körperliche und nervliche Beschwerden ohne organische Ursache wie Gereiztheit, Konzentrationsschwäche, schlechter Schlaf, Begleiterscheinungen in den Wechseljahren, Appetitmangel, Kopf- oder Magendruck, Schwindel) und nervöser Unruhe. Empfindlichkeit gegen Sonnenlicht ist insbesondere bei hellhäutigen Personen möglich. Lichtwer Pharma GmbH, 13435 Berlin.

Text 3

Lesen Sie sich gesund mit

Diogenes® Büchern

Diogenes Bücher werden weltweit in der Bibliotherapie eingesetzt.

Verwendungszweck

Die Anwendungsgebiete sind vielfältig. Vor allem bei Grippe, Schnupfen, Halsschmerzen und Heiserkeit, aber auch bei Nervosität, allgemeinen Reizzuständen und Konzentrationsschwäche. Generell unterstützen **Diogenes Bücher** den Genesungsprozeß bei nahezu allen Krankheiten, bei denen Ruhe verordnet ist. Besondere Erfolge sind im Rekonvaleszenzstadium nachgewiesen.

Eigenschaften

Die Wirkung setzt schon kurze Zeit nach Lesebeginn ein und ist von anhaltender Dauer. **Diogenes Bücher** wirken rasch entspannend, die Blutzirkulation wird angeregt und der Allgemeinzustand verbessert.

Vorsichtsmaßnahmen/Risiken

Im allgemeinen werden **Diogenes Bücher** gut vertragen. Bei Kurzsichtigkeit werden geeignete Lesehilfen empfohlen. Es sind einzelne Fälle bekannt, bei denen der regelmäßige Gebrauch zur Abhängigkeit geführt hat.

Dosierung

Falls nicht anders verordnet, empfehlen wir alle zwei bis drei Tage ein Buch. Vor allem regelmäßige Anwendung ist die beste Voraussetzung für die Gesundung. Diagonallesen oder vorzeitiges Beenden kann die Wirkung beeinträchtigen.

Zusammensetzung

Papier, Leim und Druckfarben. **Diogenes Bücher** werden umweltschonend hergestellt. Verwendung findet nur holz- und säurefreies, chlorfreies Papier, das lange Haltbarkeit garantiert.

Auch bei guter Gesundheit ist beste Unterhaltung garantiert.

Diogenes Bücher
sind weniger langweilig.

Text 4

는 하나의 가는 선으로만 구분된다. 모든 것은 전문텍스트라는 인상을 주기 위해 맞춰졌다.

텍스트4는 텍스트원형혼합의 예이다. Diogenes 출판사의 서적 안내문은 언어 및 비언어 기호를 사용하여 텍스트유형 동봉삽입문을 생성하며, 그럼에도 여전히 광고문구로 명확하게 인식될 수 있다. 혼합의 성공으로 미적 효과가 생겨난다.

반면에 우리는 또한 반대의 방향으로 한 텍스트세계(문학텍스트)에서 다른 텍스트세계(전문텍스트)로의 위에서 설명한 지시의 원리를 매우 자주 본다: 전문텍스트가 문학/미학적 텍스트의 전형과 연관이 있다. 우리는 그림(Grimm) 동화의 언어 (텍스트5) 또는 루터의 성경 번역의 미학적 언어(텍스트6 및 7)에서 광고텍스트를, 또는 속

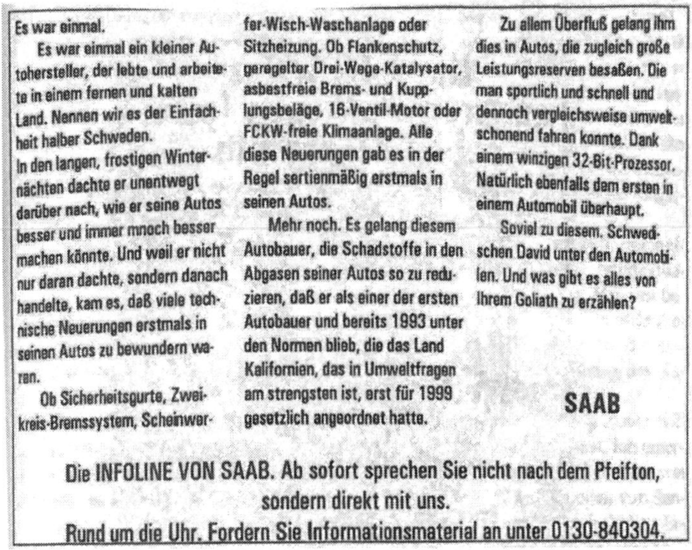

Text 5

담, 노래, 시의 시적 요소가 포함된 정치텍스트(Text8)를 접한다.

동화의 요소를 활용한 자동차 광고는 동화의 명제적 기본요소를

Text 6

Text 7

활용한다. 텍스트의 유형 자체가 판매 논거가 된다. 마지막에 무언가가 너무 놀라울 정도로 훌륭하게 되었고 동화의 형태로만 말할

수 있을 만큼 동화적이다.

루터의 언어로 된 광고는 구원의 역사(스톨트 Stolt 1983)에 있는 사건의 제시를 위한 신호 역할을 하고 루터에 따르면 마음에 말해야 하는 성례전 언어의 요소를 신성 모독적 주제에 적용한다. 이런 식으로 전자 제품 광고와 같은 주제를 구원의 메시지로 전달할 수 있다.

> Logen sie gestern, lügen sie heute.
> Es sind immer die gleichen Leute.
>
> Hopp, hopp, hopp. Gysi lauf Galopp.
>
> Sollen die Menschen im Lande bleiben,
> so muß man Kampfgruppen und Stasi vertreiben.
> Für eine Zukunft in Freiheit versperren sie die Sicht,
> und das Brot, das sie essen, verdienen sie nicht.
> (Leipzig, Herbst 1989)

Text 8

격언, 노래, 시 형식의 표어는 유창하고 미학적인 형식을 사용하여 이를 유희적으로 변화시킨다.

동화의 어조 또는 루터의 언어로 된 광고텍스트, 시적 짧은 형식의 변화로서의 정치텍스트 - 여기에서는 어디에서나 탈분화, 불확실성, 경계의 흐릿함이 드러난다, 간단하게 말해: 규범의 해체. 그리고 이것은 로만 야콥슨(Roman Jakobson)의 의미에서 미학적 기능보다는 표현적이거나 호소기능을 가진 텍스트에 적용된다. 그 텍스트들이 이러한 미학적 기능을 어느 정도 유지하는지, 그리고 규범의 해체 때문에 생성된 수단이 어떻게 미학적 효과를 갖는지는 설명되어야 한다. 그것이 실상이다. 이제 설명.

필자는 이 주제에서 제시된 질문에 도달하기 위해 질문의 문구가 암시하는 것보다 더 많은 답변을 주고 싶다. 필자의 경험에 따르면 전형의 자유로운 처리에 관한 한 특히 유형학적 성격의 상호텍스트성은 언급된 커뮤니케이션 영역에서 어떤 **하나**가 아니라 **그** 지배적인 스타일수단이다. 필자는 이 상호텍스트성의 사용을 그것이 규범의 해체에 기반을 두고 있으므로 **포스트모던**이라고 생각한다.

물론 그러한 언급은 근거가 필요하다. 필자는 그 전에 두 가지 가정을 언급하고 싶다. 먼저: 필자는 전형이 스타일과 관련이 있다고 생각하거나 최소한 전형의 위반이 스타일이 분명해 보일 수 있게 한다고 생각한다. 이것이 사실이라는 것은 필자가 여기에서 언급한 산디히(Sandig 1989, 1991)와 디트겐(von Dittgen 1989)의 연구를 더 설명이 필요하지 않다. 필자는 또한 - 예를 들어 시대정신의 표현과 같은 - 전형적인 문체수단을 한동안 찾을 수 있다고 가정한다. 레크너(Lerchner 1995: 98)는 역시 스타일을 가질 수도 있는 개별 예술의 형식적 양식은 어떤 한 시대의 사고양식, 세계지식과 세계관의 구성과 관련되어야 한다고 언급한다. 삶의 다른 영역에서 규범이 해체되는 병행현상은 이 언급이 근거가 없는 것이 아님을 우리에게 보여줄 수 있다. 우리는 현대 패션에서 텍스트전형조립, 위반 및 혼합에 관한 명확한 유사점을 볼 수 있다. 문학자 바바라 빈켄(Barbara Vinken)(1993: 83)은 "패션계의 상징적으로 된 스타일인용이 서로 뒤섞인다"라고 말한다. 빈켄(Vinken)은 패션의 상징적 스타일인용을 다음과 같이 말한다: "강도 같은(mugglerartig) 만화 인물", "튤 스커트와 발레리나 신발", "약간의 서양식", "약간의 열대/트로피컬 룩", "약간 스페인 민속", "몇몇 숲과 자연의 요정", "아라비안나이트"로부터의 인용, "중국 궁중의 화려함"뿐만 아니라 작업복의 요소. 그리고는 마침내 남성복과 여성복의 스타일 요소가 교환됨으로써 성별의 경계도 모호해진다. 문화적 규범의 명백한 해체. Vinken은 다음과 같이 요약한다: "높음에서 낮음으로의 전도, 참조와 관계의 카니발화, 포퓰리즘적 해체 및 스타일의 탈분화에서 패션과 시대 간의 관계에 결정적인 변화가 발생한다"(같은 책: 63). 우리는 텍스트의 경우에는 덜 극적일지라도 그 현상들이 일치함을 알 수 있다.

전형을 자유롭게 다루고 규범을 깨는 것이 수신자를 압도하는 데 의존하는 텍스트의 지배적인 스타일수단이라는 견해를 어떻게 정당화할 수 있나? 언어의 조합, 혼합 및 파괴수단, 즉 "규범의 탈 정당화"(하산 Hassan 1988: 50)의 수단이 어떻게 일상이 되었는가?

이러한 질문의 맥락에서 텍스트를 언어적, 주제적, 의사소통적, 인지적 실체로 보는 관점을 넘어 텍스트를 문화적 현상으로 바라볼 필요가 있다고 생각한다. 이는 에코(Eco 1972)와 같이 의사소통을 문화적 현상으로 그리고 문화를 기호체계로 간주한다면 다음과 같은 과제를 내포한다:

1. 규범의 양가성 및 규범의 해체에서 기호에 어떤 일이 발생하는지에 관한 질문과 함께 전체 텍스트에 포함된 기호시스템에 관한 고찰.
2. 탈 관습화된 텍스트, 즉 특정 종류의 기호와 연결된 기호 프로세스 처리.

1.에 관하여: 언어의 조합, 혼합 및 파괴수단이 일상을 정복했다

는 사실은 그리 새로운 것이 아니다(벨쉬 Welsch 1988: Iff. 참조). 그러나 새로운 것은 수단과 그 응용이 풍부하고 다양하다는 점이며, 이는 페히너(Fechner 1990: 32)가 그러한 현상들을 기술한 바와 같이 규범의 양가성 및 규범의 해체 또는 "단일화 및 복수화"에 관한 의혹을 불러일으킬 수 있고, 그 중의 후자가 우위를 점했다. 그러나 텍스트의 전형적이고 혼합된 경우를 살펴보면 Fechner가 "두 움직임은 함께 속한다"(Fechner 1990: 32), 이 둘은 서로 상호 의존적이라고 말한 데 동의해야 한다. 그러나 우리는 이미 우세가 언급되어야만 한다는 것도 알 수 있다. 그러나 동시에 우리는 알고 있다: 규범의 해체는 규범을 전제함에서만 의미가 있다. 전형혼합과 전형해체는 언제나 함께 고려되는 전형의 전제하에서만 상징적으로 된다. 이것은 윤곽의 해체, 무한성, 상대성에 한계를 설정한다.

요하네스 안더렉(Johannes Anderegg 1995: 126)는 1994년 IdS 연례회의에서 스타일개념의 의미에 관한 질문과 관련하여 "스타일 문제"라는 주제에 다음과 같은 결론을 도출했다:

> 후기 구조주의에서 언어가 어느 정도 고정된 체계가 아니라 전적으로 하나의 과정으로 간주되어야 한다고 가정한다면, 스타일이나 스타일개념에 관한 질문은 무용지물이다. 그 이유는 언어가 존재 또는 중요성 논란의 여지가 있는 바로 그 시스템을 다루는 방식을 목표하기 때문이다. 그리고 문학과 문학에 관한 이야기 사이에 근본적인 차이가 없다는 테제가 제시된다면, 텍스트는 실체로 전혀 간주되어서는 안 되며, 무한한 네트워크 일부로서 부분으로 간주되어야 한다면, 그러면 스타일에 관한 물음은 의미를 잃는다. 이는 이 테제가 스타일이 아무리 구체적으로 정의되더라도 그 대상이 의미 있는 것으로 한정된다는 것을 전제로 하기

때문이다.

표면적으로는 끝이 없어 보이는 이 결합과 거기에 덧붙여 말하자면, 비구속성, 즉 무고려는 수단 사용 시에 한계가 있다. 경계를 넘는 것의 매력은 경계의 존재를 아는 데 있다. 이러한 배경에서만 경계를 넘는 것이 스타일적 가치와 상징성을 획득한다. 성찰적 반비관론자-논증을 윤리적 규범에 적용하는 것과 유사하게 광고 및 언론과 같은 공공 영역의 특정 영역에서 현재적/"포스트모던적" 의사소통 행위에 관한 규칙의 존재를 잠정적으로 거부할 수 있다. "규칙은 더 적용되지 않는다"라는 언급과 함께 규칙이 다시 설정되었다, 즉, 다음과 같은: 더 규칙은 없다는 것이 적용되어야 한다. 우리는 규칙을 피할 수 없다. 다르게 표현하면: 우리는 의식적으로 규칙을 어기면서 규칙의 존재를 이미 받아들였다. 그리고 단 하나의 규칙의 존재, 즉 규칙은 준수되어야 하기에 존재한다고 해도. 그리고 우리는 이 위반으로부터 예를 들어 무고려의 표현, 즉 스타일적 이점을 얻는다. 디트겐(Dittgen 1989: 19)은 위반에 관한 자신의 연구에서 이를 이렇게 표현했다: "나는 알려진 것에서 벗어나 알려진 것과 씨름한다(그리고 당신도 그러기를 바란다)." 규칙준수의 법칙이 지속해서 깨지면 필자가 서술하려고 했던 것처럼 상황이 뒤집힐 수 있고, 위반은 규칙이 될 수 있으며 그로써 일반적인 스타일수단이 만들어질 수 있다: 상호텍스트성의 수단으로 훌륭하게 수행되는 전형파괴의 스타일양식. 그러한 경우 원형성(Musterhaftigkeit)은 다시 특별한 스타일적 가치를 얻게 될 것이다. 해체는 텍스트에 포함된 비언어적 코드, 예를 들어 신체 언어 코드 및 시각적 코드에서도 발생한다는 점을 추가해야 한다. 이러한 위반은 예를 들어 다음과 같은 유형에

있다: 골판지에 인쇄된 시, Tübingen의 Neckar 강 제방 보강에 관한 낙서로 횔더린(Hölderlin) 인용, 프라하 터널의 카프카(Kafka) 인용.

2.에 관하여: 규범에서 벗어나는 것이 그렇게 결정적이라면, 그 영향력에 대해 질문해야 하며 전형으로부터의 이탈, 규칙으로부터의 이탈이 수용에 대한 저항을 만나지 않을 방법에 대해 질문해야 한다. 물론 활동과 영향관련적 스타일개념 (산디히 Sandig 1986, 픽스 Fix 1996b)의 틀 내에서 텍스트의 기호화, 기호과정, 수신자가 기호복합 텍스트를 흡수하는 데 주의를 기울여야 한다는 것을 이해해야 했었다. 텍스트구성이 규범의 해체를 특징으로 하는 경우 - 규칙위반으로 발생했음에도 불구하고 - 생산자의 의도였을 것임이 틀림없는 특정 유형의 기호를 가정할 수 있다. 필자에게는 그에 관한 서술이 중요하다. 산디히(Sandig 1989, 1991)는 생산자가 원하는 기호의 요소로 이해될 수 있는 주석은 없지만, 전형혼합의 기능에 관한 설명을 제시한다. 무엇보다도 산디히(Sandig)는 일상 언어의 전형혼합에 관한 기능을 “강화”, “미학화” 및 “감정화”로(1989: 149) 그리고 문학적 전형혼합에 대해 “새로운 관점의 확립, 강화, 불일치 표현”(1991: 145)이라고 지칭한다. “새로운 관점의 확립”은 필자가 그러한 텍스트의 일반적인 기능으로 기술하고(참조. Dittgen 1989: “Superregel”), 알라이다 아스만(Aleida Assmann 1988)과 함께 “거친 기호학”이라고 부르고 싶은 기능을 암시한다. 이는 필자의 생각으로는 문학텍스트뿐만 아니라 기능적 텍스트에도 적용된다. 아스만(Assmann)의 생각은 우리는 하나의 텍스트로 두 가지 작업을 수행할 수 있다는 것이다: 우리는 물질에 오랫동안 집착하지 않고 물질적 기표에서 비물질적 기의로 그것을 읽을 수 있다. 그러나 아스만(Assmann)은 또한 우리가 응시(“주시”)하거나 -다른 식으로 말하자

면- 우리가 텍스트의 물질성, 즉 형식을 오랫동안 응시하고 멈추고 주저하고 중지하는 일이 발생할 수 있다고 말한다. 이것은 예상치 못한 일을 만났을 때 일어나는 일이다. “긴 주시”는 새로운 주시, 낯설게함으로 이어진다. 우리는 그것을 안다: 우리가 우리 자신에게 충분히 자주 말을 하면 그것은 우리에게 낯설고 무의미해 보이기 시작한다. “물질성은 저항이 되어 기호의 의미화를 막는다.”(아스만 Assmann 1988: 238) 물질성은 언제 우리에게 인식되는가? 우리는 언제 그 물질성에 머무는가? 기호가 “관습적인 관계의 질서구조에서 해제”될 때마다, “새로운 예기치 않은 관계에 들어갈” 때이다(아스만 Assmann 1988: 238). 기호의 관습에서 벗어나는 모든 위반이 그대로의 기호로 이끌 수 있다. 우리는 새로운 관점을 전형을 가지고 유희하는 특이한 유형-토큰-관계를 통해 얻을 수도 있다. 의약품 삽입 광고문구의 예를 기억하라. 이 텍스트는 오랫동안 머무는 주시를 유발한다. 확실한 것은 “긴 주시”가 매우 빨리 “읽기”로 대체될 것이라는 점이다. 그러나 그 주시가 달성할 수 있었던 것은, 그 주시가 텍스트에 주의를 끌었고 그것을 읽게 “유혹”했다는 것이다. 미디어 중심의 세계, 유형이 무엇이든 텍스트가 넘쳐나는 세계에서 규범해체를 통한 “그대로의 기호”는 가능한 한 오랫동안 거기에 관심을 끌고 유지하는 지배적인 방법인 것 같다. 오래 머무르는 주시(아스만 Assmann에 따르면 연인이나 정신분열증 환자의 시선이 아닌 경우)는 미학적 주시이다. 그 주시는 사물을 형태로 보고 그 형태 때문에 당연하게 받아들일 수 없는 것으로 파악한다. 사물을 물질적으로 인식한다는 것은 사물을 미학적으로 인식하는 것을 의미한다. 규범을 해체하고 따라서 자명한 것을 폐지하는 데 사용되는 지배적인 스타일은 미학적 도구이다. 그리고 그것은 아무 이유 없이 그렇게 자주 사용되지는 않을 것이다. 볼프강 웰쉬(Wolfgang Welsch)는 포스트모더니즘에 관한 그의 연구에서 미적 사고의 지배에 주목한다.

> 오늘날의 미디어세계에서 실제는 본질적으로 미학적으로 구성된다. … 우리가 앞서 '포스트모던적 삶의 방식'이라는 표제어 아래에서 오늘날 중요한 것은 다양한 형태의 행위와 실제의 구성 사이를 전환하는 능력이라는 것을 봤다면, 이제 미적 경험이 특별한 방식으로 그러한 능력을 부여한다는 것이 분명해졌다. (웰쉬Welsch 1988: 41, 42)

쓰는 사람 또는 말하는 사람으로서 규범을 준수하는 대신에 규범의 폐지를 추구하는 사람들이 해결해야 하는 것은 바로 이 필요이다. 텍스트언어학은 궁극적으로 이러한 현상, 즉 텍스트의 기호학적 및 미학적 특성을 무시할 수 없으며, 따라서 새로운 학제 간 방식으로 생각해야 한다.

참고문헌

Anderegg, Johannes (1995): Stil und Stilbegriff in der neueren Literaturwissenschaft. - In: Stickel, Gerhard (Hg.): Stilfragen. Jahrbuch des Instituts fur deutsche Sprache 1994 (Berlin/New York: de Gruyter) 115-127.

Assmann, Aleida (1986): "Opting in" und "opting out". Konformität und Individualität in den poetologischen Debatten der englischen Aufklärung. - In: Gumbrecht, Hans Ulrich/Pfeiffer, K. Ludwig (Hgg.): Stil. Geschichten und Funktionen eines kulturwissenschaftlichen Diskurselements (Frankfurt/M.: Suhrkamp) 127-143.

\- (1991): Kultur als Lebenswelt und Dokument. - In: Assmann/Harth (Hgg.) 1991,11-25.

\- (1995): Die Sprache der Dinge. Der lange Blick und die wilde Semiose. - In: Gumbrecht, Hans Ulrich/Pfeiffer, K. Ludwig (Hgg.): Materialität der Kommunikation (Frankfurt/M.: Suhrkamp) 237-251.

Assmann, Aleida/Harth, Dietrich (Hgg.) (1991): Kultur als Lebenswelt und Dokument. - Frankfurt/ M.: Fischer.

Dittgen, Andrea Maria (1989): Regeln für Abweichungen. Funktionale sprachspielerische Abweichungen in Zeitungsüberschriften, Werbeschlagzeilen, Werbeslogans, Wandsprüchen und Titeln. - Frankfurt/M./ Berlin/Bern: Lang.

Eco, Umberto (1972): Einfuhrung in die Semiotik. - München: Fink.

Fechner, Frank (1990): Politik und Postmoderne. Postmodemisierung als Demokratisierung. - Wien: Passagen.

Fix, Ulla (1996a): Textstil und KonTextstile. Stil in der Kommunikation als umfassende Semiose von Sprachlichem, Parasprachlichem und Außersprachlichem. - In: Fix, Ulla/Lerchner, Gotthard (Hgg.): Stil und Stilwandel (Frankfurt/M./Berlin/Bern: Lang) 111-132.

\- (1996b): Gestalt und Gestalten. Von der Notwendigkeit der Gestaltkategorie für eine das ästhetische berücksichtigende pragmatische Stilistik. - In: Zeitschrift für Germanistik. Neue Folge 2/1996, 308-323.

Gobyn, Luc (1992): Das Märchen und seine Spielformen. Eine Textsorte in pragmatischstilistischer Sicht. - In: De Caluwe, J./Devos, M./Ryckeboer, H./Taeldeman, J. (red.): Tekstsoorten. Een selectie uit het werk van Luc Gobyn (Studia Germanica Gandensia 30) 69-105.

Hassan, Ihab (1988): Postmoderne heute. - In: Welsch (Hg.) 1988, 47-56.

Holthuis, Susanne (1993): Intertextualität. Aspekte einer rezeptionsorientierten Konzeption. - Tübingen: Stauffenburg.

Kuhlmann, Wolfgang (1985): Reflexive Letztbegründung. Untersuchungen zur Transzendentalpragmatik. - Freiburg/München: Alber.

Posner, Roland (1991): Kultur als Zeichensystem. Zur semiotischen Explikation kulturwissenschaftlicher Grundbegriffe. - In: Assmann/Harth (Hgg.) 1991, 37-74.

Sandig, Barbara (1978): Stilistik. Sprachpragmatische Grundlegung der Stilbeschreibung. - Berlin, New York: de Gruyter.

- (1986): Stilistik der deutschen Sprache. - Berlin, New York: de Gruyter.

- (1989): Stilistische Mustermischungen in der Gebrauchssprache. - In: Zeitschrift für Germanistik 2/1989, 133-150.

- (1991): Literarische Mustermischungen. Formen und Funktionen. - In: Strukturuntersuchung und Interpretation künstlerischer Texte. Interdisziplinäres Kolloquium an der Sektion Germanistik/Kunstwissenschaften der Martin-Luther-Universität Halle-Wittenberg (Hg. von Hans-Georg Werner und Eberhard Müske) (Halle/Saale) 128-151.

Stolt, Birgit (1983): Die Entmythologisierung des Bibelstils. - In: Sandig, Barbara (Hg.): Stilistik I: Probleme der Stilistik (Hildesheim/Zürich/New York) (=Germ. Ling. 3-4/81) 179-190.

Vinken, Barbara (1993): Mode nach der Mode. Geist und Kleid am Ende des 20. Jahrhunderts. - Frankfurt/M.: Fischer.

Welsch, Wolfgang (1988): Wege aus der Moderne. Schlüsseltexte der Postmoderne-Diskussion. - Weinheim: Weinheim.

앙겔리카 링케 / 마르쿠스 누스바우머 (취리히)

상호텍스트성

문학적 텍스트개념에 관한 언어학적 논평

1. 들어가며

우리 기고문*의 대상인 "상호텍스트성" 개념은 이제 학문사적으로 새로운 것이 아니다 - 그 개념은 아마도 우리에게, 즉, 텍스트언어학에 있어서 새로운 것이다. 우선 그 개념은 1960년대 후반에 파리에 거주하는 불가리아 출신의 문학자이자 기호학자, 정신분석학자이자 소설가인 율리아 크리스테바 (Julia Kristeva)가 문학영역에 도입했기 때문이다. 상호텍스트성은 복합적 이론적 네트워크**를 형성하고 러시아 문학자 미하일 바흐친(Mikhail Bakhtin)의 "대화성" 개념에 관한 다양한 언급을 보여주는 일련의 전체 용어 중 가장 두드러진 개념***이다. 이는 일반적으로 크리스테바(Kristeva)의 상호텍스트성 구상 형성을 위한 실제적인 계기로 간주된다.****

---

* 유륵 글라우저(Jürg Glauser) 및 안 파이어(Ann Peyer)와의 토론을 통해 많은 제안과 구체적인 조언을 받았으며 이 기회를 빌려 깊은 감사를 드립니다.

** 그러나 여기에서 논의될 접근 방식이 부분적으로 결정적으로 반 이론적이기 때문에 이 맥락에서 이 이론의 개념은 의심스럽다: 그에 관해 다음을 참조.

*** 예를 들어 다성성(Polyphonie), 문자(Ecriture), 강연(Lecture), Hypertext-Hypotext, Paratext, Palimpsest, 치환(Transposition), 대화성(Dialogizität) 등.

**** 우리가 아는 한 "상호텍스트성"은 미하일 바흐친(Mikhail Bakhtin)과 크리스테바(Kriste-

"상호텍스트성" 개념은 문학연구에서 급격히 성장하였고 이제 문학연구의 기본어휘의 일부가 되었다. 그러나 이 개념과 관련된 용어의 희석은 크리스테바(Kristeva) 자신이 1970년대 중반* 이후로 이 용어를 사용하지 않았거나 이를 "전환(Transposition)"이라는 용어로 대체하는 결과를 가져왔다.**

우리는 먼저 - 상호텍스트성 개념의 언어학적 검토를 위한 준비작업으로써 - 우리를 위해 해당 개념의 문학적 수용을 재구성하고 싶다. 이를 위해 우리는 (a) 급진적 진영과 (b) 온건한 진영이라고 부르는 두 개의 진영***을 **매우 거칠고** 의도적으로 대담하게 구분하고자 한다:

(a) 주로 프랑스와 미국에 기반을 둔 **급진적** 포스트 구조주의적-해체주의 진영의 경우 상호텍스트성은 문학, 문화, 사회 및 주제에 관한 혁명적이라고 주장되는 새로운 이해를 표현하려는 시도의 선봉**** 중 하나이다. 이러한 맥락에서 "상호텍스트성"이라는 용어는 매우 복합적 전제조건과 매우 광범위한 결과를 갖는 개념을 나

---

va 1967)에 관한 율리아 크리스테바(Julia Kristeva)의 논문에서도 처음으로 나타난다.

* 크리스테바(Kristeva)의 교수자격 논문 "Revolution du langage poetique" 이후(크리스테바(Kristeva) 1974).

** 물론 "transposition"은 "intertextualité"가 의미하는 것의 또 다른 단어가 아니라 더 발전되고 더 급진적인 개념을 나타낸다. 예) 린트호프(Lindhoff 1995: 114) 참조. 이 개념의 발전, 차별화 및 새로운 해석은 다른 문학자에게도 있다. 예를 들어 게하르트 게네테 (Gerard Genette 1993, 특히 1장)에서.

*** 이 두 진영에 대해 플레트(Plett 1991), 마이(Mai 1991) 참조.

**** 혹은 최소한 60년대 말과 70년대 초반.

타낸다. 이에 관해서는 4장에서 더 자세히 논의된다. 그에 앞서 다음을 참고 바란다: 궁극적으로 이 개념은 구조주의, 헤겔철학과 마르크스주의, 프로이트와 라캉의 정신분석, 그리고 -적어도 크리스테바의 경우에는- 프랑스 인문학과 문화연구의 전형인 촘스키의 생성문법*의 융합을 통해서만 이해할 수 있다. 우리(그리고 아마도 우리 독자들도)는 그에 대해 항상 약간 미소를 지었고, 이를 만프레드 비어비쉬(Manfred Bierwisch)가 막스(Marx)와 엥겔스(Engels)를 "Kursbuch"에서 1966년(비어비쉬 Bierwisch 1966) 구조주의에 관한 유명한 논문으로 소개한 외부 상황으로 돌렸다. 그러나 상호텍스트성 개념이 유래한 프랑스의 지식인 진영에게 있어서 1960년대와 1970년대 초반에 이러한 구조주의와 마르크스주의의 병합은 단순한 겉치레에 불과했다. 그러나 그 흐름은 곧 "탈구조주의"로서 구조주의를 극복하는 것으로 이해되고 시간이 지나면서 마르크스주의를 배척하고 다른 영향, 즉 프로이트 정신분석에 자신을 열었다는 것을 유의해야 한다. 율리아 크리스테바(Julia Kristeva) 외에도 롤랑 바르트(Roland Barthes), 미쉘 푸코(Michel Foucault), 쟈크 데리다(Jacques Derrida), 쟈크 라캉(Jacques Lacan), 필립 솔러스(Philippe Sollers) 등도 이 급진적 진영으로 분류할 수 있다. 당시 잡지 "Tel Quel"은 이 서클의 중요한 대변자였으며 특히 정치적인 측면을 강조한 잡지였다.

(b) 다른 하나, **온건한** 진영도 상호텍스트성이라는 개념을 수용하였다. 그리고 이 개념은 독일어권 수용에서 오늘날까지 매우 강하게 자리 잡은 것 같다. 그러나 독일어권 수용에서 상호텍스트성 개

---

* 예를 들어 크리스테바(Kristeva 1968) 참조.

념은 우선적으로 전통적으로 항상 문학연구(예: 문헌비평, 편집기술, 모티브 연구, 비교문학의 맥락에서)를 차지해 온 텍스트 간의 가장 다양한 관계를 표시하는 역할을 한다. 급진적 진영의 전형인 비문학적 담론(예: 문화정치적 담론 또는 정신분석적 담론)에 관한 언급과 연결은 이 진영에서는 낯설다. "상호텍스트성" 개념의 콘셉트 파괴적 충격은 여기서 매우 유보되어 있으며, "상호텍스트적(inter-textuell)" 텍스트 분석을 위한 도구를 제공하는 것을 목표로 "상호텍스트적" 연관의 다양한 형태를 구별하고 분류하려는 문헌학적 노력 뒤로 종종 완전히 사라진다.

이러한 형태의 수용은 "상호텍스트성"을 시대사상적 표식으로 사용하거나 전통적인 문헌학적 및 문학적 방법에 관한 부흥의 묘약으로 사용하는 경향이 있다. 그리고 바로 이런 식으로 이해되는 "상호텍스트성"은 아무것도, 전혀 새로운 것도 아니므로 일부 문학자들에 의해 이 용어는 완전히 거부되기도 한다. 여기에는 특히 구전학과 문해성 사이의 관계를 다루는 많은 중세연구가와 고문헌학 연구자가 포함된다. 그리고 그들은 자신들의 연구대상의 관점에서 또는 천재적 작품을 지향하지 않는 고전주의 이전의 시학의 관점에서 상호텍스트성의 개념을 수용하거나 가정하는 것에 반대하는 그 (원본 또는 최종) 텍스트가 실제로 존재하지 않는다는 것을 흥미롭지 않다고 생각한다.

텍스트언어학에서 상호텍스트성 논의는 지금까지 적은 영향만을 미쳤다 - 예를 들어 1993년 브링커(Brinker)의 "Textlinguistik" 또는 1991년 비어레(Biere)의 "Textverständigung und Textverständigkeit"에서 해당 표제어가 관련 참고문헌에 누락되었다. 보그란데

(Beaugrande)와 드레슬러(Dressler 1981)가 이 개념을 도입했지만, 이는 7가지 텍스트성 기준 중 하나를 나타내며 개별 텍스트의 생성 및 수신에서 텍스트패턴 지식의 역할을 의미한다* – 이 상호텍스트성 개념은 (급진적인) 문학적 개념과는 거리가 멀다.

우리는 최근에는 이 용어를 대체로 언어학적 연구에서도 점점 더 많이 접하게 되었다.** 그리고 곧 나올 편람 "텍스트 및 대화 언어학(Text-und Gesprächslinguistik)"***에도 해당 항목이 있다. 그러나 우리의 주제는 이 개념의 가장 최근 및 여전히 다소 소심한 텍스트 언어적 사용이 아니다. 우리는 오히려 급진적 문학적 상호텍스트성 개념이 어떤 텍스트 이론적 파괴력을 가졌는지 묻는다. 우리는 상호텍스트성의 **온건한** 개념을 다음에서 더 다루지 않을 것이다. 그것은 전통적인 텍스트언어학적 개념과 양립할 수 있는 것으로 보이므로 언어학의 맥락에서 이론적 논쟁을 촉발하는 데 필요한 것을 가지고 있지 않다.

2. 탈-경계(Ent-Grenzung)와 해체 개념으로서의 상호텍스트성

문학적 상호텍스트성 개념은 급진적 형태로 탈-경계 또는 **해체**의 기호로 나타난다: 일반적인 상호텍스트성에서 개별 텍스트의 해체, 기표의 순수한 유희에서 기의의 해체, 언어, 텍스트 및 세계 간

---

* 이는 수잔 홀트하우스(Susanne Holthuis 1993)의 "유형학적 상호텍스트성"과 거의 일치한다.

** 홀트하우스(Holthuis 1993), Jakobs(1991: 1994), 픽스(Fix 이 책 안의 기고문).

*** 안토스·브링커·자거·하이네만(Antos·Brinker·Sager·Heinemann)(Hgg. 준비중).

의 구분의 해체, 저자와 독자의 주체 해체 등. 텍스트언어학적 용어에 익숙한 우리에게는 이와 유사한 표현이 처음에는 매우 눈에 띄고 그 때문에 때로는 매우 모호하다. 이를 우리는 - 역시 - 문학연구의 패러다임 전환의 표현으로 읽어야 한다: 이와 관련된 개념들은 대학의 문학비평과 학교에 만연한 텍스트 서술, 그리고 역시 문학비평, 그다음에는 또한 확고한 지위를 가진 문헌학 그리고 끝으로 문학적 구조주의의 새로운 화석화에 대한 신성한 반응으로 그 발전의 시대와 공간에서부터 이해*되어야 한다. 이 이론적 격변의 물결은 - 후기 단계에서 급진적 반 이론으로 변하기도 한다** - 문학연구와 문학비평에서 확립된 방향의 기초이기 때문에 무엇보다도 텍스트개념, 더 정확하게는 **작품개념**(Werkbegriff)을 전복시키거나 휩쓸어 버린다. 그리고 상호텍스트성 개념의 강조는 (문학적) 텍스트를 "작품"으로 이해하는 이러한 전통적인 이해와는 대조적으로만 이해되어야 한다.*** 이는 특히 다음을 의미한다: 개별 작가의 구상에서, 천재 구상에서, 의미 단위로서의 자족적이고, 신성하고, 자율적이며, 불변하고 완성된 작품의 구상에서의 전향, 그리고 "실제적"인

---

* 예를 들어 부뤼닝(Brüning 1976)에 따르면.

** 의미하는 바는 (문학적) 텍스트가 무엇인지, 어떻게 읽어야 하는지에 관한 모든 이론, 모든 가능성에 반대하는 입장으로서의 해체에 관한 특정 자기 이해다. 롤랑드 바르트(Roland Barthes 1971·1980: 74, 81)도 자신의 설명이 하나의 이론으로 새로운 (인터)텍스트개념으로 이해된다는 사실에 반대한다.

*** 이글턴 Eagleton(1988: 130)을 따른다면 보다 일반적인 수준에서 포스트 구조주의는 19세기에 깊이 뿌리를 두고 있고, 그리고 - 후기 구조주의가 없더라도 - 오늘날 학문계에서 더는 주장되지 않는 학문적 전통에 반하는 것이다. 이러한 맥락에서 이글턴(Eagleton)은 포스트 구조주의의 "골판지 적(Pappfeind)"에 대해 언급한다.

원본작품과 단순한 코멘트, 리셉션, 전사 사이에 엄청난 격차가 있다는 당연한 수용에서 벗어나는 것 등.* 이 우상 파괴주의의 결과는 예를 들어 대규모의 규범 논의이며, 특히 미국(그리고 미국에서만이 아니라)의 문화 간 연구의 맥락에서 결정적으로 정치적인 형태를 띠고 있다. 우리는 그것을 다시 볼 수 있다: 확고한 지위를 가진 텍스트개념이 높은 받침대에서 무너지는 것은 항상 문화와 학문분야의 정치적 혁명으로 의도되었다.

3. 상호텍스트성과 텍스트언어학

이제 문제는 이러한 문학적 연구의 우상파괴가 언어학에도 관련되어야 하는지 이다. 우리는 아래와 같이 생각한다: 그렇다! 그리고 이것은 언어학이 - 이미 언급한 것처럼 - 문제의 개념이 어디에서 왔는지, 그 텍스트이론적 의미가 무엇인지, 그리고 언어학적 텍스트이론에 관한 결과가 무엇인지에 대해 항상 비판적으로 성찰하지 않고 "상호텍스트성"에 대해 더 많이 언급함에 따라 더욱 그렇다. 마침내 상호텍스트성의 급진적 개념은 텍스트개념을 재정의하고 새로운 텍스트이론, 적어도 문학텍스트의 새로운 이론을 설립**해야 한다고 요구한다. 우리가 다음에서 텍스트언어학적 관점에서 접근하고자 하는 것은 이러한 급진적 상호텍스트성 개념이다. 우리는 상호텍스트성 논쟁이 텍스트언어학과 동일한 질문을 다루고 있

---

* 부뤼팅(Brütting 1976: 21ff.) 참조.

** 우리는 2장에서(각주 13도 참조) 이론의 개념을 조심스럽게 다루어야 한다고 언급했다.

는지 - 가능하다면 - 알아내기 위해, 또는 크리스테바(Kristeva)가 가정한 기호학적 관점의 주장에 따라 어떤 하나의 텍스트개념에 동의할 수 있는지, 그리고 어디에 논쟁점이 있는지 이해하려고 한다. 다음의 시나리오가 가능한 것 같다 - 변화와 혼합이 가능할 뿐 아니라 가능성이 크다:

시나리오 1

상호텍스트성의 급진적 개념은 특히 볼프강 하이네만(Wolfgang Heinemann)과 디터 비베거(Dieter Viehweger 1991)의 포괄직인 서문에서 구상된 것과 같이 현대 텍스트언어학으로 옮겨질 수 있다. 그러면 우리는 다음과 같은 입장을 취할 수 있다: "그들이 주장하거나 가정하는 것을 우리는 다르게 보지 않으며, 기껏해야 우리는 다르게 말하고, 그리고 **또한** 이미 꽤 오랫동안."

시나리오 2

상호텍스트성의 급진적 개념은 "문학담론"에 유효할 수 있지만, 일반적으로 텍스트에 관한 일반화는 용인될 수 없으며, 따라서 기껏해야 부분적으로 텍스트언어학에 도전한다.

시나리오 3

현대 텍스트언어학은 상호텍스트성에 관한 급진적 이해의 관점을 고려하여 자체의 텍스트개념에 관한 관점과 관련하여 그 자체 그리고 책자를 넘어서야 한다.

시나리오 4

상호텍스트성에 관한 급진적 개념은 완전한 - 다시 말해, 문학에도 - 실패로 거부되어야 한다 - 아마도 그것이 구체적인 새로운 지식으로 이어지지 않기 때문에, 즉, 학문적으로 비생산적이거나 또는 우리가 이해할 수 없기 때문이다.

이 네 가지 시나리오는 마치 현대 텍스트언어학이 여기서 흥미로운 포스트 구조주의적 상호텍스트성 개념을 생성한 흐름과 완전히 독립적으로 발전한 것처럼 표현되었다. 이 이미지는 너무 단순할 수 있다. 우리 텍스트언어학자들이 인식하지 못한 채 상호텍스트성 개념이 텍스트언어학에 영향을 미쳤음을 배제할 수 없다 - 말하자면 문화적 삼투 과정에서처럼 말이다. 그러나 우리가 문학 텍스트 개념과 무엇보다 인지과학의 영향을 받은 최근의 텍스트언어학적 텍스트개념 사이 일종의 수렴을 다루고 있음을 배제할 수 없으며, 둘 다 훨씬 더 일반적인 학문적 발전경향과 문화사적 발전 경향에 의해 주도되었다. 어떤 경우든 이름은 같지만, 그 이면에는 근본적으로 다른 견해가 있는 개념의 명백한 등가성에 주의해야 한다!

4. 요점

언급된 시나리오 중 - 마지막으로 제기된 일반적 조건을 제외하고 - 어떤 것이 부각되는지 현재로서는 여전히 명확하지 않다. 그러나 우리는 이 기고문으로 이러한 물음을 주제로 토론하는 것을 권유하고 싶으며, 이를 위해 약간의 더 명확한 준비작업을 수행하고자 한다. 우리는 이를 먼저 **텍스트, 저자**와 **독자**의 세 가지 중심 개념을 사용하여 상호텍스트성의 급진적 개념을 재구성하려고 시도함으로써 이를 수행하고자 한다. 우리 텍스트언어학자들에게 텍스트개념은 핵심이기 때문에 저자와 독자에 관한 것보다 훨씬 더 많이 언급할 것이다: 나머지 두 요소는 텍스트개념에 결정적인 경우에만 서술하고자 한다.

먼저 **텍스트**에 관하여: 우리는 서론에서 이미 강조했다: 상호텍스트성 개념은 (문학) 텍스트가 독자적으로 존재하는 완결적이고 독특하며 불변하는 **의미단위**(Sinngrösse)로서 작가에게 의무가 지워진 작품이라는 생각에 반대하는 견해에서 시작된다. 반대개념은 다음과 같다: 텍스트는 과정이고, 경험이며, 텍스트는 생산자에 의해 구상되고(gedacht) 수신자에 의해 숙고된다(nach-gedacht). 이러한 관점에서 상호텍스트성 개념은 수용미학 통찰의 급진화로 이해될 수 있고 (또는 그럴 수 있으며)* 언어학적 관점에서 상호행위의적 텍스트개념과 쉽게 결합될 수 있다.

따라서 "텍스트"의 상호텍스트적 개념은 한편으로는 저자 **심급**(Instanz)에 의해, 다른 한편으로는 **독자** 심급에 의해 규정된다 - "상호텍스트성"은 이 두 가지 (역시 또는 단지 이 영역에서만) 영향영역에서 발생한다: 쓰기과정에서 - **쓰기**(ècriture)개념으로 이해된 - 전체 텍스트와 세계에 관한 저자의 지식에 잠재적으로 연결되고 이를 - 우리는 이를 "텍스트언어학적"이라고 말하고자 한다 - 항상 잠재적으로 "내포"하는 의의(Sinn)가 생성된다. 읽기과정은 쓰기과정의

---

* 예를 들어 마이(Mai 1991: 44)는 이를 다음과 같이 보았다: "역사적으로 볼 때 중요한 것은 이러한 개념이 보다 독자지향적인 비평을 향한 보다 일반적인 경향에 참여한다는 것이다.

반사경이다 - 읽기 - 의미와 텍스트를 생성하는 생산적인 행위이며 잠재적으로 각 독자의 전체 텍스트와 세계 지식을 포함한다.* 롤랑 바르트(Roland Barthes)에게 읽기는 곡을 연주하는 것처럼 텍스트를 "연주"하는 것을 의미하며(1971·1980: 79f.), 그리고 "텍스트"에서 - "작품"과 대조적으로 - 쓰기와 읽기 사이의 거리가 최소화되는 경향이 있다고 언급한다**: "텍스트는 작품에 관한 독자의 투사를 강화하는 것이 아니라 하나의 의미화 과정[pratique signifiante]에서 두 가지를 함께 연결함으로써 쓰기와 읽기 사이의 거리를 없애려는 (또는 적어도 줄이기 위해) 시도를 요구한다." (1971·1980: 79)

따라서 개별 텍스트는 생산자와 수신자(작가와 독자)에 의해 도입되거나 구현된 텍스트와 담론의 교차점인 한 해체된다: 텍스트는 -

---

* 이러한 점에서 스틸·워튼(Still·Worton)이 다음 인용문에서 윤곽을 잡고 입증하려는 시도와 같은 상호텍스트성 개념은 텍스트언어학적 개념과 완전히 양립할 수 있다 - 여기에 시나리오 1을 등록할 수 있을 것이다: "상호텍스트성 이론은 텍스트(당시 더 좁은 의미로 이해될 수 있음)는 밀폐되거나 독립할 수 있는 전체로서 존재할 수 없으며, 따라서 폐쇄된 시스템으로 기능하지 않는다고 주장한다. 이것은 두 가지 이유 때문이다. 첫째, 작성자는 텍스트의 창조자이기 이전에 텍스트의 독자(가장 넓은 의미에서)이므로 예술작품은 필연적으로 모든 종류의 참조, 인용 및 영향으로 관통된다. (…) 텍스트의 광범위한 정의에 포함될 수 있는 사회정치적 맥락과 생산의 지배적인 관계는 물론 텍스트의 모든 측면에 영향을 미치는 주요 힘이다. (…) 둘째, 텍스트는 읽기의 일부 과정을 통해서만 사용할 수 있다. 읽는 순간에 생성되는 것은 독자가 가져오는 모든 텍스트에 의해 포장된 텍스트 자료(예: 책)의 상호수정 때문이다. 독자에게 알려지지 않은 작품에 관한 섬세한 암시는 그래서 눈에 띄지 않게 되며, 그 독서에서 잠자고 있을 것이다. 반면에 작성자가 알지 못하는 어떤 실천이나 이론에 관한 독자의 경험은 신선한 해석으로 이어질 수 있다. (…) 나치 수용소의 계산된 공포에 대한 약간의 지식은 카프카(Kafka)의 환상적인 작품에 관한 또 다른 냉혹한 사실주의를 흘린다."(스틸·워튼Still·Worton 1990: If.)

** 바르트(Barthes 1971·1980: 79f.)는 또한 예를 들어 예술, 음악의 생산과 수용 사이의 거리가 훨씬 더 좁았다는 점을 언급한다. 최근에 와서야 한편으로는 예술생산과 다른 한편으로는 예술소비 사이에 근본적인 분리가 있었다.

관련 사전에 의하면 - 다른 텍스트들의 소리가 뒤엉킨 혼합물이며* 다성적이 된다.

그러한 고찰에서 텍스트개념이 무엇보다도 - 기호학적 관점에서 - 전적으로 기의 쪽에 위치한다는 것, 그리고 더욱이 독자적 의미단위로서의 텍스트의 전통적인 개념과 - 지금은 그 토대에서 제거되고 있다 - 텍스트의 전통적 개념과 저자와 독자의 목소리의 다성적 혼합으로서의 텍스트의 대안적 개념 둘 다에 위치한다는 것은 우리에게 중요하지 않은 것 같다. 그러나 변화하고 있는 것은 기표와 기의 사이 관계에 관한 관할 또는 이를 정의하는 능력이다: 이것은 저자로부터 빼앗아지고 - 부분적일지라도 - 해당 독자에게 주어진다. 따라서 의미는 그 해당 자료를 읽는 과정에서만 결정되는 가변적인 단위가 된다.

텍스트와 관련하여 상호텍스트성 개념의 "온건한" 진영은 우선

---

* 다음 구절은 바흐친(Bakhtin)에 관한 크리스테바(Kristeva)의 논문에서 유래한 것이다. "le mot, le dialogue et le roman" 우리의 의견으로는 (아마도 상호텍스트성에 관한 가장 초기의 언급이) 텍스트에 관한 크리스테바(Kristeva)의 이해를 특히 명확하게 해 준다: "… 먼저 준 집합과 시적 시퀀스의 서로 다른 작업이 일어날 텍스트 공간의 3차원을 정의하는 것이 필요하다. 이 세 가지 차원은 글의 주제, 수신자 및 외부 텍스트(대화의 세 가지 요소)이다. 그런 다음 단어의 상태는 (a) 수평적으로: 텍스트의 단어가 글의 주제와 수신자 모두에 속하고, (b) 수직: 텍스트의 단어가 이전 문학적 말뭉치 또는 동기. - 그러나 책의 담론적 세계에서 수신자는 담론 그 자체로서만 포함된다. 따라서 그것은 작가가 자신의 텍스트를 작성하는 것과 관련하여 이 다른 담론(이 다른 책)과 융합한다. 가로축(받는 사람의 제목)과 세로축(텍스트-문맥)이 일치하여 주요 사실을 드러내도록 한다. 단어(텍스트)는 우리가 적어도 하나의 다른 단어(텍스트). 더욱이 바흐친(Bakhtin)에서 그가 각각 대화와 양가성이라고 부르는 이 두 축은 명확하게 구분되지 않는다. 그러나 이러한 엄격함의 결여는 오히려 바흐친(Bakhtin)이 문학 이론에 처음 도입했다는 발견이다. 모든 텍스트는 인용의 모자이크로 구성되며 모든 텍스트는 다른 텍스트의 흡수 및 변형이다. 상호주관성의 개념 대신에 상호텍스트성의 개념이 있으며, 시적 언어는 적어도 이중으로 읽힌다."

다른 텍스트에 관한 관련을 증명하고 관련 유형을 분류학적으로 분류하는 것으로 제한된다. 그러나 "작품"으로서의 개별 텍스트의 존재와 구분 가능성은 (의도하지 않은?) 반전효과라는 의미에서 다시 전제되고 확인된다. 바르트(Barthes)에 따르면 "상호텍스트성"이라는 용어로 추구되는 것은 무엇이 "작품"의 특징인가이다: "출처", "영향력", "유래의 신호"(1971·1980: 77). 반면에 "급진적" 진영은 텍스트의 통일성 - 상징으로 이해됨 - 이 해체된다는 사실에 관심이 있다. 우리에게 텍스트로 나타나는 것은 한 조각이며, 말이나 담론의 끝없는 흐름에서의 한 조각, 또는 많은 텍스트 흐름, 많은 목소리의 교차점이다. "텍스트"를 읽는 사람은 누구나 일시적으로 이 흐름에 들어가거나 가능한 흐름 중 하나를 따라 움직인다. ⋯-이는 상호텍스트성 담론을 특징짓는 언어이미지이며, 마법 같은 명료성으로 인해 처음에는 우리에게 매우 생소하며 그러한 은유가 실제로 지식을 얻는 데 도움이 될 수 있는지에 관한 질문을 제기한다. 어쨌든 언급된 개념의 정수는 독자로서 그리고 다른 텍스트에 비추어 내가 그것을 읽음으로써 나 자신의 텍스트를 구성한다는 것이다. 그리고 그것은 작가의 "펜에서 흘러나온" 작품의 이미지를 파괴하고, "작품의 아버지이자 소유자"인 작가를 파괴한다(바르트 Barthes 1971·1980: 78).

"단어의 고정된 의미"의 정적인 이미지와 대조적으로 전통적인 - 특히 문학적 - 텍스트개념을 특징짓는 쓰기 및 읽기는 상호텍스트성 개념에서 역동적인 과정으로 나타난다. 이 과정은 항상 불완전하고 일시적인 것을 생성하며 - 반복되는 경우에도 - 새로운 것*을 생성한다. 따라서 지면 위의 텍스트는 한편으로는 생산과정을 다시 언급하지만 (그러나 더는 그것과 같지 않음) 다른 한편으로는 수신과정을 위해 동인으로 작용할 수 있는 잠재된 의미**의 신호로 이해되어야 한다. 그러나 이는 수신과정을 한정하지는 않는다.

고정된 의미로서의 텍스트의 서술된 이 침식은 필연적으로 기의(signifie)에서 기표(signi*f*iant) 쪽으로 텍스트개념의 반전으로 이어진다: "동일한" 텍스트를 읽지만, 그 하나의 고정된 의미에 관한 믿음을 잃었을 때 우리는 어떤 공유된 것을 여전히 갖게 되는가? 너 작품의 "기의"가 아니라 그 기표, 왜냐하면: "텍스트는 기의의 무한한 유예를 실행한다: 텍스트는 확장적이다: 그 분야는 기표의 분야이다."(바르트 Barthes 1971·1980: 76). 단순한 "기표의 유희"로서의 텍스트 - 그것이 포스트모더니즘의 징후이다.

동시에 이러한 방식으로 텍스트개념에 어원적으로 내재된 구조의 은유는 텍스트내부와 관련된 구조에서 - 텍스트 내적 결합 - 개별 텍스트를 대체하는 다양한 텍스트, 텍스트 조각, 텍스트 묶음 등의 결합이라는 생각, 즉 바로 상호텍스트성의 개념으로 재해석된다. 그 결과 상호텍스트성에 관한 급진적 개념은 텍스트가 "선형적"인 문제가 아니라는 점을 지속적으로 강조한다.*** 이러한 출발점

---

* 주크란트(Suchsland 1992: 80f.) 참조.

** 텍스트의 이러한 "잠재" 또는 텍스트의 의미와 관련하여 잠재된 꿈 내용과 명시적 꿈 내용을 구분하는 프로이트의 꿈 해석에 관한 재해석도 참조될 수 있다.

*** 이러한 맥락에서 우리는 무엇보다도 "Anagrams"와 같이 소쉬르(Saussure)의 언어적 수용에 완전히 부수적인 텍스트를 기반으로 하는 문학적 소쉬르(Saussur) 수용을 접하게 된다.

에서 문학적 포스트모더니즘이 하이퍼텍스트와 인터넷의 뉴미디어 가능성에 대해 갖는 성향도 이해할 수 있으며, 이는 이러한 새로운 미디어가 적어도 기술적으로 이것을 실현하는 척한다는 사실과 관련하여 실용적인 사용자 기쁨보다는 정신적 일치의 느낌과 더 관련이 있다. 상호텍스트성 개념에 관한 이해에 따르면 이는 항상 텍스트개념의 중심적 본질의 일부였으나, 문자텍스트와 구어텍스트 매체의 선형적 물질성에서 흐려져 왔다.* "텍스트의 은유는 네트워크[reseau]의 은유이다." (바르트 Barthes 1971·1980: 78)

작품의 "죽음"은 - 우리가 보았듯이 - 독자의 즉위를 동반하여 의미 구성의 실제 "장소"로 진행된다. 우리는 다음과 같이 요약할 수 있는 커뮤니케이션 모델의 입장에 관한 급진적인 재평가에 직면해 있다: **텍스트는 죽었다 - 독자 만세.** 그러나 우리가 상호텍스트성 담론의 발전을 이해하는 한, 이 언급은 기껏해야 중간단계를 표현한 것이며 결국 다시 말하지만, 역사적으로 친숙한 다음과 같은 요약이 있다: **텍스트는 죽었다 - 텍스트 만세!** 그러나 - 이것은 매우 중요하다 - 여기서 "텍스트"는 "텍스트"와 같지 않다. 무덤으로 들어간 것은 작품으로서의 텍스트이고, **텍스트**(TEXT)로 새롭게 즉위

"단어 중 단어"(장 스타로빈스키(Jean Starobinski)의 주석이 달린 아나그램 부분 판의 제목)에 관한 소쉬르(Saussure)의 성찰은 - 우리가 그것을 올바르게 이해한다면 - 텍스트에서 단어의 선형성뿐만 아니라 음절의 음성 요소의 "연속성(Konsekutivität)"에 대해서도 의문을 제기한다 - 이것은 적어도 소쉬르(Saussure)가 고대 (라틴) 문학에서 특정 형태의 아나그램을 이해하는 "주제적 단어"인 "하이포그램(Hypogramme)"에 관한 것이다(스타로빈스키 Starobinski 1980: 23f. und 34ff.).

* 이것은 "유기체(Organismus)"의 작품-은유와 대조. 또한, 다른 곳에서 상호텍스트성에 관한 담론을 특징짓는 네트워크, 결합, 균사체(Myzel), 뿌리줄기(Rhizom) 등과 같은 상호텍스트성의 은유를 참조 바람.

한 텍스트는 인터텍스트로서의 텍스트이다.*

이 텍스트의 재등극(Re-Inthronisierung)는 - 한 단계 더 나아가 - 작품뿐 아니라 이제 작가와 독자의 주체도 심리를 받는다는 사실의 결과이다: 한편으로 그것들(Subjekten)은 그 자체로 - 예를 들어 크리스테바(Kristeva)와 라캉(Lacan)에 의해 - "텍스트" 또는 "인터텍스트"로, 즉, 음성과 텍스트의 교차점으로 이해되며 이러한 의미에서 독립적인 의도적 "층위"로 용해된다. 이것은 - 독자에 관한 한 - 읽기가 독자가 이미 "함께 가져오거나" 또는 "구현하고 있는" 텍스트와 독자가 현재 "만들어가는" 텍스트 간의 상호작용을 의미하는 방식으로 이해되어야 한다.**

다른 한편으로, 저자와 독자의 "사라짐"은 소쉬르(Saussure)의 언어이론에 관한 특정 독해의 결과이며, 이에 따르면 개별 말하는 주체는 언어체계(랑그langue)에 종속되어 결과적으로 빠롤(parole)에서 랑그(Langue)의 실현에서도 자신의 언어에 관해 주인이 아니다. 소쉬르(Saussure)의 언어이론에 관한 이러한 해석은 라캉의 언어구조와 정신분석학적 의미에서의 무의식 구조의 동일시, 그리고 일반적으로 언어학과 정신분석학의 융합으로 강화된다.*** 이것은 소쉬르

---

* 이 차이를 표시하기 위해 "텍스트"는 종종 롤랑 바르트(Roland Barthes)의 작품에서 대문자로 표기된다(프랑스어 원본과 영어 번역 모두).

** 주크란트(Suchsland 1992: 80).

*** 주크란트(Suchsland1992: 27)의 다음을 참조: "라캉(Lacan)이 말하듯이, 무의식과 언어의 구조가 일치한다면, 이것은 말하는 주체가 언어에 관한 주권을 갖지 않고 그 스스로 언어의 구조와 규칙에 종속되어 그 주체가 그가 무엇을 말하는지 알지 못한다는 것을 의미한다. 말하는 주체는 그의 발화의미의 창시자가 아니며, 이 의미를 결코 완전히 파악할 수 없고, 말하는 주체는 그 자체가 그 다른 영역에서 일어나는 무의식적 사건의 결과이며, 언어가 구조

(Saussure)와 구조주의에 관한 프랑스의 전형적인 수용을 보여주는데, 이는 독일 및 (구)미국의 수용과 매우 다르며 – 그 결과 – 상응하는 기호학에 관한 다른 이해이다. 과격하게 말하자면, 언어와 무의식이 유사한 구조라는 가정은 꿈꾸는 사람이 꿈의 기억에 관해 이야기하는 것처럼 화자가 자신의 발화에 대해 놀라고 적어도 부분적으로 이를 이해하지 못해야 함을 의미한다.

따라서 주체가 – 저자와 독자 – "사라지거나" 구상 밖으로 던져지면 – "텍스트를 기록하는 나 그 자체는 결코 종이에 다름없다(바르트 Barthes 1971·1980: 79)" – 저자와 독자의 텍스트를 구성하는 활동(쓰기 및 읽기)은 이제 전환과정에서 텍스트의 특수성 또는 그 출현형식으로 이루어져야 한다. 그리고 텍스트가 하나의 작품으로, 정적이고, 자율적이며, 객관적인 상징으로 처리된 후, 텍스트는 훨씬 더 강력한 존재로 다시 나타난다. 더 이상 "작품"이 아니라 "생산"이다. 더는 "책"이 아니라 "쓰기"이다.* 텍스트는 과정적인 것, 끊임없는 생성되는 것, 고정되지 않은 것의 의미에서 écriture이다. 텍스트는 의미의 영구적인 생산이며 – **우리에게** 은유를 허용한다면 – **의미의 기계**이다.** 그리고 이는 – 적어도 그것은 많은 곳에서 시사되는 것이다 – 어떤 구체적인 개인으로부터 독립적이고 자율적 의미에서이다. 작품으로서의 텍스트의 오래된 실체화는 생산적인 상

인 상징체계의 결과이다."

* 데리다(J. Derrida)의 책 De la grammatologie(1967)의 1장: "책의 끝이자 쓰기의 시작."(15)

** 이는 언어 기계로서의 생성문법을 연상시키지만, 그러나 이는 – 매우 다르게 – 의미는 생성하지 않고 언어만 생성한다.

호텍스트성으로서의 텍스트의 새로운 실체화로 대체되는 것처럼 보인다.

지금까지 이것은 텍스트언어학적 관점에서 상호텍스트성 개념의 신경학적 포인트뿐만 아니라 중심 포인트를 재구성한 것이다. 마지막 부분에서 우리는 이제 이 문제에 대해 텍스트언어학적으로 우리 마음에 와닿는 질문과 반대 의견을 - 다섯 가지 요점 - 명확히 하고자 한다.

5. 통찰과 이의

(α) 역동적 텍스트개념

우리의 의견으로는 - 현대 텍스트언어학의 의미에서 - 지면의 텍스트(signifiant)와 사람들의 머릿속의 상징적 구조로서의 텍스트(signifie) 사이에 훨씬 더 일관된 구별이 이루어지는 순간, 특히 수사학적-은유적 노력에서 상호텍스트성 담론에 내재된 드라마틱의 많은 부분이 사라진다.*

하이네만·비베거(Heinemann·Viehweger 1991: 특히 125-128)의 설명에서 읽을 수 있는 현대 텍스트언어학은 **"역동적"** 및 **"과정적"** 텍스트이해를 가정하며, 이에 따라 예를 들어 "텍스트는 의미를 갖지 않고 기능 자체가 없으며, 상호작용 컨텍스트에 대해서만 상대적"이다. 그리고 텍스트는 그 자체로 정합적인 것이 아니라, "텍스트에서 연관을 생성하고 이를 이해의 과정에서 텍스트정보와 기존 지식

---

* 누스바우머(Nussbaumer 1991) 참조.

이 밀접하게 함께 작동하는 복합적 이해 과정에서 다시 구성하기 위해 텍스트구조에서 이를 명시하는 것은 행위참여자들이다." 달리 표현하면 다음과 같다: 적어도 몇 가지 점에서 우리는 상호텍스트성 담론에서 언급되는 것이 비록 다른 개념성정 틀, 다른 "담론"의 맥락에서지만 현대 텍스트언어학에서도 발견될 수 있다는 느낌을 갖는다.

다른 한편으로 성급한 조정에 대해서도 경고하고 싶다: 예를 들어, 인지적 텍스트이론은 "머릿속의 텍스트는 - 지금까지 모델링되고 있는 것처럼 - 정합성의 속성을 주장할 수 있는 고정되고 안정적인 텍스트 또는 기호구조라고 가정하는 것이 - 독자의 이해 과정의 산물 - 올바른지, 또는 마음속에 있는 텍스트라 할지라도 근본적으로 역동적이고 흐릿하며 덧없는 텍스트개념을 실제로 고려해서는 안 되는지 질문해야 할 것이다. 그래서 텍스트의 "객관적" 의미에 관한 관점만 의심되는 것이 아니라 훨씬 더 근본적으로 의심스러운 것은 텍스트의 (또한, 주관적인) 의미를 정적 단위, 텍스트를 스스로 "이해"했을 때 "갖고 있는" 것으로 모델링하는 것이다. 가능한 반대 콘셉트는 다음과 같다: 근본적으로 미완성인 과정으로서의 이해, 일반적으로 "사건"으로서의 텍스트와 의사소통의 의미*, 끝점이 아니라 이해과정의 원동력 및 방향 요인으로서의 텍스트정합성… - 단어 층위에서 텍스트의미의 층위로 "불분명함" 구상의 이전.

---

* "사건으로서의 의사소통"에 관한 최근의 구상(Deutsche Sprache 23/1995, 2에서 보고된 IDS 회의에서) 참조.

(b) 개인과 언어의 관계에 관하여

우리는 저자와 독자의 사라짐으로 이어지는 라캉의 정신분석과 함께 깔려있는 소쉬르(Saussure) "강의"는 문제적이거나 오해라고 본다 - 또는 좀 더 조심해서 표현하면 다음과 같다: 저자와 독자의 권리 박탈이라는 맥락에서 제시된 언어학적 고찰은 그러한 오해를 시사한다: 언어가 암묵적 지식이라는 인식으로부터*, 의미를 표현하기 위해 이 언어를 사용하는 것은 주체에 의해 지배되거나 통제될 수 없다는 결론이 나온다.**

이 결론은 언어학적 관점에서 설득력이 없어 보인다. 이는 아마도 상호텍스트성 구상의 틀에서 랑그와 파롤, 체계와 그 수행 사이를 근본적으로 일관되게 구별하지 않는다는 사실 때문일 것이다. 따라서 우리 중 누구도 자신의 언어를 - 우리의 주요 문화적 특질 또한 마찬가지로 - 선택할 수 없다는 것은 사실이다: 우리는 언어공동체에서 태어났고 따라서 특정 개별 언어로 태어났다. 우리는 이 습득 과정을 인식하기 전에 오랫동안 이 언어를 자발적으로 습득했으며, 따라서 아마도 그것에 영향을 미칠 기회를 가질 수도 있었다. 그러나 이 사실에서 비롯될 수 있는 언어로의 "위임"이라는 생각은 (오늘날 언어학적 이론형성에서 옹호되는 생물학적으로 기초한 보편적 문법의 가정에 의해 더욱 강화될 수 있다) 우리가 **그 언어를 사용하는 것**과 같은

---

* 주크란트(Suchsland 1992: 20): "이러한 규칙과 구조[언어체계, 소쉬르(Saussure)의 랑그]는 말할 때 무의식적으로 사용된다."

** 예를 들어 주크란트(Suchsland 1992: 31f.)의 Levi-Strauss 발표에서. 암묵적 지식에서 주체의 복종으로의 이 추론은 다시 돌아오며, 이는 상호텍스트성 논의의 맥락에서 수용된 논증패턴 인 것 같다.

방식으로 전이되어서는 안 된다.* 언어는 단순히 우리를 통해 말하는 것이 아니라 우리가 언어를 말하는 것이다: 언어는 우리로부터 사용을 만드는 것이 아니라 우리가 언어로부터 사용을 만드는 것이다. 그때 우리는 화자로서 우리의 언어수행을 완전히 통제할 수 있다고 가정하는 것과는 거리가 멀다. 그러나 - 헬무트 파이케(Helmuth Feilke)가 최근 강조적으로 지적한 바와 같이** - 우리는 우리 언어 사용에 있어 다양한 화용적-관용적 제한에 묶여 있지만, 상호텍스트성 개념 때문에 모델화된 것처럼 담론의 노예가 아니다. 이 관계들은 예를 들어 언어를 무의식에 대한 정신분석학적 개념과 함께 비교할 수 있는 것보다 더 차별화되고 강력한 설명을 요구한다.***

---

* 폴 드 맨(Paul de Man)은 언어에서 언어사용으로 그리고 거기에서 다시 언어로의 추론을 한다. 그는 윌리엄 버틀러 예이츠(William Butler Yeats)의 시 Among School Children의 예를 사용하여 주장하기를, 시의 끝에 표현된 질문 "어떻게 우리가 무용수를 춤으로 알 수 있나?"는 수사학적으로 이해해야 하고 (이 문구는 춤과 무용수를 구별하는 것은 불가능하다는 것을 의미) 그리고 이 질문이 "문자 그대로"를 의미하는지, 즉 실제로 바로 이 구별의 가능성에 관한 질문인지를 (드 맨(de Man) 1988: 39ff.) 궁극적으로 결정할 수 없다고 한다. 인용된 구절의 가정된 모호성이 논쟁의 여지가 있다는 사실을 차치하고, 드 맨 (de Man)이 이로부터 언어에 통제할 수 없는 근본적인 불확정성 요소가 있다고 결론짓고, 따라서 근본적으로 언어적 의미의 구조에 의문을 제기하는 것은 확실히 잘못된 것이다: "어떤 질문이 묻거나 묻지 않는지 아닌지를 최종적으로 결정할 수 없다면 묻는 것은 무엇인가?" 이 점에서 드 맨(de Man)이 완전히 무시하는 것은 언어가 아니라 사용 중인 언어가 모든 구체적인 의사소통 및 이해의 기초이며 모든 화자/작가가 다양한 언어 수단(조동사, 불변화사 등)으로 구조적 모호성을 단의미화 한다는 것이다.

** 파이케(Feilke 1994).

*** 무엇보다도 이것은 규범의 협상과 관례의 형성 등, 즉 의사소통적-사회적 과정이 - 우리의 현재 이해에 따르면 - 상호텍스트성에 관한 후기구조주의적 구상에서 설 자리가 없다는 사실과 관련이 있다.

(c) 텍스트 – 의도 – 행위

텍스트언어학자로서 우리는 다소 복합적 커뮤니케이션 모델에 텍스트를 위치시키는 것에 익숙하며, 따라서 정합성의 (재)구성 및 궁극적으로 텍스트이해와 관련된 의도성 기준에 중심적인 중요성을 부여한다. 그래서 우리는 저자와 독자가 상호텍스트성 구상에서 의도적으로 무시됐고, 텍스트가 커뮤니케이션 모델의 근거에서 분리되어 공기가 없는, 아니 그보다 더 정확히 말해, 상호작용이 없는 공간에 배치되었다는 사실에 다소 놀라고 혼란스러워한다.* 텍스트는 이제 저자의 언어적 행위의 산물로 나타나지 않으며 그로써 어떤 종류의 의도 표현으로도 나타나지 않는다. 마찬가지로 텍스트(또는 그 저자)에 어떤 의도(잘못된 의도일지라도)를 부여할 수 있는 독자가 없다. 그리고 "외부적" 관찰자의 관점을 위해서도 텍스트의 의사소통적 삽입이 근본적으로 삭제되어 어떤 기능적 귀속도 더 가능하지가 않다.

문학 텍스트개념의 맥락에서 텍스트언어학의 중심 정리에 대한 이러한 비난은 (우리를) 놀라게 한다. 아마도 다음과 같은 차이점을 고려하면 이해가 될 것이다: 텍스트언어학적 텍스트이론은 주로 일

---

* R. 바르트(Barthes)(Tel Quel 47/1971: 101, 부뤼팅(Brütting) 1976: 183에서 인용)는 주로 문맥개념에 대해 논쟁적으로 상호텍스트성의 개념을 사용하며, 이렇게 말한다: "텍스트 간 개념은 논쟁의 여지가 있다. 즉, 문맥의 법칙에 맞서 싸우는 역할을 한다. 설명하자면 메시지의 맥락(물질적 환경)이 다의성을 감소시킨다는 사실은 누구나 알고 있다. (…) 문맥을 고려하는 것은 (문헌학, 비평, 언어학에서) 항상 합리주의의 전거와 일치하는 긍정적이고 환원적이며 법적 접근이다." 그래서 여기서 언어학이 일상적으로 사용하는 텍스트와 관련하여 실용적인 단의미화 사례로 존중하는/평가하는 맥락은 바르트에 의해 그리고 문학 읽기를 하찮은 요소로 간주하는 관점과 함께 무시된다.

상적인 상호행위를 지향하며, 따라서 실제 텍스트 지향적이다. 또한, 텍스트에 관한 실용적인 이해를 가진 텍스트언어학적 텍스트이론은 주로 특정 행위 맥락에서 텍스트의 기능에 관심이 있다. 그에 비해 - 개별 표현들은 이 가정을 확인해주는 것 같다* - 상호텍스트성 구상의 텍스트개념은 전형적으로 - 아마도 전적으로 - 문학텍스트를 대상으로 하고 있다고 가정할 수 있다.

이것은 자명하지 않고, 적어도 이 경계 문제는 우리가 볼 수 있는 한 관련 문헌에서 명시적으로 언급되거나 논의되지 않았다. 그러나 상호텍스트 지향적인 문학텍스트 분석이 고도로 엘리트주의적인 텍스트, 대부분 "더 어려운" 텍스트의 좁은 규범에 집중한다는 것은 사실이다.

언뜻 보기에 이 규범은 기존의 장르경계를 고수하지 않는 것처럼 보인다. 이론적인 텍스트(프로이트, 벤야민 등)와 구상적인 묘사(그림), 영화 등은 명백한 "문학적" 텍스트와 동일한 단계에 배치된다.** 조사대상에 관한 이러한 태도는 이론적 수준에서 기존 장르의 경계, 주로 예술과 비예술, 문학과 비문학 사이의 경계를 단호하게 거부하는 것을 반영한다. 그러나 위엄을 지닌 모든 것이 강력한 심미화 과정을 거치기 위해 상호텍스트적 읽기를 겪는 것 같다. 그리고

---

* 예를 들어 크리스테바(Kristeva)는 "언어시학(language poetique)"에 대해 말한다. 각주 4 참조. Riffaterre는 상호텍스트성을 "문학적 읽기의 특징적인 메커니즘"으로 이해한다(Riffaterre in: "La trace de Pintertexte" in: "La pensde" 1980년 10월, 게네테 Genette 1993: 11에서 인용).

** R. 바르트(Barthes 1971/1980: 75): "텍스트는 (좋은) 문학으로 끝나지 않는다: 계층 구조의 일부 또는 단순한 장르 구분으로 이해할 수 없다. 텍스트를 구성하는 것은 반대로 (또는 정확하게) 오래된 분류에 관한 텍스트의 전복적인 힘이다."

그것은 "텍스트언어학적"으로 의도, 기능, 의사소통 및 행위 측면이 사라짐을 의미한다.

여기에는 아직 많은 설명이 필요하다. 그러나 상호텍스트성 구상의 일부 측면, 예를 들어 미디어텍스트와 같이 화용텍스트언어학의 전통적 대상과 같이 처음에는 분명히 문학으로 간주하고 싶지 않은 텍스트도 이미 우리에게 큰 관심을 유발하는 것으로 보인다.* 하랄트 부르거(Harald Burger)의 제안에 따라** 현대 미디어 환경에서 특정 저자에게 어떤 한 텍스트를 부속시키는 것이 점점 더 어려워지고 있다는 사실에서 뉴스텍스트에 관한 "저자의 죽음" 을 볼 수 있다. 뉴스에서 "누가 말하고 있는가"라는 질문에 더는 답할 수 없다는 사실은 실제로 이 뉴스의 수신, 그 신뢰성 및 진실성에 상당한 영향을 미친다. 이것이 사실이 아니라는 사실은 - 적어도 "일반대중"에서는 - 상당한 이론적, 실제적 (정치적) 파괴력을 가지고 있다.***

따라서 텍스트의 의사소통적 삽입의 문제화는 비문학 텍스트에 대해서도 유익하거나 필요할 수 있다: "행위로서의 텍스트"의 화용론적 신조의 절대화와 텍스트 분석을 상호행위 분석, 화자 의도 및 수신자의 기대 등에 연결하는 것은 지금까지 텍스트의 형식적 측면이나 텍스트의 비특정 상호행위적 기능에 관한 언어적 관점을 모호

---

* 울라 픽스(Ulla Fix)(이 책에서)는 다른 비문학 텍스트에서 이것을 보여주었다.

** 부르거(Burger 1995).

*** 인터넷에서 점점 더 중요해지는 "커뮤니케이션"에도 동일하게 적용된다. 그리고 "누가 법에서 말하는가"라는 질문에 쉽게 대답할 수 없다는 것은 상당한 법이론적, 실제적 중요성이 있을 수 있다: "입법자" - 몇 가지 제안을 디이트릭 부세(Dietrich Busse)(1992)에서 찾을 수 있다.

하게 만들 수도 있다. 그 점에서는 게르트 안토스(Gerd Antos)가 이 책의 자신의 기고문에서 서술한 바와 같이* 예를 들어 "지식저장고"로서의 텍스트의 기능 또는 사회적 지식의 특정한 구성형태로서의 텍스트유형, 그리고 "지식의 좋은 형상"에 관한 질문은 최근 텍스트언어학에서 행위 지향의 우선성에서 어떤 전환을 보여준다.

그러나: "텍스트"를 저자의 권한에서 벗어난 그리고 독자에게 지속적으로 새롭고 다양한 방식으로 읽고 또 읽게 하는 요소로 정형화하는 것은 텍스트의 행위적 가치에 대한 의문을 남길 뿐만 아니라, 완전히 쓸모없지는 않더라도 텍스트와 텍스트에 관한 윤리적 연결 및 사회적 책임에 관한 문제를 야기한다: 의도, 기대, 강제할 수 있는 의미의 구조로부터 텍스트의 분리는 텍스트를 미학적으로 만들지만 더는 도덕적으로 논쟁할 요소가 아닌 것으로 만든다. 언어학을 - 우리가 하는 것처럼 - "인간의 학문"으로 간주한다면 이것은 혼란스러운 상호텍스트성 구상의 효과이다.

(d) 읽기: 포스트모던적 자의성에 대한 비난. 텍스트의 저항.

자율적 의미요소로서의 문학텍스트를 그 받침대에서 넘어뜨리기 위해서는 그것을 단순한 "기표의 유희"와 확산된 "음성의 엉킴"으로 축소할 필요가 있었을 것이다. 우리는 또한 종이 위의 텍스트와 관련하여 언제든지 - 그리고 확실히 다른 시간에 - 여러 다른 "읽기" 또는 "머릿속의 텍스트"가 있을 수 있음을 인정한다.

문제는 이러한 방식으로 이해, 해석 또는 읽기의 다양성에서 얻

---

* 어느 정도 이것은 울리히 퓌첼(Ulrich Püschel)(이 책에서)의 글에도 적용된다.

은 “자유”가 자의성을 의미할 수 있는지, 심지어 자의성을 의미해야 하는지 여부이다. 이글턴(Eagleton 1988: 129)은 텍스트의 모든 고정된 의미, 모든 확보된 지식, 기호 너머에 가정되는 모든 현실, 따라서 모든 진리에 대한 급진적 비난의 결과로 정확히 이 자의적인 포스트 구조주의의 특정 경향을 비난한다.

우리의 관점에서 보면, 한편으로는 유쾌한 다른 한편으로는 매우 부정적으로 강조되는 이 포스트모던한 읽기 자의성은 각각의 구체적인 개별 사례에서 구현이 두 가지 이유로 실패해야 하는 (이론적 또는 이념적) 픽션이다: 한편으로는 사회적, 문화적, 시대적 성격이 이해와 해석의 “자의적”(또는 긍정적으로 말하면: 절대적 자유)에 관한 욕구를 제한하는 독자 자신이다: 그리고 두 번째로, 텍스트의 저항은 우리가 단순히 필연적으로 선형화되었지만 그렇지 않으면 무질서한 기호의 축적으로 마주치지 않고, 오히려 복잡하고 위계적인 구조를 가진 언어적 실체로서, 이들을 통한 “기표의 유희” (내재적 모든 언어적 발화에서!) 구조화를 제한한다. 다른, 일반적인 용어로 말하면: 기표-측면을 전면에 두는 미학적 문학적 읽기조차도 언어의 구조적 또는 사회적 조건성 (그리고 이는 또한 상호주관적 이해의 전제조건 뒤에 있음을 의미함) 뒤에서 후퇴할 수 없다.

고전적인 반박논증에 의지하여 다음과 같이 말할 수도 있다: 상호텍스트성 구상에 의무가 있는 읽기는 문학적 담론에서도 논증적으로 주장된다. 그들 역시 어느 정도 개인을 초월한 의무, 적어도 상호주관적으로 이해할 가능성이 있다고 주장한다. 그러한 담론의 주장은 오직 두 가지 측면에서만 타당성을 주장할 수 있다: 한편으로 종이 텍스트 측면에서 그리고 다른 한편으로 독자층의 궁극적으로 피할 수 없는 시간 특정적 (또한: 관심특정적!) “상호텍스트성”의 측면.

덧붙여서, 우리의 의견으로는 텍스트언어학, 그리고 무엇보다 역사적 텍스트언어학 또는 "언어사용의 역사"의 문제에 관한 관점에서 텍스트언어학에 대한 상세한 이론적 작업이 필요하다는 것은 후자이다.

(f) 파리의 방언*

우리는 - 인간으로서도 텍스트언어학자로서도 - 전체 상호텍스트성 담론을 관통하는 편재하는 폭력과 권력과 죽음의 은유에 불안하다. 그것은 특히 개인과 사회 또는 개인과 언어 사이의 관계와 관련하여 이론적 입장에서 독립적인 것 같지 않다 (위의 2번 항목 참조).

그래서 주체의 해체나 죽음에 대한 견해는 - 무엇보다도 작가, 그러나 독자 역시 - 정확히 개인의 사회성에 관한 통찰에서 비롯된 것 같다.** 이 사회성은 개인이 복종해야 하는 상징체계인 언어로 - 그렇게 여기 관련 어법 - 특히 구체화된 것으로 보인다. 언어의 "상징적 질서로의 진입"만이 인간을 주체***로 구성하며, 이에 따라 이 개념은 라틴어 **subicere**(독어 unterwerfen)에 명시적으로 연결된다.**** 우리에게 사회적 조건이 심각한 결과를 초래하는 자연법칙(그로써 롤랑 바르트 Roland Barthes 1964의 의미에서 신화의 형성)과 동일시되고 있는지에 관한 질문이 제기된다. 왜냐하면, 사회성에 관한 **우리의**

---

* 이 명칭은 1996년 3월 Halle에서 열린 텍스트언어학 콜로키엄에서 콘라트 에리히(Konrad Ehlich)의 토론에서 기인한다.

** 라캉(Lacan)에 대해 논평한 주크란트(Suchsland 1992: 35)를 참조.

*** 주크란트(Suchsland 1992: 3 8f.).

**** 주크란트(Suchsland 1992: 3 8f.).

개념에 - 그리고 이것이 우리가 항상 소쉬르(Saussure)의 "소수의 정당한 사회적"으로 읽는 방식 - 개인이 변경할 수 없는 조건으로서의 단순한 복종이 포함되지 않고 주로 **협상 가능성**의 순간 - 따라서 변화의 가능성도 포함되기 때문이다. 여기에는 또한 항상 선택의 가능성, 즉 인정되는 제한된 언어수단 세트에서 의식적으로 또는 무의식적으로 선택할 수 있는 자유가 포함된다 - 언어적 행위의 전략적 성격도 유희적 성격도 이러한 선택의 가능성 (때로는 역시: 필수) 없이는 생각할 수 없다. 다시 말하자면: 내가 말을 한다면 언어가 말하는 것은 아니다 - 그리고 비록 언어의 상징적 질서가 주어진 것으로서 존재론 속에서 항상 개인에 선행한다고 할지라도,* 개인에 의한 습득과 사용에 있어서 언어를 의도적으로 사용하고 아마도 그것을 변화시킬 수도 있는 조건과 가능성에 대해서는 아무것도 언급되지 않는다. 늦어도 이 시점에서 상호텍스트성의 개념에 관한 논의는 우리가 지금 여기에서 수행할 수는 없지만 수행되어야 하는 사회이론적 또는 정치적 담론으로 이어진다.**

---

* 주크란트(Suchsland 1992: 3 8f.).

** 예를 들어 이글턴(Eagleton 1988: 130ff.)을 참조.

참고문헌

Antos, Gerd (1997): Texte als Konstitutionsformen von Wissen. Thesen zu einer evolutionstheoretischen Begründung der Textlinguistik. - In diesem Band, 43-64.

Antos, Gerd/Brinker, Klaus/Sager, Sven/Heinemann, Wolfgang (Hgg.) (in Vorbereitung): Textund Gesprächslinguistik. Ein internationales Handbuch zeitgenössischer Forschung. - Berlin: de Gruyter (=HSK).

Barthes, Roland (1957/1964): Mythen des Alltags. - Frankfurt/M: Suhrkamp. 1964. [franz. Original "Mythologies" 1957],

\- (1971/1980): From Work to Text. - In: Harari, Josue V. (ed.): Textual Strategies. Perspectives in Post-Structuralist Criticism (London: Methuen) 73-81 [franz. Original "De l'oeuvre au texte" 1971],

Beaugrande, Robert-A. de/Dressler, Wolfgang (1981): Intertextualität. - In: dies.: Einführung in die Textlinguistik (Tübingen: Niemeyer) (=Konzepte der Sprach- und Literaturwissenschaft 28) 12f. und 188-215.

Biere, Bernd Ulrich (1991): Textverstehen und Textverständlichkeit. - Heidelberg: Groos (= Studienbibliographien Sprachwissenschaft 2).

Bierwisch, Manfred (1966): Strukturalismus. Geschichte, Probleme und Methoden. - In: Kursbuch 5/1966.

Brinker, Klaus (1993): Textlinguistik. - Heidelberg: Groos (= Studienbibliographien Sprachwissenschaft 7).

Broich, Ulrich/Manfred Pfister (Hgg.) (1985): Intertextualität. Formen, Funktionen, angl. Fallstudien. - Tübingen: Niemeyer (= Konzepte der Sprach- und Literaturwissenschaft 35).

Brütting, Richard (1976): "ecriture" und "texte". Die französische Literaturtheorie "nach dem Strukturalismus". Kritik traditioneller Positionen und Neuansätze. - Bonn: Bouvier (= Abhandlungen zur Kunst-, Musik- und Literaturwissenschaft 213).

Burger, Harald (1995): Medientexte als "Intertexte". - In: unizürich. Magazin der Universität Zürich 4/1995, 15-17.

Busse, Dietrich (1992): Recht als Text. Linguistische Untersuchungen zur Arbeit mit Sprache in einer gesellschaftlichen Institution. - Tübingen: Niemeyer (= RGL 131).

Dahlerup, Pil (1991): Dekonstruktion. 90'ernes litteraturteori. - Kopenhagen: Gyldendal.

Derrida, Jacques (1967): De la grammatologie. - Paris: Minuit.

Ducrot, Oswald/Todorov, Tzvetan (1972): Dictionnaire encyclopedique des sciences du langage. - Paris: Seuil.

Eagleton, Terry (1988): Einführung in die Literaturtheorie. - Stuttgart: Metzler (= Sammlung Metzler 246).

Feilke, Helmuth (1994): Common sense-Kompetenz. Überlegungen zu einer Theorie des "sympathischen" und "natürlichen" Meinens und Verstehens- Frankfurt/M.: Suhrkamp.

Fix, Ulla (1997): Kanon und Auflösung des Kanons. Typologische Intertextualität - ein "postmodernes" Stilmittel? Eine thesenhafte Darstellung. - In diesem Band, 99-110.

Foucault, Michel (1969/1988): Was ist ein Autor? - In: ders.: Schriften zur Literatur (Frankfurt/M.: Suhrkamp) [franz. Original "Qu'est-ce qu'un auteur?" 1969],

Genette, Gerard (1993): Palimpseste. Die Literatur auf zweiter Stufe. - Frankfurt/M.: Suhrkamp.

Heinemann, Wolfgang/Viehweger, Dieter (1991): Textlinguistik. Eine Einfuhrung. - Tübingen: Niemeyer (= RGL 115).

Holthuis, Susanne (1993): Intertextualität. Aspekte einer rezeptionsorientierten Konzeption. - Tübingen: Stauffenburg.

Jakobs, Eva-Maria (1991): Intertextualität und Wissen. - In: Feldbusch, Elisabeth (Hg.): Neue Fragen der Linguistik. Akten des 25. Ling. Koll. 1990, Bd. 2 (Tübingen) (= LA 271) 55-59.

\- (1994): Intertextualität in der Printmedienwerbung. - In: Spillner, Bernd (Hg.): Fachkommunikation (Frankfurt/M.: Lang) (= forum Angewandte Linguistik 27), 188-189.

Kristeva, Julia (1967): Bakhtine, le mot, le dialogue et le roman. - In: Critique 239, 438^*65. [deutsch: Bachtin, das Wort, der Dialog und der Roman. In: Ihwe, Jens (Hg.): Literaturwissenschaft und Linguistik. Ergebnisse und Perspektiven. Bd. 3 (Frankfurt/M: Athenäum) (= Ars poetica Texte, Bd. 8/III) 1972, 345-375],

- (1968): Problemes de la structuration du texte. - In: Linguistique et litterature. Spezialnummer von La nouvelle critique, November 1968, 55-64. [Probleme der Textstrukturation. In: Ihwe, Jens (Hg.): Literaturwissenschaft und Linguistik. Ergebnisse und Perspektiven. Bd. II/2: Zur linguistischen Basis der Literaturwissenschaft, I (Frankfurt/M: Athenäum) (= Ars poetica Texte, Bd. 8/II/2) 1971, 484-507].

- (1969): Semeiotike. Recherches pour une semanalyse. - Paris: Seuil.

- (1969/1981): Le langage, cet inconnu. Une initiation ä la linguistique. - Paris. [Erstausgabe 1969 unter dem Pseudonym "Julia Joyaux" publiziert].

- (1974): La revolution du langage poetique. - Paris: Seuil.

Lachmann, Renate (1984): Ebenen des Intertextualitätsbegriffs. - In: Stierle, Karlheinz/Waming, Rainer (Hgg.): Das Gespräch (München: Fink) (= Poetik und Hermeneutik 11) 133-138.

LindhofF, Lena (1995): Einfuhrung in die feministische Literaturtheorie. - Stuttgart/Weimar: Metzler.

Mai, Hans-Peter (1991): Bypassing Intertextuality. Hermeneutics, Textual Practice, Hypertext. - In: Plett (Hg.) 1991,30-59.

de Man, Paul (1988): Allegorien des Lesens. - Frankfurt/M: Suhrkamp.

Nussbaumer, Markus (1992): Was Texte sind und wie sie sein sollen. - Tübingen: Niemeyer (= RGL 119).

Pfister, Manfred (1985): Konzepte der Intertextualität. - In: Broich/Pfister (Hgg.) 1985, 1-30.

- (1991): How postmodern is intertextuality? - In: Plett (Hg.) 1991, 207-224.

Phillips, Gary A. (1991): Sign/Text/Differance. The contribution of intertextual theory to biblical criticism. - In: Plett (Hg.) 1991, 78-97.

Plett, Heinrich F. (1991): Intertextualities. - In: Plett (Hg.) 1991, 3-29.

- (Hg.) (1991): Intertextuality. - Berlin: de Gruyter (= RTT 15).

Püschel, Ulrich (1997): "Puzzle-Texte" - Bemerkungen zu einem Textbegriff. - In diesem Band, 27—42.

Sager, Sven (1995): Hypertext und Kontext. - In: Jakobs, Eva-Maria/Knorr, Dagmar/Molitor-Lübbert, Sylvie (Hgg.): Wissenschaftliche Textproduktion. Mit und ohne Computer (Frankfurt/M.: Lang) 209-226.

- (1995): Intertextualität und Interaktivität von Hypertexten. Referat auf der GAL-Jahrestagung 1995 in Kassel.

Starobinski, Jean (1980): Wörter unter Wörtern. Die Anagramme von Ferdinand de Saussure. - Frankfurt/M. etc.

Stierle, Karlheinz (1984): Werk und Intertextualität. - In: Stierle, Karlheinz/ Warning, Rainer (Hgg.): Das Gespräch (München: Fink) (= Poetik und Hermeneutik 11) 139-150.

Still, Judith/Worton, Michael (1992): Introduction. - In: dies. (Hgg.): Intertextuality. Theories and practices (Manchester/New York: Manchester University Press) 1-44.

Suchsland, Inge (1992): Julia Kristeva zur Einfuhrung. - Hamburg: Junius.

크리스토프 사우어 (그로닝엔)

텍스트와 이념

점령 당시 나치-언론에 관한 고찰

1. 서론: 텍스트언어학의 기본원칙으로서의 복합성(Komplexität)

지난 100년 동안의 언어학역사는 언어학대상의 **제한**(Reduktion)의 역사이다: 소쉬르(de Saussure)에서 불룸필드(Bloomfield)에 이르기까지 촘스키(Chomsky) 이름과 관련된 다양한 단계. (자연-)과학성(Natur-Wissenschaftlichkeit)은 실제 언어상황과 점점 멀어지는 희생을 치르며 얻어졌다. 당연히 반대 움직임도 있었다: 그것은 우선 부가형식주의(Additionsschematismus)를 기반으로 구축되었다: 사회-언어학, 심리-언어학, 화용-언어학. 그러나 새로운 연구영역과 고유의 언어연구 사이에 원하는 연결을 설정하는 것이 더 어려워졌다. 그 이유는 데이터가 항상 단순한 언어적인 것 그 이상이기 때문이다. 이 딜레마에서 벗어날 수 있는 유일한 방법은 자신이 더는 "참된(richtig)"(hard core) 언어학자가 아니라는 비난에 노출되지만 좁은 의미의 언어학적이었던 방법에 점점 더 "비언어학적" 방법을 추가하는 것이었다.

언어적 상황에 관한 다양한 직접적 접근은 실제로 "재환원주의적(re-reduktionistisch)" 방향이었지만, 또한 어떤 일관성이 없고 때로는 자의적이기까지 하다(괴테의 의미에서 여기에서는 딜레탕트에 대해 말할 수 있지만, 현대학문에서는 어떻게든 제공되지 않았다). 진정한 언어학적 대상으로서의 텍스트의 발견 또는 재발견과 함께 새로운 시도가 이루어졌다.

사람들은 이번에는 처음부터 **복합적** 대상을 다루고 싶었다. 그 복합성은 문장에서 텍스트로의 단순한 "이행"에 저항하는 어려움 속에서 표명되었다. 그 결과 한편으로는 다시 제한(그리고 형변환 현상(transphrastische Phänomene), 발화, 발화수반행위로서의 발화, 아나포라(Anaphern), 텍스트문법 등으로 제한하는)하고, 다른 한편으로는 텍스트가 기능을 파생하고 영향을 미치는 언어적 조건을(다시) 놓치지 않으려는(대화-, 담화분석(Gesprächs-, Dialog-, Konversationsanalyse), 사회-인지적 담화분석(sozial-kognitive Diskursanalyse), 언어학적 의사소통분석(linguistische Kommunikationsanalyse), 텍스트과학(Textwissenschaft) 등) 노력이 이루어졌다. 그 결과 **텍스트언어학**이라는 "명예로운 타이틀"이 스스로에게 부여되는 매우 다양한 방향이 나타났다.

오늘날 우리는 하이네만·비베거(Heinemann·Viehweger 1991: 11, 84f.)에서와 같이 **통합**(Intergration)을 올바르게 자극해야 한다는 관점에서 볼 때 다양한 설명과 방법인 텍스트언어학의 화환에 둘러싸여 있는 우리 자신을 봅니다.

그러나 이것은 일반적으로 치고-밀치고-절차(Hau-Ruck-Verfahren)에서 수행되지 않고 어떤 개별 현상들이 포괄적인 텍스트언어학적 대상에 통합되어야 하는지 명확하지 않기 때문에 필자는 여기서 나사를 조금 더 조이고 싶다. 필자는 구별할 수 있지만 "어려운" 실체로 언어적 관계의 **이데올로기적** 차원을 포함함으로써 **복합적** 사회적 행위요소와 지식요소로서 텍스트를 분석하려고 시도한다. 필자가 여기서 말하고 있는 질문은 텍스트의 실현이 "갖춘" 명제적 수단과 관련이 있다: 필자는 텍스트분석에서 이데올로기와 담론적 요소의 도입 같은 구성을 재구성하는 데 관심이 있다. 그것들은 어떤 역할을 하는가? 그러한 도입은 어떻게 이루어지는가? 텍스트적 표층구조의 언어부여에 관한 어떤 다른 영향을 식별할 수 있는가? 그리고: 그러한 연구는 텍스트의 복합성을 밝히는 데 어떤 기여를 하는가?

필자는 두 가지 제한을 한다: 첫째, 필자는 가능한 수많은 텍스트 중에서 **서면**으로 된 **언론텍스트**를 선택하고 싶다. 그래서 지금부터 필자가 "텍스트"라고 하면 그것은 항상 신문에 실린 기사를 의미한다. 둘째, 필자는 그러한 언론텍스트가 작동하는 사회적 틀을 **국가사회주의**(사우어 Sauer 1995a 참조), 즉 공식적으로 **"점령된 네덜란드 영토를 위한 제국위원회"**와 연관시킨다(뒤 프렐·장케 du Prel·Janke 1941, 라데마커 Lademacher 1983, 히르쉬펠트 Hirschfeld 1984 참조). 필자가 다루고 있는 신문 기사는 1939·40년부터 점진적으로 창간되어 1945년에 중단된 총 27개의 **점령 신문** 중 하나인 독일어 점령 신문 "Deutsche Zeitung in den Nederland"(=DZN)에서 가져온 것이다(참조. 하이에 Haie 1965, 호프만 Hoffmann 1972). 1940년에서 1945년 사이 네덜란드의 독일 언론인들에게 결정적인 역할을 했던 점령상황은 실제적 언론적 생산-환경으로서 기능한다.

2. 텍스트-개념과 텍스트로의 명제적 수단의 이데올로기적 도입

텍스트에 들어가는, 그리고 분석가인 우리가 나중에 어떤 시점에서든 체계적으로 기술할 수 있는 언어적 자료는 **어디에서** 왔나? 이 질문을 이러한 방식으로 제기한다는 것은 동시에 이데올로기적으로 결정된 실현수단에 더하여 다른 언어적 실현수단도 고려되어야 한다는 구체적인 기대를 한다는 것을 의미한다. 그것을 이렇게 생각할 수 있다: 일반적으로 정치텍스트, 특별히 NS 텍스트는 **다차원적**이다. 즉, 텍스트는 독자의 관점에서 혼란스럽고, 다양하고, 모순되고, 일관적이지 않으며, 저자의 관점에서는 타협적이고, 적응할 수 있고, 모호하고, 명확성을 피하고, 특정 방식으로 이전텍스트 및 후속텍스트와 관련될 수 있다(프레쉬 Presch 1985 참조).

물론 이것은 익숙하게 들린다: 우리는 특히 기관의 틀에서 오늘날의 읽기 및 쓰기 상황을 살펴보기만 하면 된다. 그러나 독일 파시즘과 독일 파시즘이 피점령국에 등장하는 현상을 끝까지 보고 여기서 논의 중인 텍스트에 그들이 가질 수 없는 무언가를 해석하는 위험을 피하고자 항상 동시대적 수용의 전거를 사용하려는 시도가 이루어져야 한다. 스펙트럼은 크다: 그것은 보베리 (Boveri) 965)나 젱어(Sänger 1975: 그는 선전부의 **지시**를 수집했다)와 같은 언론인에서부터 클렘퍼러(Klemperer 1946, 1995)와 같은 당사자들에 이르기까지 모든 종류의 삶의 증언과 경험 보고서 (바우어 Bauer 1988)를 체계적으로 선별하는 것에 이르기까지 다양하며, 거기에는 (아직 체계적으로 수행되지 않은) 그러한 점령 국가를 포함하고, 그리고 - 이것이 여전히 일어날 수 있는 한 - "구술역사"의 결과까지 확장된다: 이주민의 기록과 텍스트의 이념적 느낌에 관한 그들의 반향 역시 정보를 제공할 수 있다. 이 모든 전거는 텍스트의 모호함과 양가성이 당시에도 나타났음을 증명한다. 말하자면 그러한 텍스트를 구성한 것은 독자의 기꺼이 적응하려는 의지였다. 필요한 것은 "다차원성"이 무엇을 의미할 수 있는가를 해독할 수 있는 구상이다.

출발점은 에리히(Ehlich 1984)가 만들어낸 "확장된 말하기상황"으로서의 **텍스트**의 개념이다. "텍스트"는 서면뿐만 아니라 구두로도 실현될 수 있다. 인터뷰나 언론에서의 말하기 재현과 같은 혼합 형식이 주목받게 되었으며 그리고 특별한 전달의 질(예: "신빙성(Authentizität)") 및 지식의 재현(예: "지시")과 같은 사회적 목적에 대해 질문할 수 있게 되었다. 텍스트는 특정 시간(구두적 텍스트에서) 또는 특정 공간적 범위(문서적 텍스트에서)를 요구하는 일련의 **언어적 행위**로 특징지을 수 있으며(사우어 Sauer 1994a 참조), 화자-청자-전환으로 구성된 상호행위 같은 다른 언어형식과는 구별된다. 행위의 넓은 규모성은 "행위연쇄" 개념에 내재되어 있다. 이는 또한 중간단계, 중간확인, 주 가닥의 지지, 단계의 연속적인 처리에 따른 것이기 때문에 추가적인 세분화로 이어진다(판더 마트 Pander Maat 1994 참조). 이는 이론적으로 대부분 **텍스트-테마**의 전개로 간주되지만(뢰처 Lötscher 1987, 하이네만·비베거 Heinemann·Viehweger 1991, 브링커 Brinker 1992 참조), 그런데도 기능적으로는 일련의 작업실행과 관련되어 있다(브링커 Brinker 1994에서 강조함). 일련의 행동이라는 개념과 함께 텍스트의 복합성을 설명하는 데 도움이 되는 행동-구조적 차원과 주제차원이 그 자체로 나타난다.

따라서 텍스트는 특정한 수신 노력을 전제로 한다. 일반적으로 특정 "수신지시(Rezeptionsanweisungen)"를 텍스트에서 끌어낼 수 있다: 그것은 수신과정을 제어할 수 있는 저자의 (사전-)구조화이다. 물론 자유로운 수신의 여지는 있다: 저자를 위해서는 텍스트유형(예: 사건의 재현)에 의해 주어진 **목적** 외에도 특정 개인적-기구적 목표(예: 특정 편집 라인 따르기)를 설정할 수 있는 것: 독자를 위해서는 목적과 목표의 차이에 익숙하므로 고유의 의미할당을 시도하고(예: 유효성 탐색) 특정한 읽기관심(예: 원하는 행동 기다리기)을 갖는 것이다. 이러한 수신원칙은 전체적 및 부분적 실현형태를 통해 작동된다.

전체적인 텍스트에서 서로 다른 그룹의 수신자를 지정하는 **다중수신지정**(Mehrfachadressierung)(퀸 Kühn 1995 참조)이 순차적으로 구성되거나 상호 연결되는 것: 부분적인 예를 들어 단어선택, 특정 문법적 형태의 선택 및 다른 것의 회피, 은유의 선택, 말걸기 형태, 인용 및 발화 언급, 표시, 메타커뮤니케이션 등이 될 것이다.

이런 점에서 기자들의 "의도"는 기껏해야 보조적인 구성에 불과하다. 왜냐하면 - 텍스트생산의 관점에서 볼 때 - 모든 복합적 텍스트 형태는 **기획**으로 규정될 수 있기 때문이다(사우어 Sauer 1994b). 텍스트는 구체적인 맥락 요인에 관한 실현수단의 미세 조정에서 나오는 기획된 의사소통 제공물이다. 그래서 표현(및 자기묘사)은 고프만(Goffman 1974)과 그의 중심 프레임 범주를 포함하는 경우 "연극" 및 "극화"로 설명될 수도 있다. 분석적 접근 방식으로 고프만(Goffman)은 **Keying**("전환 Transposition")이라는 용어를 제안한다. 그것은 예를 들어 신문 보도에서 **재생산**될 때 기본적인(사회적-문화적) "경험"의 전환 방식에 관한 것이다: 이러한 전환은 특정 도식적인 방식으로 이루어지므로 수신자가 어떤 "프레임"이 바로 차례인지 알 수 있다(참조, 엔싱크 Ensink 1992). 이러한 제안들은 여기에 관점으로 수용된다. 필자는 관점을 독자가 인식할 수 있는 방식으로 재생산된 것을 텍스트가 위치시키는 틀에 끼움프레임(Rahmung)으로 이해하고 싶다: 실제로 텍스트가 구상된 "장소"가 있다는 것이다. "관점(point of view)"으로 관점은 대부분 너무 형식적으로 접근하며, 그보다 오히려 언어적 자료의 배열이라는 "전략적" 의미가 있어야 한다(사우어 Sauer 1985, 1989, 1990 참조, 여기서 필자는 이것을 텍스트전략과 관련된 언어정책으로 더 자세히 설명했다). 신문의 "연극"은 또한 나치 선전의 제도적 요구사항에 의해 생성된다. 이는 예를 들어 특정 진술은 전면에 배치되고 다른 주제는 배경에 배치되기 때문이다(툽서-지거트 Toepser-Ziegert 1984, 1988 참조). 따라서 텍스트-생성의 이러한 복합적 현상을 "기획"으로 요약하는 것이 명백해 보인다.

수신 측면에서는 최소한 "읽기작업"이 중복되었다고 가정할 수 있다(사우어 Sauer 1995b 참조). 모든 것이 같은 방식으로 읽히는 것은 아니며, 그리고 특정한 관심사에 따라, 전문적인 관심사에 따라서도, 읽기의 변화가 나타난다: 때로는 시점의 문제이기도 하다. 신문을 구성하는 다양한 유형의 텍스트, 즉 섹션의 영향을 받는 수용습관이 나타난다. 대체로 이 시기의 수신자들은 **다중적 읽기방식** 경향이 더 컸다고 추측된다(마스 Maas 1984, 사우어 Sauer 1990 참조). 읽기는 관련성을 독자 측에서 부여한 결과이다: 사람들은 그에 대해 보고할 수도 있고, 예를 들어 회고록에서 테마화 할 수도 있다. 읽기 중 특정 징후로 인해 경쟁적인 관련성이 있는 것으로 밝혀지면 여러 읽기방식, 차이 및 우연성이 있게 된다. 독자는 일반적으로 다른 독자도 의도되었다는 것을 알고 있으므로 다중수신지정도 이러한 다중읽기를 발생시킨다. 따라서 수신자가 자신의 눈앞에 있는 "모든 것"을 기획된 텍스트로 이해하는 정도의 문제가 아니라 **다중관점**으로 요약될 수 있는 차별화된 형태의 읽기에 관한 것이다. 이로써 이론적 모델링에서 유사성이 달성된다: 텍스트생산의 최우선 개념으로서의 기획은 텍스트수용의 개념으로서의 다중관점에 해당한다. 다음 모형도가 이를 보여준다.

두 구상 모두 단순한 내용의 존재가 아니라 복합적 "구조", 즉 텍스트내용의 형식과 조직의 상호작용(페어클러프 Fairclough 1989, 할리데이 외 Halliday et al. 과 관련하여 페어클러프 Fairclough 1989, 1995 참조)을 전제로 한다. 이 내용은 **주제**에서 **텍스트적**으로 언급된다: 우리는 이를 **주제적 자료**, 명제적 수단을 재구성함으로써 분석할 수 있다. 주제별 초점은 거의 항상 나타난다. 그것들은 어휘적으로나 지시적으로 정합적이고 또한 더 넓은 맥락을 불러일으키는 역사적-사회적 "흔적"을 가지고 있는 "블록"이다. 주제-블록은 진행 중인 텍스트를 더 큰 사회적 맥락으로 연결하며, 다시 더 큰 사회적 맥락에 의존하는 것처럼 보인다. 이 의존성은 이미 순전히 시간의 관점에서 발생한다: 그래서 특정 주제는 특정 시점에서 "사회적으로 수용 가능"하지만 다른 주제는 그렇지 않다. 즉, 다른 주제는 독자에게 후속행위를 허용하지 않거나 비생산적인 후속행위만을 허용한다. 에른스트 블록(Ernst Bloch)의 "비동시성" 범주는 이러한 구조를 밝히는 데 도움이 될 수 있다. 이 구조들은 테마(조각)의 병합을 유발한다. 이는 "다성성(Polyphonie)"(마스 Maas 1984, 사우어 Sauer 1994b, 엔싱크Ensink · 사우어Sauer 1995)과 같은 텍스트의 **이질성**(Heterogenität)으로 가시화된다.

이 결과를 명제수단이 어디에서 왔는지에 관한 질문과 함께 가져가면 발견될 연결선을 구별하기 위한 참조 값이 필요하다. 사회적으로 "중요한" 주제의 표현은 - 즉, 인식할 수 있는 사회적 "장소"의 이름을 지정할 수 있는 주제 - 특정 말하기 방식, 논증형식, 내레이션, 토론맥락 및 내용의 초점의 지평을 기준으로 발생한다. 필자는 이 "장소"를 푸코(Foucault 1974)와 함께 담론(Diskurs)이라고 부르고 싶다. 이때 필자는 낱말의 어원에 밀접하게 관계를 유지한다(그리고 분명히 이 용어를 사용하는 현재 유행을 따르지는 않는다): "discursus"는 "갈라지다, 왕복하다, 몸부림치다"를 의미한다. 그래서 언어적으로 고착에 저항하는 어떤 것을 의미한다: 일종의 이야기(Gerede). 따라서 텍스트는 특정 담론을 나타내지 않으며, 반대로 주제적 연관에 관한 텍스트에서는 다양한 담론이 사용된다: 이들이 텍스트 주제를 사회적으로 수용 가능하게 만들고 - 이러한 방식으로 독자가 접근할 수 있도록 한다. 그러므로 텍스트를 담론 자체가 아니라 담론의 **교차점**으로 기술하는 것이 합리적이다(예거 Jäger 1994 참조, 그는 텍스트의 경우 "상호담론(Interdiskursen)"이라고 일관되게 언급함). 그렇다면 예를 들어 기른스(Girnth 1996: 67)가 서로 반응하는 일련의 텍스트에 관한 "공통" 주제의 아이디어로 하는 것처럼 특정 텍스트가 담론의 구성요소로 파생될 수 있는지를 고려하는 것도 무의미하다: 필자의 생각에는 (주-)주제의 공통점은 개념적으로 이것으로 충분하며, 포괄적인 용어를 검색할 때 "담론" 개념을 중복할 필요가 없다. 이런 식으로 특히 텍스트의 이질성은 분석의 초점에서 벗어난다. 그러므로 필자의 제안은 명제수단의 선택에 영향을 미치는 텍스트주제에 관한 자극으로 다양한 담론을 고려하는 것이다. 담론은 명제적 도입상황을 "조정"한다. 예를 들어 나치 텍스트는 실제 주요 주제가 되지 않고 반유대주의 단어를 포함할 수 있다: 그래서 반유대주의에 관한 담론은 문제의 텍스트가 예를 들어 군국주의 및 민족주의 담론과 함께 일반적인 반유대주의 사상과 연결되도록 한다.

담론의 영향으로 찾아낼 수 있는 명제적 수단의 그룹 외에 포괄적인 연관을 나타내는 또 다른 것이 있다. 텍스트를 생성하는 기획은 텍스트가 이데올로기적 맥락에 연결되도록 하는 "지시절차(Verweisungsprozeduren)"를 고려한다. 독자에게 그러한 "지시"를 가능하게 하는 나치 신문 기사와 (그리고 이 독자들이 나치-기고로 인식할 수 있는 기사) 국가사회주의의 이데올로기 시스템 전체의 관계는 **기본 텍스트**에 관한 **특정한 참조**로 모델링될 수 있다. 이로써 이데올로기 자체는 다른 텍스트가 참조하고 암시할 수 있는 "텍스트"로 간주된다(스벤손 Svensson 1984 참조). "나의 투쟁(Mein Kampf)"은 NSDAP 정당-프로그램이나 중요한 연설처럼 그러한 상위-텍스트(Über-Text)일 수 있다. "이데올로기적 텍스트"를 참조하기를 지시(또는 암시)하는 가장 쉬운 방법은 이데올로기라고 하는 구성요소를 자신의 텍스트에 장착하는 것이다 - 이는 다르게, 더 비 이데올로기적으로 실현될 수도 있는 명제수단으로서(그러한 선택을 인식할 수 없는 경우 암시적 성격도 누락된다). 새로운 텍스트에 이데올로기의 장착(Einbau)은 그 텍스트들에 특정한 "향기"를 부여한다. 이로부터 정치이념적 추론이 생겨난다: 일부 독자의 경우 텍스트에 나타나는 주제 또는 포괄적 행위 형태는 국가사회주의로 가는 "페리"이다(마스 Maas 1984 참조).

이러한 준비를 마친 후 필자는 이제 나치 보도자료의 주제적 재료와 실현수단의 이질성을 좀 더 체계적으로 서술할 수 있게 되었다. 다음 요약은 이를 수행하기 위한 것이다.

나치 언론의 이질적인 명제적 수단의 할당 가능성
- 글쓴이의 "영감" **- NS-선전에 대한 명시적 규정 ("언어 규칙", "일일 슬로건")** **- 편집 지침** **- 제목, 텍스트유형, 직접적 텍스트 환경의 영향 (페이지)** **- 기존 텍스트 채택 및 구축 (의역, 참조, 다시 말하기, 암시하기, 비판하기 등** **- "사회에 적합한" 주제 실행(→ 담론)** **- 주제의 정치적-이념적 파생가능성(→ 이데올로)**

그림 2
나치 신문 기사의 명제 수단 출처

텍스트유형 정의는 아직 논의되지 않은 새로운 요소로 이 개요에 포함되었다. 텍스트유형은 명제적 수단의 다양성에 나타나는 나치 언론텍스트의 가정된 이질성에 대한 필터처럼 작동한다: 텍스트유형을 통해 신문기사의 구체적인 행위연쇄는 각각의 구조화 및 구성형식과 조절해야 하는 쓰기의 상황에 대한 가능성 및 프레임워크 조건과 관련된다(부허 Bucher 1986 역시 참조). 특정 기획의 특질(=생산) 및 다중관점의 발현(=수용)이 이 틀에서 측정된다. 텍스트의 실제 분석은 텍스트유형이 명백하게 이루어지고 신문발표 (즉, 특정 시점에서 형태와 내용의 측면에서 일반적인 것) 발전의 역사적 지위가 고려된 후에만 시작할 수 있다.

텍스트유형의 정의는 특히 이론적이고 실제적인 분석 문제를 포함하기 때문에 과소 평가되어서는 안 된다. 텍스트유형 유형론에 관한 질문은 이론적으로 여전히 만족스럽게 해결되지 않았으며(예를 들어 하이네만·비베거 Heinemann·Viehweger 1991: 143ff. 참조), 특히 그러한 이름을 가질 만한 복합적 텍스트에 대한 고려가 부족하기 때문이다. 마찬가지로 어려운 것은 주제전개 및 연쇄형태의 가능한 호환성에 관한 보다 자세한 설명이다. 목적과 목표의 구분으로 예상되었던 텍스트의 유형과 사회적 실제의 형태 사이의 가상적 연관도 텍스트유형학의 관점에서 입증되어야 할 것이다. 따라서 실제적 분석에서는 임시적 정의를 내리는 것을 피할 수 없다. 그때 나치 언론의 경우 텍스트유형의 혼성성(예를 들어 혁신적인 혼합)도 고려해야 한다.

3. 국가사회주의 및 점령상황의 DZN의 예에서 저널리즘 작업의 조건

오래전부터 문제해결 패러다임에서 쓰기과정에 접근해 온 경험적 쓰기연구와 유사하게, 여기서 저널리즘 쓰기는 특정 문제에 관한 해결책으로 재구성될 것이다. 이것은 오늘날의 언론인에게 적용된다. 왜냐하면, 그들은 일반적으로 편집 라인, 정치적 맥락, 정보원의 예상되는 반응, 광고주의 관심, 독자의 기대 및 텍스트의 기타 영향의 균형을 유지해야 하기 때문이다: 그러나 그것은 그들이 나치였든 아니든 동시에 많은 주인을 섬겨야 했던 나치 시대의 언론인에게 더 많이 적용된다. 필자의 관찰 전면에는 밝혀진 다양한 얽힘(보버리Boveri 1965, 젱어 Sänger1975, 프라이·슈미츠Frei·Schmitz 1989, 쾰러Köhler 1989, 1995, 쾨프Köpf 1995)을 -주관적으로 말하자면- 피할 수 있었는지 아닌지에 대한 고려가 아니라, 오히려 필자의 관찰은 어떤 체계적 방법으로 언론텍스트의 생산을 그 생성의 제도적 조건으로 소급할 수 있는가이다.

언뜻 보기에 그리고 오늘날의 관점에서 그것은 옹호하는 것으로 보일 수 있으나, 그렇지 않다. 나치-선동은 억압적 조정 체계로 기능했다: 그 시스템은 강압을 통해 이전의 조정형태(기자실)와 정보획득의 루틴(회의)을 채택했고, 경제적 성격(인수 및 합병)을 포함하여 더욱 광범위한 영향력을 통합했으며, 동시에 국가적 정보정책과 법적-단체적 활동제한의 가능성을 결합했다(툽서-지거트 Toepser-Ziegert 1984, 1988, 부허 Bucher 1991 참조). 이러한 시스템에서는, 당시 사람들이 말하는 것처럼, 순종적이거나 적대적인 "편집자"의 두 극단보다 더 많은 역할이 기대되었다.

"제3 제국"에서 발행된 신문을 어느 정도 체계적으로 훑어보는 것만으로도 언론인의 행동범위가 상대적으로 컸음이 분명해진다. 따라서 특히 회고록에서 자주 듣는 표준적 변명은 독자들에게 "행간"으로 반나치적인 것을 제공했다거나, 나치-선전가들에 의해 중립적 텍스트에서 무언가 나치적인 것으로 "편집"되었다는 것이다. 그리고 이는 찬성 또는 반대 견해만 있었던 것처럼 가장하므로 신뢰할 수 없다. 이 접근 방식에서는 대부분 사례를 다루지만 전체 회색 영역이 사라질 것이다. 그러나 선전부와 산하 및 기타 부서의 통제 시도는, 각 피점령국에서도, 훨씬 더 "사실적"이었고 정당화하고 포스트 파시스트적 간행물에서 인정하지 않았거나 강제 이분법 개념으로 과장된 제도적 냉소주의를 주장했다. "완전한 정상(Stink-normale)"과 일상적인 저널리즘 작업의 진부함은 저널리즘의 최고도 최저도 - 둘 다 논의와 회고록에서 중요한 역할을 한다 - 전면에 나오지 않는 경우에만 고려 사항에서 제외되지 않는다.

일반적으로 나치 선전 부서가 "행간 쓰기"를 더 **환영**했다고 가정할 수 있다. 이는 기사의 개별 색깔을 가능하게 하여 중앙 집중식 제어로 생성된 무서운 단조로움을 깨뜨릴 수 있었기 때문이다, 적어도 때때로 일상에서. 아이러니하게도 적어도 피점령국의 신문에서는 당원이기도 한 기자들의 "열정"도 반갑지 않았다: 그것은 점령 신문이 주장하는 명성의 이미지를 훼손했다. 그러므로 항상 "돌격대(Stürmer)"나 "국민적 관찰자(Völkischer Beobachter)"를 연기하는 것은 의미가 없다. 이는 점령 신문이 "제국"의 부르주아 신문과 그들이 - **경쟁자**로 - 등장한 국가의 양질의 신문을 모방하려고 했기 때문이다. 대부분의 점령지 신문의 편집자로 활동했던 베를린의 "유로파 출판사(Europa-Verlag)"조차도 가능한 한 많은 점령지에서 기사와 기사 시리즈를 인쇄하는 데 순전히 경제적인 관심이 있었기 때문에 어느 정도 자제했다. 이 상황은 또한 왜 다양한 독일 언론인들이 여러 경우에 텍스트를 제공했으며, 그리고 나서 이 텍스트들이 여러 점령지 신문에 실렸는지를 설명해 줄 수 있다(불행하게도 독일 점령 언론에 관한 전반적인 언론학적 설명이 아직 없기 때문에 여기서는 그러한 특징에 국한해야 한다: 지면상의 이유로 "네덜란드의 도이치 차이퉁"에 관한 필자의 출판물(사우어 Sauer 1983, 1985, 1990, 1994a, 1994b)을 참조

한다).

DZN은 점령된 국가에서 성공적으로 운영되고 다양한 독자 그룹을 대상으로 한 독일어를 사용하는 - 또는 때때로 각각의 자국어로 텍스트를 인쇄하기도 했기에 주로 독일어를 사용하는 - 27개 점령지 신문 중 하나였다. 출발점은 일반적으로 독일 일간신문 저널리즘의 기본 공급이었다. 그 경계는 한편으로는 중앙 국가사회주의적 Eher-출판사의 분점인 베를린 "유로파"-출판사와 다른 한편으로는 다양한 나치 선전 사무소("제국"과 점령지에 잇는)에 의해 그어졌다. 1940년 5월 군사적 침입 당시 약 50,000명의 독일인이 네덜란드에 거주하고 있었으며, 이미 나치 신문인 "Reichsdeutsche Nachrichten in the Netherlands"(1939년 3월부터 1940년 5월 말까지)라는 나치 신문이 있었다. 이 독일인들과 새로 네덜란드로 온 점령 행정부의 군인과 민간인들을 위해 네덜란드에 초점을 맞춘 "자신의" 독일 일간신문이 있어야 했다. 이것은 명백했지만, 특히 비즈니스 섹션, 네덜란드 및 독일 회사에 관한 광고에서 눈에 띄지 않았지만, 특히 네덜란드 상황에 할애하는 신문 섹션인 네 번째 또는 여섯 번째 페이지 "네덜란드에서"에서 두드러졌다(그런데 DZN은 자체 군사 신문을 설립했거나 이미 보유한 "국방군(Wehrmacht)"과 독립적으로 발행됐다). 동시에 DZN은 네덜란드 독자들을 대상으로 했으며, 이미 확신에 찬 나치(이미 조직되고 자체 언론을 보유하고 있는)가 아니라 아직 설득되거나 감명을 받지 못한, 그리고 최소한 침묵해야 하는 "일반적" 네덜란드인을 대상으로 했다. DZN은 또한 유대인 편집자들이 점차 해고된 후 신문이 순응 과정을 거치고 있었고 여전히 새로운 조건에서 글을 쓰는 방법에 익숙해져야 했던 네덜란드 언론인을 위한 특정 역할 모델 기능이 있었다. 결국, DZN은 영국-프로파간다에서도 역할을 맡았다. “영국에 대항하는 극단적인 저널리즘 전초기지”(1940년 6월 5일 초판의 주요 기사)가 되어야 했고 특히 연합군 방첩부대가 독일 점령 신문을 판독하려고 한다는 것을 염두에 두어야 했다(하이에 Haie 1965: 281).

DZN은 “Europa” - 출판사가 네덜란드 자체에서의 경험에 의존할 수 없었지만, 노르웨이의 자매 신문에서의 경험에 기반한 새로운 창업이었다. 편집자들은 어느 정도까지는 우선 네덜란드로 유입되었다: 그들은 대부분 쾰른과 다른 나치 신문들의 “서독 옵서버”로부터 왔고 출판사 최고위로부터 명령을 받았다. 네덜란드어에 관한 지식은 중요한 역할을 하지 않았으며, 대체로 존재하지 않았고 시간이 지남에 따라 습득되었다: 이 과정에서 수많은 기사가 쏟아졌다. 이 기사들은 네덜란드어를 실제로 알고 있다는 것을 독자들에게 보여주기 위해 네덜란드어 단어와 문구로 가득 찼다. 그러나 대부분 기사는 네덜란드어로 되어 있지 않았고 암스테르담에 기반을 둔 DZN 편집국이나 네덜란드 언론사로부터 온 것도 아니었다: 이 문서들은 프리랜서, 특파원, 특파원 서비스, 독일 뉴스국, OKW의 기사 등 출판사 직원들에 의해 쓰였다. 간단히 말해: 이 텍스트들은 DZN을 위해 특별히 쓰이지 않았고 몇몇 다른 점령지에서도 출판되었다.

이러한 상황에서 필자가 여기에서 가정하는 DZN 텍스트의 복합성은 생산 환경 측면에서 상당 부분 설명될 수 있다. 따라서 기획의 질은 다양한 조직적, 선전적 영향의 결과이며, 이러한 영향의 체계성은 여전히 “모델”을 찾아야 한다. 분석의 어려움은 다음과 같다: 언론텍스트의 나치적 성격이 각각의 경우에 명확하게 입증될 수 있다는 기대와 모든 형태의 복합성에 대해 역사적으로 적절한 설명을 찾을 수 있다는 가정은 아마도 실망했을 것이다. 어떤 경우에도 **획일적**인 텍스트가 나치의 언론조정 조건에서 만들어졌다고 주장한다면 그것은 오늘날까지도 실현될 수 없는 텍스트 구성의 **명료함**은 비현실적인 이상일 것이다.

따라서 다음과 같은 분석 접근법이 도출된다: 이 텍스트는 **차등화된 독자**들을 위해 쓰이고/기획되었으며, 사람들은 그 텍스트에서 그러한 차등화의 흔적을 볼 수 있다. 그런 다음 분석은 이러한 차등화를 확인하고 재구성하는 것으로 구성된다. 그림 3은 DZN 기자들의 문제해결 방법과 이 접근방식을 연결시킨다.

DZN-독자의 등급화	DZN-언론인의 문제해결
(a) 1차 독자 선전-담당부서	- 불쾌감 회피 - 회피 - 적응 의지 - 나치 텍스트에 대한 암시 - 일일 구호 고려 - 타협 의지
(b) 2차 독자 네덜란드의 독일인	- 읽기자료 제공 - 일간지 종합 서비스 - 다각화 - 독자 유지
(c) 3차 독자 네덜란드인	- 특별한 읽기자료 제공 - 네덜란드어 시연 - 특별한 네덜란드어 능력 증명 - 다각화
(d) 4차 독자 네덜란드 언론인	- 교육 태도: 새로운 환경에서 글을 쓰는 방법 - 네덜란드 신문에 대한 비판 및/또는 지적
(e) 5차 독자 영국인, 영국부서	- 영어 문제에 대한 영구적인 마찰면 생성 - 명백한 거짓말 피하기

그림 3
DZN의 독자와 독자특징적 문제해결

물론 모든 DZN 텍스트가 다양한 개별 독자층을 위해 **동시에** 작성되는 것은 아니지만 이 기준을 과소평가해서는 안 된다: 이 경우 섹션과 표제의 구분이 어떤 유형의 텍스트가 어떤 독자 그룹에 도달하는지 책임진다. 그러나 다른 한편으로 많은 텍스트의 경우 그 목적이 정확히 다양한 독자의 나란히 놓기/병렬이라고 가정할 수 있다. 이때 DZN에 전체가 인쇄된 "지도자(Führer)"의 연설과 같이 연속적인 다중 수신지정은 여기서 중요한 역할을 할 수 있지만, 일반적으로 동시에 다양한 독자에게 수신을 지정하고 알리거나 조정하는 것이다. 고려해야 할 차이점이 하나 더 있다. DZN도 공간이 부족할 경우 **뒤에서 부터** 많은 기사를 잘라내는 일반적인 언론 관행에 기초한다.

따라서 텍스트유형의 두 가지 상위 그룹, 즉 뒤에서 축약할 수 있어야 하는 유형과 "전체 텍스트"로 구상되고 인쇄되는 유형을 구별할 수 있다. 뉴스, 통신사 보도 및 이와 유사한 기사는 일반적으로 뒤에서 축약할 수 있는 것을 원칙으로 한다: 이 기사들은 DZN의 처음 두 페이지에서 주로 찾을 수 있다(오늘날 신문에서와같이). 반면 논평, 시사 촌평, PK 보고서(즉, 소위 "선전부대"의 보고서), 인터뷰, 칼럼니스트 텍스트 및 문학은 편집된 경우 단순히 뒤에서 부터 축약되지 **않는다**: 따라서 해당 기사의 마지막 부분에는 중요한 내용이 포함될 수 있으며, 각 기사는 단지 하나의 결론으로 구성되고 표현될 수 있다. 따라서 (다양한) 독자를 "포착"하고 텍스트를 끝까지 읽도록 초대하는 것은 저널리즘 문제해결 방법의 일부이다.

저널리즘 텍스트의 작성과 편집은 두뇌노동(Kopfarbeit)이기 때문에 이를 완전히 통제할 수는 없다 - 만약 우리가 그러한 생각이 선전가들에 의해 지지가 되었을 거라고 가정한다면. 이 시스템은 (나치 선전의 관점에서) 텍스트에 관한 언론인의 머리가 비생산적인 영향을 미치는 것을 막을 **수** 없다. 억압적인 조정은 여러 수준에서 저널리즘 문제해결의 형태를 생성하며, 상호 조정이 반드시 시스템의 좌표에서 이루어질 필요는 없다. 따라서 1차에서 5차까지로의 독자의 구분은 기사의 **불균형** 가능성을 전적으로 "나쁜 저널리즘"(물론 그럴 수도 있음)으로 인식하는 것이 아니라 여러 독자의 "서비스"에 관한 반응으로 인식하는 데 기여하는 모델이다.

평균적인 DZN 저널리스트는 일차적 독자, 즉 나치 선전기관을 염두에 두고 부정적인 평가를 받을 수 있는 "사실"- 표현, 메시지, 경향 - 에 빠지지 않으려고 한다: 또는 "바람직한" 것으로 간주될 수 있는 언어적 형식을 그의 텍스트에 직접 채택함으로써 그의 순종을 보여준다. DZN은 우선적으로 주로 신문 유형 정보에 관한 일반적인 관심을 두고 있는 2차 독자에게 독서 자료를 제공해야 한다: 여기에는 북서부 유럽("새로운 유럽")의 점령된 국가의 독일인을 위한 일반적인 주제와 기본적인 이데올로기 기초를 다루는 것도 포함된다. 이는 DZN의 네덜란드 독자인 3차 독자에게도 적용되며, 이들은 독일 신문이 가장 일반적인 의미에서 네덜란드에 대해 보도하는 것이 적어도 수용 가능하다고 받아들일 수 있어야 한다. 기존 네덜란드 언론과의 경쟁과 지역에 관한 자체 역량 증명은 무엇보다도 새로운 프레젠테이션 형식이나 텍스트유형을 도입하여 연결되어야 한다. 이것은 일반적으로 네덜란드 저널리즘에 관한 태도와도 관련이 있다: DZN은 자신을 네덜란드 언론과 4차 독자의 "교육자"로, 그리고 이 4차 독자를 위해 많은 "조언/제안"과 광범위한 반응을 제공한다고 생각한다: 때로는 인용되고 강조되거나 거부되고, 참을성이 없거나 실망하며, 네덜란드 언론의 개별 "성과"가 구체적으로 언급되거나 비난받는다. 여기서 흥미로운 것은 DZN이 네덜란드 신문의 일차적 독자 역할을 맡아 나치 선전의 관점에서 논평한다는 것이다. DZN는 또한 수많은 논평, 주석 및 사설뿐만 아니라 메시지 및 보고서에서도 명시적으로 대상이 되는 (대부분 처칠) 그리고 "그의" 선전에 빠지지 않을 것을 항상 분명히 하는 가상의 영어 독자와 관련하여서도 유사한 역할을 한다. 하이에(Haie 1965: 281)가 명시적으로 지적한 점령 신문의 덜 "거짓말"적인 측면은 DZN의 경우 "간접적 읽기 지침"으로 해석된다. 이는 영국과 관련된 기사는 전쟁조건과 비밀 조건에서 공식적으로 발표된 정보에서 상황에 관한 현실적인 평가가 얼마나 걸러질 수 있는지 보여주기 때문이다 (아무도 독일과 네덜란드 DZN 독자가 자신들 편에 관한 정보를 정확히 동일한 결론을 부여하는 것을 막을 수 없다).

이로써 DZN 저널리스트들이 작업하고 고려해야 했던 **활동공간**이 요약되었다: 그들은 섬겨야 하는 주인이 많았다. 이런 식으로 거의 5년 동안 질이 혼합되고 일관성이 없는 텍스트가 생성되었지만 많은 독자의 비위를 맞추려는 노력으로 유지되었다.

4. "나치 친위대의 한 네덜란드인이 우리에게 편지를 쓴다"

Deutsche Zeitung in den Niederlanden (DZN)
Nr. 121 / 3. Oktober 1941: 3 „Die Seite aus den Niederlanden"

Mit der SS-Division Wiking
Gedanken eines niederländischen Freiwilligen

O s t f r o n t, im September

[A] P.K. Ein Niederländer in der Waffen-SS schreibt uns: Es ist ein weiter Weg von der Steppe der Sowjetunion nach Deutschland und darüber hinaus bis nach den Niederlanden. Je mehr wir den Bolschewisten auf den Leib rücken, desto schwieriger wird auch die Verbindung mit der Heimat, und oft haben wir einander abends, wenn wir in unseren Schützenlöchern lagen, die Frage gestellt: Wie mag es nun zu Hause aussehen?

[B] Im Laufe der letzten Kriegsmonate mag die Verbindung etwas locker geworden sein, aber abgerissen ist sie nicht. Denn einmal wird ja der Tag kommen, an dem wir wieder durch Amsterdam und Den Haag marschieren werden; dann werden wir erzählen von den Erlebnissen und von den Kameraden, die im Kampf gegen den bolschewistischen Erbfeind den Heldentod starben, während wir mit brennendem Interesse den Berichten über die Lage an der inneren Front lauschen werden.

[C] Noch ist es nicht so weit; aber schon jetzt soll die Welt wissen, daß in den Reihen der SS-Division Wiking zusammen mit den Söhnen der anderen germanischen Stämme Tausende von Niederländern kämpfen als politische Soldaten, bei denen das Militärische zwar zur Zeit im Vordergrund steht, die darüber hinaus aber Träger einer scharf umrissenen Idee sind, die eben in unserer Division zum ersten Male Fleisch und Blut geworden ist. Es leuchtet ein, daß von dem SS-Gedanken an erster Stelle diejenigen Teile unseres Landes ergriffen wurden, die durch Lage und Überlieferung die Verbindung mit dem Reich nie in dem Maße verloren haben, wie das etwa bei den beiden holländischen Provinzen der Fall war, wo unter dem Einfluß der Juden eine starke Verfilzung mit liberalistisch-marxistischem Denken stattgefu nden hatte.

[D] Weitaus die meisten Freiwilligen kamen aus den Reihen der NSB, daneben gab es auch eine Anzahl Einzelgänger und solche, die kleineren nationalsozialistischen Gruppen entstammten. Alle Unterschiede, die anfänglich etwa vorhanden gewesen sein mochten, verschwanden im Laufe der gemeinsamen Ausbildung, und der gemeinsame Einsatz gegen den Bolschewismus führte schließlich zu einer Frontgemeinschaft, wie unser Volk sie nach dem spanischen Freiheitskrieg wohl niemals mehr gekannt hat.

[E] Wir verstehen nun ohne weiteres, daß gewissen Kreisen von gestern, die hoffen, daß die Geschichte noch einmal den ganzen Weg bis zum alten Parteienstaat zurücklaufen wird, eine Tatsache wie die SS-Division Wiking etwas unbequem ist; denn hier liegt ja der lebendige Beweis für die Kraft unserer Idee vor, da wohl niemand im Ernst behaupten kann, daß unsere Toten und Verwundeten aus Opportunismus heraus ihr Blut gaben. Vielleicht wird man es nun auf eine andere Tour versuchen und sagen: Die da draußen mögen zwar ganz tapfere Leute sein, die es ehrlich meinen, aber sie kämpfen eben für Deutschland, sind Deutsche geworden, und gehören demnach dem niederländischen Volk nicht mehr an. Aber auch diese Rechnung ist falsch. Die Wahrheit ist vielmehr, daß in den Kasernen und auf dem Truppenübungsplatz ein neuer niederländischer Typus geprägt worden ist, der sich vor Swerdlikowo, am Ross und bei Dnjepropetrowsk in schwersten Kämpfen, als es um das Letzte ging, hervorragend bewährt hat. Dieser soldatische Niederländer hat nur allerdings mit dem satten Spießer, der so lange als der typische Vertreter des niederländischen Volkes galt, herzlich wenig mehr zu tun. Gesund an Leib und Seele ist er vom Ei-

genbrödler zum guten Kameraden geworden, der einen gesunden Individualismus beibehalten hat und sich angesichts der Gefahr durch eigene Initiative, Kaltblütigkeit und absolute Zuverlässigkeit auszeichnet; hinzu kommt eine ausgesprochene technische Begabung und die lebensnotwendige Härte, die unserem Volk bisher fehlte. So hat sich hier ein neuer soldatischer Typ herausgebildet, der erwartungsgemäß den Niederdeutschen recht nahe kommt, der aber dennoch seine besonderen eigenen Merkmale aufweist. Deutsche Offiziere waren immer wieder erstaunt über den köstlichen, trockenen Humor und eine oft geradezu zur Kampfeswut gesteigerte Freude am Kampf, die unsere Jungens auch in der heikelsten Lage nicht im Stich ließ.

[F] Dabei darf nicht vergessen werden, daß der niederländische Freiwillige unter ganz anderen Umständen als der deutsche kämpft; während dieser die Heimat geschlossen hinter sich weiß, kämpft jener, ähnlich wie der deutsche Soldat im Weltkrieg, mit der Gewißheit, daß zu Hause irgendetwas nicht stimmt und er sich dort nur auf eine verhältnismäßig noch geringe Anzahl von Getreuen verlassen kann. Würde uns jedoch daraufhin jemand fragen: „Ja, seht Ihr, die Ihr doch eine Minderheit darstellt, unter diesen Umständen denn nicht die Aussichtslosigkeit Eures Kampfes für das niederländische Volk ein?" So würden wir etwa folgendes an tworten.

[G] Erstens. Ähnlich wie der Nationalsozialismus gerade in Niederdeutschland verhältnismäßig spät Allgemeingut geworden ist, so braucht auch unser Volk Zeit, um sich umzustellen. Sicher ist es aber auch, daß, wenn dieses Volk einmal die Richtigkeit unserer Idee erkannt hat, es sich voll und ganz mit der gleichen Zähigkeit für sie einsetzen wird,wie das schon jetzt bei den niederländischen Freiwilligen der Waffen-SS der Fall ist. Schon jetzt können wir jedoch sagen: es fängt an zu dämmern! Mit Freuden haben wir vernommen, daß seit dem Beginn des Feldzuges gegen den Bolschewismus auch bei uns zu Hause immer weitere Kreise einsehen, daß dieser Krieg kein deutscher Krieg im engeren Sinne ist, sondern einer, an dessen Ende die europäische Einheit steht. Seinen sichtbaren Ausdruck findet dieser Umschwung in der niederländischen antibolschewistischen Legion, und wir zweifeln nicht daran, daß die Freiwilligen dieser Legion nicht nur im Kampf gegen Stalin, sondern im Laufe der Zeit auch bei der Vernichtung der Londoner Plutokraten an unserer Seite stehen werden.

[H] Zweitens. Entscheidend war in der Geschichte niemals die Zahl, sondern immer die Einsatzbereitschaft, und gerade diese, der Wille, für ihre Idee das Leben einzusetzen, fehlt unserem innenpolitischen Gegnern; sie hoffen vielmehr auf andere und warten ab, und bis jetzt noch mit ihnen, stumpfsinnig und bokkig, die breiten Massen. Aber mit der Kraft unserer Idee werden wir auch diese überzeugen, und es wird daraus wieder ein gesundes Volk entstehen, genau so wie das bei den marxistisch verhetzten Massen Deutschlands möglich war. Und mit uns werden sich die deutschen Kameraden, an die uns hier in der Sowjetunion das unzertrennliche Band der Frontgemeinschaft bindet, dafür einsetzen, daß unser Volk in dem werdenden Europa wieder den Platz erhält, der ihm kraft seines Könnens und kraft seiner Leistungen zusteht.

[I] Oder aber glaubt man im Ernst, und jetzt fragen wir unsere Parteipolitiker von gestern, daß die Männer, die bei Swerdlikowo zu siegen wußten, vor ihnen und ihren bereits schwankenden Anhängern zurüc kweichen werden?

Kriegsberichter Dr. D. Tappenbeck

DZN의 읽기 및 쓰기 관계는 예를 사용하여 설명해야 한다. 필요한 정보는 나중에 제공될 것이다. 여기에서는 "게르만" 점령지 사람들 사이에서 "러시아 전쟁"이 시작된 후 "나치친위대"를 위한 지원자 모집이 시작되었다는 일반적인 프레임워크를 설명하는 것으로 충분하다. 동시에 "Front(전선)"을 가까이서 보여주어야 하는 더 많은 PK-보고서가 포함되었다. 이 전쟁 기자들이 실제로 존재하는지 그리고 그들이 네덜란드인이었는지 아닌지는 분석에 전혀 중요하지 않다. 암스테르담 편집팀의 가능한 편집도 고려할 필요가 없다: 이 텍스트는 DZN의 특정한 작성 조건의 결과로 간주되어야 한다.

어쨌든 텍스트의 기획은 가능한 모든 독자가 인식할 수 있는 상황에 해당된다. 이 상황에서, 동부의 네덜란드 군인들은 그들 자신의 나라의 상황에 대해 생각하고, 자신들이 새로운 세대의 대표라고 느끼며, 그들을 "gewisse Kreise von gestern(과거의 특정 집단)"(E)이라고 부르는 사람들을 비판한다(여기에서 예 텍스트에 관한 모든 지시는 관련 섹션의 문자를 포함한다). 따라서 "Gestern(어제)"와 "Heute(오늘)" 사이의 텍스트 구성적 대조가 전체 표현을 통해 실행되고 추가 구분선이 예상될 수 있다. 이러한 분리는 점령된 네덜란드를 가리키며 동부에 있는 SS-병사들의 상황과는 관련이 없다. 텍스트의 작성은 네덜란드가 동부로부터 영향을 받는 방식으로, 즉 개별 (대화-) 특성이 제시되는 "대화" 또는 "토론"의 형태로 설계되었다.

그런 이유에서 그 (모두를 위한?) 독자들에게 다중관점이 생겨난다. 이는 - "europäischen Einheit(유럽 통합)"(G)과 관련하여 - 적어도 이미 확신하는 사람과 그렇지 않은 사람이 언급되고 네덜란드 사람들과의 토론이 언급되거나 활성화되기 때문이다. 네덜란드 독자들에게 이것은 그들이 점령한 나라의 미래에 관한 중요한 질문을 제기하고, 독일 독자들에게는 네덜란드인들이 움직이고 있으며 "Kampfzeit(전쟁시기)"-분위기(나치가 정권을 이양할 때까지 바이마르 공화국에서 정치-준군사적 갈등을 묘사하는 데 사용한 용어)와 같은 것이 생성되고 있음을 보여준다.

텍스트유형 **PK-보고서**는 처음부터 - 1940년 6월부터 - 이러한 기사와 시리즈가 계속해서 등장했기 때문에 DZN의 독자들에게 친숙하다. 그러나 선택한 텍스트는 다소 **이례적**이다. 일반적으로 전투 임무는 보통 승리의 결과와 함께 서술되며 거의 항상 전투로 단련된 군인이나 탱크가 새로운 목표를 향해 떠오르는 태양 속으로 더 나아가는 것으로 끝난다. 이는 "내부 전선" (B)을 조성하기 위해 고국 - 또는 점령 지역 - 으로 전쟁의 분위기를 전달하는 역할을 한다. "보도"라는 이름과는 대조적으로, 그것은 매우 빈번하게 의견의 조작과 호소, 즉, 거대한 선전 라인의 일부인 설득력 있는 형식을 포함한다(코스직 Koszyk 1972: 432-434 참조).

이 텍스트 또한 그러한 선을 따른다. 이 텍스트는 국가의 미래에 관한 네덜란드 사람들의 전제된 질문에 개입하고 네덜란드 국내 정치 변화의 결과로 제시된 의견을 전달한다. 그러나 표현으로 그치지 않는다 - 그 텍스트는 네덜란드의 기존 정치 및 사회적 경험에 개입하려고 시도한다. 그 제작 관리에는 DZN이 단순히 재현하는 "네덜란드 지원병의 생각"으로 기사가 제시된다는 사실도 포함된다. 따라서 텍스트의 각 "우리"는 점령자가 구체적으로 표시되지 않아도 저자 및 네덜란드인과 명확하게 관련될 수 있다. 점령상황과 지원병 모집이 네덜란드 사람들 사이에서 당연하게 여겨진다는 사실은 네덜란드 독자들에게 그들의 주제가 DZN에서 다루어지고 있음을 보여주는 전략적 절차이다.

5. "문제해결적" 기획형태

이 기사에는 "네덜란드 지원병의 생각"이라는 부제가 붙었다. 이것은 어떤 경우에도 텍스트유형의 정확한 정의를 허용하지 않는 다소 모호한 설명이다. 어떤 논쟁적인 특징들이 역할을 할 것으로 기대될 수 있고, 아마도 감정적인 의미상황도 그럴 것이다. 여기에 DZN-텍스트 작성을 특징 짓는 정치적, 사회적 조건이 추가된다. 이들은 또한 해당 텍스트의 더욱 정확한 분류 또는 식별을 위한 매개변수로 간주되어야 한다. 이러한 조건은 여기에서 "통합"이라는 **혼합된 형태**를 생성했다: 그것은 단지 "희석한" PK-보고서일 뿐만 아니라 네덜란드인에 관한 논쟁적이고 감정적인 전환이며, 이들을 대신하여 국가의 향후 방향에 대해 진행 중이거나 진행되어야 하는 토론이 열린다. 이것은 덜 "통합적"인 텍스트유형에서도 발생할 수 있었다. 복합적 형태의 텍스트가 여기에서 분명히 선택되었으며, 이는 아마도 DZN이 결정을 원했거나 피해야 하는 관점에서 명확하지 않은 전개 때문일 것이다.

그러므로 그 기사 자체는 하나의 소리가 아니라 소리의 뒤엉킴이다. 이는 저널리즘적 문제해결 행위의 중첩이 그러한 다차원적인 쓰기 방식을 어느 정도 강요한다는 사실을 나타낼 뿐만 아니라, 나치가 지배하는 미래의 "새로운 유럽"의 네덜란드의 상황이 아직 이 구조에 진입하지 못했다는 것을 표현한다: 근본적으로 네덜란드는 여전히 이 유럽에서 설 자리가 없다. 따라서 네덜란드는 아직 통일된 "목소리"를 가지고 있지 않다: 적어도 텍스트는 명확성과 통일성이 아직 주어지지 않았음을 보여준다. 그 텍스트는 또한 자체를 이 유럽, 즉 SS의 지배 아래 있는 유럽의 개척자로 여기고 그들과 함께 동포들을 끌어들이고 싶어 하는 특정 네덜란드 사람들의 일종의 아방가르드가 있음을 보여준다. 이 구조는 광고(이 "Neue Europa(신유럽)"에 관한)와 위협("Parteipolitiker von gestern(과거 정당 정치인"에 관한), I)을 모두 가능하게 한다.

여기에 또한 네덜란드 내 나치주의자들의 반대가 표현된다. 이런 점에서 기사는 현실적이다: 이 기사의 출판 당시, 사실은 네덜란드 나치 NSB(=Nationaal-Socialistische Beweging)의 계획은 네덜란드의 "Neuen Europa(새로운 유럽)"에서의 독립적인 지위를 홍보하는 것이다. 그리고 NSB 내에는 네덜란드가 영원히 이양될 "Großgermanischen Reichs(대게르만 제국)"의 일부로서 "Gau Westland(대관구 서부지역)"을 지향하는 SS 지지자들이 있다. 이 두 기류 사이에 긴장이 고조되고 적대적 태도가 점점 더 분명해지고 있었다. 점령군은 NSB를 초기 목표에서 점점 더 멀어지게 하고 SS-사상의 대행자들을 지원하려고 노력하면서 개입했다(그들 고유의 미래 정부의 선구자로서 특정 행정 단위의 설립과 관련하여 점령당국이 NSB 지도부에 한 모든 양보는 그들의 친위대화(Ver-SS-ung), 즉, 실제 장기 목표를 포기함으로 얻어진다).

그 텍스트는 이미 이것을 면밀한 방식으로 방지하고 있다. 그 텍스트는 점령 첫해에 이미 설립된 PK 보고서를 작성한 "SS-Division Wiking(SS-부대 바이킹)"과 "niederländischen antibolschewistischen Legion(네덜란드 반 볼셰비키 군단)"(G)을 구별한다. "antibolschewistische Legion(반 볼셰비키 군단)"은 소련에 대한 공격이 있고 난 뒤 제국주의 위원회의 "Anregung(제안)"에 따라 NSB에 의해 추진된 이니셔티브 중 하나이다. 텍스트는 SS-사단 Wiking과 군단 사이의 경쟁을 가정하고 있으며, 원래 많은 NSB-자원자들이 Waffen-SS(D)에 자원했다는 것을 기록한다. 이는 어느 곳에서도 자세히 설명되지 않은 “SS-Gedanke(SS-사상)”(C)이 관철되기 전이다.

네덜란드 나치 - 한편으로는 NSB와 다른 한편으로는 NSB 내의 SS - 하의 대조를 다루는 이러한 방식은 특정 선전 명령의 이행을 나타낼 수 있다: 이것은 일차적 독자의 희망을 충족시킬 것이다. 동시에 이것은 점점 더 혼란스러워지는 네덜란드의 상황에 대해 더 잘 알고 싶어 하는 독일 독자들, 즉 2차 독자들에게도 흥미로울 수 있는 전개의 개요이다(그 밖에 필자가 아래에서 다시 언급하고자 하는 네덜란드 상황의 전개와 “Niederdeutschland(저지 독일)”(E)의 비교는 독일 독자들에게 재인식의 기능을 한다).

텍스트가 쓰여진 실제 독자들은 네덜란드인 3차 독자들이다. 그들이 관심을 가지는 주제가 중요하며, “inneren Front(내부 전선)”(B)의 상황이 중심에 있다. 실제 전개상황에 적합하게 서술된 나치주의적 “새로운 유럽”과 친밀해지지기 싫은 다음과 같은 집단들이 존재한다: “liberalistisch-marxistische Denken(자유주의 마르크스주의 사상)”(C), “gewisse Kreise von gestern(과거의 특정 집단)”(E), “alte Parteienstaat(구 정당국가)”(E), “satten Spießer(만족한 속물)”(E), “innenpolitischen Gegner(국내정치적 반대파)”(H), 그리고 “stumpfsinnig und bockig, die breiten Massen(어리석고 완고한 광범위한 대중)”(H)과 “unsere Parteipolitiker von gestern(과거의 우리 정치인)”(I). 따라서 이러한 입장은 공격받거나 문맥적으로 낡은 그리고 추월 될 수 있는 것으로 묘사되고 있다. 간과할 수 없는 것은 네덜란드인들이 새로운 생활과 정치적 상황을 최소한 적극적으로 지지하지는 않더라도 받아들이도록 압력을 가하는 것이다. 현재 네덜란드의 모든 문제, 즉 미래에 관한 우려가 제기되지만, 이는 다른 문제와 연결되어 있다: 이는 이데올로기적 반 볼셰비즘과 연결되어 있으며, 이는 전통적으로 네덜란드에서 적잖은 추종자를 가지고 있다(런던 망명 정부에서야 소련을 외교적으로 인정했다!). 그리고 그 생성이 자명한 것으로 보이는 "새로운 유럽"과 연결되며, 미래 정치인을 모집할 "neuen niederländischen Typ(새로운 네덜란드 유형)"(E)과도 연결된다. 또 다른 전통적인 문제(다른 DZN 기사에서)가 배제된 상태인데, 이는 "새로운 유럽"이 관심을 보이는 식민지에 관한 것으로 이 식민지는 연결이 끊겨 현재 도달할 수 없다.

4차 독자인 네덜란드 언론인에게 이 기사는 중요하지 않다: 그 기사는 그들에게 모방할 모델을 제공하지는 않지만, 시간이 지남에 따라 언론의 관심을 끌거나 끌어야 하는 네덜란드 내부 분쟁에 관한 기대를 테마화한다. 물론 일반적으로 이러한 텍스트는 네덜란드 언론에서 추가 PK 기사 채택을 촉진할 수도 있다. 그러나 완전히 무관하지 않은 내용 관련 측면도 있다: "과거의 특정 서클"과 "오래된 정당 국가"(둘 다 E)는 - 그 당시 - 언론이 있다는 사실로 인해 여기에서 적대적 이미지를 형성한다. 이와 관련하여 네덜란드 언론인에게 이러한 "오래된" 관계에 대해 글을 쓰지 말라고 위협하지는 않더라도 경고가 발생한다. 4차 독자는 처음에는 모스크바에 대항한 다음 런던에 대항하여 "Londoner Plutokraten(런던 금권)"(G)에 대항하는 싸움에 네덜란드인이 개입했다는 언급이 있으므로 짧게 단 한 번만 등장한다. 이것은 네덜란드 지역의 특성에 관한 DZN의 역량을 증명하는 데 사용할 수 있는 1차 독자에 대한 참조에 가깝다.

텍스트유형 **PK-보도**는 어느 정도의 자유를 선택하는 데 있어서 저널리즘의 힘을 보여준다. 저작자 및/또는 편집자는 네덜란드를 뒤흔들려는 사회적 과정을 연출한다. 그들은 "SS-사상"과 "새로운 유럽"을 연결하는 네덜란드인들의 관점에서 그렇게 한다. 거기에 많은 것이 움직이고 있다.

6. 네덜란드인을 위한 퍼즐 또는 읽기방법 생성

이제 수신 지정된 독자에 따라 이 PK-보도를 읽는 특정 방법을 기계적으로 개발할 수 있다. 즉, 그것은 각각의 저널리즘적 문제해결과 비교하여 정합성이 생기는 의미의 일관성 있는 속성이다. 이것은 축약된 형식으로 바로 제시되었다. 그것은 투영적으로 차등화된 독자들을 위해 유리한 상황에서 경험적으로 증명될 수 있는 "차등적 해석"을 구성했을 것이다. 따라서 차등화 접근법은 타당할 것이다. 그러나 이러한 방식으로는 수신자의 다중관점의 단일 측면만 실현되었을 것이다(위의 그림 1 참조): 이는 특히 동일한 수신자에 대해 **다양한** 일련의 행위를 나타내기 때문이다. 텍스트는 **이질적**이다. 그것은 다중적 수신지정이 되었기 때문만이 아니라 (3차) 네덜란드 독자들이 쉽게 해결할 수 없는 모순에 직면한다는 점에서도 이질적이다. 무엇을 의미할 수 있을까 하는 이러한 확정의 유동성은 네덜란드 독자들에게 독특한 양면성을 만들어낸다: 그것은 현재 의미에 관한 합리적이고 현실적인 특성을 얻기 위해 특별한 (해석적인) 노력해야 하는 **수수께끼** 같은 역할을 한다.

이러한 수수께끼는 (3차) 독자에게 추측하거나 퍼즐을 맞추는 것과 같은 특정한 읽기 태도를 강요한다. 덧붙여서 회고록 문헌에는 두 가지 태도에 관한 충분한 전거가 있다(피해자의 관점에서 클램퍼러 Klemperer를, 언론인의 관점에서 보버리 Boveri를 예로 들 수 있다). 따라서 일반적으로 DZN의 "수수께끼-서비스"와 특별한 것에서 네덜란드인에 관한 이 PK-보도는 근본적인 **관점화**로 간주될 수 있다. 고프만 Goffman의 표현을 빌리자면 이러한 "프레이밍"에서 기대는 다른 사회적 영역에 속하기 때문에 읽기에 관한 다양한 환상을 동원하는 역할을 한다. 독자는 사회적 “경험”에 의지해야 하며 동시에 텍스트에 접근할 때 이를 수정해야 한다. 그로써 실제 읽기에 관한 그들의 관여는 “문제가 없는” 정보 제공의 시대보다 훨씬 더 크다. 네덜란드 사람들이 가지고 있는 두려움은 결국 추측에 “박차를 가하고” 있다. 이러한 방식으로 관점화는 텍스트의 실제 틀을 만들고, 쓰여진 내용의 관련성을 강조하며 독자가 주로 주목해야 하는 강조점을 설정한다.

결국, 그것은 1941년 가을 네덜란드인들이 강하게 관심을 가질 수 있는 주제에 관한 것이다: 이는 부분적으로 네덜란드의 독립국의 미래에 관한 두려움이며, 또한 부분적으로는 네덜란드 내부의 변화에 관한 희망이며, 부분적으로는 점령국과의 실질적인 협력이 어느 정도까지 이루어질 수 있는지 그리고 언제 그것이 협력으로 바뀔지에 대한 자체 판단이다. 이러한 모든 주제 조각은 PK-보도의 “배경”을 형성하고 텍스트에 - 미약하더라도 - 특정 논증적인 특성을 부여한다: 텍스트는 네덜란드에 관해 논쟁하며, 그리고 “특정 집단”"과의 논쟁 또는 토론을 “erstens(첫 번째)”(G) 및 “zweitens(두 번째)”(H)로 번호를 매기면서까지 묘사한다. 텍스트가 끝날 무렵 독자를 자극하는 해명은 주장에 대한 이해로 절정에 이른다. 그들에게 동의할 수 있는 사람들은 “SS-사상”(C)에 사로잡혀 있고, 그들에게 동의할 수 없는 사람들은 그들이 “구 정당 국가”(E)를 다시 가질 것인지 아니면 “새로운 네덜란드 타입”(E)을 “유럽 통합” 티켓으로 선호하는지 신중하게 생각해야 한다. 따라서 텍스트에는 설득력 측면에서 내재된 불확실성이 있다. 그렇기에 텍스트는 “말하고, 서술하고, 주장”할 수 있는 것을 명시적으로 표현하고 이를 텍스트유형에는 상당히 이례적인 일종의 **메타-커뮤니케이션적** 쓰기로 변환함으로써 확실하게 하는 수단을 지속적으로 사용한다(이 쓰기방식에 대해서는 아래의 다음 섹션을 참조하시오).

PK-보도에는 주제-움직임에 관한 다양한 네덜란드 담론이 등장한다. 따라서 16세기와 17세기 네덜란드의 자유 투쟁인 "spanischen Freiheitskrieg(스페인 독립전쟁)"(D)에 관한 언급을 가운데 지점에서 찾을 수 있다. 독일인과 네덜란드인의 차이점과 유사점도 여러 번 언급된다(E,F,G,H). 네덜란드인의 이미지 또한 고려되고 있다: "만족한 속물"(E), "Eigenbrödler(외톨이)"(E), "Zähigkeit(끈기)"(G) 및 "Einsatzbcrcitschaf(출동 준비)" (II). 네덜란드인의 공통점, 즉 네덜란드인의 정체성은 중요한 담론이라고 부를 수 있는 것처럼 다양한 하위 담론에서 다루어지며, 모두 주제화의 원천으로 환기된다. 다음 개요는 이를 보여준다:

- 1648년 이전의 "제국(Reich)과의 연결" (C), 의도적으로 "제국"이라는 용어의 양가성을 사용함,
- "볼셰비즘에 대한 공동 노력"이 비교되는 "스페인 독립 전쟁" (D),
- 네덜란드 민주주의가 일반적으로 동일시되는 "정당 국가(Parteienstaat)" (E,I),
- 네덜란드의 반공산주의 (B, C, D, G, H)는 여기서 "볼셰비즘" 또는 "반 볼셰비즘"으로 일관되게 나타남,
- SS "소수자" (F)와 "대기자" 대다수 (H) 사이의 대조,
- 마지막으로 "새로운 유럽"으로 네덜란드 포함 (G, H).

그림 4
주제 제공자로서의 네덜란드 정체성 담론

이로써 이 텍스트가 네덜란드 사정에 정통하다는 것이 입증된다. 당시 거의 모든 "사회성이 있는" 주제를 다루어 DZN이 네덜란드 문제에 대해 모두 알지 못한다는 비난을 피할 수 있었다. 이 방식은 네덜란드 독자들을 초대하기 위해 - 또는 더 적절히 표현하면 요구하기 위해 - 고안된 읽기 방식으로 이끈다. 점령과 전쟁

의 동쪽으로의 확산된 상황에서 네덜란드는 장기적으로 "제국"이 지배하는 유럽과 화해해야 했다: 더 예전과 같지 않을 것이므로 이 "werdende Europa(생성되는 유럽)"(H)에 관한 네덜란드의 영향은 "Einsatzbereitschaft(출동준비)"(H)에 의존해야 하며 이 점에서 항상 "gesunden Volks(건강한 국민)"(H)의 편을 드는 것이 좋다.

그러나 나치주의 텍스트와 사상에 관한 다양한 암시가 이 독해 방식에 포함되어 있는데, 이것은 특히 단어선택에 의해 실현된다. 네덜란드 사람들은 더 큰 영향을 받지 않고서는 첫 번째 읽기를 이해할 수 없을 것이다. 그러한 영향은 주로 이데올로기에서 비롯된다. 따라서 독자들은 이전에 소련을 생각하던 "bolschewistischen Erbfeind(볼셰비키의 원수)"(B)을 인식하는 데 익숙해져야 한다. "liberalistisch-marxistisches Denken(자유주의-마르크스주의적 사상)"(C)과 "marxistisch verhetzten Massen(마르크스주의에 선동된 대중)"(H)에 관한 언급은 같은 노선을 취한다: 그로써 네덜란드 자체가 분쟁에 휘말리게 되었다. 그 결과는 독일, 특히 저지 독일에서 나치의 성공으로 고무된 정치적 "Minderheit(소수)"(F)가 승리 행진을 하는 상황이지만, 그 끝은 여전히 열려 있고 어찌 됐든 "alte Parteienstaat(옛 정당 국가)"(E)와 "Parteipolitiker von gestern(과거의 정당 정치인들)"(I)이 휩쓸려 가고 있다는 것이다. "Einfluß der Juden(유대인의 영향)"(C), "Opportunismus(기회주의)"(E), "satten Spießern(만족한 속물)"(E) 및 "Eigenbrödlern(외톨이)"(E)와 함께 수반되는 청산은 반 부르주아적 분노를 불러일으키고, 반자본주의적이다. 의도된 "Umschwung(전환)"(G)은 "역전된 마르크스주의"라고 불릴 수 있는 정치적 모델에 전적으로 의존한다: "politische Soldaten(정치군인)"(C)이라고 불리는 아방가르드는 "Unterschiede(차이)"(D)와 정치적 모순이 점차 사라지고 "neuen soldatischen Typ(새로운 유형의 군인)"(D)을 관철하고 이런 식으로 "daß zu Hause irgendetwas nicht stimmt(고국에 무언가 문제가 있다)"(F)을 깨닫는 "신실한 사람들"의 공동체를 형성하며(F), 그리고 장기적으로 부르주아 정당의 "Anhänger(추종자)"(I)가 적어지지만 "Überzeugung der Massen(대중의 확신)"(H)으로 이어지게 한다.

각각의 개별 사례에서 다르게 선택될 수 있었던 (이것이 분석에 필요한 기준이다) 명제적 수단의 이데올로기적 선택에서, 네덜란드는 특히 정치 발전 측면에서 여러 면에서 더 큰 독일을 모방하는, 그러나 동시에 "Platz im werdenden Europa(형성되는 유럽에서의 자리)"(H)를 얻을 확실한 기회를 가지고 있는 네덜란드가 나타난다. 이 **두 번째** 독해방식은 "신유럽"이라는 당근과 (독일의 주니어 파트너로서) 참여할 수 있는 티켓인 나치화라는 채찍을 결합한 것이다.

이것은 1년 반 이상의 점령 경험을 가진 대부분의 네덜란드 독자들에게 놀라운 일이 아닐 것이다. 그러나 그것은 단순히 알려진 것의 반복이 아니다. 오히려 PK-보도에는 군국주의적 본질이 배어 있다: die Zeiten werden härter.(시간이 점점 더 어려워지고 있다.) 그래서 네덜란드는 적어도 부분적으로 "innere Front (내부 전선)"(B)에 해당하는 "Frontgemeinschaft(전선공동체)"(D, H)로 나타난다. 행위자는 군인들이다: "politische Soldaten(정치적 병사들)"(C), "soldatische Niederländer(병사적 네덜란드인)"(E), "gute Kameraden(좋은 동지들)"(E), "Härte(강한 사람들)"(E) 그리고 Freude am Kampf(전투의 기쁨)(E), "Heldentod(영웅의 죽음)"(B) 죽고 또는 "Tote und Verwundete(전사자와 부상자)(E)에 관해 보도한다. "neue soldatische Typ(새로운 군인 유형"(E)은 다음과 같이 주장하며 "Heimat(조국)"(A,F)에 익숙해진다: 결정은 SS-부대, 즉 "SS-Gedanken(SS-정신)"(C)과 "niederländischen antibolschewistischen Legion(네덜란드 반 볼셰비키 군단)"(G) 사이에서 내려질 것인데, DZN은 이 군단이 "Vernichtung der Londoner Plutokraten(런던 금권주의자들 박멸)"(G)를 그들의 깃발에 기록하도록 설득해야 한다고 말한다. 이 **세 번째** 읽기 방식은 1940년 5월 패배를 당하고 이후 점령되었지만, 실제 전쟁과는 거의 관련이 없다는 느낌이 있었던 네덜란드에 다시 호전적인 측면을 가져온다. 군국주의적 이데올로기들이 올가미를 조인다.

이데올로기의 **도구적 성격**은 이 텍스트에서 가시화된다. 이데올로기적 텍스트가 우선적으로 어떻게든 조작적이라는 생각과 달리 여기서 문제는 명제적 수단에 관한 것이다. 그 수단들은 아주 드물게 사용된다. 작성자는 적절해 보이는 몇 곳에서 전형적인 이데올로기를 사용한다. 하지만 그는 모든 곳에서 그렇게 하지는 않는다. 그는 분명히 특정 "고통 한계"를 알고 있으며 이런 관점에서 과장할 필요가 없다는 것을 잘 알고 있는 것 같다. 그는 - 혹은 암스테르담의 편집자들이 작업 - 이 고통의 한계에 도달하며 글을 쓰고 있다. 이데올로기를 사용하지 않았다면 선전 부서와 아마도 독일 독자들도 불만을 품었을 것이다. 너무 많은 이데올로기를 사용하였다면 네덜란드 독자와 기다리는 사람들을 소외시키고 자신들을 불신하게 했을 것이다. 전반적으로 PK-보도는 모든 네덜란드 상황을 "pars pro toto"로 정리하기 때문에 환유적 절차를 사용한다: 일어나는 모든 일은 "새로운 유럽"을 향한 이정표로 나타난다. 이 세 가지 읽기 방식은 각각 고유한 방식으로 네덜란드 독자의 지각 원리로서 네덜란드 정체성 측면에서, 당근과 채찍 원칙 측면에서, 군국주의 강화 측면에서 이러한 전개 사상을 고정하는 데 기여한다.

7. 누가 쓰는가?

텍스트의 특징은 많은 곳에서 말하기, 묻기, 설명하기, 보도하기, 논평하기, 추측하기, 논증하기 등을 수행하는 것이 아니라 그것을 설명하고 따라서 그것을 메타커뮤니케이션적이라고 한다는 사실이다. 이때 다음과 같은 표현들에 관한 것이다:

(A)	"haben wir…die Frage gestellt: Wie mag es nun zu Hause aussehen?"
(B)	"dann werden wir erzählen von den Erlebnissen und…"
(C)	"aber schon jetzt soll die Welt wissen, daß…"
(C)	"es leuchtet ein, daß…"
(E)	"wir verstehen nun ohne weiteres, daß…"
(E)	"da wohl niemand im Ernst behaupten kann, daß…"
(E)	"vielleicht wird man es auf eine andere Tour versuchen und sagen:…"
(E)	"der satte Spießer, der so lange als der typische Vertreter des niederländischen Volkes galt"
(E)	"deutsche Offiziere waren immer wieder erstaunt über…"
(F)	"würde uns jedoch daraufhin jemand fragen:…"
(F)	"so würden wir etwa folgendes antworten."
(G)	"erstens:…"
(G)	"schon jetzt können wir jedoch sagen:…"
(G)	"mit Freuden haben wir vernommen, daß…"
(G)	"und wir zweifeln nicht daran, daß …"
(H)	"zweitens."
(I)	"oder aber glaubt man im Ernst, und jetzt fragen wir unsere Parteipolitiker von gestern, daß…"

그림 5
메타커뮤니케이션적 구조 표지

대부분은 문장 구조의 의미를 왜곡하지 않고 구문을 생략할 수 있다. 그러나 텍스트의 성격은 변경된다: 보다 간접적인 스타일에서 더 직접적인 스타일로, 말많음에서 합리화로, 언어적 행위의 시연에서 행위수행으로, 그리고 독자의 대화 그 자체로. 복합적 문구는 텍스트와 독자 사이에서 움직이는 유리벽처럼 보인다.

실제 표현은 종속절 구조에 구문적으로 압축되어 있으며, 따라서 그 행위적 특성을 제거한다. 이는 "Es fängt an zu dämmern(새벽이 오기 시작했어요)"(그렇다면 우리는 이 - 은유적 - 표현에 관한 책임을 져야 한다)라고 말하느냐에 따라 달라지기 때문이다. 또는 "Schon jetzt können wir jedoch sagen: es fängt an zu dämmern(그러나 우리는 이미 말할 수 있습니다: 동이 트기 시작했습니다)"(G) (그러면 - "wir(우리)"의 형태로 - 말할 수 있지만 다르게 말할 수 있었던 것을 재현한다)라고 쓰는가에 따라 달라진다. 말하기는 의미하기보다 더 중요해진다. 누가 "Noch ist es nicht so weit, aber schon jetzt kämpfen Tausende von Niederländern in den Reihen der SS-Division Wiking zusammen mit den Söhnen der anderen germanischen Stämme (아직은 아니지만, 이미 수천 명의 네덜란드인이 SS-Division 바이킹의 대열에 합류하여 다른 게르만 부족의 아들들과 싸우고 있다)"라고 쓴다면 이는 독자들이 동의할 수도 있고, 동의하지 않을 수도 있는 표현을 제공하는 것일 것이다: 그러나 누군가 "Noch ist es nicht so weit: aber schon jetzt soll die Welt wissen, daß in den Reihen der SS-Division Wiking…(아직은 아니지만, **세계는 이미** SS-Division 바이킹의 대열에 … **있다는 것을 알아야 한다**)"(C) 라고 쓴다면 그는 제시된 내용의 힘에 의존하지 않고, 그가 어떤 식으로든 말할 수 있게 하고 자신을 대변하게 하는 더 높은 수준의 권위가 필요하다. 그리고 그러한 단계에 도달할 수 없다면 언급되는 추상적인 논리적 실체여야 한다: “es leuchtet ein(**이해됩니다**)”(C) 또는 “der Spießer, der so lange als der typische Vertreter des niederländischen Volkes galt(오랫동안 네덜란드 국민의 전형적인 대표자로 **여겨져 온** 속물)”(E). 그 텍스트는 연극이 공연되는 무대가 된다: 그 작품 - 독자를 위한 “작품” - 자체는 안무, 외형, 소동을 위해 뒤로 물러선다(필자는 네덜란드 자원자의 생각이 동료들에게 텍스트를 외치는 것처럼 동부의 “Schützenloch(참호)”(A)에서 나온다는 비자발적인 코믹에 대해 더 언급하지 않을 것이다).

의미하기보다 말하기를 선호하는 절차는 여기에 나열된 대부분 현상에 적용된다. 그것은 텍스트에 이러한 메타-커뮤니케이션 표현이 구조 표시로 기능하는 정치인 연설(정확히 저널리즘적이지는 않은)의 아우라를 부여한다. 따라서 기사는 독자에게 전달하고자 하는 의견에 자체로 나타난다: 기사는 토론이나 대화의 인상을 연출하고 논쟁을 모방하는 데 집중한다. 기사는 행인에게 말을 걸고 잠시나마 그들의 시선을 붙잡고 싶어 하는 정치인과도 같다. 그렇게 함으로써 그 기사는 하나의 주장에서 다음 주장으로 휘감으며, 그러나 많은 메타-커뮤니케이션 표현을 통해 진술에서 진술로의 연결이 어떻게 이루어지는지 또는 어떤 언어적 행위가 수행되는지를 위장한다. 이로 인해 PK-보도가 “중요도”로 부풀려진다. 다른 PK-보도와 크게 구별되는 텍스트에 부여된 이 강조는 언어의 힘과 파시스트 “지도자”의 언어 습관에 관한 암시를 제공한다. 그 텍스트는 전체적으로 허풍스럽다: 이런 식으로 그 텍스트는 네덜란드의 상황과 전쟁의 진행과 관련된 모호함을 은폐한다. 텍스트는 허풍스러움을 점령된 네덜란드로 옮긴다. “Parteipolitiker von gestern(과거의 당 정치인들)”(I)에 대한 우레와 같은 몸짓으로, 그 기사는 네덜란드를 압도하려는 것처럼 보이는 **"투쟁의 시간"**의 구조를 실현한다.

한 곳 (E)에서만 말하는 실체가 이름으로 호명된다: "Deutsche Offiziere waren immer wieder erstaunt über den…Humor und eine…Freude am Kampf, die unsere Jungens auch in der heikelsten Lage nicht im Stich ließ.(**독일 장교**들은 가장 민감한 상황에서도 우리 소년들을 실망하게 하지 않는 … 유머와 … 싸움의 기쁨에 항상 놀랐습니다)" 독일 장교들이지만 보도에 전해지는 것이 그들의 말인지는 분명하지 않다. 그들에게 다른 어떤 존재와도 다른 평가 역할이 인정됐다. 무엇보다 자주 등장하는 "Soldaten(군인)"과 이들 장교 사이의 위계적 간극이 두드러진다: 차별화의 여지가 거의 없다. (E)섹션에 나와 있는 네덜란드 자원병들의 **자격**에 관한 명칭은 장교 카지노에서 쉽게 유래될 수 있다. 그 평가는 일종의 "경험적인 연설"로 표현되는 성급한 카지노 어조로 이루어진다. 여기서 명제적 수단이 장교 카지노에서 유입되었다는 사실은 작성자(또는 DZN)가 자신을 배치하는 종속성을 강조할 뿐이다: 한 편으로 그는 상사에게 의지하여 사적인 행동과 PK-일반적인 일을 행하며, 다른 한편으로는 (네덜란드) 병사들이 (독일) 장교들에게 종속되는 것은 네덜란드의 미래 운명에 대한 상징이 된다. "zweiter Klasse(2등급)" 게르만으로서 그들은 참여가 허용되었고 "Kanonenfutter(총알받이)"로 필요했지만, 그들에게 "전투 시간"이 요구되었으며, "alten(구)" 네덜란드 정치인과 결말을 지어야 했다. 네덜란드가 나치 유럽에서 의미할 수 있는 모든 것 - 그리고 이와 관련하여 텍스트의 상상력 부족은 깊은 인상을 준다 - 전적으로 연설과 메타 커뮤니케이션의 지속적인 주제화에 달려 있다. 이것은 무엇보다도 네덜란드 독자들에게 국가의 미래가 어떻게 반영되어야 하는지를 보여주어야 한다(사우어 Sauer 1989 참조).

나름의 방식으로 DZN-기사는 국가사회주의 하에서 자극되고 나치 선전가들이 실행한 추잡함을 나타낸다: 단어를 부풀리고, 반복하거나, 구문을 통해 약해지고, 메타 커뮤니케이션 때문에 길어지고, 전술적인 고려 사항으로 인해 불투명해지고, 자극적인 어휘에 의해 강요된다.

8. 역사적 독서행위 연구?

억압적인 국가 언론조정의 조건으로 문제해결 모델로서 저널리즘 텍스트모델의 접근은 - 베를린에 있는 "제국국민계몽선전부(Reichsministerium für Volksaufklärung und Propaganda)"와 "특수용도위원회(Generalkommissariat zur besonderen Verwendung)", 에 있는 "보도부(Presseabteilung)" 그리고 네덜란드 헤이그에 있는 "Departement voor Volksvoorlichting en Künsten" - 잠정적이고 가상의 지위를 가지고 있다. 가설이 정당화될 수 있다는 사실은 위에서 분명히 밝혔지만, 실증적으로 입증될 수도 있다는 사실은 여전히 도전 과제로 남아 있다. 더욱이 그 타당성을 보장하는 지표를 찾을 수 있는 것은 사실이다. 동시에 이러한 지표들은 **다차원적** 텍스트에 관한 텍스트언어학적 접근이 확인되었음을 의미하며, 이는 "기획"과 "다중관점성"으로 도출되었다. 그러나 역사적 간격과 그 시대에 살았던 사람들과 이야기하고 "구전 역사"의 방법을 사용하여 그들의 증언을 기록하는 것이 점점 더 불가능해지므로 **간접적**인 전거에 의존하고 더 나아가 사용 가능한 역사적 출처를 창의적으로 다루어야 한다. 역사적 읽기 행위를 재구성하려면 어떤 이유와 맥락에서든 자신의 읽기 형식과 읽기에 대해 보고하는 독자를 찾아야 한다.

이는 거대한 자료의 관찰을 전제하기에 쉬운 일이 아니다: 그 자료들은 출판되거나 출판되지 않은 보관 회고록이며, 그중에서 당연히 개인의 독서 전기와 신문의 역할이 부분적으로만 언급되었다(1988년 Bauer의 논문은 몇몇 곳에서 "제국"-언론에 대한 반응을 다루기도 하며 이에 관한 예이다): 이전에 점령했던 국가들에서는 필자가 이 주제에 대해 알고 있는 체계적인 출판물이 없는 반면, 물론 독일인과 비슷한 수의 회고록에는 주로 해당 국가의 신문과 해당 국가의 적합성 등록에 관한 언급이 있으며, 점령 신문 또는 기사에 관한 언급은 거의 찾을 수 없다. 더욱 포괄적인 프로젝트에서만 수행할 수 있는 이러한 작업은 여전히 필요하다: 포괄적인 질문으로 시작하기 전에 먼저 일련의 경험적 독서 전기를 작성해야 할 것이다. 이 모든 것은 수용적인 측면, 즉 특히 2차 및 3차 독자와 관련이 있다.

다양한 선전 부서의 일차 독자, 전문 독자와 검사관은 읽기 결과를 다양한 형식으로 기록했다: "언론 지침"과 "일일 슬로건"(젱어 Sänger 1975, 툡서-지거트Toepser-Ziegert 1984) 외에도 원칙적으로 피점령국에서도 주민들의 "정서"에 관한 SD 보도가 있다: 언론인의 회고록(보버리 Boveri 1965 참조)이나 신문의 단행본(길센 Gilessen 1986 참조)은 생산자의 관점에서 나치-선전가의 개입과 침해에 대해 정기적으로 보고하지만, 포괄적인 개요를 제공하지는 않는다.

4차 독자들인 점령국 언론인들, 그리고 그들의 읽기를 기록하기 위해서는 기록 작업이 필요하다. 때때로 (특히 사우어 Sauer 1990 참조) 일간 기자 회견에서 점령 신문을 언급하고 나머지 언론의 개별 기사는 명시적으로 모사를 권장한다: 그리고 예를 들어 DZN은 좋아하거나 싫어하는 네덜란드 신문의 구절을 규칙적으로 인용한다. 5차 독자인 연합군 정보기관(하이에 Haie 1965 참조)의 더욱 상세한 재구성은 특히 이러한 기록이 아직 일반적으로 접근할 수 없으므로 기록 작업이 필요하다.

그러나 선택한 이러한 접근방식을 실증적으로 입증하는 다른 가능성이 있다. 저널리즘 작업이 가능한 억압적 결과 측면에서 "제3제국"과 두 전후 독일 국가 모두에서 변경되었지만 다양한 소스(특파원보도, 기자 회견, 기타 미디어 등)를 사용하는 기본원칙 측면에서는 변경되지 않았다는 조건으로 역사적 사실을 확인하기 위해 더 최근의 현상도 사용할 수 있다(이러한 생각에 대해 특히 사우어 Sauer 1994b 참조). 이렇게 부허(Bucher 1986)는 가정된 복합성 개념을 확인하기 위해 독자(편지) 토론에서 독자의 서면 반응을 사용한다. 이는 토론이 조금이라도 지속되면 독자는 이전 기사의 거의 모든 측면에 반응하기 때문이다. 이런 점에서 저널리즘적 저자의 문제해결 방법뿐만 아니라 계층화된 독자 지정의 모델을 볼 수 있다. 클라인(Klein)(1981)은 텔레비전 대담에서 정치인의 오해 소지가 있는 발언을 무능력이나 탈선으로 평가하지 않고 잘 계산된 모험으로 평가하고 다른 정치인들 앞에서 해당 비디오를 재생하고 소위 "파트너 가설"과 함께 동료들과 대조하여 이 평가를 확인함으로써 또 다른 가능성을 테스트했다: 여기서 우리는 "다중 수신지정"(의회 연설에 관한 퀸 Kühn 1995 참조)에 대해서만 언급하는 것이 아니라 무엇보다도 의식적 양가성을 초래하는 의미론적-논증적 긴장을 견딜 수 있는 것에 대해 말하고 있다. 따라서 언론인도 만약 그들이 스스로 결정을 내릴 수 없거나 하지 않으려고 한다면 유사한 양가성을 생산하거나 포착할 수 있다. 이 재구성 방법 역시 저널리즘 작업의 제도적 배경을 밝히고 텍스트의 복합성에 관한 부분적인 설명을 제공한다.

따라서 행위 연쇄가 다차원적인 방식으로 발생하는 신문 기사를 생산할 때 **기준**과 **제도적 조건**에 관한 반응은 (저널리즘적) 문제해결의 의미에서 텍스트 구성을 모델링하고 계층화된 독자층의 어필을 위한 **텍스트적 복합성**의 텍스트-언어학적 문제에 관한 적절한 규정으로 간주될 수 있다. 또한, 텍스트의 이데올로기적 및 담론적 요소는 다양한 "기원"을 보여주는 언어적 실현수단으로의 **유입**으로 분석될 수 있다는 것이 유용하다는 것이 입증되었다. 예 텍스트는 이런 점에서 특히 내용이 풍부했을 수 있다. 그러나 이것이 텍스트유형 및 출현형태의 레퍼토리를 확장하기 위해 텍스트언어학이 유사한 현실적이고 정교한 예를 재구성하는 것을 막을 필요는 없다.

참고문헌

Bauer, Gerhard (1988): Sprache und Sprachlosigkeit im "Dritten Reich". - Köln: Bund.

Boveri, Margret (1965): Wir lügen alle. Eine Hauptstadtzeitung unter Hitler. - Ölten: Walter.

Brinker, Klaus (31992): Linguistische Textanalyse. Eine Einführung in Grundbegriffe und Methoden. - Berlin: Schmidt.

- (1994): Zum Zusammenhang von Textfunktion und thematischer Einstellung am Beispiel eines Zeitungskommentars. - In: Moilanen/Tiittula (Hgg.) 35-44.

Brünner, Gisela/Graefen, Gabriele (Hgg.) (1994): Texte und Diskurse. Methoden und Forschungsergebnisse der Funktionalen Pragmatik. - Opladen: Westdeutscher Verlag.

Bucher, Hans-Jürgen (1986): Pressekommunikation. Grundstrukturen einer öffentlichen Form der Kommunikation aus linguistischer Sicht. - Tübingen: Niemeyer.

- (1991): Pressekritik und Informationspolitik. - In: Bucher, Hans-Jürgen/Straßner, Erich (Hgg.): Mediensprache, Medienkommunikation, Medienkritik (Tübingen: Narr) 3-109.

Ehlich, Konrad (1984): Zum Textbegriff. - In: Rothkegel, Annely/Sandig, Barbara (Hgg.): Text - Textsorten - Semantik (Hamburg: Buske) 9-25.

- (Hg.) (1989): Sprache im Faschismus. - Frankfurt: Suhrkamp.

Ensink, Titus (1992): Jenninger. De ontvangst van een Duitse rede in Nederland. Een tekstwetenschappelijke en communicatiewetenschappelijke Studie. - Amsterdam: Thesis.

Ensink, Titus/Sauer, Christoph (1995): Political Communication as Tightrope Walking. German President Roman Herzog's Commemorative Address in Warsaw, August 1, 1994. - In: Politics, Groups and the Individual 5, 2, 37-50.

Fairclough, Norman (1989): Language and Power. - London: Longman.

- (1995): Critical Discourse Analysis. The Critical Study of Language. - London: Longman.

Foucault, Michel (1974): Die Ordnung des Diskurses. - München: Hanser.

Frei, Norbert/Schmitz, Johannes (1989): Journalismus im Dritten Reich. - München: Beck.

Gillessen, Günther (1986): Auf verlorenem Posten. Die Frankfurter Zeitung im Dritten Reich. - Berlin: Siedler.

Girnth, Heiko (1996): Texte im politischen Diskurs. Ein Vorschlag zur diskursorientierten Beschreibung von Textsorten. - In: Muttersprache 1/96, 66-80.

Goffinan, Erving (1974): Frame Analysis. - New York u.a.: Harper & Row.

Hale, Oron J. (1965): Presse in der Zwangsjacke 1933-1945. - Düsseldorf: Droste.

Heinemann, Wolfgang/Viehweger, Dieter (1991): Textlinguistik. Eine Einführung. - Tübingen: Niemeyer.

Hirschfeld, Gerhard (1984): Fremdherrschaft und Kollaboration. Die Niederlande unter deutscher Besatzung 1940-1945. - Stuttgart: DVA.

Hoffmann, Gabriele (1972): NS-Propaganda in den Niederlanden. Organisation und Lenkung der Publizistik unter deutscher Besatzung 1940-1945. - München-Pullach: Dokumentation.

Jäger, Siegfried (1993): Kritische Diskursanalyse. Eine Einführung.- Duisburg: DISS.

Januschek, Franz (Hg.) (1985): Politische Sprachwissenschaft. Zur Analyse von Sprache als kultureller Praxis. - Opladen: Westdeutscher Verlag.

Klein, Josef (1981): Sprachstrategien zur innerparteilichen Konfliktvermeidung oder Wie ist die Rekonstruktion interaktionaler Bedeutung möglich? - In: Klein, Josef/Presch, Gunter (Hgg.): Institutionen, Konflikte, Sprache (Tübingen: Niemeyer) 1-35.

Klemperer, Victor (1946): LTI. Notizbuch eines Philologen. - Halle (Saale): Niemeyer.

- (1995): Ich will Zeugnis ablegen bis zum letzten. Tagebücher 1933-

1945.- Berlin: Aufbau.

Köhler, Otto (1989): Wir Schreibmaschinentäter. Journalisten unter Hitler - und danach. - Köln: Pahl-Rugenstein.

- (1995): Unheimliche Publizisten. Die verdrängte Vergangenheit der Medienmacher. - München: Knaur.

Köpf, Peter (1995): Schreiben nach jeder Richtung. Goebbels-Propagandisten in der westdeutschen Nachkriegspresse. - Berlin: Ch. Links.

Kopperschmidt, Josef (Hg.) (1995): Politik und Rhetorik. - Opladen: Westdeutscher Verlag.

Koszyk, Kurt (1972): Deutsche Presse 1914 bis 1945. - Berlin: Colloquium.

Kühn, Peter (1995): Mehrfachadressierung. Untersuchungen zur adressatenspezifischen Polyvalent: sprachlichen Handelns. - Tübingen: Niemeyer.

Lademacher, Horst (1983): Geschichte der Niederlande. - Darmstadt: Wissenschaftliche Buchgesellschaft.

Lötscher, Andreas (1987): Text und Thema. Studien zur thematischen Konstitution von Texten. - Tübingen: Niemeyer.

Lüger, Heinz-Helmut (1983): Pressesprache. - Tübingen: Niemeyer.

Maas, Utz (1984): ⊠Als der Geist der Gemeinschaft eine Sprache fand". Sprache im Nationalsozialismus. - Opladen: Westdeutscher Verlag.

Moilanen, Markku/Tiittula, Liisa (Hgg.) (1994): Überredung in der Presse. Texte, Strategien, Analysen. - Berlin, New York: de Gruyter.

Pander Maat, Henk (1994): Tekstanalyse. Een pragmatische benadering. - Groningen: Nijhoff. du Prel, Max/Janke, Willi (1941): Die Niederlande im Umbruch der Zeiten. Alte und neue Beziehungen zum Reich. - Würzburg: Triltsch.

Presch, Gunter (1985): Widerstreitende Textfunktion. Mehrfachadressiertheit und Mehrfachinterpretierbarkeit als theoretische Konzepte der linguistischen Pragmatik. - In: Kürscher,

Wilfried/Vogt, Rüdiger (Hgg.): Sprachtheorie, Pragmatik, Interdisziplinäres (Tübingen: Niemeyer) 131-140.

Sänger, Fritz (1975): Politik der Täuschungen. Mißbrauch der Presse im Dritten Reich. - Wien: Europaverlag.

Sauer, Christoph (1983): Sprachpolitik und NS-Herrschaft. - In: Sprache und Literatur 51, 80-99.

- (1985): NS-Sprachpolitik in der Besatzungssituation. - In: Januschek (Hg.) 271 -306.

- (1989): Nazi-Deutsch für Niederländer. - In: Ehlich (Hg.) 237-288.

- (1990): Der aufdringliche Text. Studien über NS-Ideologie, Sprachpolitik und Propaganda in der Besatzungspresse. - Amsterdam: Universiteit van Amsterdam (Diss.).

- (1994a): Handlungsverkettung. Zum "Spiegel der Woche" in der NS-Besatzungszeitung "Deutsche Zeitung in den Niederlanden". - In: Brünner/Graefen (Hgg.) 85-114.

- (1994b): Über die Inszenierung journalistischer Kommentare in einer NS-Besatzungszeitung. - In: Moilanen/Tiittula (Hgg.) 189-221.

- (1995a): Sprachwissenschaft und NS-Faschismus. Lehren aus der sprachwissenschaftlichen Erforschung des Sprachgebrauchs deutscher Nationalsozialisten und Propgandisten für den mittel- und osteuropäischen Umbruch? - In: Steinke, Klaus (Hg.): Die Sprache der Diktaturen und der Diktatoren (Heidelberg: Winter) 9-96.

- (1995b): Ein Minimalmodell zur Verständlichkeitsanalyse und -Optimierung. - In: Spillner, Bernd (Hg.): Sprache: Verstehen und Verständlichkeit (Frankfurt: Lang) 149-171.

Svensson, Arnold (1984): Anspielung und Stereotyp. - Opladen: Westdeutscher Verlag.

Toepser-Ziegert, Gabriele (1984): Maßnahmen und Instrumente der Pressselenkung im Nationalsozialismus. - München u.a.: Saur.

- (1988): Funktionswandel. Die Entwicklung der Medien im nationalsozialistischen Herrschaftssystem. - In: medium 2, 29-32.

에바-마리아 야콥스 (자르브뤼켄)

전자매체의 맥락에서 표절*

본 기고문은 학문적 연구 세계의 현재의 미디어적 변화가 전문커뮤니케이션의 형태에 영향을 미치고 있다는 논제를 기반으로 한다. 이 논제는 표절의 예를 들어 논의되는데, 표절은 특정 형태의 전문적인 텍스트 작업과 학문적 연구 및 출판의 (서구적) 규범을 엄격히 위반하는 행위를 나타낸다. 우리가 학문의 역사에서 알다시피 위반**을 다루는 것은 현상을 명확히 하는 데 생산적임이 입증되었다. 이 경우 전자매체가 텍스트적 커뮤니케이션의 형태에 미치는 영향이다.

필자의 기고문은 (텍스트-)언어학적 관점에서 주제에 접근하고 이 문제의 인지-심리학적 측면에 초점을 맞춘다. 주제의 폭발성에 관한 논평 후, 표절 개념 자체에 대해 논의하고 표절이 발생하는 이유를 제시한다. 본고의 마지막 부분은 전자매체가 어느 정도까지 의도적 및 비의도적 표절을 조장하거나 지원하고 이로 인해 결과를 도출할 수 있는지에 관한 질문에 할애된다. 논의는 특정 분야에 국한되지 않고 학문적 전문 서적의 생산 및 수용 영역에 국한된다.

---

* 이 원고는 1995년 8월 캐나다 밴쿠버에서 열린 IVG의 IX차 세계 회의에서 발표된 내용을 기반으로 한다. 필자는 바바라 산디히(Barbara Sandig)의 비판적 검토와 논평에 고마움을 표한다.

** 야콥슨(Jakobson)의 실어증 연구 또는 프로이트(Freud)의 잘못말하기(Versprechen), 잘못읽기(Verlesen), 잘못쓰기(Verschreiben) 연구.

1. 주제의 파괴력

오늘날 출판을 위해 학문적 논문을 제출하고, 이때 다른 사람들이 이전에 어떻게 생각했는지에 대해 신경 쓰지 않기 때문에 관련 전문문헌을 참고하지 않는 사람은 대부분 - 특히 비인문학 분야의 대표로서 - 그 논문은 거부될 것을 예상해야 한다.

현대 학문의 요구는 지금까지 수행된 전문적 논의의 연속에서 관련 문헌에 관한 증명된 참조를 통해 다른 전문 텍스트를 명시적으로 다루며 자신의 연구를 "위치화(verorten)"* 해야 한다는 것이다. 가장 중요한 연결 수단은 인용, 참조 및 참조하는 내용 언급이다.

저자가 기반이 되는 지식 기반을 명시적으로 나타내야 한다는 요구사항은 고대에 이미 제기되었다. 오늘날 참고의 형태와 기능뿐만 아니라 그의 의무적 특성은 사상의 독창성과 지식의 급속한 발전에 의존하는 현대 학문의 결과이다(베이저맨 Bazerman 1988 참조).**

---

* 알려져 있다고 가정할 수 있지만, 저널은 저자들에게 문헌에 관한 포괄적이고 최신 지식의 필요성과 이 요구사항을 준수하지 않을 경우의 결과를 명시적으로 언급해야 한다고 생각한다: "이렇게 접수된 투고 원고의 두 번째 실질적인 단점은 선택한 연구주제와 관련된 최근 발전에 대한 인식과 통합을 저자가 표시하지 못한다는 것이다. 연구가 실질적인 기여를 하기 위해서는 해당 분야에 대한 충분한 지식을 바탕으로 해야 하며 연구의 서술에 이러한 지식이 반영되어야 한다. 보고된 연구로 이어지는 문헌은 최신이어야 하며 협소하게 정의된 주제 영역 모두에서 와야 한다 [···]. 유감스럽게도, 우리는 때때로 현재 날짜가 지난 초기 연구를 기반으로 연구를 수행하는 연구자 또는 현재 관련 작업을 무시하는 연구원으로부터 원고를 받는다. 그러면 평가자는 연구가 수행된 이유에 대해 의문을 가질 수 있으며, 이는 일반적으로 거부 권고로 이어진다." (레빈/마샬 Lewin/Marshall 1993: 3). 현재 연구 상태에 관한 고려 부족은 저널 편집자들에 의해 투고된 논문에 관한 중요한 거부 기준으로 언급된다(참조 동일한 곳).

** 학문적 표절을 비윤리적 행위로 평가하는 것은 명시적으로 지식 전달 및 지식표현의 수단

어떤 한 분야의 견고함 정도가 클수록, 즉, 대상, 방법 및 콘셉트(분야의 “tool-of-the-trade”)에 관한 일치가 더 많을수록, 해당 분야의 대표자와 전문 기관이 위의 요구사항 준수 여부를 더 자세히 살핀다. 이러한 종류의 질 요구사항은 자연과학 및 인문과학 분야의 전문가 평가(Peer Reviews)의 필수 구성요소 중 하나이다.

상대적으로 관대한 인문학 분야뿐 아니라 자연과학과 인문과학 분야에서도 표절 논란이 커지고 있다는 점은 더욱 놀라운 일이다. 보고되지 않은 표절 사례의 수는 일부 학자와 일부 교수진이 인정하는 것보다 높다. 이것은 1992년 3월 사이언스 저널에 발표된 미국과학진흥협회(AAAS) 조사와 같은 보다 최근 연구로 입증되었다(Hamilton 1992 참조).

이 조사에서 1,500명의 사람에게 학문계의 기만과 표절에 대해 질문했다. 설문자의 31%가 응답했다. 그들 중 4분의 1 이상(27%)은 지난 10년 동안 연구에서 검증 가능한 데이터 조작 및 표절 사례를 접했다고 말했다. 이러한 기만 사례에 어떻게 반응했느냐는 질문에 4분의 1 이상(27%)이 전혀 반응하지 않았다고 답했다. 3분의 1 이상(37%)이 표절 혐의 저자에게 개인적으로 연락했다고 한다. 5분의 1은 기구 내 공식 대표에게 연락했고, 13%는 소속 기구 외부 대표에게 연락했다. 2%만이 사건을 공개하였다. 전체 응답자의 대다수(54%)에 따르면 표절 사건은 기관에서 느슨하게 처리되거

으로서 학문적 연구의 기능적 결정에 근거한다. 표절은 다른 저자와 검토자의 지적 노력을 무시할 뿐만 아니라 이미 존재하는 것을 반복하기 때문에 진보적인 인식에 관한 요구를 약화시킨다.

나 후속 조처되지 않았다. 그 표절사건들은 여전히 금기 사항으로 간주되며 공개 토론은 학과의 명성을 손상하는 것으로 여겨진다.

관찰된 경향은 다른 조사, 예를 들어 **American National Academy of Science**의 조사(스와지어 외 Swazey et al. 1993)와 일치한다. 이 조사에서 2,000명의 박사 과정 학생과 4개 전공 그룹(토목 공학, 사회학, 화학, 미생물학)의 2,000명의 학자가 질문을 받았다. 박사 과정 학생의 72%와 학자의 59%가 답변을 했다. 응답자의 6%에서 9%가 표절 사건을 보고했다. 학자의 3분의 1은 학생들의 표절에 직면했다. 분야 간에는 유의미한 차이가 있었다. 조사에 응한 구조 및 토목 공학과 사회학의 학자들은 학생 (40%)과 동료(18%)의 표절 사건을 가장 많이 언급했다. 설문에 응한 화학 박사 과정 학생의 20%는 지도교수의 표절 사건을 보고했다.

알려지거나 발생하는 표절 사건의 수가 증가하는 이유 중 하나는 논문출판에 관한 엄청난 압력 때문이다. 많은 학자가 이러한 압박을 받고 있으며 이로 인해 "출판이 아니면 소멸(Publish or Perish)"이라는 슬로건이 탄생했다. 그러한 압박은 무엇보다 재원 분배가 출판 목록과 인용 색인을 기반으로 하면 존재한다. 최근 몇 년 동안 표절 사건을 둘러싼 논란이 커졌다. 그것은 구체적인 예를 사용하여 학문적 기만의 형태를 다루는 여러 책 출판물에 의해 촉진되었다(예: 브로드·웨이드 Broad·Wade 1982, 콘 Kohn 1986, 소레스 Soreth 1991, 라폴레트 LaFollette 1992, 콜프슈텐 Kolfschooten 1993). 공개적 논쟁은 특히 미국에서 정부와 학술 기관에서 토론을 촉발했다. 그 중심 주제 중 하나는 언제 표절, 데이터 위조 또는 기타 형태의 비윤리적인 학문적 활동이라고 하는지, 어떻게 이를 방지할 수 있는지, 그리고 학문적 기만 사례가 알려지면 어떻게 해야 하는지에 관한 질문이다.* 문제에 관한 해결책은 무엇보다도 대상을 이름으로 명명하고 교수진과 동료들의 침묵에 맞서고 전문 서적을 다루는 도덕적 측면에 관한 미래 동료로서의 학생들의 인식을 높이는 데 있다. 그러나 실제로 인식만으로는 도움이 되지 않는다는 것을 보여준다. 표절과 싸우기 위해서는 무엇이 표절로 간주되고 무엇이 그렇지 않은지 명확히 해야 한다. 그러나 적어도 여기에서 문제가 시작된다.

2. 표절이란 무엇인가?**

표절 논의의 부족한 점은 언제 표절이라고 할 수 있는지(정의 문제), 이를 어떻게 밝혀낼 수 있는지 수 있는지에 대해 명확히 하는 것이다(적용 문제).

---

* 이는 대규모 연구에서 학문적 위법 형태를 다루려는 미국 연구무결성위원회(Commission on Research Integrity)의 설립을 이끌었다(가바간 Gavaghan 1994 참조).

** Plagiat(표절)이라는 어휘(라틴어 plagium, '납치'에서 유래한 프랑스어)는 1세기 로마의 에피그램 시인인 마르티알(Martial)에 의해 만들어졌다. 그는 자신의 출판물을 해방된 노예로, 자신이 쓴 에피그램의 저자라고 주장하는 피덴티우스(Fidentius)를 "유괴범(Menschenräuber)"이라고 묘사했다(감 Gamm 1968 참조). 근래의 역사에서 표절의 개념은 페터슨(Patterson 1968)에 따르면 16세기 영국에서 시작된 저작권의 발전과 밀접한 관련이 있다. 1557년 5월 4일에 프린터, 바인더, 판매원으로 구성된 문구 회사가 설립되었다. 그 회사는 가장 수익성이 좋은 책을 인쇄할 권리를 얻었고 영국에서 인쇄를 독점하게 되었다. 표절이라는 용어는 1701년 Stationer Company 등록부에 처음으로 등장한다. 관련 개념은 회사 구성원 간의 경쟁을 규제하는 역할을 했으며 처음에는 저자 권리 보호와 관련이 없었다. 저자들에게는 1709년까지 저작권이 부여되지 않았다(스콜론 Scollon 1995: 24에서 패터슨 Patterson 1968을 언급함).

2.1. 정의 문제

표절은 출처에 따라 다르게 정의된다. 정의는 모두 내포적 및 외연적 모호성을 특징으로 한다(이에 관해 또한 야콥스 Jakobs 1993: 378f. 참조). 이는 세 가지 다른 출처(사전, 민법, 현대언어협회편람)를 사용하여 간략하게 설명될 것이다.

사전

대부분의 사전은 표절을 "저작권을 주장하면서 다른 사람의 지적 재산을 도용 및 배포하는 것" 및/또는 "아이디어의 우선권을 주장하는 것"으로 매우 광범위하게 정의한다.*

법전(BGB: 저작권 및 관련 권리법)

독일 민법은 "저작권의 침해 하에 다른 사람의 저작물의 같거나 거의 동일한 복제"(BGB GRUR 60, 500/502)에 대한 비난에 대해 더욱 정확하게 언급한다. 입증된 부정행위는 "도난당한 사람"에게 보상권을 부여한다.

복제라는 용어는 텍스트 일부를 문자 그대로 또는 유사하게 복제하는 것을 말한다. 보호되는 것은 독창성이 있는 텍스트의 부분이다. 어떻게 이를 결정할지는 규정되지 않았다.

---

* Brockhaus Enzyklopädie 1972, Vol. 14 및 1992, Vol. 17 및 Der Grosse Brockhaus 1956, Vol. 9 및 1980, Vol. 9를 참조.

현대언어협회편람(HANDBUCH DER MODERN LANGUAGE ASSOCIATION)

증가하는 표절 사건으로 인한 압력으로 1975년 MLA(Modern Language Association) 편람에 해당 구절이 포함되었다.* 여기서도 표절은 텍스트 구절의 언어적 복제와 관련이 있지만, 후자의 내용은 더 정확하게 정의되었다. 표절은 텍스트의 논쟁적 구조를 포함하여 아이디어와 내용을 무단으로 차용하는 모든 형태를 말한다:

> 표절은 다른 사람의 문장을 자신의 것처럼 반복하거나, 적절한 문구를 자신의 것으로 채택하거나, 다른 사람의 주장을 자신의 것으로 의역하거나, 심지어 자신의 논문임에도 불구하고 논문 개발에 있어 다른 사람의 논제를 제시하는 형태를 띨 수 있다. 요컨대, 표절은 실제로 다른 사람에게서 빌린 무언가를 쓰거나 생각했다는 인상을 주는 것이다. 저자는 다른 사람의 말과 생각을 사용할 수 있지만 그것을 인정해야 한다 (MLA Handbook 1975 (옹에 재인용 Onge 1988: 53)).

1985년에 구절이 개정되었고 내용적으로 일반화로 확장되었다. 이제 증명되어야 하는 것은 다음과 같은 것이다: "[…] 외부에서 유입된 모든 것에는 기록이 필요하다. 직접 인용 및 의역뿐만 아니라

---

* 1993년에 잠재적 저자에게 학문적 기만이나 비학문적 행위에 대해 몇 년 전보다 더 강력하게 경고해야 한다고 느꼈던(칼피/발렌시아 Calfee/Valencia 1989) 교육심리학 저널 Journal of Educational Psychology과 유사하게. 1989년에 투고된 논문에서 이러한 형식을 접하지 않았던 학술지였으나 1993년의 상황은 완전히 달랐다(레빈/마샬 Levin/Marshall 1993: 5 참조).

정보 및 아이디어도(Onge 1988: 55 인용).* MLA의 1995년 판에서는 이 내용이 훨씬 더 날카롭게 제시되었다: 다음과 같다:

> 다른 사람의 말이나 특히 적절한 용어를 반복하거나 다른 사람의 주장을 의역하거나 다른 사람의 생각을 제시할 때 적절한 인정을 하지 않는 저자는 표절죄에 해당한다 (지발디 Gibaldi 1995: 26).

어떤 정의에도 표절의 개념이 여러 요인과 관련하여 정의되어야 한다는 언급은 없다. 여기에는 텍스트가 생산되는 공간의 문화적 특성뿐만 아니라 관련 교육 시스템, 각각의 역사적 시대, 전공 차이, 텍스트유형(예: 전문 학술지의 논문 vs. 에세이), 각 텍스트 사본에서 표절의 정도와 비중**이 포함된다.

표절의 발생은 일반적으로 저자, 소유권 및 저작권에 관한 서구적 개념의 맥락에서 논의된다. 중국과 같은 다른 문화 영역은 다른 교육 내용과 방법에 반영되는 서로 다른 가치 체계로 운영된다(데커트 Deckert 1993, 페니쿡 Pennycook 1993, 1994 참조).

전문 분야와 그 분야의 처리방식에도 동일하게 적용된다. 여기에

---

* 호주 및 뉴질랜드 외과 저널(Australian and New Zealand Journal of Surgery)의 논평에서 생의학 연구 분야에 관한 Ludbrook(1986: 741)과 유사하다: "학문에서 표절의 대상이 되는 것은 단어뿐만 아니라 아이디어도 마찬가지이다. 적절하게 인정된 다른 사람의 아이디어를 자신의 과학적 탐구에 통합하는 것은 학문정신의 적절한 부분이다. 자신의 학문적 이점을 얻기 위해 원고를 검토하거나 보조금 신청을 평가하거나 논문을 검토하여 얻은 특권 정보를 사용하는 것은 또 다른 문제이다."

** 학문적 시각화, 표 및 기타 학문적 내용을 시각화하는 형태의 불법 차용에도 동일하게 적용된다. 이에 관해 새들러 Sadler 1977 참조.

는 무엇보다도 의사소통 형태와 인용 및 참조 절차 및 형식 처리에 관한 다양한 선호도가 포함된다(뒤부아 Dubois 1988, 스와지어 외 Swazey et al. 1993, 야콥스 Jakobs 1995 참조).

2.2. 적용 문제

표절의 정의를 실제 텍스트 출현과 연관시키려고 하면 다양한 어려움이 발생한다. 여기에는 경계 문제가 포함된다:

• 저작권 관련:

표시되지 않은 자기 인용은 제재할 수 있는 것으로 간주하지 않는다. 반면에 하나의 동일한 논문에 관한 다중 출판(첫 번째 출판자의 동의 및 다른 게재지에 관한 지시 없이), 이른바 살라미 출판(Salami publikationen 작은 부분으로 나누어 출판하는 방법)은 데이터의 다중 사용과 마찬가지로 이미 금지된 영역에 속한다.* 공동 출판물의 저자 중 한 명이 자신이 썼지만, 공동 작업의 한 부분이라고 명시하지 않고 이를 다시 출판하는 경우 이는 이제 제재 없는 자기 인용 문제가 아니다.** 그는 그로 인해 법률적으로 기소될 수 있다. 이러한 유형의 현상은 부문별로 엄격하게 평가되고 처벌된다.

---

* 따라서 많은 학술지에서는 저자가 사용된 논문이나 데이터가 이미 다른 곳에서 출판되지 않았음을 서면으로 확인하도록 한다.

** 저자가 이전 글에서 작성한 다음 일종의 자기 표절로 공동 작업에 도입한 구절이고 이를 나중에 그 저자가 공동 작업의 구절 변형을 사용하고자 하는 경우는 더 어려운 사례이다. 여기서 문제는 그 구절이 포함된 맥락에 관한 질문, 그것의 추가적인 내용 발전, 그 표현, 그리고 전체적인 논증에서 그 구절의 중요성에 관한 질문이다. 이 구성된 사례는 텍스트의 기원에 부여할 수 있는 중요성을 나타낸다. 이는 실제 상황에서는 증빙 서류와 함께 증명되어야 한다(새들러 Sadler 1977 참조).

• 자신의 아이디어와 타인의 아이디어를 표시하고 증명할 때 경계 문제: 대부분의 정의는 표절을 표시되지 않은 문자 그대로 또는 유사한 인용으로 특징 짓는 데 기반을 두고 있다. 인용의 개념 자체가 더욱 정확한 설명이 필요하다는 사실과는 별개로 (노이만 Neumann 1990, 야콥스 Jakobs 1993 참조) 이미 인용 허용 영역에서 전통적으로 합의된 패턴과 승인 가능한 편차 사이에 어려운 회색 영역을 만드는 현상들이 나타난다.

여기에는 타인의 생각을 유사하게 복제한 것과 이를 복제한 사람의 설명이 결합한 것이 포함된다. 인용 표시로 가정법의 광범위한 생략은 수신자가 발표된 저자의 지적 성과와 논평하는 저자의 지적 성과를 구별하기 어렵게 만든다.*

또 다른 문제 영역은 인용 본문과 출처의 공간적 배치에서 발생한다. 출처가 문자 그대로의 인용 또는 유사 인용 앞이나 뒤에 나타날 수 있는 옵션은 덜 문제가 되며, 문제는 오히려 이것이 얼마나 떨어져 있어야 하는가 하는 문제이다. 다른 저자를 밝히지 않고 다른 저자로부터 차용하고 이전에 차용한 내용에 관한 언급 없이 몇 페이지 뒤에만 출처를 언급하는 저자는 문제 삼기가 어렵다.

표절을 식별하고 인식하기도 어렵다. 표절 인지는 여전히 지식과 관련이 있다. 예를 들어 내용 또는 언어-스타일 수준에서 통합 오류의 형태로 나타나는 텍스트 중단도 지표 역할을 할 수 있지만, 전문

---

* 이러한 맥락에서 학술지 Journal of Educational Psychology의 편집자(레빈/마샬 Levin/Marshall 1993: 5)는 바람직하지 않은 또 다른 형태를 언급하고 허용되는 것의 한계를 언급한다. 이는 다른 작업의 광범위한 유사 복제, 1:1-아이디어 및 다른 작업과의 구조적 유사성을 의미한다(예를 들어 마지막 두 형식은 MLA 매뉴얼의 표절 항목에 속함).

가 수준에서는 거의 발생하지 않는다.

또 다른 문제는 의도적 표절과 비의도적 또는 무의식적 표절의 구분에서 나타난다.

2.3. 의도적 및 비의도적 표절과 그 원인

의도적 및 비의도적 표절 모두에 대해 여러 가지 이유를 들 수 있다. 이와 관계없이 저자는 두 경우 모두 자신의 행동에 대한 책임을 져야만 할 수 있다.

의도적 표절의 가장 일반적인 이유는 - 서두에서 언급했듯이 - 오늘날 학자들이 수행해야 하는 성과에 관한 엄청난 압박과 경쟁이다. 비양심성 및/또는 개인적 무능력과 같은 다른 동기도 역할을 할 수 있지만, 그에 관해서는 여기서는 더는 논의하지 않겠다.

더 흥미로운 것은 **비의도적**이거나 의도하지 않은 표절의 이유에 관한 질문이다. 이는 상호작용뿐만 아니라 완전히 다른 현상의 작용의 결과일 수 있다. 이러한 현상에는 특히 다음과 같은 것이 포함된다:

• 자신의 아이디어가 이미 서술되어 있음을 알지 못함:

어떤 아이디어를 부당하게 자신의 것으로 했다는 표절에 대한 비난의 반응으로 다른 텍스트의 존재를 알지 못했다는 것이 종종 인정된다: (a) 해당 텍스트가 간과되었거나 (b) 논문이 자신의 연구와 동시에 나타나서 그것을 인지할 수 없었기 때문에.* 두 상황

---

* 때때로 출판사에 논문을 제출하는 것과 실제 인쇄 사이의 매우 긴 기간도 이에 역할을 한다. 원고에 관한 저자의 후속 개입은 제한된 범위에서만 가능하며 종종 비용과 관련이 있

모두 비판을 피하고자 나중에 명확한 언급을 해야 하는 경우가 많다.*

• 정보보호 전략:

문제의 사람은 다른 사람들이 더 빨랐다는 것을 인정하기를 원하지 않고 이러한 인식을 밀어낸다.

• 부족한 규범 숙달:

표절은 종종 규범에 관한 인식 부족 (사회화 및/또는 문화로 인해) 및/또는 규범 및 언어에 관한 불충분한 언어력으로 인한 규범 위반으로 거슬러 올라갈 수 있다. 이 관점은 문화적으로 다양한 가치 체계 및 담론 패턴과 관련하여 위에서 이미 언급되었다.

• 정신적 과잉 부담:

어려운 텍스트 프로젝트(내용)는 저자의 정신적 과부하로 이어질 수 있다. 쓰기를 해내기 위해 저자는 내용적 문제를 해결하는 데 집중한다. (다른 텍스트에 관한) 참조의 언어 규범을 준수하는 것도 포함하는 수사적 측면은 무시된다(텍스트를 생성할 때 내용 관련 문제 영역과 수사적 문제 영역 간의 구분 스카르다말리아·베라이터 Scardamalia·Bereiter 1987 참조).

• 망각의 형태:

종종 표시되지 않은 수용의 이유로 잊었다고 한다. 우리는 텍스트를 읽고 그 텍스트를 처리한 다음 읽은 내용을 잊는 것 같다. 그러

고, 이는 발행인은 자체 인쇄 비용을 가능한 한 낮게 유지하기를 원하고 따라서 원고에 관한 원치 않는 변경을 재정적으로 제재하기 때문이다.

* 이러한 맥락에서 우리는 일반적으로 설명, 의견 및 수정과 같은 텍스트유형을 접하게 된다.

나 사실 그 읽은 내용은 어느 정도 우리의 지식에 통합되었거나 우리의 정신적 저장소에 고립되어 있다. 상응하는 자극 상황, 예를 들어 어떤 주제를 다룰 때 이 읽은 내용은 그 "외래 출처"를 인식하지 않고도 연관적으로 다시 활성화되고 호출될 수 있다.

잊는 것의 극단적인 형태는 소위 말하는 잠재 기억(Cryptomnesia)이다. Cryptomnesia는 읽거나 들은 것이 자신의 것으로 느껴지고 (문자 그대로) 재생산되는 현상을 말한다.* 테일러(Taylor 1965)는 사람들이 "기억에서" 페이지 규모로 텍스트를 베끼고 자신의 업적이라고 주장하는 사례를 보고한다. 그러나 그러한 경우는 소수의 사람만이 가진 훌륭한 텍스트 기억력을 전제로 하므로 극히 드물다고 한다.

관련 전문 문헌에서 다양한 형태의 잠재 기억이 구별된다. 여기에는 **생성 오류**(듣거나 읽은 것이 자신의 것으로 경험되어 "그것은 내 생각입니다.")와 **인식 오류**(듣거나 읽은 것이 자신의 것으로 기억됨: "그건 내 생각이었습니다." 참조. 브라운·할리데이 Brown·Halliday 1991: 476) 사이의 구별이 포함된다.** 잘못된 기억의 또 다른 유형은 소위 말하는 **출처 망각**(샤흐터 외 Schacter et al. 1984 참조)이다. 어떤 아이디어가 이미

---

* "그것은 […] 객관적으로 기억이지만 주관적으로는 그렇게 인식되지 않는 정상적인 의식 현상의 존재를 나타낸다"(테일러 Taylor 1965: 1111). "어떤 사건이 예술, 문학, 사상의 세계에서 어떤 독창적인 창작물에 관한 정보로 구성되어 있고 사건의 논리적 기억이 그 정보가 더 이상 기억으로 인식되지 않는 지점까지 악화되었을 때, 잠재 기억은 의도하지 않은 표절" (ebd.:1112/1113).

** 듣기/읽기와 자신의 것으로 기억하는 것 사이에는 더 오랜 시간이 있을 수 있다. 브라운(Brown)과 할리데이 (Halliday 1991:476)는 여러 가지 사례를 보고한다. 예를 들어 프로이트(Freud 1901/1960)는 그의 친구 플라이스(Fleiß)가 선천적 양성애에 관해 이야기하는 것을 들었다. 2년 후 그는 이 이론을 자신의 것으로 발전시켰다.

이전에 표현되었음을 알고 있다. 그러나 이 아이디어가 누구에 의해 표현되었는지는 기억할 수 없다(아이디어가 스스로 떠 올랐나 혹은 누군가에 의해 수용되었나? 후자라면, 누구에 의해?).

출처 기억의 잘못된 성과(누가 뭐라고 했지?)는 무엇보다도 출처(**정보의 다중 소스** multiple sources of information)를 분리하는 데 문제가 있기 때문이다.

중첩, 보완 또는 상호작용하는 정보 소스 현상은 "학문 공동체" 영역의 특징인 것 같다. 지식 습득과 지식의 발전은 다양한 소스의 협력을 기반으로 한다. 여기에는 읽은 것(원본, 이차 문헌), 들은 것(강의, 토론, 동료와의 교류), 경험한 것, 관찰한 것, 자신의 연구 결과 및 가정 등이 포함된다. 잘못된 기억은 때때로 야코비 외((Jacoby et al.)1989: 41)이 서술한 다음과 같은 역설적인 상황으로 이어진다:

> 우리 중 많은 사람이 동료에게 아이디어를 제시했지만, 동료가 완전히 아이디어를 거부한 경험이 있습니다. 그러나 이후 대화에서 동료는 이전에 거부된 아이디어를 방금 얻은 인식으로 다시 소개합니다. …자연은 너무나 왜곡되어 우리가 훔친 생각을 훔친 바로 그 사람에게 우리 자신의 것으로 제시할 가능성이 있습니다. 그 또는 그녀의 외모와 현재 대화 내용에 의해 제공되는 단서는 이전 대화 중에 존재하는 것과 유사할 수 있으며 아이디어를 비의도적으로 인출하기 위한 훌륭한 단서 역할을 할 수 있습니다.

야코비 외((Jacoby et al.)1989)는 정보 검색 프로세스가 물리적 및 사회적 맥락 변수에 의해 영향을 받는다고 가정한다. 상황의 유사성(한편으로는 듣기·읽기 및 다른 한편으로는 재활성화·적용)이 중첩 효과를 지원할 수 있다.

망각 현상은 출처를 인용하지 않고 내용을 기록함으로써 뒷받침될 수 있다. 저자가 나중에 자신의 기록으로 돌아가면 출처에 관한 지시가 부족하여 이것이 자신의 아이디어로 식별될 수 있다.* 설명된 것과 같은 상황은 경험이 부족한 저자에게 적용될 가능성이 높지만 전문 분야에서도 발생한다. 이러한 종류의 현상은 다음에서 범주

- 다른 텍스트와의 텍스트생산적 처리에서 행위의 결점 및 실수에서 원치 않는 표절의 가능한 원인으로 요약되고 간주된다. 표절을 적발할 때 그러한 결함을 부분적으로 선언으로 전면에 내세운다: 다른 저자의 논문을 베끼고 예제를 교체한 후 자신의 논문으로 발표한 혐의를 받는 한 저자는 관련하여 질문을 받았을 때 자신의 메모를 혼동했다고 말했다. 논문을 "도난당한" 저자의 이름은 이 메모 어디에도 없었다. 그 저자는 표절자의 광범위한 참고문헌에도 없었다.

---

* 그때 메모는 그 목적에 부합되지 않는다: 메모를 작성하는 사람의 정신적 안정을 목적으로 재사용 상황을 위해 내용을 고정하는 목적. 메모는 상황이나 사실을 덜 기억하게 만드는 데 도움이 될 수 있다(기록을 가지고 있다).

3. 전자 매체의 맥락에서 표절

생산 조건이라는 키워드로 원래 질문으로 돌아가고자 한다: 학문 분야의 새로운 전자 작업 매체는 어떤 방식으로 의도적 및 비의도적 표절을 조장 및/또는 촉진할 수 있으며 우리 행동에 미치는 영향은 무엇인가?

• 정보 검색 및 처리:

전자매체는 거의 모든 학문 활동 영역에 도입됐다. 이는 특히 전문 텍스트를 통한 커뮤니케이션과 같은 커뮤니케이션 영역에 적용된다. 문헌 데이터베이스 또는 월드 와이드 웹(WWW)에서 조사는 최신의 국제적 토론 상황에 관한 개관을 얻을 수 있는 완전히 새로운 기회를 열어준다. 조사 결과는 종종 다소 우울하다. 특히 잘 확립된 연구 분야에서 출판물 또는 기타 출판물의 형태로 전 세계적으로 지식을 생산하는 것은 개인의 처리 능력보다 불균형적으로 증가하고 있다. 전문적 접수 절차는 점점 더 시간 압박 속에서 진행되고 있다.

이것은 읽기 행위의 변화로 이어진다. 집중적이고 느리고 반복적인 읽기는 광범위하고 피상적이며 빠른 읽기로 대체된다(캔 Cahn 1994: 67과 엥겔싱 Engelsing 1974 참조). 시간 압박 하에서의 포괄적인 읽기 프로세스는 텍스트 표현의 처리 깊이와 질에 영향을 미친다. 이러한 읽기는 자신의 지식과 습득한 지식 사이, 그리고 서로 다른 텍스트내용 사이의 정신적 중복 효과를 촉진할 수 있다. 사람들은 더 이상 어디서 이런 인식을 얻었는지 모른다.

• 화면 텍스트 읽기와 기억하기:

텍스트의 인식 및 처리 질은 텍스트를 인쇄물로 사용할 수 있는지 또는 전자 버전으로 사용할 수 있는지와 같은 매체의 특성에 의해서도 영향을 받는다.

학문의 읽기 과정은 점점 더 화면에서 수행된다. 이것은 무엇보다도 초록을 훑어보는 것을 포함하는 문헌 조사의 읽기 과정에 해당된다. 전체 텍스트 데이터베이스, 전자 저널의 증가 및 전문 커뮤니케이션이 인터넷 또는 World Wide Web의 토론 목록으로 이동함에 따라 전체 텍스트도 화면에서 점점 더 많이 읽힐 것으로 예상된다.

다양한 연구에서 수신자 대부분이 인쇄된 텍스트를 읽는 것보다 화면에서 읽는 것이 더 어렵다고 가정한다. 화면에서의 읽기 과정이 더 느리고 (하스·헤이스 Haas·Hayes 1985 참조) 덜 정확해 보인다(딜로 외 Dillon et al. 1988 참조). 읽기 문제는 무엇보다도 까다로운 텍스트 읽기 작업에서 발생한다. 그리고 예를 들어 학문에서 읽기의 가장 까다롭고 중요한 형태인 비판적 읽기와 같은 읽기 작업에서 발생한다(의미를 규명하는 읽기에 대해 하스 Haas 1987 참조).

또 다른 가설은 화면에서 읽은 텍스트가 인쇄된 텍스트보다 더 정확하게 기억되지 않는다는 것이다.* 이것은 무엇보다도 피험자들에게 텍스트를 읽은 후 텍스트에서 특정 정보가 제공되는 위치를 말하도록 요청한 공간 회상 실험 때문에 입증되었다. 공간 기억은 전자적으로 제시된 텍스트보다 인쇄된 텍스트에서 더 우수

---

* 한젠(Hansen) 및 하스(Haas) 1988, 림 (Riehm) 등 1992 참조. 라인킹(Reinking) 및 브리드웰-볼스(Bridwell-Bowles) 1991 등에서 이 주제에 관한 개요를 제공한다.

했다 (하스·헤이스 Haas·Hayes 1986 참조).

운반 매체의 다른 속성뿐만 아니라 공간적 방향설정에 관한 기억도 정보 검색에 중요한 역할을 한다. 이러한 종류의 정보는 정보를 얻은 위치를 재구성하거나 재구성을 지원하기 위해 다른 많은 기억 흔적과 함께 사용될 수 있다. 내용, 저자, 발행인 등에 관한 정보와 그에 대한 평가 외에도 다른 유형의 정보도 텍스트에 관한 우리의 기억에 들어온다. 여기에는 매체의 물리적 속성(종이 품질, 모양, 색상, 무게, 얼룩 등)에 관한 시각적이고 습관적인 기억이 포함되지만 이에 국한되지 않는다. 즉: 텍스트는 다중 모드로 표현된다(다중 모드 표현에 관하여 엥겔캄프 Engelkamp 1990: 39ff., 짐머 Zimmer 1993, 헤어만 외 Herrmann et al. 1995 참조).

텍스트 출처가 경험한 텍스트 운반체, 텍스트 수신 상황 또는 통신 이력에 관한 다양한 유형의 정보는 추론 형성 및 정교화를 통해 텍스트내용의 연상 기억을 재활성화하는 데 사용될 수 있다. 종종 일종의 검색 지원을 구성하는 일부만 기억된다, 예를 들어: "어딘가에서 논문 X를 읽었는데 정확히 어디인지는 기억나지 않습니다. 단지 그것이 컬러 그래픽 아래 왼쪽 어딘가에 있었고 당시 X에서 빌린 녹색 표지가 있는 두꺼운 책이라는 것뿐이었습니다."

• 이중 탈맥락화:

전자적으로 표현된 텍스트를 처리할 때 언급된 추가 정보 중 일부, 특히 텍스트 운반체의 습관적 또는 촉각적으로 인식할 수 있는 속성의 기억 및 공간 프레임워크 정보(왼쪽 또는 오른쪽, 상단, 하단, 중앙)가 누락된다. 물리적 운반체 개체와의 분리로 인해 전자적으로 표현된 텍스트는 두 번 탈맥락화 된다. 물리적 운반체로부터 텍스트의 분리는 생산 및 수용 상황의 확장 또는 분리와 함께 발생한다(에리히 Ehlich 1983 참조).

이는 텍스트와의 거리가 더 멀어지는 결과를 가져온다. 텍스트는 더욱 익명이 된다. 이는 다시 텍스트 출처에 대한 기억뿐만 아니라 텍스트를 조작하거나 승인되지 않은 부분을 채택하는 데 필요한 억제 한계치를 줄이는 데 도움이 될 수 있다. 후자는 특히 사용자가 텍스트 자체에 접근할 수 있도록 하는 전자 데이터 매체의 텍스트에 적용된다. 1994년에 Springer-출판사는 Computer Science - Research and Development(IFE) 전문 저널의 독자들을 대상으로 광범위한 설문 조사를 수행했다. 그 설문은 응답자들이 독자와 저자로서 전자 저널에 대해 어떤 기대와 두려움을 느끼는지 확인했다.* 자세한 정보에 관한 더 나은 검색 옵션, 자신의 데이터베이스로 텍스트를 문제없이 "가져오기", 게시물에 관한 더 많거나 더 빠른 반응과 같은 여러 가지 향상된 사용 특성 외에도 여러 가지 부정적인 속성이 언급되었다. 여기에는 낮은 읽기 품질, "일별할 때"의 적은 정보 및 저작권 침해 위험이 포함된다. 응답자의 61%(n=129)는 원본 텍스트의 무단 변경을 두려워하고 47%는 잘못 인용되거나 표절될 위험이 있다고 말했다.

• 복사 및 붙여넣기 기능:

워드 프로세싱 프로그램의 복사 및 붙여넣기 옵션을 사용하면 텍스트를 다른 텍스트에서 복사하여 다른 문서에 어떤 규모로든 붙

---

* Informatik - Forschung und Entwicklung의 전자판에 관한 독자 설문 조사. Springer 출판사. Informatik - Forschung und Entwicklung. Corporate Development ju 11/94.

여넣을 수 있다.* 필자가 1993년과 1994년에 자연 과학 및 인문학 분야의 독일 학자들을 대상으로 벌인 설문 조사에서 질문을 받은 사람들의 1/5(21.3%)은 문헌 데이터베이스에 인용문을 포함하고 필요하다면 거기에서 인용문을 복사하여 텍스트에 넣었다고 응답했다. 텍스트 발췌문의 전자적 기록 및 이전에 작성된 논문의 텍스트 부분 전송 오류로 인해 출처 정보가 변경되거나 손실될 수 있다. 이는 예를 들어 각주를 텍스트에 통합해야 하는 경우와 같이 규칙이 변경될 때 텍스트를 다시 쓸 때도 적용된다.

• 저자 개념과 저작권의 전자통신 형식에 적용:

하이퍼텍스트와 분산된 하이퍼텍스트, 즉, 서로 다른 서버의 전 세계 다른 위치에 있지만, 함께 속하는 텍스트 모음 또는 텍스트에 관한 최근 논의에서는 무제한 주석 달기 및 텍스트의 끝없는 업데이트 가능성으로 인해 저자, 텍스트, 문서 또는 저작권과 같은 용어가 무의미해지거나 최소한 재정의되어야 한다. 여기에는 상호텍스트성 논쟁의 맥락에서 발견되는 것과 같은 포스트 구조주의 개념의 명확한 반향이 있다.

사용자 그룹 등 다른 목소리는 이러한 입장을 일종의 과도기적 현상으로 보고 있다. 실제가 기준이나 제한 없는 자유로운 의사소통은 빠르게 범람하고 결국 기능하지 못하게 된다는 것을 보여

---

* 텍스트 구절에 자유롭게 접근하고 원하는 대로 사용할 가능성은 학습 환경에서 컴퓨터 지원 통신(CMC)의 공동 프로젝트에서 집중적으로 사용된다. 그러나 이런 맥락에서 표절 사건에 관한 논의와 지식재산권 보호와 같은 전자통신의 윤리적 문제에 관한 학생들의 인식을 높여야 한다는 요구도 증가하고 있다. 한편, 복합적 상호작용 관계에서는 누가 이런 말을 했는지 판단하기가 종종 어렵다는 점을 인정한다. 관련하여 레스타(Resta) 1994 참조.

준다. 저자 및 출판 장소와 같은 요소는 텍스트 커뮤니케이션의 연속체에서 중요한 기준점이므로 대체하기 어렵다.*

4. 요약 및 결론

지금까지 말한 내용을 요약하면 몇 가지 결론을 내릴 수 있다. 한편으로 표절을 다루는 것은 연구와 교육 둘 다에 관한 조치가 필요하다는 것을 분명히 한다.

학문적 쓰기는 배워야 하고 가르쳐야 한다. 이때 수업 자료에는 예를 들어 다른 텍스트에 관한 참조와 같은, 전문적인 커뮤니케이션 형식이 어떤 의미가 있나 하는 것이 포함되어야 하며, 그리고 형식적인 질문은 기능에 관한 이해로부터 다뤄져야 한다.

이 교육의 전제조건은 이 주제를 다루는 언어학 및 기타 분야들이 다른 텍스트를 참조하여 텍스트 네트워킹의 형태를 이전보다 더 많이 다루는 것이다. 여기에는 텍스트의 취득 형태, 텍스트의 활용과 그 텍스트를 자신의 고찰과 서술에 통합하는 것과 언어학, 심리학 및 미디어 관점에서 이러한 프로세스의 문화적, 영역 및 시대별 특성과 같은 것도 포함된다.

또 다른 결과는 학문분야에서 작동하는 도구로서 전자매체의 가능성과 효과를 비판적으로 재고하는 것이다. 새로운 미디어의 출현

---

* 네트워크 통신의 학문적 논문의 경우 서버 주소 또는 텍스트생성기의 전자 메일 주소가 게시자를 대신한다. 이는 문자 통신을 더욱 익명으로 만든다. 출판사와 학술지는 특정 명성이나 역사가 있으므로 구별되지만, 기술적인 "기계 주소"는 그렇지 않다. 이것은 또한 전자통신 매체에서 문자통신의 손실 중 하나이다.

은 변화된 작업 조건을 의미할 뿐만 아니라 종종 더 쉬운 작업 조건을 의미한다. 이는 우리를 사용자와 학자로서 그 사용과 관련되어 있고 우리가 직면해야 하는 새로운 도전, 문제 및 위험에 직면하게 한다. 여기에는 무엇보다도 새로운 미디어가 우리의 커뮤니케이션 문화의 형식과 내용에 영향을 미치고 변화시키는 정도에 관한 논의가 포함된다. 전자 통신 매체와 네트워크는 시간과 공간에 걸쳐 개선된 통신 조건을 가능하게 할 뿐만 아니라, 더 나은 통신 조건을 제공한다. 이는 또한 '텍스트' 및 '저작권'과 같은 전통적인 범주를 재고하기를 요구한다.

이러한 의미에서 미디어 역사는 캔(Cahn 1994: 67)과 함께 "대상과 그에 관련된 행위 방식 및 지식 형식 사이의 관계에 관한 관점"으로 이해되어야 한다. 이러한 관점에서 "텍스트 …는 의미 전달자일 뿐만 아니라 특정 의사소통 및 인지적 실제의 결정점으로 나타난다." 이 실제가 어떤 모습이어야 하는지에 대해 우리가 영향력을 행사할 수 있는지는 우리에게 달려 있다.

참고문헌

Bazerman, Charles (1988): Theoretical Integration in Experimental Reports in Twentieth-Century Physics: Spectroscopic Articles in Physical Review. 1893-1980. - In: Bazerman, Charles: Shaping written knowledge (Madison: The Madison University Press) (Rhetoric of the Human Sciences) 153-186.

Broad, William/Wade, Nicholas (1982): Betrayers of the Truth. - New York: Simon and Schuster.

Brockhaus Enzyklopädie ("1972): Bd. 14. - Wiesbaden: Brockhaus.

- ("1992): Bd. 17. - Mannheim: Brockhaus.

Brown, Alan S./Halliday, Hildy E. (1991): Cryptomnesia and source memory difficulties. - In: American Journal of Psychology 4 (104) 475-490.

Cahn, Michael (1994): Wissenschafts- und mediengeschichtliche Grundlagen der sammelnden Lektüre. - In: Goetsch, Paul (Hg.): Lesen und Schreiben im 17. und 18. Jahrhundert. Studien zu ihrer Bewertung in Deutschland, England, Frankreich (Tübingen: Narr) (= ScriptOralia 65) 63-77.

Calfee, R.C./Valencia, R.R. (1989): Editorial. - In: Journal of Educational Psychology Vol. 81, 449-450.

Deckert, Glenn D. (1993): Perspectives on plagiarism from ESL students in Hong Kong. - In: Journal of Second Language Writing 2, 131-148.

Der grosse Brockhaus (1956): Bd. 9. - Wiesbaden: Brockhaus.

- ("1980): Bd. 9. - Wiesbaden: Brockhaus.

Dillon, A./McKnight, C./Richardson, J. (1988): Reading from paper versus reading from screen. - In: The Computer Journal 5 (31) 457-464.

Dubois, Betty Lou (1988): Citation in Biomedical Journal Articles. - In: English for Specific Purposes 7, 181-193.

Ehlich, Konrad (1983): Text und sprachliches Handeln. Die Entstehung von Texten aus dem Bedürfiiis nach Überlieferung. - In: Assmann, Aleida/ Assmann, Jan/Hardmeier, Christof (Hgg.): Schrift und Gedächtnis.

Archäologie der literarischen Kommunikation I (München: Fink) 24-43.

Engelkamp, Johannes (1990): Das menschliche Gedächtnis. Das Erinnern von Sprache, Bildern und Handlungen. - Göttingen u.a.: Hogrefe.

Engelsing, Rolf (1974): Der Bürger als Leser. - Stuttgart: Metzler.

Freud, Sigmund (1960[1901]): The psychopathology of everyday life (Vol. 6). - London: Hogarth.

Gamm, O.-F. von (1968): Urheberrechtsgesetz. Kommentar. - München.

Gavaghan, Helen (1994): Study proposed on integrity of published data. - In: Nature Vol. 371, 733 (27. October 1994).

Gesetz über Urheberrecht und verwandte Schutzrechte (Urheberrechtsgesetz). Vom 9. September 1965 (BGBl. I S. 1273). Sammlung des Bundesrechts - Bundesgesetzbl. III, 440-1.

Gibaldi, Joseph (1995): MLA Handbook for Writers of Research Papers. 4th edition. - New York: The Modern Language Association of America.

Haas, Christina (1987): How the writing medium shapes the writing process: Studies of writer's composing with pen and paper and with word processing. - Carnegie Mellon University, Pittsburgh P.A.: Diss. Nov. 1987.

Haas, Christina/Hayes, John R. (1985): Reading on the computer: A comparison of standard and advanced computer display and hard copy. CDC Technical report No. 7. - Pittsburgh, PA: Carnegie-Mellon University, Communications Design Center.

- (1986): What Did I Just Say? Reading Problems in Writing with the Machine. - In: Research in the teaching of English 20 (1) 23-35.

Hamilton, David P. (1992): In the Trenches, Doubts About Scientific Integrity: Respondents in a AAAS survey question university handling of investigations, suggest sharing blame for misconduct. - In: Science 255 (27.3.1992) 1636.

Hansen, Wilfried J./Haas, Christina (1988): Reading and writing with computers: A framework for explaining differences in performance. - In: Communications of the ACM 31/9, 1080-1089.

Herrmann, Theo/Grabowski, Joachim/Schweizer, Katrin/Graf, Ralf (1995): Konzepte, Wörter und Figuren: Zur Aktivationstheorie multimodaler Repräsentate. Teil I: Repräsentationstypen. - Mannheim: Universität Mannheim (Arbeiten der Forschergruppe Sprache und Kognition: Lehrstuhl Psychologie III: 58).

Jacoby, L.L./Kelley, C./Brown, J./Jasechko, J. (1989): Becoming famous overnight: Limits on the ability to avoid unconscious influences of the past. - In: Journal of Personality and Social Psychology 56, 325-338.

Jakobs, Eva-Maria (1993): "Das kommt mir so bekannt vor …" Plagiate als verdeckte Intertextualität. - In: Zeitschrift für Germanistik 2, 377-390.

- (1995): Text und Quelle. Wissenschaftliche Textproduktion unter dem Aspekt der Nutzung externer Speicherinformation. - In: Jakobs, Eva-Maria/Knorr, Dagmar/Molitor-Lübbert, Sylvie (Hgg.): Wissenschaftliche Textproduktion. Mit und ohne Computer (Frankfurt/M.: Lang) 91-112.

Kohn, Alexander (1986): False Prophets. - New York: Basil Blackwill.

Kolfschooten, Frank van (1993): Bedrog in de Nederlandse wetenschap. - Amsterdam: L.J. Veen.

LaFollette, Marcel C. (1992): Stealing into Print: Fraud, Plagiarism, and Misconduct in Scientific Publishing. - Berkeley, Los Angeles: University of California Press.

Levin, Joel R./Marshall, Hermine H. (1993): Editorial. Publishing in the Journal of Educational Psychology"E. Reflections at Midstream. - In: Journal of Educational Psychology 1 (85), 3-6.

Ludbrook, John (1986): Plagiarism and Fraud (Editorial Comment). - In: The Australian and New Zealand Journal of Surgery 56, 741-742.

Neumann, Peter H. (1990): Das Eigene und das Fremde. Über die Wünschbarkeit einer Theorie des Zitierens. - In: Akzente 27, 292-305.

Onge, K.R.St. (1988): The Melancholy of Plagiarism. - Boston, London: University Press of Amerika. Patterson, Lyman Ray (1968): Copyright in Historical Perspective. - Nashville: Vanderbilt University Press.

Pennycook, Alastair (1993): Plagiarism: A research report. - In: Hong Kong Papers in Linguistics and Language Teaching 16, 123-124.

- (1994): The Complex Contexts of Plagiarism: A Reply to Deckert. - In: Journal of Second Language Writing 3 (3) 277-284.

Resta, Paul E. (1994): Ethical and Legal Issues in Computer-Mediated Communications. The Educational Challenge. - In: Machine-Mediated Learning 2&3 (4) 269-280.

Reinking, David/Bridwell-Bowles, Lillian (1991): Computers in Reading and Writing. - In: Barr,

Rebecca/Kamil, Michael L./Mosenthal, Peter B./Pearson, P. David (eds.): Handbook of Reading Research (New York, London: Longman. Volume II) 310-340.

Riehm, Ulrich/Böhle, Knud/Gabel-Becker, Ingrid/Wingert, Bernd (1992): Elektronisches Publizieren. Eine kritische Bestandsaufnahme. - Berlin, Heidelberg, New York: Springer-Verlag.

Sadler, Lewis L. (1977): Plagiarism. A Case History. - In: Journal of Biocommunication 4, 24-28.

Scardamalia, Marlene/Bereiter, Carl (1987): Knowledge telling and knowledge transforming in written composition. - In: Rosenberg, Seidon (ed.): Advances in applied psycholinguistics. Vol. 2. Reading, writing, and language learning (Cambridge u.a.: Cambridge University Press) 142-175.

Schacter, D.L./Harbluk, J.L./McLachlan, D.R. (1984): Retrieval without recollection: An experimental analysis of source amnesia. - In: Journal of Verbal Learning and Verbal Behavior 23, 593-611.

Scollon, Ron (1995): Plagiarism and Ideology: Identity in Intercultural Discourse. - In: Language in Society 1 (24) 1-28.

Soreth, Marion (1991): Kritische Untersuchung von Elisabeth Strökers Dissertation über Zahl und Raum nebst einem Anhang zu ihrer Habilitationsschrift. - Köln: P & P.

Swazey, Judith P./Anderson, Melissa S./Lewis, Karen Seashore (1993): Ethical problems in academic research: A survey of doctoral candidates and faculty raises important questions about the ethical environment of graduate education and research. - In: American Scientist 6 (81) 542-553.

Taylor, F. Kräupl (1965): Cryptomnesia and Plagiarism. - In: British Journal of Psychiatry 111, 1111-1118.

Zimmer, Hubert (1993): Modalitätsspezifische Systeme der Repräsentation und Verarbeitung von Information. Überflüssige Gebilde, nützliche Fiktionen, notwendiges Übel oder zwangsläufige Folge optimierter Reizverarbeitung. - In: Zeitschrift für Psychologie 201, 203-235.

유제프 빅토로비츠 (바르샤바)

번역등가성에 관한 논의

번역학 문헌에서 등가성(Äquivalenz) 개념은 수년간 논의되었다.* 언어학자와 번역 이론가들은 등가성 개념을 정의하기 위해 다양한 제안을 하였다. 등가성에 관한 서로 다른 정의를 더 자세히 분석하면 번역 이론가들이 등가성을 규정하기 위해 서로 다른 기준을 사용한다는 사실에서 용어의 혼동이 일어난다는 것을 알게 된다. 등가성 개념은 출발언어(AS)와 목표언어(ZS) 텍스트 간의 동등성 생성 또는 내용의 불변성 유지 또는 동일한 효과 생성을 의미한다.** 번역학은 출발언어 텍스트와 목표언어 텍스트의 등가성을 측정하기 위한 정확한 특성 목록을 개발하는 데 성공하지 못했다는 점을 비판받았다.***

때때로 개별 언어 초월적(übereinzelsprachlich) 적용범위를 갖는 번역에 관한 명시적 등가성 기준을 결정하는 것이 어렵거나 심지어 불가능하므로 번역의 언어 간 번역 수준을 객관화할 수 없다는 비관적인 의견이 강하게 나오기도 한다. 등가성 개념을 개발할 때 일

---

* 예거(Jäger) 1975, 콜러(Koller) 1979, 라이스/페르메르(Reiß/Vermeer) 1984, 스톨제(Stolze) 1985, 윌스(Wilss) 1977, 주무즈키(Żmudzki) 1991 참조.

** 윌스(Wilss) 1977: 157.

*** 윌스(Wilss) 1977: 157.

반적으로 번역등가성의 관점에서 AS-텍스트와 ZS-텍스트의 객관적으로 이해할 수 있는 모든 특징을 파악하려고 했다. 이 시도는 언어 간 등가성이 구문적, 어휘적, 의미적, 문체적 등가성을 통해 달성될 수 없으므로 실패할 수밖에 없었다. AS-텍스트 및 ZS-텍스트의 등가성은 구문 및 내용 측면의 등가성을 통해 달성될 수 없다. 번역등가성을 결정하는 또 다른 어려움은 번역 이론가들이 AS-텍스트 및 ZS-텍스트를 비교하기 위한 기본 기준으로 무엇을 사용할지에 대해 일치하지 않는다는 것이다. 번역등가성이 AS-텍스트 및 ZS-텍스트를 전체적으로 참조해야 하는지 또는 그러나 번역의 관점에서 개별 텍스트 부분이나 개별 문장 또는 개별 어휘 단위를 고려하는지가 명확하지 않은 한 번역등가성이 AS-텍스트 및 ZS-텍스트를 비교하는 기준으로 기능해야 한다는 언급은 충분하지 않다. 등가성 개념에 관한 이전 논의의 부적절함은 AS-텍스트와 ZS-텍스트의 등가가 내용, 구문 및 문체 등가의 합으로 이해된다는 사실에서 비롯된다. 등가성 개념에 관한 이러한 이해는 필자의 생각에 텍스트언어학적으로 잘못된 텍스트개념을 숙고 없이 수용한 결과이다: 통사적, 어휘적, 문체적 요소가 등가성 개념 정의에서 결정적인 요소일 때 텍스트가 문장의 합으로 구성되어 있다고 암묵적으로 가정한다. 그때 번역 단위는 문장이 아니라 등가적으로 번역되어야 하는 더 작은 단위로 간주된다. 카데(Kade)*에 따르면 번역 단위는 "내용 층위에서 불변성 조건을 충족하는 ZS-텍스트의 한 부분에 대해 설정할

---

* 카데(Kade) 1968: 90(스톨제(Stolze) 1985: 168에서 인용).

수 있는 AS-텍스트의 가장 작은 부분"이다. 예거(Jäger)*는 번역 단위를 언어 시스템의 단위로 간주한다: "번역 단위는 언어 L1의 의미 복합체(이며), 이에 대해 의사소통적으로 동등한 의미복합체가 언어 L2에 존재해야 한다." 이러한 정의로부터 등가적 번역은 목표언어의 등가적 어휘 단위의 합으로 구성되어야 한다는 것이 유래한다.

그러나 텍스트는 어휘소의 합이나 문장의 합으로 환원될 수 없으므로 번역의 등가성은 등가적 어휘 요소의 합으로 환원되어서는 안된다. 전체로서 텍스트가 번역 단위로 간주되어야 한다. 따라서 번역은 두 언어의 텍스트를 귀속시키는 작업으로 보아야 한다. 따라서 번역등가성의 기준은 AS-텍스트와 ZS-텍스트의 동등성이다.

번역가의 최우선 목표는 동등한 ZS-텍스트를 AS-텍스트에 귀속하는 것이다. 번역 프로세스는 AS-텍스트 의미를 동등한 ZS-텍스트 의미로 변환하는 것에 기초한다. 다른 유형의 등가성은 이 목표에 종속되어야 한다: 하위의 어휘적 영역에서 등가성이 달성되지 않았다고 해서 의미 영역에서의 등가성도 부족하다는 것을 의미하지는 않는다. 번역의 목적은 AS-텍스트와 ZS-텍스트 간의 구문적 또는 내용 관련 등가성을 달성하려는 노력에 기반하지 않는다. 번역 과정에서 번역가는 AS-텍스트를 더 작은 단위로 나눈 후 이에 상응하는 ZS-단위를 찾는다: 그러나 번역 프로세스는 AS-텍스트 및 ZS-텍스트의 등가성을 달성하려는 전체적인 목표에 지속적으로 종속되어 있다. 번역등가성에서 결정적인 것은 개별 요소의 등가성이 아니라 전체 구성의 결과이다. 따라서 개별 텍스트 구성요소의

* 예거(Jäger) 1977: 11(스톨제(Stolze) 1985: 172에서 인용).

등가성 성과는 텍스트 전체의 맥락에서만 적절하게 볼 수 있다.

이러한 설명에 따르면 번역 과정에서 어휘 단위의 체계적 등가성을 찾는 것은 많은 경우에 불가능하다. 이는 번역되는 단어나 출발어의 의미복합체가 목표어의 의미복합체로 변환되는 것이 아니라 대상언어의 텍스트 의미가 전달되어야 하기 때문이다. 언어 사이에는 직접적인 대응뿐만 아니라 차이도 있으므로, 번역에서 발견된 모든 값을 불변으로 유지하는 것은 종종 불가능하다. 때로는 실제로 직접적인 등가성이 있을 수 있지만, 종종 AS-텍스트의 문장 문맥에서 의미의 변화가 있다. 그리고 ZS 텍스트에서도 이러한 변화가 일어나며, 이는 체계적 의미가 직접 등가성이 아닌 다른 어휘 단위를 통해 전달될 수 있다는 것을 의미할 수 있다. ZS-텍스트는 더 작은 형태와 요소가 추가된 텍스트로서 서술할 수 없다. 그러므로 결정적인 것은 개별 요소의 등가성이 아니라 전체 결합의 전달이다. 따라서 번역은 등가성 측면이 어휘 정확성 측면보다 우선하는 전달 활동이다.

필자는 이제 문학 작품과 폴란드어로의 번역에서의 몇 가지 예를 사용하여 이러한 설명을 예시하고자 한다. 이때 필자는 볼프강 하이네만(Wolfgang Heinemann)과 얼마 전에 함께 다루었던 시간적 불변화사에 초점을 맞추려고 한다. 우리는 "Temporale Partikeln und Erwartungshaltungen im Deutschen und Polnischen(독일어와 폴란드어에서의 시간적 불변화사와 기대태도)"* 논문에서 - 독일어와 폴란드어 불변화사 사이의 일치 및 차이를 근거로 하여 - 다뤄진 불변화사 내

---

* 하이네만/빅토로비츠(Heinemann/Wiktorowicz) 1995.

에서 설정할 수 있는 번역 규칙을 결정하기 위한 시도를 하였다. 시간적 사용 측면에서 독일어와 폴란드어 간에 광범위한 일치가 확인될 수 있었다: 따라서 독립된 예문을 사용하여 간단한 번역 규칙을 공식화하는 것이 가능했었다: 예를 들어 불변화사 **schon**는 시간적 내용과 관련하여 사용될 때 폴란드어로 이미 직접적으로 동등한 **już**를 가지고 있다. 이 규칙은 번역가의 개별 결정뿐만 아니라 문학 텍스트와 폴란드어 번역*의 전거로도 확인된다.

Krollmann hat es schon gesagt. (136)

Krollmann już to powiedzial. (124)

Wenn Sie weiter einen Lastzug fahren, ...dann sind Sie vielleicht schon mit fünfzig Invalide. (19)

Jeśli będzie pan dalej jeździł ciężarōwką, ...może juź przed pięćdziesiątką zostaniepan inwalidą. (16)

그러나 모든 텍스트 부분에서 시간적 불변화사 **schon**을 폴란드어 불변화사 **juź**로 대체할 수는 없다. 문장의 맥락에서 위에서 언급한 의미의 변화는 **schon**을 **juź**로 직접 대체하는 것이 불가능하므로 폴란드어 텍스트에 직접적으로 상응하는 것이 없음을 의미한다.

---

* 폰 데어 그륀(von der Grün)1974 und 1976.

Die Karriere meiner Frau war schon zu Ende, noch ehe sie begonnen hatte. (15)

Kariera mojej żony dobiegla końca, zanim w ogŏle się zaczęta. (13)

해당 텍스트 부분의 의미를 등가적으로 만들기 위해 번역자는 의사소통적 등가성을 위해 어휘적 등가성을 포기해야 한다.

유사한 것이 불변화사에서도 관찰될 수 있다: **noch**를 **jeszcze**로 체계적으로 대체하는 것은 의사소통적 등가성이 위험에 처할 수 있기에 많은 경우에 생략된다. 따라서 번역지는 **noch**를 **jeszcze**로 대체하는 것을 포기하고 의미 수준에서 번역과 등가적이지만 체계적 어휘적 측면에서는 번역과 등가적이지 않은 정합적 폴란드어 텍스트를 생성한다.

Mein Glück war, daß ich noch unter der zulässigen Höchstgeschwindigkeit gefahren war. (18)

Na moje szczęście nie przefcroczyłłm dopuszczalnej prędkoiśi. (15)

불변화사 **schon**과 **noch**의 양태적 사용을 분석할 때 하이네만·빅토로비츠 (Heinemann·Wiktorowicz)*는 여기에서 차이가 만연하고 이러한 이유로 해당 영역에서 체계적인 번역 규칙을 도출할 수 없음을 발견했다. 양태적 사용에서 번역등가성 측면에서 다양한 변형이 있다. 이러한 관찰은 두 저자의 의미론적 분석 때문에 실증적으로

* 하이네만/빅토로비츠(Heinemann/Wiktorowicz) 1995: 255f.

확인된다.

무언가에 관한 부정적인 평가를 표현하기 위해 수사적 질문에서 자주 사용되는 불변화사 **schon**은 폴란드어에서 직접적으로 상응하는 것이 없다. 따라서 - 문맥에 따라 - 다른 어휘 단위와 문법적 장치(예: 접속법 Konjunktiv)로 나타낼 수 있다. 분석된 텍스트에서 번역자는 어휘 요소 **a**에 대해 다음을 선택한다:

Was gibt es an mir schon zu kaufen. (25)

A co we mnie jest do kupienia? (22)

Was kann der mir schon sagen. (32)

A co on może mipowiedzieć? (28)

유사하게 불변화사 **schon**은 조건부 동의하는 결정을 나타내는 데 사용되는 경우 폴란드어에서 직접적 등가물은 없다. 독일어에서 불변화사 **schon**이 있는 문장이 **aber, nur, allein**을 가진 문장에 의해 속행될 경우 폴란드어에서 등가적 어휘 단위 **wprawdzie**가 가능하다:

Es ist schwierig, Karten zu bekommen, aber es ist möglich.

Jest wprawdzie trud. no dostać bilety, ale jest to możliwe.

그러나 독일어 문장이 계속되지 않으면 어휘 수준에서 등가가 0(Null-Äquivalenz)이므로 번역에서 어휘 대응이 누락된다:

Aber Krollmann hat schon recht, mir fehlt der Beweis. (33)

Ale Krollmann ma rację mi dowodu. (29)

불변화사 **schon**이 조건부 동의하는 결정을 나타내는 또 다른 문맥에서 번역자는 시간 부사 **zawsze**(**독일어** immer)를 사용한다. 이는 해당 텍스트 부분의 전체적인 의미가 그러한 번역등가성을 가능하게 하기 때문이다:

...das kann schon mal passieren. (34)

...taka rzecz zawsze moźe się zdarzyc. (29)

독일어 문장과 번역을 분리해서 살펴보면 폴란드어 문장이 일반적 진술의 성격이기 때문에 번역에서 일정량의 추가 정보를 찾을 수 있다.

독일 불변화사 **schon**은 종종 정도 불변화사로 사용된다: 시간 언급 앞에 있는 정도 불변화사면 폴란드어에는 폴란드어 불변화사 **już**의 형태로 체계적인 등가가 있다:

Er wohnt schon zwei Wochen in Leipzig.

On mieszka już etwa tygodnie w Lipsku.

Er kommt schon morgen.

On przyjedzie już jutro.

그러나 번역가는 어떤 내용이 원래 예상했던 것보다 더 일찍 발생한다는 것을 폴란드어 번역에서 표현하기 위해 때때로 다른 결정을 내려야 한다. 의미 영역에서 등가성을 유지하기 위해서는 형식 영역에서 다른 어휘적 수단을 써야만 한다. 그리고 이 수단은 두 언어의 어휘적-의미적 체계의 비교에서 예상되는 것이 아니다:

Mein Abteilungsleiter kam heute morgen schon mit der Zeitung gelaufen. (145)

Mŏj kierownikprzybiegt dzisiaj ζ samego rana z gazetą. (133)

불변화사 **schon**은 독일어에서 분류적 등급 불변화사로 사용될 수도 있다:* 이 불변화사는 더 높은 값이 적용되거나 (또는 적용될 수 없다면) 등급의 더 낮은 값도 적용됨(또는 적용될 수 없다)을 나타낸다. 이 예에서는 독일어와 폴란드어 사이에 체계적 어휘적 등가성이 없으므로 분류적 등급 불변화사 **schon**을 포함하고 있는 언급의 의미를 등가적으로 재구하기 위해 번역자는 개별적 결정을 내려야 한다:

Sie wollen nichts riskieren, nichts für sich, schon gar nichts für andere, ...(139)

Nie chcą ryzykować, ani dla siebie, ani tym bardziej dla innych, ...(127)

Ich gab mich ganz meiner Arbeit hin, die ich hätte schon im Schlaf erledigen können, (139)

Zająłgem się całkowicie codzienną, pracą ktōrą mŏglbym wykonywać nawet we śnie. (127)

---

* 언급된 의미는 헬비히(Heibig 1994)에 수록되어 있지 않다.

제시된 예는 어휘적 단위의 번역적 등가성은 전체 텍스트의 관점에서 보아야 하며 체계적 어휘 등가성의 존재가 항상 일-대-일-대체로 이어질 필요는 없음을 보여준다. 두 언어 사이의 어휘적-의미적 체계의 비교 수준에서 공식화할 수 있는 번역 규칙은 특정 한계 내에서만 유효하며 완전히 일반화할 수 없다. 따라서 번역은 AS-텍스트의 특정 기능을 목표언어로 적절하게 전달하는 적절한 수단을 찾는 데 있어 번역가가 특정한 창의적 자유를 누리기 때문에 완전히 체계화할 수 있는 과정이 아니다. 번역 과정은 텍스트와 번역 사이의 실질적인 효과 동등성을 달성하기 위해 동등한 텍스트를 생성하는 보편적 목표를 따른다: 그로써 번역은 정확성 측면에서 원본보다 다소 많거나 적을 수 있다. 따라서 AS-텍스트와 ZS-텍스트 간에 절대적인 불변성(Invarianz)은 있을 수 없다.

따라서 등가성 개념은 일부 번역 이론가가 주장하는 것처럼 상승적 순서가 아니라 그 반대인 하향적 순서로만 파악될 수 있다. 우선 ZS-텍스트가 원본과 비교하여 잠재적 수신자에게 동일한 의도된 효과를 발생시키는지를 결정해야 한다. 그래야만 번역등가성의 다음 하위 수준을 결정할 수 있다. 필자의 관점으로는 어휘적 단위의 외연적 및 내포적 등가성을 결정하는 데 분석을 제한하는 것은 연구 관점을 부당하게 좁히는 것이다. 따라서 두 언어 사이의 어휘적 단위에 관해 결정되는 번역 규칙은 텍스트 기능에 따라 제한된 적용범위를 갖는다.

참고문헌

Grün, Max von der (1974): Stellenweise Glatteis. - Berlin: Aufbau.

- (1976): Miejscami gololedz. - Warszawa: Czytelnik.

Heinemann, Wolfgang/Wiktorowicz, J6zef (1995): Temporale Partikeln und Erwartungshaltungen im Deutschen und Polnischen. - In: Kwartalnik Neofilologiczny, 239 - 258.

Heibig, Gerhard (31994): Lexikon deutscher Partikeln. - Leipzig: Langenscheidt.

Jäger, Gert (1975): Translation und Translationslinguistik. - Halle/S: Niemeyer.

Koller, Werner (1979): Einfuhrung in die Übersetzungswissenschaft. - Heidelberg: Quelle und Meyer.

Reiß, Katharina/Vermeer, Hans J. (1984): Grundlagen einer allgemeinen Translationstheorie. - Tübingen: Niemeyer.

Stolze, Radegundis (1985): Grundlagen der Textübersetzung. - Heidelberg: Groos.

Wilss, Wolfram (1977): Ubersetzungswissenschaft. Probleme und Methoden. - Stuttgart: Klett.

Zmudzki, Jerzy (1991): Zum Problem der bilingualen Äquivalenz lexikalischer Einheiten (polnisch-deutsch). - Lublin: Wydawnictwa Uniwersytetu im. Marii Curie-Sktodowskiej.

저지 주무즈키 (루블린)

순차통역사의 관점에서 본 텍스트성의 몇 가지 관점

이 글에서는 특정 수신 프로파일에 따라 텍스트수신의 관점이 어떻게 구별될 수 있으며, 결과적으로 텍스트성 또한 지각 변수로서 상대적으로 나타날 수 있음을 보여주고자 한다. 이러한 특수성과 그 결과는 제목에 언급된 문제를 다룰 때 언급하게 될 순차통역(이하 KSD)의 맥락에서 구체적인 번역 작업의 결과이다. 특수 유형의 번역 행위인 KSD는 일반적으로 특수하게 수신된 출발언어 (AS) 텍스트가 목표어에서 전환으로서 목표언어-텍스트가 생성되면서 사후 순차 및 구두로 목표언어(ZS)로 통역된다는 사실에 기반한다.* 텍스트수신 관점의 각각 구체적이고 무엇보다도 과제 관련적 프로파일링이 특정 작업 초점의 프레임워크 내에서 텍스트 구성요소의 관련성 집합으로서의 텍스트성을 유발하고 동시에 그 결과로 통역자의 외연적 및 내포적 관점에서 특정 정의적 사전 결정을 경험하고 그에 의해 인식도록 한다. 이러한 약술된 문제들은 필자의 고찰 중심에 있으며, 필자가 다음 질문으로 설명하고자 하는 관점 영역을 형성한다:

---

* 이것은 물론 KSD의 정의를 환원적으로 요약한 것이다. 자세한 내용은 주무즈키(Żmudzki 1995)에서 확인할 수 있다.

1. KSD 수신관점에는 어떤 수신 프로파일이 있나?
2. 그 특징은 무엇인가?
3. 각각의 프로필 특성으로 인해 발생하는 관련성의 변화는 무엇인가?
4. 텍스트성의 어떤 관점이 주어진 KSD 수신 프로필에서 어떤 수용적 컬렉션을 형성하는가?

모든 텍스트수신과 마찬가지로 KSD-전형적 수신도 전략적으로 제어된다. 필자는 특히 KSD 수신관점의 특수 프로파일링 측면에서 인지 전략, 즉 목표 지향적인 KSD 전략에 관심이 있다. 이는 특정한 수신 프로파일이 선택된, 결정된 및 업데이트된 KSD 목표를 통해서만 통역자에 의해서 구성될 수 있기 때문이며, 이에 소위 말하는 텍스트적 중요성구조(Relevanzwerthierarchien)가 전면에 있다. KSD 상황에서 각각 구체적인 내용으로 채워지는 앞서 언급한 수신 프로필은 KSD-과제의 다음과 같은 일반적 및 사전행위적 도식 때문에 KSD-상황에서 통역 상황으로 생성된다:

a) 통역의 목표:

i) 발주자는 왜 통역이 필요한가/그 통역으로 무엇을 달성하고 싶은가?

ii) 통역은 어떤 상위의 협력/상호행위 구조에서 나오는 것인가? 즉, 그 동기는 무엇인가? 예를 들어: 폴란드에 관한 EU 지원의 틀 내에서 폴란드 지도자들을 위한 세미나가 독일에서 개최되며 이 세미나에 경제, 연구, 산업 및 정치 분야의 독일 전문가가 연사로 초청된다. 폴란드 측의 주최자는 바르샤바의 산업 개발청이며, 독일 주최자는 각각의 업무에 따라 다양한 임원 교육 및 훈련 센터/세미나이다.

b) 통역 조건:

i) 의사소통적-통역적 행위틀은 무엇인가: 공적 vs 사적?

ii) 의사소통 계획은 무엇인가: 구두적 또는 문어적?

iii) 어떤 의사소통 상황이 통역 상황이고 그 결과 어떤 유형의 통역이 포함되나: 번역 vs 통역?

iv) 문화 간-언어 간 의사소통 상황과 통역 상황이 같다면* 어떤 통역 유형, 그로부터 결과: 동시 vs 순차?

c) 출발언어-텍스트생산자:

i) 통역 발주자와 동일한가?

ii) 출발언어-텍스트생산자는 각각의 행동 프레임워크에서 어떻게 결정되나: 사적 vs 공적?

iii) 어떤 사회문화적 공간에 존재하는가? 어떤 AS-문화/-하위문화에 속해 있나?

iv) 그의 기대는 무엇이며 그의 사회문화적 의사소통의 기대 지평은 무엇인가: 협력/상호행위 구조와 그 담론적 발전에서 각각의 상황과 관련하여 상황에 따라 결정된 구체적인 기대는 무엇인가?

v) 통역 발주자(주어진 상황에서 이 행위 역할이 출발언어-텍스트생산자의 역할과 일치하지 않는 경우), 출발언어-텍스트생산자 그리고 목표언어-수신자 사이의 사회적 관계는 무엇인가?

vi) 전반적인 행위 맥락과 구체적인 문화 간-언어 간 의사소통 상황에서 어떤 의

---

* 노르트(Nord 1988: 7) 참조: "번역할 때 AT-수신과 ZT-생성의 통역 관련 부분은 일반적으로 상황에 따라 일치하는 반면 전체 SITA와 전체 SITZ 해석에서는 일치한다(홀즈-멘테리(Holz-Mänttäri J. 1984 a p. 66 참조)."

미/기능을 가지고 있나: 그는 독립적인가 아니면 위탁에 의해 행동하는가? 그렇다면 그의 지위는 무엇인가?

vii) 그는 자신의 텍스트를 어떻게 생성하는가, 즉, 텍스트 발화를 어떻게 구성하나: 규율 있음(논리적 연결, 명확하고 간결함, 잘 구성됨) vs. 규율 없음(일관되지 않음, 혼동됨, 잘 구성되지 않음, 반복이 많음)?

viii) 그의 말하는 방식은 어떤가: 유창한가 혹은 더듬는가?

ix) 그의 말하는 속도는 어떤가: 빠른가 또는 느린가?

x) 그의 발음은 어떤가: 분명한가 vs 불분명한가, 사투리가 섞여 있나 vs 표준어적인가?

xi) 그의 목소리는 어떤가: 높음, 중간 또는 낮음?*

d) 출발언어-텍스트:

i) 어떤 발화수반행위/어떤 텍스트유형이 출발언어-텍스트를 특징짓는가?

ii) 출발언어-텍스트 주제는 무엇이며 지시 관계는 무엇인가: 사실, 개인, 객체인가?

iii) 어떤 전제가 그것으로 활성화되는가?

iv) 출발언어-텍스트 행위는 각각의 문화 간-언어 간 협력/상호행위 맥락에서 어떤 역할을 하는가: 그에 따른 구체적으로 사용된 언어행위유형으로서 텍스트의 의사소통적-실용적-전략적 정당성은 어떻게 정의되는가?

---

* 물론 이러한 모든 경우에 가능한 모든 조합이 발생할 수 있다.

e) 목표언어-텍스트수신:

i) 목표언어-수신은 각각의 행위틀에 의해 어떻게 결정되나: 사적 vs 공적?

ii) 어떤 사회문화적 공간에 존재하는가?

iii) 어떤 목표언어-문화/-하위문화에 속하는가?

iv) 그의 기대는 무엇인가: 그의 사회문화적 의사소통의 기대 지평은 무엇인가, 협력/상호행위 구조와 그 담론적 발전에서 각각의 상황과 관련하여 상황에 따라 결정된 구체적인 기대는 무엇인가?

v) 통역 발주자, 출발언어-텍스트생산자 및 목표언어-수신자 간의 사회적 관계는 무엇인가?

vi) 각 문화 간 의사소통 상황에서 어떤 의미/기능이 있나: 능동적 vs 반응적?

vii) 어느 정도까지 영향을 받을 수 있는가?*

f) 전환 유형:

i) 출발언어-텍스트에서 목표언어로 전환되는 것:

① 시뮬레이션적 행위전환: 기능 전환(출발언어-텍스트 발화수반행위 + 출발언어-텍스트지시): 지시전환 (출발언어-텍스트지시)

② 서술적 행위전환: 명시적인 설명**과 함께 출발언어-의도의 목표언어-행위의 형태로 AS-의도 이행

③ 통합적 전환: 목표언어에서 출발언어-텍스트 (때에 따라서 - 부분 텍스트)의 내용적-기능적 통합.

---

* 노르트(Nord) 1988: 10 참조.

** 다음과 같은 언급 참조: "Herr Kowalski möchte Ihnen, Herr Fritz, versichern, daß er demnächst eine größere Bestellung tätigen wird.(Kowalski 씨는 곧 더 큰 주문을 할 것이라고 Fritz 씨 당신에게 확신시켜 드리고 싶습니다.)"

g) 통역으로서 목표언어-텍스트:

i) 어떤 발화수반행위/어떤 텍스트유형이 미래의 목표언어 텍스트 행위를 특성화해야 하고 특성화할 수 있는가?

ii) 무엇이 목표언어-주제/지시 관계를 형성하나: 사실, 개인, 객체인가?

iii) 어떤 전제가 그것으로 활성화되는가?

iv) 미래에 수행하는 목표언어-텍스트 행위는 각각의 문화 간-언어 간 협력/상호행위 맥락에서 어떤 역할을 하는가: 그에 따른 구체적으로 사용된 언어행위유형으로서 텍스트의 의사소통적-실용적-전략적 정당성은 어떻게 정의되는가? 어떤 역할을 맡게 되는가?

비전문가로서 발주자가 통역사에게 제공할 수 있는 잘못된 정보와 별도로, 여기에 설명된 통역-/KSD-업무의 내용적 틀(통역 실행조건이 이러한 유형의 실행을 선택하고 허용하는 경우)은 일반적 전환 정보로 발주자에 의해서만 최소한으로 시작됨으로 이러한 방식으로만 채워질 수 있다는 것을 언급하는 것이 중요하다. 반면 통역사 자신은 이 필요한 데이터를 최대한 수집해야 할 특별한 의무가 있다. 이는 발주자로부터 정보를 얻는 통역자에 의해 항상 수행되는 것은 아니지만*, 통역자는 다음을 수행해야 한다:

---

* 베르메르(Vermeer) 1990: 122 참조.

1. 번역 상황을 전향적으로 분석,
2. 번역 전략 측면에서 적절하게 대응할 수 있도록 수신된 출발언어-텍스트 작업에서 초기에 누락된 번역 상황의 구성요소에 관한 결론을 도출하고 추론적 전개를 매우 면밀히 추적.

이를 위해 통역자는 통역 상황 내에서 행위 문맥을 해석적으로 참조하는 추론 작업으로 "통역 행위 지향 추론"*을 사용한다. 이 순간 통역자는 통역의 의도, AS와 목표언어-텍스트 행위, 그리고 그 의사소통 맥락 사이의 정합성을 확립하기 위해 언어 행위로서 문화 간-언어 간 의사소통의 전체 상황을 판단해야 하는 해석적 행위자의 역할을 한다. 그리고 통역자는 출발언어-텍스트의 직접 수신 단계를 준비할 수 있도록, 그로써 무엇보다도 어휘적, 구문론적, 의미론적 및 행위 지향적 추론의 구현을 위해 통역자 역할을 한다.** 이는 주어진 통역 상황에서 정합성을 찾는 것은 주로 이 상황을 이해하는 것, 즉, 각 통역 의도에 특정 의미를 부여하는 것을 의미하기 때문이다. 이 정합성은 통역 발주자가 목표언어-수신자가 정합적 관계에 있는 목표언어-텍스트 행위를 통해 출발언어-텍스트 행위에 관한 상응하는 연관하에 어떤 정신적 태도, 행위 또는 그의 불이행을 채택하기를 원한다는 것이다. 따라서 통역자의 핵심 임무는

---

* 이 용어는 벨데(R. von de Velde 1981: 60)의 "행위 지향 추론" 이론에서 사용된 관련 개념을 기반으로 구상되고 발전되었다: "우리는 행위 맥락에 관련하는 특정 추론을 "행위 지향 추론"이라고 한다. 한편으로 이 추론은 언어 관련 추론의 정보를 포함하여 통합적 역할을 수행한다. 다른 한편으로는 언어 관련 추론을 하는 데 유용한 정보를 스스로 제공한다."

** 벨데(R. von de Velde): 41 참조.

목표언어-수신자와 이 의무를 행동 지향적으로 조정하는 것이다. 따라서 시뮬레이션적, 서술적 또는 통합적 행위전환은 – 분더리히 Wunderlich 1976)의 언어 행위이론의 범주에서 - 통역 발주자에서 목표언어-수신자에게 언어행위의무(Sprachhandlungsobligationen)의 전송으로도 나타나며, 이는 통역자에 의해 직접 행해진다. 결과적으로 우리는 일반적으로 두 가지 유형의 의무를 다루고 있다:

a) 전환 의무(Transferobligation)*,
b) 의무의 전환, 즉, 통역자는 통역 발주자에게 발주자의 의무를 목표언어-수신자에게 언어 간-문화 간으로 전환하여 목표언어를 수단으로 일치시킬 의무를 진다.

여기에서 전망적 지향 내의 예상관점(Antizipationsperspektive)과 업데이트적 지향 내의 수용적 관점이 만난다. 이는 통역 작업의 상세화가 통역자에게 자신의 통역 작업/KSD-행위를 전향적으로 구성하고 나중에 직접적 수행에서 이를 확인하고 그에 따라 보완하는 것을 허용하기 때문이다. 통역/KSD-작업의 이러한 전망적이고 실행적인 완료는 한편으로는 전체 통역/KSD-과정에 관한 뒷받침으로서 통역/KSD-관련적 행위 전략의 근거를 의미한다. 다른 한편으

---

* 특정 사적 KSD-상황에서는 언어 간 상호작용 참여자 측에 숨겨진 전환 요구가 있을 수 있으며, 때때로 "준비되지 않은(spontan)" 임시-통역자가 이를 임의적으로 받아들이기도 한다. 그러나, 위에서 언급한 전환 요구와 함께 이러한 예외적인 상황은 일반적으로 KSD-전체 프로세스 모델링에 관한 논의에서 제외된다. 필자는 이러한 전환 요구가 발생할 가능성에 관한 언급에 대해 하이네만 (W. Heinemann) 교수에게 감사한다.

로 그것은 가능한 통역의 문제와 그 즉각적인 해결책에 관한 전략적 결정을 내리기 위한 행위수행 동안 활성화되는 그 안에 포함된 특정 허용공간(Toleranzräumen)의 개방을 의미한다. 여기에서 개별 통역 단계의 구체적인 실행을 위한 유사하게 구조화된 개별 전략이 파생되며, 이는 KSD-작업은 전체 KSD-행위의 구현을 위한 일반적인 방향 및 관련 기반을 나타내기 때문이다. 수신 단계는 여기에서 좋은 예측 예가 될 수 있으며, 여기에서 각각의 구체적이고 전체 KSD-과정에 대해 매우 중요한 초점 방향이 해당 지정된 KSD-작업의 결과로 개발되고 유지된다. 따라서 KSD의 전략적 구상과 구조의 개발은 이러한 틀에서 이루어진다.

그러나 KSD-상황에서 출발언어-텍스트가 단독으로 의도된 것은 아닌 KSD-수신에 대해* 다음과 같은 전략적 수신 영역을 설정할 수 있다:

---

* 노르트(Nord)(1988: 11) 참조: "통역자는 AT-수신자의 관점에서뿐만 아니라 특별한 수신자 상황 때문에 다른 모든 AT-R과 다르다: 그는 자신의 목적, 즉 자신에게 정보를 제공하거나 즐겁게 하거나 지시를 받기 위해 AT를 수신하는 것이 아니다. 그는 텍스트에 관한 자신의 "수신 필요성"이 없지만, 어느 정도는 출발-문화와 다른 목표-문화에 속하는 발의자 또는 발의자가 결정한 목표텍스트-수신자 대신 출발-텍스트를 수신한다."

1. 통역 과제:
2. 각각의 점진적-선형적 출발언어-텍스트 출현:
3. 유사한 출현형태의 출발언어-텍스트 동반적 비언어적 요소:

   a) 초분절 운율 수단(suprasegmental-prosodische Mittel),

   b) 몸짓-표정적/맥락적/텍스트지원적 표현 수단

필자가 서두에서 이미 언급했듯이 수신의 사전 결정은 통역 작업을 통해 그리고 통역 작업에서 발생하므로 미리 결정된 목표와 수신의 부분적 행위 이전에 획득되고 경우에 따라서는 추론된 정보는 상응하게 직접적인 수신의 초점을 형성한다.* 정의되고 수행되어야 할 통역 작업은 상위 체계와 같은 역할을 하고, 이는 해결의 방향을 지정하고 그로써 모든 작업 단계, 즉, 부분 행위, 작업을 수반하고 제어한다. 모든 작업이 그렇게 인식되면 작성자 또는 전달자에 의해 적절하게 해결되기를 요구하기 때문이다. 따라서 KSD-연관적 수신의 틀 내에서 작업-체계는 선택적으로 평가된 텍스트 의미 단위를 이해하고 유지하는 데 자극 및 규제 효과가 있다. 따라서 이 기능은 통역 작업의 전체 대역폭을 포괄한다: 이 기능은 공허한 개념만이 외연적으로 의식화되는 사전정의 단계에서부터 KSD-상황과 그 구성요소에 관한 정의적 결정을 통해 이러한 개념을 내포적으로 채우고 제시된 출발언어-텍스트에 관한 수용-부분행위(Rezeptions-Teilhandlung) 내 작업을 통해 의도적 채움 단계에 이른다. 이

* 하이네만/비베거(Heinemann/Viehweger) 1991: 264 참조.

는 통역 작업이 완료될 때까지, 즉 목표언어-텍스트생성 및 성공적인 모니터링까지 이해하고 유지하는 것을 목표*로 한다.

스키마 초점을 통해 출발언어-텍스트의 수신자로서의 순차통역자는 가설과 기대의 관점을 발전시키는 동시에 그의 구체적인 수신의도를 구성한다.** 구체적인 가설은 텍스트 의미 단위의 개발을 통해 "점차로"*** 확인되고 추가로 구성되거나 반박된다. 따라서 수신-부분 행위의 맥락에서 순차통역자 기대의 다음과 같은 관점 Aspekt을 구분할 수 있다:

i) 상황-화용적 관점(출발언어-텍스트 상황, 즉 의사소통 상황에서의 출발언어-텍스트, 출발언어-텍스트 행위자, 출발언어-텍스트 동기****, 출발언어-텍스트의 시간 및 장소 화용론),

ii) 발화수반행위적-화용적 관점(텍스트 행위 목표, 텍스트 행위-유형, 텍스트유형, 화자의 태도*****),

---

* 바브르지니악(Wawrzyniak 1980: 64)은 이해의 유형을 "텍스트수신자에 의한 예상 사전 이해"로 구분한다. 그에 따르면, 그것은 "한편으로는 그의 기대에서, 다른 한편으로는 그의 관용적 텍스트 경험에서 비롯된다. 실현된 각각의 텍스트 문장은 텍스트수신자에게 일정 수의 지속 기대치를 생성하며, 이는 텍스트수신 과정에서 확인되거나 확인되지 않는다. 예측은 한편으로는 암묵적 정보(이해의 전제)와 다른 한편으로는 수신된 정보로부터 가능한 결론(암묵적 이해)을 목표로 한다."

** 노르트(Nord 1988: 60/61) 참조.

*** 훼어만(Hörmann 1980: 23) 참조: "…그에 따르면 이해의 과정은 불연속적이다: 그 과정은 말하자면 불연속적이다. 이 모델에 따르면, 우리는 한 번에 하나의 음절이나 음소는 고사하고 한 번에 한 단어씩 이해하는 것이 아니라 한 번에 하나의 구(또는 "절")를 이해한다."

**** 노르트(Nord 1988: 77-79)는 출발언어-텍스트 동기와 목표언어-텍스트 동기를 구별하며, 특히 서면 의사소통의 경우 종종 멀리 떨어져 있는 서면 텍스트에 대해 구별한다.

***** Vgl. 뫠치(Mötsch 1979: 169), 랑(Lang 1983: 307), 파쉬(Pasch 1983: 263).

iii) 통사론적 관점(수신적 출발언어-텍스트 구 구성),

iv) 지시적-텍스트적 관점(지시적 이동, 의미적 연결, 결합, 텍스트주제적 전개),

v) 초분절-운율적 관점(개별 텍스트 기능의 지표),

vi) 동작-표정 관점(표시된 텍스트 기능의 표시 또는 강화로서의 신체 언어).*

따라서 예상되는 다각화는 한편으로는 그 기대로서 수신의 특별한 초점 방향을 형성하고 다른 한편으로는 그에 반해 출발언어-텍스트 제시가 시작되자마자 다양한 정도로 연속적으로 그리고 해석적으로 완성되는 구체적인 하위 스키마를 형성한다.** 이러한 하위 스키마의 완성은 여러 차원에서 출발언어-텍스트 발전과 직접적으로 연결된다: 1. 각 텍스트 발생의 일반적 선형성 원칙, 2. 텍스트에서의 특정 지시이동, 3. 출발언어-텍스트의 초순차적 수신의 경우 텍스트의 주제별 전개 결과에서 또는 수용적 관점에서 개별 출발언어-텍스트 발화의 위상을 상응하게 역동적으로 만드는 테마-레마적 관점과 연결되어 있다. 수용적 출발언어-텍스트 처리의 경우 이러한 모든 하위 스키마는 균일학 유사하게 효과적이며 민감한 수용

---

* 훼어만(Hörmann 1980: 20)은 청자-기대의 관점 세 개 만 구별한다: 운율적, 통사론적 그리고 의미론적 관점. "…청자는 다가올 내용과 관련하여 텍스트 과정과 각각의 발화 과정에서 구축된 기대치를 놀라울 정도로 많이 사용한다. 들어오는 단위의 종합은 백지상태에서 시작되지 않고 시행착오의 원칙에 따라 움직이는 것이 아니라 이미 틀처럼 정해진 것이 예상된다."

** 읽기과정에 관한 스키마의 영향을 연구한 슈노츠·발슈타트·만들(Schnotz·Ballstaedt·Mandl 1981: 113) 참조. 그들은 예를 들어 활성화된 스키마는 특정 기대와 스키마의 "빈 공간" 또는 변수를 현실로 채우는 것을 목표로 하는 "정보 검색 행위"를 유발한다고 말한다. 스키마에 관한 가정은 문자, 단어, 구문 단위 및 텍스트 스키마를 포함한 현실 영역에 관한 것이다.

필터를 형성한다. 이 민감도는 의도된 전송 모드 영역에서 훨씬 더 강력하고 구체적인 효과가 있다. 필자는 KSD 실행조건의 세부 사항과 관련하여 세 가지 기본 전송 유형을 구분한다:

1. 목표언어-시뮬레이션에 관한 각 출발언어-텍스트 작업의 전환으로 시뮬레이션적 전환,
2. 목표언어-서술에 관한 각 출발언어-텍스트 행위의 전환으로 서술적 전환,
3. 목표언어-종합을 위한 각 출발언어-텍스트 작업의 전환으로 종합적 전환.

첫 번째 유형으로부터 다음과 같은 결과가 나온다:

i) 직접적 시뮬레이션적 행위전환:

a) 발화수반행위전환(Illokutionstransfer): 출발언어-텍스트발화수반행위+출발언어-텍스트지시,

b) 지시전환(Referenztransfer): 출발언어-텍스트지시:

두 번째 유형으로부터 다음과 같은 결과가 나온다:

ii) 목표언어-텍스트 지시와 함께 수행될 목표언어-텍스트 발화수반행위와 관련하여 각각의 출발언어-텍스트 행위에 표현된 의도의 서술적(시뮬레이션적이 아닌) 변환으로서 행위의 서술적 전환:

a) AS-지침텍스트(Instruktionstext)를 기반으로,

b) 각 KSD 상황에서 행위 역할의 재배치 결과:

세 번째 유형으로부터:

iii) 각각의 출발언어-텍스트 행위의 그 서술적 목표언어-종합으로의 변환으로서 종합적 전환.

첫 번째 유형 i)은 AS에서 수행된 텍스트 행위가 통역가에 의해 전체적으로 이해되어야 하며 (통역 작업에 따라) TS-수신자-/수신자 특성과 그 제한 사항의 결과로 “자연스럽게”만 2차 수정될 수 있다는 사실(하위 유형 a)이 특징이다. 이것은 - 라이스·페르메르(Reiß·Vermeer)의 용어로 - KS-통역자가 목표언어에서 기능적 및 지시적으로 출발언어-텍스트 행위를 “시뮬레이션”하는 일반적인 경우이다. 결과적으로 발화수반행위불변성(Illokutionskonstanz) 또는 슈타인(Stein 1980: 67)에 기대어 “의사소통의도 I1/I2에 관한 최대 유사성”이 여기에서 지배적이다: 훼니히·쿠스마울(Hönig·Kußmaul) (1982: 40)에 기대어 “출발언어-텍스트와 목표언어-텍스트 사이의 기능적 일관성”과 “개별 문화적 및 언어적 편차로서의 출발언어-텍스트 지시의 상대적 일관성”이라고 말할 수 있다. 궁극적으로 이러한 상대성은 텍스트가 형성되는 의사소통 행위에 관여하는 언어와 문화의 특성에서만 발생할 수 있다. 라이스·페르메르(Reiß·Vermeer) (1991: 104)에 따르면 문화와 언어는 “개체(Individua)이므로 그로써 문화 및 언어구조 일부로 구성된 구조로서의 텍스트도 개체이다. 다른 구조로의 전환의 경우, 요소의 값은 서로 다른 문맥으로 들어오기 때문에 필연적 그리고 통상적으로 변경된다. 출발 텍스트의 함축집합(Implikationsmenge)이 정확하게 다시 나타날 수는 없다.”

두 번째 하위 유형 b)는 출발언어-텍스트 행위가 1차 수정되는 일종의 선택적 전환으로 차이를 만들며, 통역자는 출발언어-텍스트 지시 영역만 저장하고 결국 목표언어에서 출발언어-텍스트를 적응적으로 처리한다. 목표언어에서 발화수반행위 유형의 가능한 변경은 해당 출발언어-텍스트 행위의 개별 언어적-개별 문화적 특성으로 인해 발생할 수 있거나 주어진 통역 상황에서 출발언어-작성자에 의한 출발언어-작성자와 목표언어-수신자 사이의 사회적 관계에 관한 불충분한 부정확한 평가로 인해 발생할 수도 있다. 그 결과 출발언어에서 강력한 요구(Aufforderung) 대신 요청(Bitte) 또는 확언(Feststellung)이 목표언어에서 실현된다.

서술적 행위전환 ii)는 그에 반해 다음에 기초한다:

a) 이전에 완료된 훈령 행위(Instruktionshandlung 일반적으로 통역 발주자 자신, 아마도 현재 출발언어-작성자에 의해 수행됨)를 기반으로 하며, 이를 명제적 기반으로 만들어 각각의 미래적 목표언어 텍스트 행위만 테마화한다, 예를 들어:

Sagen Sie (an den Dolmetscher) ihm (dem ZS-Adressaten/Rezipienten), daß ich (der Initiator des KSD oder - nach Knapp und Knapp-Potthoff (1985) - der Sprachmittlung) garantiert zahlungsfähig bin und daß er die nächste Lieferpartie von 800m Fensterdichtung in der kommenden Woche vorbereiten kann, (in Anlehnung an eine vom Verfasser authentisch erlebte Dolmetschsituation der besprochenen Art):

(통역사에게) 그(목표언어-수신자/수신자)에게 내 (KSD 발의자 또는 - Knapp 및 Knapp-Potthoff (1985)에 따라 - 언어중재의 발의자)가 분명 돈을 지급할 수 있고 그가 다음 주에 800m의 창문 봉인 주문을 준비할 수 있다고 (작성자가 실제로 경험한 논의된 유형의 통역 상황을 기반으로 함) 말해주십시오:

b) 이전에 완료된 비지침적-행위(Nicht-Instruktionshandlung)를 기반으로 하며, 그 발화수반행위는 목표언어-행위에서 통역자에 의해 수행적으로 그리고 명제적으로 서술된다.

전환 하위 유형 a)의 실현은 통역자가 출발언어-작성자로서 통역 발주자와 거리를 두는 방식으로 KSD의 통역 행위를 통해, 즉, 더 이상 (또는 각 KSD 상황의 발전에 따라) 1인칭으로 목표언어에서 언어적으로 행동하지 않는 방식으로 발생한다. 이는 통역 발주자가 목표언어-수신자/수신자를 직접적으로 향하는 출발언어-텍스트를 생략했거나 이러한 방식으로 출발언어-텍스트를 만드는 과정에 있지 않기 때문이다. 그 결과 통역자는 목표언어에서 생성되었거나 전제되는 이러한 간접성과 동시적 간격을 제거하는 것이 불가능하며, 통역자는 발주자 또는 출발언어-작성자의 의도 및 지시 지침을 지시하는 방식으로 반응한다. 즉, 그의 목표언어-발화에서 그것을 서술하고 소위 말하는 "논의된 3인칭"으로서 발의자를 언급하기도 한다. 예를 들어 위에서 언급한 발의적 출발언어-부분에 관한 목표언어에서의 통역자의 가능한 반응으로서 다음과 같은 것을 가정할 수 있다:

Herr Kowalczyk möchte Ihnen, Herr Fritz, versichern, daß er zahlungsfähig ist und daß Sie, Herr Fritz, die nächste Lieferpartie von 800m Fensterdichtung in der kommenden Woche vorbereiten können. (aus einer authentischen Dolmetschsituation)

Kowalczyk 씨는 Fritz 씨 당신에게 자신이 지급 능력이 있으며 Fritz 씨 당신이 다음 주에 800m 창문 봉인의 다음 배송을 준비할 수 있음을 확신시키고 싶어 합니다. (실제 통역 상황에서 유래함)

목표언어-발화에서 발의자를 3인칭으로 명명하고 특히 서술적 기능에서 수행 동사/형식을 사용함으로써 KS-통역자는 크납·크납-포트호프(Knapp·Knapp-Potthoff 1985: 456)에 따르면 소위 언어적 또는 - 더 정확히 표현하여 - 저자들이 그러한 방식으로 이해하는(1985: 455) 수행적 관점화(performative Perspektivierung)를 발전시킨다.

그러한 방식으로 M(통역자 - J.Z.)이 M이 주어진 시점에서 M으로서 스스로 말하는지 아니면 다른 S(출발언어-화자로서 - J.Z.로)의 위탁을 받아 말하는지: 다른 말로 표현하면: M이 의사소통 의도의 발주자가 누구인지를 표현하는 방식.

통역 상호작용 참여자들의 상호 거리두기와 그리고 그로써 행위역할의 재배치도 (하위 유형 b) 예를 들어 텍스트가 통역 작업에 따라 시뮬레이션된 행위전환을 직접 받아야 하는 출발언어-작성자인 경우라면 KSD-상황에서 발생할 수 있다. 이는 예를 들어 출발언어-작성자가 목표언어-수신자/수취인에 관한 상기 언급한 직접성을 어느 정도 명시적으로 "포기"할 때, 그리고 어떤 이유로든

출발언어-작성자가 여전히 발의자로서 지시 형식으로 하지 않은 채 대리인 및 유사-목표언어-수신인인 KS-통역자에게 보내는 텍스트를 1인칭으로 직접 생성하는 경우이다. 이 경우 수행적 관점화의 동일한 방식이 적용되며 서술적이며 직접적이지 않은 시뮬레이션 행위전환이 수행된다. 서술에 관한 전환 결과인 목표언어-행위의 구조에는 다음 두 가지 구성요소가 포함된다:

1. 수행적 서술이 포함된 수행적 앞부분/소개,
2. 명제적 서술.

행위자가 수행적 앞부분에서 언제나 3인칭 주어로 나타나는. 수행동사에 따라 이 부분에서 목표언어-수신인이 지칭된다. 예는 다음과 같다:

i) X/er/sie wünscht, daß p, (X/그는/그녀는 p를 원한다)

ii) X/er/sie bittet Sie, daß p, (X/그는/그녀는 p를 요청한다)

iii) X/er/sie verspricht Ihnen, daß p, (X/그는/그녀는 p를 당신에게 약속한다)

iv) X/er/sie glaubt, daß p, (X/그는/그녀는 p를 믿는다)

v) X/er/sie fragt, ob p, (X/그는/그녀는 p인지 묻는다)

vi) X/er/sie möchte alles zurücknehmen, was ρ usw. (X/그는/그녀는 p 등을 철회하고 싶어 한다)

그리고 불특정:

vii) X/er/sie sagt, daß ρ usw. (X/그는/그녀는 p라고 한다)

종합적 전환 iii)은 위에 제시된 순서의 서술과 매우 밀접하게 관련된 전환 유형일 뿐만 아니라 정신적 행위의 특성 관점에서 서술적 유형과 반대로 훨씬 더 큰 거리두기 단계(Distanzierungsstufe)로 간주될 수 있다. 이는 주로 글로벌 인지적 KSD-전략에서 비롯되며 이러한 이유로 KSD의 틀 내에서 특정 통역 문제를 해결하기 위한 특별한 절차로 간주될 수 없다. 따라서 그것은 KSD-실행의 전향적-전략적 결정 영역에 속한다. 이는 일반적으로 개별 목표언어-수신자 또는 소규모 그룹을 위한 특수 유형의 KSD-실행으로서 계획된다. 제도적 틀과 소위 다수의 청중 앞에서의 일방향적 통역 커뮤니케이션, 예를 들어 공식 연설, 연설 등과 같은 것에서는 거의 배제될 수 있다. 이에 관해 다음과 같은 세 가지 원인이 있다:

1. 통역자의 강화된 행위 역할 관련 수신자 소속:
2. 추가적 재배치의 의미에서 행위 역할의 행동적 추가 거리두기:
3. 포괄적-서술적 목표언어-텍스트 행위 유형에 관한 확정: 서술적 목표언어-종합.

목표언어에서의 종합은 그 자체로 출발언어-텍스트의 일정한 목적을 지닌 선택을 의미하며 관련성이 낮거나 일반적으로 중복되는 출발언어-텍스트 부분 또는 요소에 관한 동시적 포기이다. 결국, 출발언어-텍스트의 종합에서 목표언어-단순화가 이루어지며, 이는 내용 및 기능 측면에서 원본과 다소 다르므로 그로써 거리를 두기도 한다. 따라서 종합적 전환은 일반적으로 수용적 목표언어-수신자에 의해 시작되며, 결과적으로 그는 출발언어-작성자의 의사소통적 거리를 넓히고 동시에 통역자가 어느 정도 그 자신에게 매이도록 한다. 종합적인 전환을 기반으로 실현되는 전형적인 KSD 상황은 소규모 수신자그룹에 주로 사용되는 순차 속삭임 통역이다. 여기서 의사소통은 일방향적일 뿐이며 출발언어-작성자와 목표언어-수신자/수신자 간의 의사소통적 간격은 아마도 가장 클 것이다. 그러나 목표언어로 통역되는 미디어(텔레비전, 라디오)에 의해 전달되는 출발언어-텍스트의 경우에는 더욱 극단적이다. KSD-과정에서 이러한 전환 관계의 구조에 의하여 행위 역할의 전략적 재배치가 이루어진다. 이는 통역자와 목표언어-수신자/수신자의 출발언어-작성자로부터 상대적으로 최대 간격과 통역자의 동시적이고 점증적인 수용적 목표언어-수신자를 향한 지향이 일어난다는 의미이다. 또한, 이는 통역자가 종합적 전환을 선택하는 데 영향을 주고, 그리고 이로써 통역자가 출발언어-텍스트의 종합으로서 포괄적-서술적 목표언어-텍스트 행위 유형의 틀 내에서만 통역적으로 작업하게 한다. 이 결정에는 훈령 텍스트가 선행되는 경우가 많다, 예를 들어: "Sagen Sie nur allgemein/das Wichtigste, was er (der betreffende AS-Texter) sagt!"("그(출발언어-작성자)가 말하는 일반적/가장 중요한 것만 말하세요!")

목표언어에서 종합을 실현하기 위해 통역자는 출발언어-텍스트에서 최소한 다음 세 가지 작업을 수행해야 한다:

a) 발화수반행위 일반화로서 부분텍스트발화수반행위의 층위로의 국지적 출발언어-텍스트 행위 발화수반행위의 추상적 상승(그리고 경우에 따라서는 축소):

b) 부분적 명제 일반화로서 부분텍스트목적의 층위로의 개별적 출발언어-텍스트 행위 목적의 추상적 상승(경우에 따라서는 축소):

c) 부분적 명제 일반화로서 부분 텍스트 테마의 층위로의 텍스트 개별 테마의 추상적 상승(그리고 경우에 따라서는 축소).*

통역적 의미에서 출발언어-텍스트 의무의 일반화적 선택은 이러한 절차의 공통적 기능적 일치를 형성하고, 출발언어 텍스트 작성자는 이를 목표언어-수신자/수신자에게 전달하며 이는 서술적 모드에서 통역자에 의해 목표언어로 옮겨진다.

이러한 모든 경우, 직접적 시뮬레이션적, 서술적 행위전환은 물

* 이러한 방식으로 설명된 절차는 여전히 훨씬 더 자세한 조사가 필요하며 그 자체로 매우 매력적인 연구 목표를 나타낸다.

론 종합적 전환 모두에서 통역자는 각각의 전환을 수행하는 작업을 수행하며, 동시에 목표언어에서 통역 발의자가 의도한 목표언어-텍스트 행위를 적절하게 실행해야 하는 의무를 진다. 전환 모드에 관한 전략적 결정으로 당연한 귀결로 수신 프로파일에 관한 결정과 잠정적으로 각 수신초점(Rezeptionsfokus)에 관한 결정이 내려진다. 수용적 정합성 보장 출발언어-텍스트 구성소에는 세 가지 전환 모드와 관련된 다음 그룹이 포함된다:

1. 시뮬레이션: 출발언어-텍스트 발화수반행위 및 출발언어-텍스트 지시, 출발언어-텍스트유형, 텍스트적 정합성 연속의 문체적 영향의 상대적* 최대 파악:
2. 서술: 텍스트적 정합성 연속에서의 출발언어-텍스트 행위 발화수반행위 및 출발언어-텍스트 지시의 상대적 테마적 파악:
3. 종합: 정합적 상호작용 속에서의 출발언어-부분 텍스트 발화수반행위의 상대적 및 환원적 파악.

다른 한편으로는 위의 수신 프로필 목록은 출발언어-텍스트 일관성 형식의 전거로도 해석될 수 있다. 이는 서로 다른 작업 관련적 프로파일링을 통해 수신 대상인 출발언어-텍스트와 그에 관한 인식이 동일하게 명확하게 결정되기 때문이다. 그 직접적인 결과로서 텍스트 사용자인 통역자에 의해 수신된 출발언어-텍스트내용은 전체 출발언어-텍스트내용의 특정한 연속성으로서 - 작업 관련 프

---

* 필자는 상대적으로 각각의 KSD-작업에 관한 엄격한 종속성을 의미한다.

로파일에 따라 - 적절한 의미 구성을 받게 된다. 상대적 출발언어-텍스트정합성은 항상 KSD-결정적 그리고 그렇기에 선택적 출발언어-텍스트수신에서 발생한다. 그를 통해 생성되는 여러 정합성은 정신적 KSD-활동 과정에서 거의 자동으로 각각의 구체적 프로필 특징과 함께 상응하는 상호텍스트적 정합성을 형성한다. 라이스·페르메르(Reiß·Vermeer 1984: 114)의 용어에서 상호텍스트적 정합성은 텍스트의 소위 "메시지(Nachrichten)" 사이에 정합적 연관이 생성되는 각 번역 프로세스 내의 일련의 정합성 구 연속(Kohärenzphasenabfolge)이다. 라이스·페르메르(Reiß·Vermeer)는 통역-/KSD-구조에서 통역적으로 중요한 관련 대상으로서 다음과 같은 텍스트 단위를 구별한다*:

1. 통역자를 통한 수신 모드에서 출발 텍스트의 생산자에 의해 인코딩된 메시지,
2. 통역자가 이 메시지의 수신자로 해석한 메시지,
3. 목표 수신자를 위한 (재)생산자로서 수용적 통역자에 의해 인코딩된 메시지,
4. 통역자에 의해 생성한 메시지에서 목표 수신자에 의해 해석한 메시지.**

---

* 이는 원본과 전환본 사이의 등가 관계가 그에 기반하기 때문이다.

** 4.의 출처는 푀히하커 (Pöchhacker 1994: 141)이며 이러한 정합성 단계의 정당한 확장을 위한 것이다.

KSD에 완전하게 적용되면 전환 방식, 수신 프로파일, 상호텍스트적 정합성 간의 위에서 제시한 연관은 다음과 같은 종속성 또는 함축적 메커니즘의 형태로 제시될 수 있다:

A: 의도된 전환 유형 → B: 실현된 수신 프로파일 → C: 프로파일링 된 상호텍스트적 정합성1 → D: 실현된 전환 유형 → E: 프로파일링 된 상호텍스트적 정합성2 → F: 프로파일링 된 상호텍스트적 정합성3.

여기서 볼 수 있듯이, 이 메커니즘은 프로파일링 된 상호텍스트적 정합성의 세 가지 함축적 단계를 포함한다.

위 설명을 마무리하며 필자는 다음과 같이 말하고 싶다: KSD-수신관점에서 작업 관련 프로파일링은 인식 자체와 KSD-전형적인 후속 작업에 결정적인 것으로 입증되었다. 따라서 상호텍스트적 정합성은 모든 KSD-실행에서 프로파일 결정된 상태로 유지된다. 그에 관한 연구는 일반 텍스트언어학 및 통역학에 관한 매우 매력적인 연구과제이다.

참고문헌

Heinemann, Wolfgang/Viehweger, Dieter (1991): Textlinguistik. Eine Einfuhrung. - Tübingen: Niemeyer.

Holz-Mänttäri, J. (1984): Translatorisches Handeln. Theorie und Methode. - Helsinki.

- (1986): Translatorisches Handeln - theoretisch fundierte Berufsprofile. - In: Snell-Homby, M. (Hg.): Übersetzungswissenschaft. Eine Neuorientierung (Tübingen) 348-374.

Hönig, H. G./Kußmaul, P. (1982): Strategie der Übersetzung. Ein Lehr- und Arbeitsbuch. - Tübingen.

Hörmann, H. (1980): Der Vorgang des Verstehens. - In: Kühlwein. W./ Raasch, A. (Hgg.): Sprache und Verstehen, Bd. I. (Tübingen).

Knapp, K./Knapp-Potthoff, A. (1985): Sprachmittlertätigkeit in interkultureller Kommunikation. - In: Rehbein, J. (Hg.): Interkulturelle Kommunikation. (Tübingen) 450—482.

Lang, E. (1983): Einstellungsausdrücke und ausgedrückte Einstellungen. - In: Studia Grammatika XXII (Berlin).

Mötsch, Wolfgang (1979): Einstellungskonfigurationen und sprachliche Äußerungen. - In: Rosengren, I. (Hg.): Sprache und Pragmatik, Lunder Symposium 1978 (Lunder germanistische Forschungen)

Nord, Ch. (1988): Textanalyse und Übersetzen. Theoretische Grundlagen, Methode und didaktische Anwendung einer übersetzungsrelevanten Textanalyse. - Heidelberg.

Pasch, Renate (1983): Mechanismen der inhaltlichen Gliederung von Sätzen. - In: Studia Grammatika XXII. (Berlin).

Pöchhacker, F. (1994): Simultandolmetschen als komplexes Handeln. - Tübingen.

Reiß, Katharina/Vermeer, Hans J. (1984/1991): Grundlegung einer allgemeinen Translationstheorie. - Tübingen.

Schnotz, W./Ballstaedt, S. P./Mandl, H. (1981): Kognitive Prozesse beim

Zusammenfassen von Lehrtexten. - In: Mandl, H. (Hg.): Zur Psychologie der Textverarbeitung. (München/Wien/Baltimore).

Stein, Dieter (1980): Theoretische Grundlagen der Übersetzungswissenschaft. - Tübingen.

von de Velde, R. (1981): Interpretation, Kohärenz und Inferenz.- Hamburg.

Vermeer, Hans J. (1990): Skopos und Translationsauftrag. - Heidelberg.

Wawrzyniak, Zdzisfaw (1980): Einfuhrung in die Textwissenschaft. Probleme der Textbildung im Deutschen. - Warszawa.

Żmudzki, Jerzy (1995a): Konsekutivdolmetschen - Handlungstransfer und transferierende Handlung. - In: Kwartalnik Neoßlologiczny 1/95 (Warszawa).

\- (1995b): Konsekutivdolmetschen - Handlungen, Operationen, Strategien. Wydawnictwo Uniwersytetu Marii Curie-Sktodowskiej, - Lublin.

규범화 단위(Kodifizierungseinheit)로서의 텍스트

(고대)교회슬라브어 규범의 특수성

제목에서 언급된 텍스트문제에 관한 낯설어 보일 수 있는 접근방식은 다음과 같은 사실을 기억하면 더 익숙해질 것이다:

라틴어 규범을 부활시키려는 노력에서 예를 들어 서유럽의 신라틴주의자들(Neolatinisten)은 키케로 텍스트에 관심을 기울이고 규범과 관련하여 권위원칙(Autoritätsprinzip)의 관점에서 그의 "언어사용"을 따를 것을 호소한다(파울 Paul 1920).

유사한 과정이 17세기 모스크바 루스(Rus')에서 발생하는데, 그곳에서 대주교(Nikon)(제3의 남슬라브 영향) 아래에서 "서적의 개선"이 이루어졌다. 그것은 오래된 규범적 텍스트에 기대어 표현되며 원형(Archetypus)의 보존에 도움이 된다(톨스토이 Tolstoy 1963 참조).

이 규범화(Kodifizierung)는 역시 신러시아어에서도 19세기 초에도 부분적으로 순수문학의 텍스트를 지향하는 것 같다. 이렇게 코진(Kozin 1979)은 A.S. 푸쉰(Pushin)에서 -e와 -u의 전치사 형태를 분석한다. 그리고 그는 그 가변성이 보스토코프(Vostokov)의(1831) 문법에서 규정된 규범에 영향을 미친다고 말한다.

키예프 루스(Kiever Rus' 11~14세기)의 문어의 어휘적 규범에 관한 연구는 단어가 문맥을 구성하지 않고 문맥이 특정 어휘소의 선택을 요구한다는 것을 보여준다. 예를 들어 어느 한 사람이 부가어 ***кротькъ, съмѣренъ, милостивъ убогымъ***를 통해 특징지어지면, 이는

мужь라는 단어로 묘사되며 결코 ***человѣкъ***로 묘사되지 않는다. 동사 Verben dicendi에서 ***молвити***는 직접 화법에 사용된다. 그에 반해 성경 자료와 관련 있는 문맥에서는 ***глаголати, вѣщати, рещи***가 사용된다(미하일롭스카야 Michajlovskaja 1980: 245ff. 참조).

마지막으로 "언어적 코드"를 변경한 것으로 알려진 러시아 연대기의 현상을 언급해야 한다(휘틀-폴터 Hüttl-Folter 1983 참조). 필자가 1377년 Codex Laurentianus에서 선택한 예는 유사한 문맥에서 특정 어휘뿐만 아니라 음성(완전모음 및 음위전환(Metathese)) 및 문법적 형태(다양한 과거형 시제)의 사용이 특정 유형의 텍스트에 관한 언어 선택에 따라 조건이 지정됨을 보여주며, 이는 "일상적 사건"(1)인지 "신성한 진리"(2)인지에 영향을 받는다:

(1)...Ѡлег же вниде в городъ и пригаша и горожане Изяслава же взмше положиша и в манастъıри стго Спса и Ѡтоуда перенесоша и Новоугородоу и положиша и оу стъıѣ Софьѣ на лѣвѣи сторонѣ...

…Oleg는 도시에 도착했고 사람들은 그를 받아들였다. 그들은 Izjaslav의 시신을 받아 성스러운 구세주 수도원으로 가져갔다(매장을 위해). 거기에서 그들은 그를 (강의) 왼쪽 강둑에 있는 성 소피 교회에 있는 노브고로드(Novgorod)로 데려갔다.…

페이지 85b.

공문서언어 텍스트유형의 특성:

음성론적: 완전음 – **городъ, горожане, перенесоша, Новоугородоу, сторонѣ**

형태론적: 과거형 – 부정과거(이야기 시제로서)

(2)...сила бѣ юго (кн. Александра) часть ѿ силы Самсона · далъ бѣ юмоу бъ прмдрсть Соломонию и храбрьство же акы цсра Римьскаго Єспиинана иже бѣ плѣнилъ всю Подъиюдѣискоую землю· и нѣгдѣ исполчи сѧ к градоу Атапатоу пристоупити и шедше гражане... и възврати силоу ихъ ко вратом ко градиъым...

...그의 힘[알렉산더 제후의]은 삼손의 힘의 일부였다. 하나님은 그에게 솔로몬의 지혜와 온 유대 땅을 정복하고 어느 날 그의 용사들과 함께 아다롯 성을 공격하러 나섰던 로마 황제 베스파시아누스의 용맹을 주셨다. 마을 사람들이 그에게 맞섰으며… 그는 그들의 군대를 성문으로 밀어냈었다. … 페이지 168b.

문화언어 텍스트유형의 특성:

음성론적: 음위전환 - **храбрьство, плѣнилъ, градоу, гражане, възврати, вратом, градиъым**

형태론적: 과거형태 - 과거완료 (далъ бѣ, бѣ плѣнилъ)

또는 부정과거 (исполчи, възврати):

형용사어미 - **Римьскаго**

어휘적: 접속사 **акъı**

필자의 생각으로는 여기에 언급된 모든 사실은 특정한 발전기간에서 다양한 문어에 중요할 수 있는 텍스트관련적 규범의 존재를 증명한다.

그러나 - 슬라브인의 최초의 문어 - 고대교회슬라브어의 경우 **텍스트관련적 규범**이 결정적이며 이 언어의 존재와 확산은 그 기원의 특수성에 의해 결정된다.

고대교회슬라브어는 9~11세기에 슬라브 선교사인 콘스탄틴-키릴(Konstantin-Kyrill) 형제와 메토디우스(Method), 그리고 그들의 제자들이 그리스어에서 슬라브어로 번역한 종교 텍스트의 "인공적인" 언어로 등장했다.

1947년 부당하게 잊힌 석사 논문(키파스키 Kiparsky 1958, 1964, 1966, 1968, 체르노흐보스토프 Tschernochvostoff(†) 1995 참조)에서 제시한 게오르그 체르노흐보스토프(Georg Tschernochvostoff)(핀란드의 슬라브학자 발렌틴 키파스키 Valentin Kiparsky의 뛰어난 제자)의 천재적인 가설을 고수한다면 최초의 슬라브어 알파벳 - Glagolica - 생성도 (번역을 위해 Konstantin이 생성) 텍스트를 기반으로 했다는 결론을 내릴 수밖에 없다. 여기서는 한 가지 예만 들겠다.

체르노흐보스토프(Tschernochvostoff)의 가설에 따르면 모든 글래골 문자는 세 가지 신성한 기호를 기반으로 한다: 십자가 - 그리스도의 십자가 -, 원 - 전능함, 하나님과 삼각형의 무한성과 완전성 - 거룩한 삼위일체로서. 이때 무엇보다도 철자 "I"와 "S"는 우리에게 알려진 어떤 알파벳()에도 해당하지 않는 눈에 띄는 대칭을 나타낸다: 

그러나 파노니아(Pannonisch) 전설에 따르면 그리스어에서 슬라브어로의 첫 번째 번역은 요한복음 1장의 말씀으로 시작되는 Aprakosevangelium 복음이었다: ἐν ἀρχη태초에 (말씀이 있었으니)', 고대교회슬라브어. **искони (бѣ слово)**, 참조 콘스탄티누스의 생애에서: **и абиѥ съложи письмена и начѧ бѣседѫ пьсати ѥвангельскѫѭ· искони бѣ слово**···

따라서 기록된 첫 번째 슬라브어 단어는 "I"와 "S"로 시작: 

동일한 문자(훨씬 더 중요해 보이는)가 성경텍스트에서 예수의 이름의 약어에 사용된다: IΣ = **И҃С**(**Исоүсъ**).

고대교회슬라브어(그래서 예를 들어 교회슬라브어는 17세기까지 러시아의 문화언어로 사용됨)의 존재와 확산은 특히 대표텍스트의 여러 사본에 의존했다.

규범화 단위로서의 텍스트(다양한 출현형태로)가 고대교회슬라브어의 특성을 나타낸다는 것은 이해할 수 있다.

조어영역에 관한 필자의 연구는 텍스트관련적 규범의 다음과 같은 네 가지 출현형태를 분류할 수 있게 했다: **문맥관련적 규범, 패턴텍스트 관련적 규범, 텍스트유형 관련적 규범 및 성서 관련적 규범**(참조 멩겔 Mengel 1993).

텍스트 관련적 규범의 이러한 출현형태는 조어요소만 포함하는 것이 아니라 상이한 발전기간에서 다른 문어의 특징이 될 수 있다. 필자가 서두에서 언급한 사실로 돌아가면 모스크바 루스에서 "서적개선"과 언급된 신러시아어의 규범화 현상이 19세기 초 모범텍스트 관련적 규범을 적용하려는 시도가 신라틴주의자들의 노력이었다는 것을 알 수 있다. 11~14세기 키예프 루스 텍스트의 어휘적 규범은 문맥관련적이다. 그리고 러시아 연대기에서 소위 "언어적 코드"의 변경은 나아가 텍스트유형 관련적 규범과 관련이 있다.

그런데도 텍스트층위의 규범화 원칙은 고대교회슬라브어 전체를 지배한다. 다음에서 필자는 조어요소를 토대로 고대교회슬라브어에서의 다양한 출현형태에서의 텍스트관련적 규범의 영향을 보여주고자 한다. 이를 위해 고대교회슬라브어 텍스트 연구자들에 의해 "변형" 또는 "중복"이라고 불리는 어근이 같은 조어 동의어는 이러한 목적에 특히 적합하다(규범의 임무는 기존 변형 중에서 선택하는 것으로 생각해 보자).

동일어근 조어 동의어의 가장 큰 다양성은 **Codex Suprasliensis***의 고대교회슬라브어 성서 텍스트에서 발견되며, 여기에서 인칭 명칭 하나에만 24개 그룹의 동일어근 조어 동의어가 존재한다. 그러나 Aprakos복음서와 Tetra복음서("대표 텍스트")에도 이러한 현상이 포함되어 있다.

그렇게 **Codex Marianus**에서: **Горє вамъ к ъ н и г ъ ч и ѩ и фарисѣи. лицемѣри** - Mt 23,23: **Горє вамъ к ъ н и ж ь н и ц и и фарисеи vпокрти** - Mt 23,25 ('화가 있을진저, 너희 서기관과 바리새인과 위선자들이여').

요한복음 4장 37절(Jo 4,37)에서 우리는 『Codex Marianus』, 『Codex Zographiensis』, 『Assemanievangelium』에서 다음과 같은 것을 읽는다: **ѣко инъ єстъ сѣѩи и инъ єстъ ж ь н ѧ и**('[왜냐하면, 여기에서 그 구절은 사실이기 때문이다:] 이 사람은 씨를 뿌리고, 다른 사람은 수확한다'): 그에 반해 Mt 13, 39에서는 Codex Marianus, **Codex Zographiensis**에서 다음과 같은 것: **а жѧтва єстъ коньчаниє вѣкоу. а ж ѧ т є л є сѫтъ а҃гли**('수확은 세상의 끝이다. 추수

---

* 기고문에서 언급된 성서 텍스트에 관한 간략한 설명: 복음서: 코덱스 마리아무스(Codex Mariamus) - 4 복음서(Tetraevangelium). 11세기, 글래골로 기록: Codex Zographiensis - Tetraevangelium, 11세기, 글래골로 기록: Assemanievangelium - Aprakosevangelium, 10세기, 글래골로 기록: Ostromirevangelium - Aprakosevangelium, 1056-1057, 키릴로 기록, 러시아로부터의 사본: Tetraevangelium 1144 - Telraevangelium, 1144, 키릴로 기록, 러시아로부터의 사본: "비복음적" 텍스트(=모음집): Codex Suprasliensis - Menäum(성자와 강론의 삶의 모음 - 종교 교화 저술), 11세기, 키릴로 기록: Simeonov sbornik - 그리스어로부터의 번역 모음집, "학술적" 사전의 유형, 키릴로 기록 1073년 (=Izborttik Svjaloslava 1073 goda) 러시아로부터의 사본으로 전승, 키릴로 기록.

꾼은 천사이다'): Assemani 복음서의 해당 구절은 다음과 같다: **А жѧтва кончаніе вѣка естъ. А жѧтелѣне анг҃лі сѫтъ.**

Lk 5, 2에서 … **і видѣвъ дъва корабица стоѩшта при езерѣ. р ы б ы т в ы же ошедъше отъ неѩ плакаахѫ мрѣжѧ**('그리고 호수에 있는 두 척의 배를 보았다: 그러나 어부들은 나가서 그물을 씻었다') Codex Marianus로부터 우리는 **Codex Zographiensis**에서 해당 구절을 볼 수 있다 -**ръібари**, Assemanievangelium에서 – **ръібітві.** 러시아에서 유래한 사본의 해당 구절이 특징적이다: Ostromirevangelium - **ръібари**, Tetraevangelium 1144 – **ръібитві.**

언급된 변형은 텍스트관련적 규범을 참조하도록 한다. 동일어근 조어 동의어의 사용과 관련하여 텍스트관련적 규범의 다음과 같은 출현형태들이 구분될 수 있다:

1. 예 **кънигъчии - кънижьникъ, жьнѧи - жѧтель**는 텍스트 관련적 규범에 관한 것이다. 이때 후자의 변형들 사이의 선택은 분명히 두 개의 서로 다른 문맥의 서로 다른 내용에 의해 결정된다 *(미하일롭스카야 Michajlovskaja 1980 참고). **кънигъчии- кънижьникъ** 쌍은 동일한 문맥에서 사용된다. 필자의 생각으로는 언어적 표현수단의 가변성이 키릴과 메토디의 번역 기술의 주요 원칙 중 하나라는 사실을 고려해야 한다(참고 베레슈차긴 Vereščagin 1972, 브록 Brock

---

* 요한복음 Jo 4, 37에서 명사화된 분사 **жьнѧи**는 술어명사로 나타난다(참조, 독일어 번역). 그와 대조적으로 생산적 조어유형 "부정사 어간 + -**тель**"에 의해 형성된 동일어근 인칭 **жѧтель** (단수형 **жѧтелинъі**의 보조 접미사가 있는 Assemania(복음서에서)는 마태복음 Mt 13:39에서 문장 주어 역할을 한다.

1979, 체르니세바 Cernyševa 1994). 따라서 조어범주의 다양한 조어유형에 따라 하나의 동일한 파생 어간에서 형성된 두 개의 파생어 맥락에서의 사용은 생각할 수 있고 논리적일 것이다: 이는 동일한 어휘소(동일한 "단어형태")의 반복을 방지하기 위해 일어난다(이 문맥에서 어휘적 동의어의 병렬적 사용 참조: 슬라브어 차용번역лицемѣри 그리고 그리스어 차용 ѵпокрити- '위선자').

2. ръібарь - ръібитвъ(특히 러시아어 복사본에서)에서 원형텍스트에 관한 의존을 통한 "언어적 규범의 안정화"(알렉세예프 Alekseev 1987 : 34ff.)를 관찰할 수 있다(원형텍스트 관련적 규범).

3. 또한, 텍스트유형 관련적 규범을 인식할 수 있다. 예를 들어 "하나님"이라는 의미를 가진 спасъ 어휘소는 복음서와 비복음주의적 텍스트에 사용되는 반면, спаситель이라는 단어는 비복음주의적 텍스트에서만 사용된다.

4. 고대교회슬라브어 텍스트는 성서 텍스트관련적 규범을 따른다. 후자는 동일어근 조어 동의어가 성서 텍스트 내에서 절대적 동의어로 거의 나타나지 않는다는 것을 의미한다. (참조 кънигъчии - кънижьникъ, жьнаи - жатель), 그들의 사용은 특정 의미에 특화되고 특정 단위의 선택이 동기 부여된다. 그런데도 이 과정은 텍스트 층위(또한, 텍스트 층위 외부)에서 다른 규범 경향에 의해 제어된다.

필자는 시연을 위해 **Simeonov sbornik**에서 몇 가지 예를 선택했는데(멩겔 Mengel 1995 참조), 그중 가장 오래된 사본은 『Izbornik Svjatoslava 1073 goda』로 러시아에서 우리에게 전해졌다(11세기부터 19세기까지 또 다른 27개의 사본이 뒤따랐다).

이 성서 텍스트 내의 규범 연구는 그리스어 원본의 번역이 키릴-

메토디안 전통을 계속한다는 것을 보여준다(고르스키·네보스트루예프 Gorskij·Nevostruev 1859-1869, Lunt 1984 참조). 이는 특히 정서법 규범뿐만 아니라 형태론적 및 통사론적 규범(민세바 Minceva 1991 참조)에 적용된다. 정서법 규범 관련은 **Codex Zographiensis**(글로골 원형) 및 **Codex Suprasliensis**(벨체바 Velceva 1991 참조)와 직접적인 유사점을 보여준다. 번역이 귀속되는 Preslav 학교의 특성은 어휘적 층위에서 명확하게 표현된다.

다음의 예를 살펴보자.

(1) 조어 동의어 **кънигъчии - кънижьникъ** – 'γραμματεύς'는 다음 문맥에서만 나타난다:

како се ѥгда речемъ дѣтиштѫ силоѭ к ъ н и ж ь н и к ъ бътийма · имь-же има покошьноѥ ꙗкоже бъти к ъ н ї χ ч и й · п о нравоу же ꙗкоже ѥгда речемъ млъчаштѫоумоу к ъ н и г ъ ч и ѭ _ 232B

이렇게 우리는 [가끔] 아이를 힘으로 강요한다: 그것은 서면으로 해야 한다. 그러나 서기관이 되려면 소질이 있어야 한다. 그러나 학습자가 우리의 말에 반박하지 않는 것이 맘에 든다.

이러한 변형의 사용에 관한 문맥관련적 규범은 복음서 텍스트에 대해 알려져 있다(참조, op. cit.). 이때 어휘소 **кънижьникъ**(150 : 7, 세틀린 Cejtlin 1986 : 170에 따라)가 지배적이다, 이는 조어유형 "명사어간 + -**ьникъ**"가 생산적이기 때문이다. 반면에 우리의 성서 텍스트에서는 **кънижьникъ**이 오직 한 번만 정착되어 있다. 복음서 텍스트에서와같이 두 가지 변형 **кънижьникъ - кънигъчии**이 하나의 동일한 문맥에서 나타난다. 필자의 견해로는 한 문맥에서 단어 **къніχчии/кънигъчии**의 두 가지 다른 음성학적 출현형태가 특히 중요하다. 잘 알려진 바와 같이 **книχчии** 형태는 **Codex Suprasliensis**의 유일한 특징이며, 여기에서 "생생한 발음"(세틀린 Cejtlin 1986: 169)을 반영하고, 이 문헌에서처럼 (참조 **кънигъчии** - 9), 단 한 번만 사용되었다.

다음의 추론이 가능할 것 같다: 가변성의 원칙에 따라 번역자는 동일한 문맥에서 동일어근의 두 개의 다른 조어 동의어(**кънижьникъ** - **кънигъчии**)를 사용한다. 이 "문맥관련적" 기능에서 그 사용은 대표적인 복음-텍스트에서 그에게 알려져 있다. 그러나 같은 용어가 현재 문맥에서 다시 나타나기 때문에 번역자는 같은 어근을 가진 세 번째 변형을 찾아야만 하도록 압박을 받았을 수도 있다. 그는 이를 동일한 텍스트유형(비복음주의적 텍스트)의 원형텍스트 중 하나인 **Codex Suprasliensis**에서 알고 있다. 변형 **книχчии**는 새로운 조어단위를 나타내는 것이 아니라 **кънигъчии**(조어유형 "명사어간 + -**ъчии**")에서 벗어난 방언적 음성형태를 나타낸다. 위의 문맥에서 그 사용을 통해 이미 알려진 두 개의 조어 동의어(음성론적 변형 및 "조어 변형")와 함께 이 형식을 사용하는 것은 단 하나의 성서 텍스트인 **Simeonov sbornik** 내에서 문맥관련적 규범으로 기록된다. 이것은 분명 조어 규범에 관한 것이 아니라 "규범적 단어사용"에 관한 것이다. 추가 예는 조어 층위에서 규범화를 위한 텍스트의 역할을 보여주어야 한다. 마지막으로 예제 (1)에 다음과 같은 내용을 추가하고자 한다:

Simeonov sbornik에서 위의 변형의 사용을 성서 텍스트 내에서 문맥관련적 규범으로 보아야 한다는 결론을 내리는 것이 합리적으로 보인다. 한편으로 그 사용은 복음서 텍스트에서 해당 조어 동의어 사용의 문맥관련적 규범에 따라 영향을 받을 수 있다(규범화는 **Codex Zographiensis**와 유사함). 다른 한편으로는 해당 변형의 사용은 샘플 텍스트 중 하나(이 경우 **Codex Suprasliensis**)의 영향을 받는다.

(2) **Съпасъ**- '1) 구세주 하나님, 2) 구원' - **съпасьникъ** - '구원자'. '구세주 하나님' 의미로 이 문헌에서는 "구 형태"(참조 Cejtlin 1986: 288) **съпасъ**가 사용되었다. 그 형태는 복음서와 비복음주의 고대교회슬라브어 원형텍스트에서(참조 op. cit.) 위에서 언급된 두 의미로 알려져 있다:

...ȯ бозѣ же ӥ ȯ съпасѣ нашемь іс҃ х҃ѣ·... - 244a

…하나님, 우리의 구세주에 관하여, 예수 그리스도…:

небонъ чл҃вкъ самовластьнъ ѥсть ȯ своѥмь сп҃сѣ ӥ ȯ погыбѣли· ... - 165a

인간이 자신의 구원과 멸망을 주관하는 권세가 있으므로…

동일한 동사(**съпасти**)에서 행위명사를 형성하려면 조어유형 "동사어간 + **-ьникъ**"를 사용한다. 생산적 접미사 **-тель**를 갖는 상응하는 파생어는 사실상 비복음적 유형(**Codex Suprasliensis** 포함)의 원형텍스트에서 **съпасъ**에 관한 병렬적 "신조어(Neubildung)"에 의해 채워진다. 이때 **съпаситель** - '구세주 하나님'이라는 단어는 "의인화하는" 부분조어의미에만 특화되어 있다, 참조 **крьститель** - '세례자' 요한, **искоуситель** - '사탄'(그에 반해 **искоусьникъ** - '시험자 Prüfer'). 그래서 **Simeonov sbornik**에서는 고대교회슬라브어 정경 텍스트와 11세기 러시아의 문헌에서 증명되지 않은 순간조어

съпасьникъ - '구세주(Retter)'가 생성된다:

> **да сице ѻу҄бо с҃тии добрыимъ ч҃ломъ и благовѣрьныимъ звѣзды сѹтъ и с п҃с ь н и ц и ꙗкоже рече г҃ь къ нимъ· вы ѥсте свѣтъ мира сего и соль земльнаꙗ·** - 1896-в
>
> 성자는 선하고 경건한 사람에게 별과 구세주와 같으니, 하나님이 그들에게 말씀하셨다. 너희는 세상의 빛이요 세상의 소금이다.

이러한 현상은 성서 텍스트관련적 규범으로 정의될 수 있으며, 이는 텍스트유형 관련적 규범에 따라 조건 지어진다.

(3) 일련의 병렬조어(Parallelbildungen)에서

чародѣи - 'ἐπαοιδός' - **чародѣиць** - 'γόης'

любодѣи - 'πόρνος' - **любодѣиць** - 'μοιχός'

-иць의 형성에서 부정적 음영(pejorative Schattierung)이 강화된 것 같다.

단어 쌍 **чародѣи** - 'ἐπαοιδός', **чародѣица** - 'γόης'는 **Codex Suprasliensis**에서만 고정되어 있다. 여기서 파생어 **чародѣица**는 조어유형 "부정사 어간 + **-ица**"의 특수한 부정적 부분조어의미에 의해 부정적 음영이 부여된다*. 원형텍스트의 예에 따라 상기 분포(Distribution)는 아마도 조어 동의어 **чародѣи-чародѣиць**로 전이될 것이다(**чародѣиць**이 고대교회슬라브어 정경텍스트에 나타나며, 러시아의 더 후의 텍스트에서만):

---

* 참조: **пиꙗница**-'μετθύων', **ѹбоица**-'φονεύς', **сѣчьца**-'σπεκουλάτωρ' Codex Suprasliensis에서: **ꙗдьца** - 'άγος' - Codex Marianus, Codex Zographiensis u.a.에서.

… не влъхвоуи· не чародѣи не отравлаи чародѣи боне живетъ· - 94а

… 마법사는 죽을 운명이기 때문에 마법을 부리거나 독을 쓰지 마라:

… нъ ѡтъкланѧти сѧ тацѣхъ зълыихъ врачевъ и ч а р о д ѣ и ц ь· - 130б

… 그러나 악한 자와 무당과 마녀를 조심하라.

위의 분포는 **Simeonov sbornik**에서 병렬조어 **любодѣи** - **любодѣиць**로 확장된 것으로 보인다. 부정적 평가는 여기에서 이미 파생어간의 어휘적 의미에 고정되어 있지만 **любодѣиць**는 '혼인파탄자(Ehebrecher)'라는 의미로 사용된다. **любодѣи**를 '정부(Buhler)'라고 한다: 현재 맥락에서 여성이 '주된 책임자'로 등장한다:

что ѥсть жена· земльнаꙗ мысль … моужоу потопъ · некротимъıи звѣрь· л ю' б о д ѣ ѥ' м ъ прѣбъıвалище· ѡроужьѥ дьꙗволе· …_ 174в_г

여자는 무엇인가: 세속적인 생각, 남자에게 홍수, 통제 불능의 동물, 정부에게 도피처, 악마의 무기 …: 참조

… и чоужиѡ[]ъ желаж'щиѡ[]ъ· и л ю' б о д ѣ и ц ь · гноусьнъı бо сѫть тѣхъ трѣбъı боу · _ 82в

음욕을 품은 이방인 곧 간음하는 자의 욕구는 하나님 보시기에 가증하고 악하니라.

우리가 텍스트를 기호의 의미 있는 연쇄로 간주하고 기호의 이중적 특성(형식과 의미)을 주장한다면, 필자의 생각에는 **Simeonov**

sbornik에서 위 병렬연쇄의 사용과 관련하여 텍스트 층위의 규범화 메커니즘이 다음과 같은 연상으로 구성된다.

본 텍스트의 기호 **чародѣи - чародѣиць**는 원형텍스트(**Codex Suprasliensis**)의 기호 **чародѣи-чародѣица**와 그 음성적 형식의 유사성으로 인해 어휘적 층위에서 연결된다. 어휘적 의미의 동일한 분포가 두 단어 쌍에서 나타난다. 따라서 **чародѣиць**라는 단어는 부정적 음영 '**γóης**'를 갖게 된다. 그러나 원형텍스트 파생어 **чародѣица**의 경우 이는 조어유형 "부정사 어간 + **-ица**"의 특수한 부정적 부분조어의미 때문이었다. 대조적으로 조어유형 "부정사 어간 + **-иць/ьць**"에는 이 부분조어의미가 생소하다(참조 **сѣчьца** - '참수자 Henker' - **сѣчьць** - '전사 Krieger').

그런데도 본 텍스트(성서 텍스트) 내에서는 조어 층위에서 기호의 추가 연관성이 있다. 상기 단어 쌍 "부정사 어간 + -Ø"(**чародѣи**)의 조어유형의 형식적 조어 구조 대비: "부정사 어간 + **-иць**"(**чародѣиць**)는 이러한 부분조어의미 대비로 "nomen agentis"가 됨 : "부정적"으로 연관됨. 이렇게 **Simeonov sbornik**에서 유사한 병행조어 **любодѣи - любодѣиць**는 이 문헌 외에서 동일한 어휘적 의미(및 동일한 부분조어의미)로 나타날 수 있다. 이후 러시아 텍스트에서 이 두 조어 동의어는 서로 다른 텍스트유형의 기호로 나타난다(참조 **съпасъ - съпаситель**, op. cit.)(우스펜스키 Uspenskij 1984).

필자의 생각에 **Simeonov sbornik**에서 위에서 언급한 일련의 유사점을 사용하는 것은 원형텍스트의 영향으로 발전하는 성서 텍스트관련적 규범의 적용을 받는다.

필자는 몇 가지 예를 사용하여 고대교회슬라브어의 텍스트 내에서 규범화 접근법 ("단순한 텍스트학적 규칙", 참조 자나키에바 Janakieva

1991)을 보여주기 위해 노력했다(그 다양한 출현형태에서: 문맥, 텍스트 유형, 원형텍스트 및 개별적 복사본). 텍스트연관적 규범은 고대교회슬라브어의 특수한 특징을 나타내며, 이는 이미 그 기원에 따라 텍스트의 언어로 정의되어야 한다. 그런데도 이러한 규범화 과정은 고대교회슬라브어에만 귀속될 수 없다. 다른 한편으로는 슬라브인의 최초의 문어 역시 위에서 언급한 것과는 별개로 다른 규범화 경향을 보인다.

참고문헌*

Alcksccv, A.A. (1987): Puti stabilizacii jazykovoj normy v Rossii XI-XVI vv. - In: Voprosy jazykoznanija 1987/2, 34-46.

Brock, S. (1979): Aspects of Translation Technique in Antiquity. - In: Greek, Roman and Byzantine Studies V, 1979/20, 69-87.

Cejtlin^ R.M. (1986): Leksika drevnebolgarskich rukopisej IX-X vekov. - Sofia.

Černyševa, M I. (1994): K voprosu ob istokach leksičeskoj variativnosti v rannich slavjanskich perevodach s grečcskogo jazyka: perevodčeskij priem "dvujazycnye dubiety". - In: Voprosy jazykoznanija 1994/2, 97-107.

Gorskij, A.V./Nevostruev, K.I. (1859-1869): Opisanie slavjanskich rukopisej Moskovskoj Sinodal'noj (patriaršej) biblioteki, T. 3 - 5. - Moskva.

Htittl-Folter, G. (1983): Die trat/torot-Lcxeme in den altrussischen Chroniken. - Wien.

Janakieva, C. (1991): Giperkorrekcija kak simptom v vostočnoslavjanskoj pis'mennosti. - In: Palaeobulgarica 1991/15, 23-31.

Kiparsky, V. (1958): Diskussionsbeitrag. - In: Sbornik otvetov na voprosy po jazykoznaniju (k IV Mezdunarodnomu s"ezdu slavistov). Moskva. - Moskva, 315-316.

- (1964): Tschernochvostoffs Theorie Uber den Ursprung des glagolitischen Alphabets. - In: Cyrillo-Methodiana: Zur Frühgeschichte des Christentums bei den Slaven 863-1963. Hrsg. von M. Helmann/R. Olesch/B. Stasiewski/F. Zagiba. - Köln, Graz (= Slavistische Forschungen, 6), 393-400.

- (1966): Diskussionsbeitrag. - In: Spomenica Kliment Ochridski 916-1966. - Ochrid, 83-85.

* 서지 참조는 슬라브어 연구에서 관례적인 전통을 따른다.

- (1968): O proischoždenii galgolicy. - Kliment Ochridski: Material za negovoto čestivuva-ne o slučaj 1050 godini ot smartta mu. - Sofia, 91-97.

Kožin, A.N. (1979): Kodifikacija na urovne chudožestvennogo teksta. - In: Nadawki a hranicy rēčneje kodifikacije. - Budyšin, 31-37.

Lunt, H. (1984): On the Izbornik of 1073. - In: Harvard Ukrainian Studies 7, 359-379.

Mengel, S. (1993): Kontinuität und Entwicklung der altkirchenslawischen Wortbildungsnorm in der sprachlichen Situation des alten Rußland (11.-17. Jh.). - In: Zeitschrift für Slawistik 1993/38, 333-345.

- (1995): Normierungsprozesse auf der Wortbildungsebene in kyrillo-methodianischen Übersetzungen (anhand des Simeonov sbomik po Svetoslavovija prepis ot 1073 g.). - In: Das Russische in seiner Geschichte, Gegenwart und Literatur. Festschrift für Erika Günter. Hrsg. von W. Gladrow. - München (= Specimina philologiae slavicae, Bd. 105), 10-23.

Michajlovskaja, N.G. (1980): Sistemnye svjazi v leksike drevnerusskogo knižno-pis'mennogo jazyka XI-XIV vv. Normativnyj aspekt. - Moskva.

Minčeva, A. (1991): Starobälgarskijat knižoven ezik v Simeonovija sbornik po prepisa ot 1073g. - In: Simeonov sbornik (po Svetoslavovija prepis ot 1073 g.), T. 1. - Sofia, 162-181.

Paul, H. (1920): Prinzipien der Sprachgeschichte. - Halle.

Tolstoj, N.I. (1963): Vzaimootnošenija lokal'nych tipov drevneslavjanskogo literaturnogo jazyka pozdnego perioda (vtoraja polovina XVI-XVII vv.). - In: Slavjanskoe jazykoznanie. Doklady sovetskoj delegacii. V Mezdunarodnyj s''ezd slavistov. Sofia, sentjabr', 1963. - Moskva.

Tschemochvostoff, G. (f) (1995): Zum Ursprung der Glagolica. - In: Studia slavica linlandensia, T. XII, 141-151.

Uspenskij, B.A. (1984): Staroslavjanskij i cerkovnoslavjanskij. - In: Aktual'nye problemy izu-čenija i prepodavanija staroslavjanskogo jazyka. - Moskva, 43-53.

Velčeva, B. (1991): Pravopisăt na Svetoslavovija izbomik ot 1073 g. i negovite starobălgarski usporedici. - In: Simeonov sbornik (po Svetoslavovija prepis ot 1073 g), T. 1. - Sofia, 130-147.

Vereščagin, E.M. (1972): Iz istorii vozniknovenija pervogo literaturnogo jazyka slavjan. Doklad na VII Meždunarodnom s"czde slavistov. - Moskva.

Vostokov, A.Ch. (1831): Russkaja grammatika. - St.-Petersburg.

안토니 호눙 (트렌토)

강의실텍스트

외국어 수업에서의 구어적 및 문어적 자기소개

말하기는 이미 사용되고 있는 언어 스타일 중 하나를 습득하는 것을 의미하며, 언어 스타일의 계층구조에서 그 위치에 의해 객관적으로 형성되며, 그 순서는 관련 사회 집단의 계층 구조를 반영한다.*

수업 중 말하기와 쓰기는 텍스트의 사회적 생산의 반영이다: 관련 내용(텍스트유형, 정합성 - 및 문체 원칙, 정확성 규범 등)의 중재와 그리고 이러한 중재의 방식은 텍스트개념의 사회적 구성에 한 부분을 차지한다.** 외국어 교육에 있어서 목표언어 문화***의 미리 선택된 내용은 모국어에서 미리 결정된 텍스트 모델, 교수자의 교수 패턴 및 학습자의 학습 스타일과 교차한다. 이때 정확성 또는 무오류의 가장 낮은 일치에서 멈추는 텍스트개념이 개발될 위험이 크다.

---

* 부르디(Bourdieu) 외 (1990: 31).

** 이 책의 안토스(G. Antos)의 글 참조.

*** 퓌첼(U. Püschel)의 "사소한-비문화(Häppchen-Unkultur)"(이 책에서)에 관한 비판은 많은 교재에도 적용된다.

1. “독일어 - 경제 전문어”의 맥락에서 텍스트생산

다음에서 필자가 언급하고자 하는 텍스트 자료는 Trient 대학교 경제학부의 1995·96학년도 새로운 학습 규정의 일환으로, 이 형식으로 처음 개최되는 구두 및 서면 텍스트생성(그림 1 참조)에 관한 두 세미나의 첫 번째 부분에서 유래한 것이다. 이 두 세미나의 목표는 한편으로는 직접적 언어 접촉 영역의 언어 교육적으로 매우 흥미로운 상황에서 고급 학습자(평균적으로 최소 8~10년의 독일어 수업)의 구두 및 서면 텍스트생산의 실제에 관한 통찰을 얻고자 하는 것이다. 이곳은 다국어를 사용하는 남부 티롤의 지리적 근접성 외에도 Trentino가 독일어를 사용하는 북부 지역과 역사적으로 연결되어 있어 독일어와 문화에 대해 매우 긍정적인 기본태도를 보인다: 다른 한편으로는 Trento 학생들의 특수한 상황을 고려하여 경제 분야 전문어 영역에서 구두 및 서면 텍스트생산을 위한 모듈식 모델을 개발하기 위한 자료 확보를 위한 것이다.

트렌토대학 경제학부 1995·96 학년도

독일어 - 경제분야 전문어

세미나 A: **구두텍스트 생산**		**세미나 B:** **전문텍스트 분석 및 생산구두텍스트 생산**
· 자신과 다른 사람 소개하기 · 자신에 대해 이야기하기(문화 및 성별에 따라 다름) · 다른 사람과 얘기하기: 설득하다 vs. 확증하다	1	· 지원 - 문화 간 성찰 · 이력서 · 지원서 쓰기 · 생산 문제에 대한 성찰
· 판매대화 수행 · 연습 · 연습 분석 · 전략 개발	2	· 제품 서술하기 · 제품 사용 서술하기 · 묘사된 텍스트의 생산에 관한 성찰
· 협상하기 · 연습 · 연습 분석·전략 개발	3	· 광고 언어 · 제품 광고하기 · 정보제공하기·논증하기 vs. 정보 누락·유혹하기

· 도입: 논증하기 · 말하기와 경청하기 - 미국식 대화 · 반박하기 - 동의하기 - 침묵하기 · 내용 서술하기	4	· 독일 연방은행과 이탈리아 은행(정보정책과 전달스타일) · 내용 진술하기 · 내용 평가하기 · 평가 논거하기
· 문제 발표하기와 토론에 붙이기 · 유럽 연합에 대한 짧은 프레젠테이션 · 기술적 및 언어적 어려움 분석 · 아이디어와 비전	5	· 경제와 생태* · 텍스트 요약하기와 테마 표현하기 · 어려움 분석 · 아이디어와 비전

표 1

1.1. 학습 스타일: 암기

비록 조건이 이상적으로 보일지라도 - 독일어에 관한 오랜 논쟁, 2개 국어를 사용하는 맥락, 그리고 직업적인 이유로 강한 학습 동기 - 교습 조건은 쉽지 않다. 학생들의 출신 지역은 Südtirol과 Trentino 외에도 Veneto와 Lombardei이다. 즉, 학생들은 언어적 및 문화적 조건 측면에서 모두에서 이질적이다. 그러나 학습 경험은 다소 동질적으로 보인다. 학습 스타일 암기가 지배적이며, 이는 언어 학습이 규칙과 어휘를 암기하는 학습으로 인식되게 한다는 것을 의미하며, 이것이 독일어가 배우기 어려운 언어라는 문제적 인식에 관한 충분한 이유이다. 말하기와 쓰기능력이 잘 발달하지 않았기 때문에 (그 결과로?) 많은 어려움이 있고, 그에 따라 "외국어적 퇴보(Regression)"**가 강하다.

---

* 워크북: 글라우버·프리엠(Glauber·Pfriem 1992)와 알트바터(Altvater 1992).

** 뵈르너(Börner 1989: 351).

1.2. 전문 텍스트의 정보적 기능에 관한 집중

필자는 어떤 고등학교 졸업생들이 어떤 자격 요건과 동기를 가지고 이탈리아뿐만 아니라 최근 유행하는 과목이 된 경제학 학업을 하려고 하는지에 대해 더 정확한 것은 알지 못한다. 수업 참가자는 주로 "경제" 또는 자연과학계 고등학교 출신이며, 그 들의 진로 계획은 회계, 가족 기업 승계, 세무 컨설팅, 고위 공무원, 금융계이다. 언어에 관한 그들의 관심, 특히 전문적인 언어능력을 입증해야 하는 두 가지 외국어에 관한 관심은 언어학적이라기보다는 도구적이다. 그들은 주로 정보 기능을 위해 전문텍스트를 수용하고 문어적 전문텍스트 생산의 문제는 무엇보다 전문 어휘를 습득함으로써 극복될 수 있다고 믿는다. 그러나 특히 후자는 그리스-라틴어 중심의 전문용어 생산의 서구적 맥락에서 반드시 주요한 역할을 하는 것은 아니며, 이를 전공적으로 상급 학생들은 예를 들어 거시경제학이나 금융과 같은 독일 경제학 텍스트를 다루는 과정에서 상대적으로 빠르게 인식할 것이다. 그들은 이미 L1의 용어를 소유하고 있기에 신입생들보다 학문적 전통과 관련된 다양한 텍스트생성 패턴, 표현 습관 및 조어의 특성에 훨씬 더 잘 집중할 수 있다. 이는 기존의 교육 규정과 대조되는 새로운 규정이며, 특히 신입생들은 전문 텍스트를 통해 그들에게 낯선 언어뿐만 아니라 내용도 접하게 된다. 구체적으로 말하면 다음과 같다: 국내총생산(GDP)이 무엇인지, 생계비가 어떻게 계산되는지 모른다면 이중언어 사전으로는 아무 소용이 없을 것이다. 그러나 집중학습의 경우인 외국어 교육에서의 이러한 유형의 지식 생산은 교수자로서 생태언어학자나 언어경제학자를 필요로 한다.

1.3. "차이"와 "스스로 시작"*

외국어 수업에서 텍스트생성을 처음부터 주어진 텍스트에 기대는 자주 실행되는 방식과 달리** 두 세미나 프로그램은 차이와 "스스로 시작(Partire da se)"의 기본구상을 따른다. 이 접근은 10년 이상 동안 이탈리아의 상황에 관한 라캉(Lacan), 크리스테바(Kristeva), 이리가레이(Irigaray) 등의 입장을 기반으로 Verona 대학의 철학자와 언어학자 그룹인 "Diotima"에 의해 이론적으로 발전되었다. 그 중심인물 중 하나는 페미니스트 철학적 관점에서 라캉(Lacan)의 입장을 이어간 루이자 무라로(Luisa Muraro)이다. 여기서 요점은 (매우 간결하게 표현되어) 학습자가 적응해야 하지만 여러 가지 이유로 학습자가 접근하기가 여전히 어렵거나 심지어 접근할 수 없는 상징적 질서를 확산시키는 통례적인 남성적 학문 담론***과 유사하게 진행되는 것이 아니라는 것이다. 그보다는 오히려 자신의 차이를 인식하고 자신에서 시작하여 다른 사람(사람, 지식 체계, 언어 사용, 다른 행동)으로 나아가는 것이다. 이 철학적 기본 입장과 다음과 같은 언어 교수법적 가정이 연결될 수 있다:

1. 자기 자신에 대해 말하는 것은 적어도 지식 창출이 사라지기 때문에 전문분야에 대해 말하기 보다 더 쉽다. (문화적으로 상이한 실행의 중요성)
2. 자신에 관해 이야기하는 것은 자신의 언어능력에 관한 성찰에 필요한 과정을 시

---

* 무라로(Muraro 1992): 독일어 또는 번역된 저작물의 참고문헌: 칼러트(Kahlert)(1993).

** 뵈르너 (Börner 1989).

*** 이와 관련하여 예를 들면 비드머 Widmer(1990: 142ff.: "Der Diskurs der Universität") 참조.

작하거나 앞으로 나아가게 한다. (목표 방향: 학습 스타일 인식과 학습 스타일 변화)

3. 자신의 (외국) 언어적 능력에 관한 명확성이 높을수록 외국 전문언어의 생소함에 더 쉽게 접근할 수 있다.

따라서 중요한 것은 어떤 종류가 됐든 전문 입문서가 늘 보여주듯이 모든 사람에게 동일한 장벽이 아니라 개별 학습자가 자신을 기준으로 자신을 평가할 기회를 제공하는 것이다. 전문텍스트생성으로 이어지는 과정은 단계별로 이루어져야 한다.

2. 구어 및 서면 텍스트에서의 자기소개 및 그 반영

2.1. 구어적 소개

강의실에서 생산된 다양한 텍스트 중에서 36명의 학생의 녹음된 자기 발표와 서면 텍스트생성의 개별 사례에 대해 아래에서 더 자세히 설명하고자 한다. 학생들이 그룹과 교수자에게 자신을 간략하게 소개하는 구두 발표는 자유롭게 이루어졌다. 시작은 독일어 모국어 화자인 학생이었고 마이크는 그로부터 다음 학생으로 전달되었다: 모두가 소개하였다.

S 6의 발화:*

1	6	. Ich heiße Manuela, . ich komme auss
2	6	Meran, . äähm, ich habe Deutsch nurr ääh . an der Schule gelernt . äh für dreizehn
3	6	Jahre, . dreißig Jahren ((lacht)) ääh undäh . mm . ((lacht)) . ich bin aucha wiie äh
4	6	Veronica undäh Elena ann denn ersten Jahr außer Pflicht . unnd . äh . . ((lacht))

구어적 짧은 발표(표 2 참조)는 다음과 같이 분포되었다: 이름 (36), 출신지 (30), 거주지 (12), 교육 (24), 학업 상황 (21), 독일어에 관한 관계 (11), 독일어 능력 (26), 독일어권 외국 체류 (14), 독일어-세미나 참여 동기 (12) 그리고 Trient 대학에서의 학업 이유 같은 언급이며(세 명의 독일어 원어민 모두 이탈리아어를 더 잘 배우고자 하는 열망이 이유라고 함), 거주 상황 (2), 직장 경험 및 직업 희망 (3), 나이 (2) 및 해당 여학생이 매일 Trent로 이동하기 위해 사용하는 교통수단에 관한 정보. 소개를 거듭하는 과정에서 이름 언급에서 시작하여 출신지나 거주지에 관한 언급이 이어지는 특정 패턴이 비교적 빠르게 형성되었으며 나머지 언급의 순서는 다양하다. 이 순서에서 상대적으로 높은 수준의 자의성은 개별 대화 몫에서 일관된 텍스트 구조가 결여되었다는 신호로 이해할 수 있다: 개별 언급들은 다소 무작위로 선택되어 서로 연결되는 구성요소이며, 이는 말하는 순간이 허용하는 한 함께 연결된다.

---

* 전사는 HIAT 1 전사 시스템에 따라 기술적 가능성에 관한 적응을 통해 생성되었다. 이에 관해 레들러·에리히(Redder·Ehlich 1994) 참조. 마지막 음절에 관한 악센트는 이탈리아인 독일어 학습자의 발음 어려움과 관련된 상향 강세를 나타낸다.

텍스트의 주요 진술 및 순서에 대한 개요:

* D=L_1	1) 이름	2) 출신		3) 교육	4) 대학교육	5) 독일어			6) 수강동기	7) 기타
° 지역· 독·이탈		a) 출생지	b) 거주지			a) 관계	b) 능력	c) 외국		
1 m*	1	2			5	3	3			4
2 w	2	1/	3	5	4	6		7	8	
3 w*	1	2			3					4
4 w	1	2			5	6	3	4		
5 w	1	2			4		3			
6 w	1	2			4		3			
7 w	1	2			4	3				
8 w	1	2	3	6			5	4		
9 m°	1	2	5	4		6	7			3
10 m°	1	2		3	6	5	4			
11 m	1	2			6	4	3		5	
12 w	1	2		3	5		4	6		
13 w	1	2		3	6		4	5		
14 m	1	2		3	4		5			
15 m	1	2		3			4		5	6
16 m	1	2		3	4	6	7		5	
17 m	1	2		3	5			4		
18 m	1	2		3	6		4		7	5
19 m	1	2		3			5	4		
20 m	1	2		3				4		
21 w	1		2			4	3			
22 w	1	2	6	3					4	5
23 w	1	2		3			4	5		6
24 w	1		2	3	5		4			
25 w	1		3	5				4	7	2: 6
26 m*	1	2		4		3				5
27 w	1	2		4	6		3	5		7
28 w	1	4	2	3	6		5			
29 w	1				2	3			4	
30 m	1	3		4	5		6			2
31 m	1	3	2	4	5		7	6	8	
32 m	1	2	3						4	
33 w	1		2	3			4	5		
34 w	1		2	4			3: 5		6	

35 w	1	2					3	4		
36 m	1	2					3		4	

표 2

2.2. 교실에서의 상호텍스트성 - 차이의 해소?

이러한 프레젠테이션을 그룹 텍스트로 읽는다면, 즉 해당하는 언급을 전체적이 아니고 차례로가 아닌, 즉 수평이 아니라 수직으로 읽는다면(표 3과 4 참조), 그들의 차이점은 본질적으로 순서의 차이에 국한된다는 것이 눈에 띈다. 개별 진술의 유사성은 매우 크며, 무엇보다도 이름 거명, 출신지 표현(표 3), 학교 경력 및 학습 상황에 관한 정보가 동일한 패턴을 따른다: 주어, 술어, 부가어가 “Ja”, “also” 같은 당혹함의 문구를 통해 도입되고 “und”를 통해 연결된다. 부가적 일상 내레이션: 사용 가능한 어휘가 작은 것 같다. 독일어의 능력에 관해 이야기할 때 언어적 개성이 약간 더 있다.

1 m*		komme aus Südtirol,	also genaugenommen . aus Bruneck . . und . ah das ist sehr nah . an Österreich
2 w	Ja,	ich komm/. Also, ich ah .	
3 w*		ich komme aus Innichen:	Innichen ist gleich an der Grenze von Österreich,.
4 w		ich komme aus Bozen .	
5 w		ich komme auchäh . äh aus/	ich bin von . aus Bozen, ähh
6 w		ich komme auss Meran,	. äähm,
7 w		ich komme auss. Mogliano/Veneto,	einem . amm . . /come si dice vico?/ comune. m äh ((Hilfe der Lehrerin)) ja, äh sì, no, un comune in Provincia di Treviso, ma no, quindi, okay.
8 w		ich komme aus Malé.	
9 m°		Ich komme auss . Wolkenstein .	in Gröden, Südtirol.
10 m°		ich kommee äh aus Sankt Ulrich.	
11 m		Ich kommee . ääh von Bozen, äh	
12 w		ich komme aus Bozenn,	dort

13 w	un-däh.	ich komme aus Bozen .	
14 m		Ich komme aus Bozen .	
15 m		ich komme aus Leifers,	das ist ein Dorf äh 10 km südlich von Bozen,
16 m		ich äh bin/ ich komme aus äh Leifers.	
17 m	Ähh,	ich komme aus Bozen, ääh,	
18 m		Ich komme aus Bozen..	
19 m		Ich bin auch au/aus Bozen, äh	wo
20 m			
21 w			
22 w		ich komme von Bozen, ääh,	
23 w		komme aus Bozen,	
24 w			
25 w			
26 m*		ich komme aus Kortatsch.	Das ist ein Dorf, ah ein kleines Dorf auf halb Weg zwischen Trient und Bozen gu, . auf der Strecke . .
27 w		Ich komme aus Cloz.	Cloz ist äh ein kleines Dorf Nonnstal . .
28 w	ähm	ich binn in der Schweiz geboren,	aberr ((lacht))
29 w			
30 m		Ich komme aus Bozen,	. wo
31 m		ich bin in Sterzing geboren.	
32 m		bin imm Salerno geboren..	
33 w			
34 w			
35 w		Ich bin in Trient geboren,.	
36 m		ich komme aus Bozen,	

표 3

1 m*		
2 w		ich hab' auchah einah deutschah aah Studiumah ahm . ah gemacht, ja, sicher und
3 w*		meine Schwierigkeit ist das Italienisch, nicht das Deutsch ((lacht)).
4 w	undah	ich habe Deutsch nur in der Schule gelernt. Meine Eltern sind italienisch . undahh . soi/m . meine. Möglichkeit, lern/ Deutsch zu lernen war nur in der Schule.
5 w	ähh aberr	ichäh habe viele Schwierigkeitenn . äh im Deutschen . . Ähh ((lacht)) und ähh . . so . äh muß ich ((lacht)) noch äh lernen, ((lacht)) viel lernen . .

6 w		ich habe Deutsch nurr ääh . an der Schule äh gelernt. äh für dreizehn Jahre, . dreißig Jahren ((lacht)) und
7 w	Ähh.	ich abe sehr viell Schwierigkeiten mit Deutsch ((lacht)) ja.
8 w	Ähm	ich habe Deutsch . m in der Schule gelernt.
9 m°	Ja.	Aber Deutsch . kann ich nicht so gut. Hab' ich schon auch Schwierigkeiten.
10 m°	und	habe dort die Möglichkeit gehabt, dreizehn Jahre äh Deutsch zu studieren, und ichh
11 m		ich habee . Deutsch in der Schule gelernt, äh . dreizehn Jahre lang, aberr ich äh sprechee nicht so gut Deutsch, und
12 w	undäh	ich habe Deutsch nur in der Schule . gelerntt, dreizehn Jahre lang, . und äh .
13 w	undäh	ich habe Deutsch in der Schule . ähm studiert ähm gelernt, und
14 m	undäh	ich habe auch Deutsch in der Schule gelernt unnd wie/ ((lacht)) wie allee in Südtirol . und an . nichts ((lacht)) . .
15 m	und	ich habe in der Volksschule und in der Mittelschule habe ich Deutsch äh . Deutsch Schule besucht, und deshalb kann ich äh ziemlich Deutsch . und äähm . . mei/ziemlich schlecht Deutsch ((lacht))
16 m		statt meine Omaa aus äh Oschtreich ist, äh ich bin äh, ich kann nicht sehr gut äh deutsch . äh reden.
17 m		
18 m		Ich habee nach der Maturaa die B-Prüfung bestanden. . Und jetzt . ((P fragt nach)) Diie Zweisprachigkeitsprüfung, die gleich nach nach Matura macht.
19 m	undäh	. ich habe auch die Zweisprachigkeitsprüfung Typo B bestanden . und
20 m		
21 w		Ich habe Deutsch in der Schule gelerntt. . Äh . in diesem Jahre habe ich äh nicht mehr Deutsch gehört äh und gesprochen, und so e ich äh einige Schwierigkeiten zu sprechen und zu verstehen. .
22 w		
23 w	undäh	ich lerne äh Deutsch seitäh . dreizehn Jahren, aberr . es sieht man nicht. ((lacht)) leider, äh ((lacht))
24 w	Äh,	ich lernee Deutschäh seitäh . dreizehn Jahren.
25 w		
26 m*		
27 w		Ich habe nur in der Schule . gelernt. Ich habe nur in der Schule gelernt.
28 w	aberr	((lacht)) ich kenne ((lacht)) ich spreche nicht so gut deutsch. Ich bin nur/ nur äh zwei Jahre inn der Schwei/ in der Schweiz geblieben.
29 w		
30 m	und .	obwohl ich ((schmunzelt)) zehn Jahre . Deutsch gelernt habe, muß ich noch viel lernen. ((Räuspern))
31 m	so äh	Deutsch habe ich nur mit Freunden . oderr. in der Schule gelernt.
32 m		
33 w	Ääh .	. ich habe nur . äh in der Schule Deutsch gelernt . .

34 w	ähm .	ich habe v/viele Jahre . äh Deutsch gelernt, als ich äh mm k/klei/ ei/ein/einen Kind ware, ähäh in Grundschule . äh ich Deutsch gelernt . äh und . auch . inn mm . der . mm .. mm . wirtschaftswissenschaft/ nein ((P hilft)) Ja. Undäh ich habe auch . diie . Prüfung . äh . um . Deutsch zu er/ . erkennen . äh in der Universität . . äh aber ich erinneree . nicht viele Wörter auf deutsch, äh besonders äh die . ökonomi . sche Wörter. Äh und ich . äh muße studieren . sie. ((lächelt))
35 w	und	ich studiere seit sechzehn Jahre äh Deutsch. .
36 m		ich habee Deutsch äh . in der Schule gelernt und äh . ich bin da ((lacht))

표 4

말하기의 다기능성(Polyfunktionalität)과 행동 패턴(Verhaltensmuster)

새로운 환경에서 자신을 소개하는 것은 완전히 실제적 말하기 기회이며, 외국어를 잘하는 학생들에게 그다지 무리한 요구도 아니다. 이 상황을 어렵게 만든 것은 아마도 말하는 것과 실수하는 것에 대한 두려움을 증가시킨 마이크였을 것이다. 그러나 필자는 그 언급들이 눈에 띄게 기록되지 않았다면 크게 달라졌을 것이라고는 생각하지 않는다. 한편으로는 다양한 발화수반행위 유형*을 중첩하는 이 연설의 다기능성은 대다수 화자가 일관된 텍스트 형성을 방해하는 것 같다:

1. 사실 그들은 말하고 싶어 하지 않는다**: 그들의 말하기는 반응적이다. 왜냐하

---

* 하이네만·비베거(Heinemann·Viehweger 1991: 97ff.).

** 예를 들어 S6은 소개가 끝난 후에 다음과 같이 글을 쓴다:"Ich bin immer nervös, wenn ich vor viele Leute sprechen muß, weil ich sehr emotiv bin. Ich erinnere mich nicht so viele Wörter, wie einmals, als ich in der Schule war. Für diese Grunde mag ich nicht an der Microfon sprechen." ("나는 매우 감정적이기 때문에 많은 사람 앞에서 말해야 할 때 항상 긴장한다. 학교 다닐 때처럼 단어가 많이 기억나지 않는다. 이런 이유로 나는 마이크에 대고 말하는 것을 좋아하지 않는다.")

면 그들은 교수자의 요구에 따름으로써 제도적 틀과 그 규칙을 동시에 인정하기 때문이다.

2. 그러나 그들은 시험에 합격하려는 동기를 가지고 수업에 왔고 생각과 연관을 표현하는 것에 유창하지 않다는 것을 알기에 말하고 싶어 한다.
3. 그들은 말하기를 통해 교수자에 관한 일종의 captatio benevolentiae 환심을 사려는 언행으로 이러한 결함을 테마화한다.

다른 한편으로는 외국어 교육의 첫 번째 단계의 정해진-완성된-표현에 관한 접근과 이를 극복하려는 시도를 통제하는 것은 문화적으로 전승된 학습 및 행동 패턴*이다.** 아마도 개별 발화자는 자신의 말하기 내용과 말하는 방식을 통해 자신을 소개하고 있다는 사실을 잘 알고 있었을 것이다.

그룹의 틀에 적응하려는 화자의 경향은 그들의 불안정함을 나타낸다. 차이는 용기를 필요로 한다. 아이들은 자신에 대해 이야기하고 글을 쓰는 것을 좋아하지만, 어른들은 이것을 하는 방법을 거의 잊어버렸다. 우리가 속한 문화가 배운 것을 잊는 과정을 조종한다. 낯설다는 것은 무엇보다도 그에 대해 모른다는 것을 의미한다.***

---

* 에리히·레바인(Ehlich·Rehbein 1983, 1986), 파이덴크라이스(Feidenkrais 1989), 부르디외(Bourdieu 1990)

** 표 3 참조: S1, 3, 7, 15, 26, 27, 28 그리고 표 4: S4, 14, 15, 16, 18, 21, 23, 28, 30, 34.

*** 크리스테바(Kristeva 1988).

웃음(Lachen)*

1	P	Sie können schon .
	15	Ich heißee Romano. . Ich komme aus Bozen . undäh habe
2	15	das Realgymnasium besucht, unnd das ist meinn . er . stes Jahr in der Universität
3	15	. undäh ich habe auch Deutsch in der Schule gelernt unnd wie/ ((lacht)) wie allee
4	15	in Südtirol . und an . nichts ((lacht)) . .
	16	Ich heiße Marignano, ich komme aus
5	16	Leifers, das ist ein Dorf äh zehn Kilometer südlich von Bozen, . .und ääh ich
6	16	habe die Handelsoberschule besucht, und ich habe in der Volksschule und in der
7	16	Mittelschule habe ich Deutsch äh . Deutsch Schule besucht, und deshalb kann
8	16	ich äh ziemlich Deutsch . und äähm . . mei/ /ziemlich schlecht
	S	/ ((Gelächter))
9	P	(Das glaubt man) Ihnen, wenn man/, das glaubt man Ihnen,
	16	Deutsch ((lacht))
	Ss	((großes Gelächter))
10	P	wenn man Sie hört, überhaupt nicht.
	16	Ja, ich hoff' es. . Und äh . ich bin froh, hier
11	16	zu sein, und es freut mich, wenn ich äh, . eines Tages . äh Manager werde.
	Ss	((Kichern)) ((Lachsalve)) mit viel Heiterk.

이러한 맥락에서 웃음이 이탈리아 사회에서 전통적으로 중요하

* 코트호프(Kotthoff 1988)와 그로스(Groth 1989).

기 때문에 이번 장에서 웃음의 상호작용적 역할을 언급하는 것이 맞는 것 같다. 개인과 사회 전체가 다른 사람과 관련하여 갖는 사회적 명망인 La figura는 자아상에 중요한 역할을 한다.* 체면 상실에 관한 두려움(fare brutta figura)은 크다. 의사소통 상황에서 아주 작은 기술적 실수나 변화에도 반응하듯이 그룹에서의 폭발적인 웃음(9, 11), 간헐적인 낄낄거림(11), 자기 해설적 웃음(3, 4, 9), 히죽히죽 웃으며 질문을 하는 미소로 나타나는 웃음은 대부분 당황하거나 독일어에 관한 약점과 어려움에 관한 언급을 동반한다. 그것은 개별 발화의 결속성 수단이 되며, 텍스트 그룹의 정합성을 유지하는 수단으로서 수업이 진행되는 동안 자기 아이러니에 관한 일종의 집단적 합의를 형성하는데, 이것은 차이에 관한 시도에 지진계처럼 반응한다(8, 11).

2.3. 다를 수 있는 용기 또는 문장(더듬거림에서 텍스트)직조로의 시도

위에서 설명한 것과 같이 구성되고 실수에 관한 두려움을 수반하는 강의실에서 말하기는 필연적으로 언어 사용의 퇴보로 이어진다.** 마주 보는 수업의 일방 통행로를 벗어나면 텍스트도 바뀐다.

---

* 카스텔프랑키(Castelfranchi 1988).

** 싱클레어·쿨타드(Sinclair·Coulthard 1975), 칼리(Carli 1996).

예 1: 서로 소개하기

말하기 이유(학기 3주 차)는 파트너 인터뷰(학기 2주 차)를 통해 학생들이 자율적으로 작성했으며, 이에 관한 설문지*는 독일어로 제공되었지만, 이탈리아어와 사전의 도움을 받아 준비되었다. 그들은 메모를 사용하여 자유롭게 말했다. 발표는 첫 번째 수업의 자기소개보다 범위와 내용이 훨씬 풍부**하다는 사실 외에도 언어적, 텍스트 구조적 지식***이 더 많다는 인상을 주는데, 이는 특정한 응집력 수단과 말하는 것의 일정한 정합성을 통해 알 수 있다.****

"undäh"로 연결된 일련의 문장(2, 5, 8, 13, 15) 외에도 간단한 종

---

* 과제: 동료 학생들을 인터뷰한다. 인터뷰에서 받은 자료를 다른 사람들에게 소개하기 위해 사용한다.
질문 대부분은 개방형이다. 즉, 인터뷰 대상자에게 대답할 때 많은 자유를 준다. 그것은 핵심 질문이므로, 즉, 인터뷰 중에 직접 질문을 추가할 수도 있다.
대화 중에 나중에 사용할 수 있는 메모를 작성하시오.
1. 어디에서 태어나 지금 어디에서 살고 있나?
2. 출생지에 대해 무엇을 알고 있나?
(크기, 주민 수, 연령구조, 주된 직업, 수입 상황, 남녀의 상황 등)
3. a) 거주지가 여전히 출생지인 경우: 출생지의 어떤 점이 마음에 드나?
b) 거주지가 더는 출생지가 아닌 경우: 출생지를 떠나 이사한 이유는 무엇인가?
4. 어디에서 살고 싶나?
5. 취미가 있나, 어떤 것?
6. 경제학을 공부하는데, 주전공은 무엇인가?
7. 이 학업을 선택한 이유는 무엇인가?
8. 무엇이 되고 싶나?
9. 어떻게 살고 싶은지 관한 생각이 있나, 어떤?

** 이 발췌문은 평균 대화 몫의 절반에 해당한다.

*** 브링커(Brinker) (1988), 하이네만(Heinemann 1991: 93ff.).

**** 위에서 서술된 구성된 프레젠테이션은 대화와 달리 구두 및 서면 텍스트생성이 혼합된 형태이다: 후자의 요소는 예를 들어 사실적 지식이 수집되고 조직되는 준비 및 계획 단계와 화자에 의한 연관적인 발화의 자기책임적 표현화 단계이다.

속문이 있다: 관계문장(1, 4, 6, 16), 인과문(3, 4, 10, 12, 13, 14), 간접화법의 예(11f.). 반복(Rekurrenz)(Trient: Stadt: Berufe: Australien: leben: Klima), 대체(Substitution)(Trient - Stadt: Australien - Land), 대용형(Pro-Formen)(dort)이 있다. 대비(Parallelismen)(3f. "weil···ist")와 상세(Präzisierungen)(4f., Trient가 왜 "조용한 도시"인지 설명된 곳, 또는 6f.)는 관념적 연관을 형성한다.

반복(S18은 확실히 "variatio delectat"를 배웠다: cf. 대체 및 15f. 참조) 및 대비(3f.의 선행지시적 anaphorisch)는 문체적 가치와 별도로 S18의 어휘 문제 및 문장의 한계를 나타낸다. 또한, 독일어의 사용 규범에 관한 위반은 그의 문법적 어려움을 나타낸다:

1 S18 . Ich stellee Giovanni vor, . der aberr . heute nicht da ist. . . Ääh . er . ist in

2 Trient geboren . undääh . (j/) heute . lebt er noch . in Trient . . äähm . . ihm

3 gefälltäh . Trientäh sär, . weil Trientt einee ziemlich klei/ äh kleine Stadt ist,

4 ääh . . weil Trient äh . eine ruhige Stadt ist, woo . . äh eine Stadt, woo . die

5 ((viel leiser))
Kriminalität n/ äh nicht sich äh . äh . entwickelt hat . fast nicht . ((3s)) undäh .

6 . in . diee . die meisten Berufen in Trient . sindäh Berufe, diee ääh . . äh mit dem

7 Dienstt zu tun haben, mit dem Tourismus undäh mit dem Landwirtschaft . .

8 äähm . . undäh ((3s)) Giovanni äh . liebt äh in dieser Stadt zu leben, . aberr

9 äh . sein Traum . ist äh in Australien zu leben, äh . er istt dort . schon gewesen

10 . äh . weil er hat dort äh äh die vierte . äh . das vierte. das vierte Jahr . äh . des

11 Realgymnasiums . äh . verbracht . . undäh er sagt, daß Australien eine/ein

12 ((fragend))
wunderschönes Land . istt . äh . . weil . dort . die Leute . sär r. . öffen . sind .

13 P offen
S
18 offen, ja . undäh . . er will dort auch leben, weil dort viele Freunde hat .

14 undäh ein gutes Klima . i/ äh dort gibt, weil in Australien . fastäh alle Klima

15 . äh . geben . . undäh . seine Hobbies sindäh Gitarre spi/ Gitarre spielen undäh

16 äh . . er besucht auch . äh das Konser . vatorium, wo er aberr äh Klavier .

17 studiert, ja.

복수 형성(6: 즉각적 개선과 함께 직업): 이탈리아어 동사 형태에 포함된 주어 대명사의 필요성(8: “liebt” : ama = er/sie/es liebt: 9: 14): 부정에서의 어순의 불확실성(5). HLAT 1에 따른 전사가 명확하게 하고 실제 말하기 상황에서 이해를 상당히 어렵게 만들 수 있는 발음 문제는 이 맥락에서 더는 논의할 수 없다. 하지만 필자는 강의실에서 이렇게 조직된 형태의 말하기가 첫 수업의 소규모 자기 발표보다 학습자에게 자신의 언어능력을 테스트하고 이러한 능력(14: 그는 실제로 말하고 싶은 것, 즉 호주에는 다양한 기후대가 있다는 것을 표현하는 데 성공하지 못한다)의 한계를 뛰어넘을 수 있는 훨씬 더 많은 기회를 제공한다는 것이 분명해졌다고 생각한다.

예 2: 쓰기에 관하여 쓰기 - Ecriture automatique*

모든 생각이 사용 가능한 모든 언어와 변종으로 기록할 수 있기에 실수와 단어를 알지 못하는 두려움 없이 10분의 자유로운 글쓰기는 종종 지면에 놀라운 텍스트 작성 능력과 결함을 가져온다. 글쓰기 수업 4강에서 자신의 글쓰기 학습 경험에 관한 글로 된 숙고:

> Wie ich zu schreiben gelernt habe, erinnere ich mich nicht. Ich glaube, daß meine Mutter mir zuerst gelehrt hat, wie die 'lettere delPalfabeto' zu schreiben sind und dann auf der Schule habe ich richtig gelernt. Man endet mal nicht zu lernen. Auch jetzt, mit diesen Lehrmethoden, bin ich. piacevolmente erstaun 내가 글을 어떻게 배웠는지 기억이 나지 않는다. 나는 어머니가 처음에 'lettere dell'alfabeto' 쓰는 법을 가르쳐 주셨고, 그리고 학교에서 정확하게 배웠다고 생각한다. 우리는 배우는 것을 멈추지 않는다. 지금도 나는 이 교수법에 'piacevolmente 놀랐다 (sorpresa)' - anche se ti mettono in crisi: odio scrivere!! I don't like writing. Ich liebe lesen. Faccio fatica a esprimere cid che provo, ciö che ritengo di essere, mi diverte sapere come mi vedono gli altri. 'Uno, nessuno, centomila'(Pirandello) = wir sind so: rien, si parson nous voix, uno, quello che noi crediamo di essere, 100.000 quello che gli altri ci vedono. (S 6)

---

* 앙드레 브르통(André Breton)의 "ecriture automatique"의 교수법적 전환에 관하여 호뭉(Homung 1994, 1995 und 1996) 참조.

글쓰기 교수법에 경험이 있는 사람이라면 "odio scrivere" - 나는 글쓰기가 싫어(ich hasse Schreiben) - (영어로는 약화하였지만, 두 배로 더 많이)라는 근본적인 외침에 놀라지 않을 것이다.* 그런데도 그 여학생은 쓰기 학습 경험을 적절하게 서술하는 데 성공했다: 그 학생에게는 분명히 두 가지 형태의 학습이 있는데, 하나는 어머니의 영향을 받는 것이다: 분명히 그것은 "richtig(올바른)" 것이 아니었다: "올바른" 학습은 학교에서 이루어진다. 그게 무슨 뜻일까, 그리고 그녀가 "Man endet mal nicht zu lernen(우리는 배우는 것을 멈추지 않는다)"를 쓸 때 이는 무엇을 의미하는가? 피터 빅세이(Peter Bichsei)**와 함께, S6의 경우, "올바른 학습"은 Mühsal이라는 단어의 원래 의미에서*** 노고(Arbeit)와 관련이 있다고 가정할 수 있다: "우리는 학교에서 노고를 하다(Arbeiten)를 배운다. 우리는 노고(Arbeit)가 즐겁지 않고 우리의 이마에 땀을 흘리며 이루어져야 한다는 것, 그리고 그렇기에, 그렇기 때문에만 신을 기쁘게 한다는 것을 배운다."**** 글쓰기는 어떻게 재미있을 수 있고 재미있어야 하는가?

규범위반을 보는 것 이상으로 "코드전환" 구절을 보면 쓰는 이의 언어능력에 관한 정보를 얻을 수 있다: 그 여학생은 그녀에게 고유명사가 된 표현*****이나 관용구에 관한 상황에서 이탈리아어로 전

---

* 바우르만(Baurmann 1992).

** 빅세이(Bichsei 1980/hg. 1984: 131-142).

*** 클루게(Kluge 1975: 28): 게르만어 *arbejo = "나는 고아 (그래서 고된 일을 위해 고용된) 이다'. bin ein verwaistes (und darum zu harter Arbeit verdingtes) Kind'.

**** 빅세이(Bichsei 1980: 134).

***** 인용부호가 이를 명확히 한다: ‚lettere dell'alfabeto' - das Alphabet.

환한다.* 그녀는, 여기서는 이미 게임이 된 것 같다, 간단한 선언문의 형태로 두 번 독일어로 되돌아간다: 글쓰기 거부에 반대하는 "나는 읽기를 좋아한다". 그다음에는 S6이 설문지**를 나타내는 쓰기의 어려움에 관한 설명이 이어진다. 설문지는 사실 및 언어적 지식을 생성하기 위한 도구로 신청서 작성을 준비하는 데 사용되었으며, 이는 그녀에게 Pirandello의 인용문을 상기시켰고, 이는 그녀가 독일어로 주장을 하도록 만들었다: "우리는 그렇다". 그녀는 프랑스어로 실패한 후 최종적으로 이탈리아어로 돌아간다.

예 3: 지원서작성

지원서작성***의 예로 동일한 학생의 텍스트가 여기에 제시된다. 정보와 희망사항 또는 수신자에 관한 간접적인 요청이 결합된

---

* "piacevolmente sorpresa" - 유쾌하게 놀랐다(angenehm überrascht): S6은 훨씬 드물게 사용되는 "erstaunt(놀라운)"을 그사이에 넣는다: 이탈리아어는 아마도 "stupita, meravigliata, stupefatta": "sorpresa"일 것이며, "piacevolmente" 없이는 의미가 "생소"해졌을 것이다. "Ti mettono in crisi" - 이러한 방법을 통해 너는 위기에 빠진다. 마치·산소니(Macchi·Sansoni 1992: 816).

** 라이헬(Reichel 1995: 10f.).

*** 광고 텍스트(그래픽 디자인 없음): "Sie wollen in die Informatik einsteigen und suchen eine gute Ausbildungsmöglichkeit. Sie sind zwischen 22 und 32 Jahre alt, haben eine kaufmännische resp. technische Ausbildung oder die Matura abgeschlossen und können Berufserfahrung vorweisen oder haben ein HWV-, HTL- oder Hochschulstudium absolviert. Sie interessieren sich für uns. Wir interessieren uns für Sie. Wir starten am 2. Mai 1996 mit einer Informatik-Ausbildung für angehende System-Entwicklerinnen und suchen interessierte Damen und Herren. Wir bieten Ihnen einen kostenlosen, einjährigen Lehrgang, eine Entwicklungsumgebung mit modernsten Methoden und CASE-Tools, den späteren Einsatz in kleinen Projektteams sowie einen attraktiven Lohn und gute Sozialleistungen." (Tages-Anzeiger vom 9.11.1995).

신청서는 의도적-비의도적 요청 성격의 자기 묘사를 나타내므로 L2 작성자에게만 골칫거리인 것은 아니다:

IHRE ANZEIGE VOM 09.11.95 IM DER TAGES ANZEIGER-ZEITUNG

SEHR GEEHRTE FRAU KNÖPFEL,

[I] ich bin 25 Jahre alt, [2] habe die Fremdsprachenmatura abgeschlossen und [3] studiere an der wirtschaftswissenschaftlichen Fakultät der Universität Trient.

[4] Ich arbeite part-time im Büro einer Handelsvertreterin mit. [5] Ich habe schon PC-Erfahrung, aber [6] ich möchte sie weiter entwickeln und [7] lerne gern Neues dazu, weil [8] Informatik gibt die Möglichkeit, [9] dynamischer zu sein, [10] schneller und besser einen Auftrag zu fertigen.

[11] Ich finde mich schnell in unterschiedlichen Situationen zurecht, so [12] habe ich kein Problem fur das Ort und die Dauer der Ausbildung. [13] Ich kann gut mit anderen zusammenarbeiten, da [14] ich mit ganz unterschiedlichen Menschen zurechtkomme.

[15] Für den späteren Einsatz in kleinen Projektteams hätte ich gem,

wenn dieser [[mir]]*

[16] die Möglichkeit gäbe, Kontakte mit Italien zu behalten.

[17] In der Hoffnung einer Einladung zum Vorstellungsgespräch sende ich Ihnen freundlichen Größe**

타게스 안자이거-신문 09.11.95 광고

존경하는 KNÖPFEL 부인에게,

[I] ich bin 25 Jahre alt, [2] habe die Fremdsprachenmatura abgeschlossen und [3] studiere an der wirtschaftswissenschaftlichen Fakultät der Universität Trient.

[4] Ich arbeite part-time im Büro einer Handelsvertreterin mit. [5] Ich habe schon PC-Erfahrung, aber [6] ich möchte sie weiter entwickeln und [7] lerne gern Neues dazu, weil [8] Informatik gibt die Möglichkeit, [9] dynamischer zu sein, [10] schneller und besser einen Auftrag zu fertigen.

---

* [[…]] = 이중 괄호 안의 텍스트는 삽입을 통한 수정이다.

** 대괄호 안의 숫자는 필자가 추가한 것이다.

[11] Ich finde mich schnell in unterschiedlichen Situationen zurecht, so [12] habe ich kein Problem fur das Ort und die Dauer der Ausbildung. [13] Ich kann gut mit anderen zusammenarbeiten, da [14] ich mit ganz unterschiedlichen Menschen zurechtkomme.

[15] Für den späteren Einsatz in kleinen Projektteams hätte ich gem, wenn dieser [[mir]]

[16] die Möglichkeit gäbe, Kontakte mit Italien zu behalten.

[17] In der Hoffnung einer Einladung zum Vorstellungsgespräch sende ich Ihnen freundlichen Größe

S6는 이 텍스트로 어떤 텍스트생성 지식을 활성화하는가? 필자는 당면한 이 과제에 필요한 다양한 유형의 지식 중에서 지원서에 특히 중요한 상호행위 지식에 대해 여기서 자세히 설명하고자 한다. 이는 텍스트생성의 어려움은 주로 자신의 텍스트를 수신자에게 제시하고 있다는 지식과 바로 이 수신자의 평가 기준에 관한 불확실성에서 비롯되기 때문이다. 독일 노동 시장에서 관례적인 이력서와 지원서 및 자기소개서가 포함된 지원 형식은 이탈리아에서는 거의 알려지지 않았다. 여기에서 대부분의 일자리(모든 국가적 일자리)는 국가적 또는 지역적 경쟁을 통해 할당되며, 여기에는 정확하게 규정된 방식과 형식이 있다. 이력서는 독일과 약간 다르게 작성되

었으며*, 독일에서 지원서를 작성할 때 지원자의 평가에 중요한 자기소개서가 이 형식에는 존재하지 않는다. 따라서 학생들은 자기소개서의 외적 형식에 관한 모범이 필요했다:** 또한, 그들은 "자기소개서에 관한 조언"을 받았다.***

S6가 단순히 모범사례를 수용한 것이 아니라는 것을 인사말 [17]에서 이미 알 수 있다. 그렇지 않았다면 오류가 없었을 것이다. 오히려 그 여학생은 자신의 텍스트를 만들려고 시도했다: 그 여학생은 "모듈 원칙"을 준수한다:

1. 그 여학생은 광고(관념적 또는 텍스트의 (부분적인) 수용을 통해)에서 선택한다:

- "정보학": [5] 및 [8-10]
- "교육가능성": [6-7]
- 연령에 관한 개인적 언급: [1]: 학교학업: [2]: 대학학업: [3]: 직업경력: [4]:
- 교육 장소 및 기간: [12]
- "소규모 프로젝트팀에서의 작업": [15]

2. 그 여학생은 주어진 진술문에서 인과문을 형성한 [14]를 제외하고는 동일한 표현으로 설문지의 "메모 정리함"에서 유래한다: [7], [11], [13], [14].

---

* 이력서의 문화적 차이에 관하여 참조: 미슬러·서비·볼프(Mißler·Servi·Wolff)(1995).

** 라이헬(Reichel 1995: 39).

*** 라이헬(Reichel 1995: 35).

3. 다음과 같은 광고의 키워드 또는 자극적 단어는 제외된다:

- "interessieren"
- "System-Entwicklerinnen"
- "Entwicklungsumgebung mit modernsten Methoden und CASE-Tools"
- 매력적인 급여와 좋은 복지적 혜택

4. 그 여학생은 자신의 표현을 사용하여 광고나 설문지에서 가져온 키워드와 언어 구성요소를 결합한다:

- [3]: …und studiere an der wirtschaftswissenschaftlichen Fakultät der Universität Trient.
- [4-6]: Ich arbeite part-time im Büro einer Handelsvertreterin mit. Ich habe schon PCErfahrung, aber ich möchte sie weiter entwickeln.
- [8-10]: weil Informatik gibt die Möglichkeit, dynamischer zu sein, schneller und besser einen Auftrag zu fertigen.
- [12]: so habe ich kein Problem für das Ort und die Dauer der Ausbildung.
- [16-17]: wenn dieser mir die Möglichkeit gäbe, Kontakte mit Italien zu behalten. In der Hoffnung einer Einladung….

텍스트는 그 구성 원리를 완전하게 보여준다: 모범사례의 7개 문장 중 하나(네 번째)만 "ich"로 시작하지만, S6 처음 5개 [1-14]는 모두 1인칭 인칭대명사로 시작한다. 외적 텍스트 구조는 서면 텍스트에서도 첫 번째 수업의 자기소개 구조와 일치한다.* 여하튼 문장 자체가 더 복잡해졌다: 예를 들어: 집합 [1-3]: 3항의 병렬(언명, 대조, 부가 [5-7]) 플러스 인과문 [8]과 병렬적 결과문 [9-10]을 통한 종속문, 그로써 언어적 어려움도 드러난다. 이 맥락에서 흥미로운 점은 S6가 이미 존재하는 구성요소들을 조립하는 데 사용하는 언어적 접합제이다. 이는 여기서 그녀는 내용적으로 - 그녀는 일하는 학생이다 (3, 4) - 유연하고 (12), 그러나 그녀는 직업적으로 본국과의 접촉을 유익하게 만들고 싶어 한다, 언어적으로 더 인정받는 사람으로서 발언권을 가지고 있기 때문이다: [3]과 [4, 5]를 제외하고는 문장 확장이다: 세계에 관한 그녀의 지식과 사물에 관한 견해가 나타나는 근거제시 시도.

위에서 인용한 10분짜리 텍스트의 그 첫 번째 독일어 부분은 정합적이고 유창하게 작성되었지만, 더 복합적 작업은 외국어 습득의 근원으로 다시 이어진다.** 그녀는 안전하게 하는 것을 배웠기 때문에 대부분은 자신의 표현보다 올바른 문장을 복사하여 작성하는 것을 선호한다. Ich-언명·진술을 추가함으로써 그녀는 수신자의 주의를 끌기 위해 중요한 정보를 제공하지만, 정보를 제공하는 것 이상으로 나아가지는 않는다: 수신자에게로의 다리는 구조물에 걸려 있다.

예제는 선택된 접근법의 문제를 명확하게 한다: 모범사례와 특

---

* 문장 연결의 의미에 관해서: 시타(Sitta 1986).

** 문장 생산 능력으로 L2 쓰기 교육의 전통적 축소에 대해 페리-우들리(Pery-Woodley)(1991: 69f) 참조.

히 자기 발견을 위한 설문지는 언어적, 내용적 및 문화 특성적 불확실성이 얽혀 있는 주어진 상황에서 합리적으로 올바른 텍스트를 생성하기 위한 환영할 만한 도구를 나타내는 사고 모델과 문장 구성 패턴을 제공한다.* 동시에 이러한 유형의 완제품도 제한적이다. 이것은 많은 원어민에게 적용되며, 그들은 비전문가의 가르침**에서 도움을 받기를 열망한다. 이런 맥락에서 아무도 글을 쓸 수 없도록, 즉 생각할 수 없도록 텍스트 모델을 지정하는 컴퓨터 프로그램은 훨씬 더 문제가 있는 것처럼 보인다. 다른 사람이 작성한 텍스트의 기만적인 정확성은 채용 관리자가 텍스트를 제출한 사람들의 진정한 능력에 대해 실제로 말할 수 없는 것이다. 아마도 다국어를 사용하는 유럽에서는 특정 공식적 텍스트도 여러 언어로 작성될 수 있을 것이다. 예 2가 보여주는 방식으로 생성하는 것이 학습되는 텍스트?

3. 결론

필자가 서로 다른 예를 비교하고자 했다면 그것은 구어적 텍스트와 문어적 텍스트의 특성과 생산의 차이를 완전히 부정하는 것이다. 변수가 너무 많다.

---

* 잘못 이해되지 않기 위해: 필자는 이러한 패턴 자체가 나쁘다고 생각하지 않는다: 나는 내 언어가 아닌 언어에서 그것을 필요로 한다. 그러나 언어 교육에서는 이러한 패턴을 기억하고 반복하는 것만으로 멈추지 않도록 주의해야 한다. 왜냐하면 (언어적) 패턴은 우리 자신과 다른 사람들에 관한 우리의 관점을 표준화시키기 때문이다.

** 안토스(Antos 1996).

설명된 내용으로 볼 때 Partire da sé의 길이 외국어 교육의 기존 교육적 접근 방식과 비교할 때 우회적이라는 것이 분명해졌다. 그것을 위한 것인가?

필자는 출발점으로 다시 돌아가서 다음과 같이 요약하고자 한다:

1. 자기소개의 형식을 수업대상으로 하는 것은 개인적 및 사회적 학습 패턴의 맥락에서 각 학습자의 텍스트 작성 능력을 다루는 것을 의미한다.
2. 경제학을 공부하는 여학생들의 제도적 맥락에서 그들의 광범위한 언어 지식을 활성화할 수 있는 능력이 상대적으로 제한된 것은 내용을 통해 학습자의 활동을 막는 것이 아니라 "숨겨진 커리큘럼"을 통해 이를 막는 권위주의적 교육 시스템이 반영되어 있다.
3. 소위 의사소통적 언어 내용의 거래적 중재는 간접적인 질문에서 벗어날 수 없는 의사소통 행동을 형성하는 경향이 있다. 다른 말로 하면 다음과 같다: 외국어로 텍스트를 생산하려는 시도는 본질적으로 용어의 부족, 응집성 수단에 관한 지식 부족, 제한된 표현 능력 등 때문에 제한되는 것이 아니다. 이러한 어려움이 여기에서 과소 평가되는 것은 아니다: 오히려 그것은 학습자들이 자신이 말하거나 쓰는 것이 옳고, 또는 그것이 어떻게 옳은지에 관한 지속적인 확증에 종속되었기에 실패한다.

4. 이러한 학습 행동을 비주기적*으로 다룬다는 것은 학습자가 자율성을 강화하는 전략을 개발하도록 돕기 위해 L1-방법을 사용하여 기존 지식을 자극하는 것을 의미한다. 필자에게는 우선적으로 자신에 대해 말하고 쓰는 것부터 시작하는 것이 실행 가능한 방법인 것으로 보인다.

추신: 기꺼이 자신의 텍스트를 사용할 수 있게 해준 모든 학생에게 감사를 표하고 싶다.

---

* 거시경제학에서 "반주기적 행동"은 경제 주기의 각 단계(경기 침체 또는 호황)에서 적절해 보이는 행동에 반대되는 행동을 의미한다. 즉 호황기에 저축하고 불황기에 투자하는 것이다 (레크텐발트 Recktenwald 1981: 31 및 642f.). 경제 이론은 여기에서 국가적 위임자가 책임을 지도록 만들지만, 이 위임자는 이와 관련된 책임을 중앙은행에 넘긴 지 오래되었다. 언어교수법에 적용되는 "반주기적 행동"은 다음과 같다: 학습자가 언어의 문법적 지식과 그들이 생산하는 것의 완전한 정확성에 집착함으로써 더 이상의 학습이 방해받는 학습 상황에서, 학습자를 느슨하게 하고 해방하는 방법을 사용해야 한다. 반면에 너무 많은 실수가 자동화되는 학습 상황에서는 실수를 찾아 극복하는 것이 중요하다.

참고문헌

Altvater, Elmar (1992): Der Preis des Wohlstands oder Umweltplünderung und neue Welt(un)ordnung. - Münster: Verlag Westfälisches Dampfboot.

Antos, Gerd (1996): Laien-Linguistik. - Tübingen: Niemeyer.

Antos, Gerd/Krings, Hans P. (Hgg.) (1989): Textproduktion. - Tübingen: Niemeyer.

- (Hgg.) (1992): Textproduktion. Neue Wege der Forschung. - Trier: Wissenschaftlicher Verlag.

Baurmann, Jürgen (1992): Schreibforschung und aufsatzunterricht: ein nicht-Verhältnis oder …? - In: Antos/Krings (Hgg.): 111-125.

Bichsei, Peter (1980): Arbeitserziehung. Die heutige Schule als Ersatz für die Kinderarbeit. - In: Hoven, Herbert (Hg.) (1984): Peter Bichsei. Auskunft für Leser (Darmstadt/Neuwied: Luchterhand) 131-142.

Brinker, Klaus (1988): Bedingungen der Textualität. Zu Ergebnissen textlinguistischer Forschung und ihren Konsequenzen für die Textproduktion. - In: Deutschunterricht 3, 6-18.

Börner, Wolfgang (1989): Didaktik schriftlicher Textproduktion in der Fremdsprache. - In: Antos/Krings (Hgg.): 348-376.

Bourdieu, Pierre (1982: dt. 1990): Was heißt Sprechen? Die Ökonomie des sprachlichen Tausches. - Wien: Braumüller.

Calzetti, Maria Th./Panzeri Donaggio, Lidia (Hgg.) (1995): Educare alla scrittura. - Firenze: La Nuova Italia.

Castelfranchi, Cristiano (1988): Che figura. Emozioni e immagine sociale. - Bologna: II Mulino.

Carli, Augusto (Hg.) (1992): Apprendimento autoapprendimento. - Trento: Universitä degli Studi.

- (Hg.) (1996): Stili comunicativi in classe. - Milano: Franco Angeli.

Coulthart, Malcolm (Hg.) (1992): Advances in Spoken Discourse Analysis. -

London/New York: Routledge.

Ehlich, Konrad/Rehbein, Jochen (1977): Wissen, kommunikatives Handeln und die Schule. - In: Goeppert, Herma C. (Hg.in): Sprachverhalten im Unterricht (München: Fink) 36-114.

- (Hgg.) (1983): Kommunikation in Schule und Hochschule.- Tübingen: Narr.

- (Hgg.) (1986): Muster und Institution. - Tübingen: Narr.

Feidenkrais, Moshe (1989): Das starke Selbst. Anleitung zur Spontaneität. - Frankfurt/M.: Insel.

Ghita, Andrea(1993): Pragmatic aspects of the ironic dialogue. - In: Löfifler (Hg.) 307- 314.

Glauber, Hans/Pfriem, Reinhard (Hgg.)(1992): Ökologisch wirtschaften. - Frankfurt/M.: Fischer.

Graves, Donald H. (1985): Blocking and the Young Writer. - In: Rose, Mike (1985): When a Writer Can't Write. Studies in Writer's Block and other Composing-Process Problems (New York/London: The Guilford Press) 1-18.

Groth, Ruth (1989): Geschlecht und Interaktion. Lachen in Gesprächen von Frauen und Männern. Lizenziatsarbeit (Masch.), - Zürich.

Gumperz, John J. (e1992): Discourse Strategies. - Cambridge: University Press.

Heinemann, Wolfgang/Viehweger, Dieter (1991): Textlinguistik. Eine Einführung. - Tübingen: Niemeyer.

Henne, Helmut/Rehbock, Helmut (21982): Einführung in die Gesprächsanalyse. - Berlin/NewYork: de Gruyter.

Hornung, Antonie(1994): Fremdheit im Eigenen. Eine Skizze über Schreiben im (interkulturellen) Unterricht. - In: Oomen-Welke, Ingelore (Hg.in): Brückenschlag (Stuttgart: Klett) 334-342.

- (1995): Vom experimentellen zum argumentativen Schreiben. Die produktive Aneigung eines surrealistischen Schreibansatzes. - In: Diskussion Deutsch 141, 3-14.

- (1996): Schule und experimentelles Schreiben. - In: Feilke, Helmut/ Portmann, Paul R.: Schreiben im Umbruch(Stuttgart: Klett) (i. Dr.).

Homung, Antonie/Ricci-Garotti, Federica/Mattivi, Giuliana (1996): Lo stato della ricerca sulla comunicazione di tipo didattico. - In: Carli (Hg.) 25-62.

Jucker, Andreas. H.(1993): The structure and coherence of discourse. - In: Löffler (Hg.) 71-78.

Kahlert, Heike (1993): Impulse des "Differenzdenkens italienischer Philosophinnen" für die feministische Bildungsarbeit. In: Friese, Marianne (Hg. in): Frauen erobern Europa!? (Bremen: steintor) 258-276.

Kluge, Friedrich (211975): Etymologisches Wörterbuch. - Berlin/New York: de Gruyter.

Kotthoff, Helga (Hg.in) (1988): Das Gelächter der Geschlechter. - Frankfurt/ M.: Fischer.

Krashen, Stephen D. (1984): Writing: Research, Theoiy and Applications. - Torrance: Laredo Publishing Co.

Klings, Hans P. (1989): Schreiben in der Fremdsprache - Prozeßanalysen zum .vierten skill'. - In: Antos/Krings (Hg.) 377^36.

Kristeva, Julia (1988): Etrangers ä nous-memes. - Paris: Fayard.

Löffler, Heinrich (Hg.) (1993): Dialoganalyse IV. Referate der 4. Arbeitstagung Basel 1992. - Tübingen: Niemeyer.

Macchi, Vladimiro/Centro Lessografico Sansoni (81992): Dizionari Sansoni. Firenze: - Sansoni.

Mißler, Bettina/Servi, AnkeAVolff, Dieter (1995): Der Lebenslauf: Eine Textsorte im interkulturellen Vergleich. - In: Bulletin der GAL, 5-15.

Möhle, Dorothea/Raupach, Manfred (1989): Prozesse der mündlichen Textproduktion. - In: Antos/Krings (Hg.) 437^162.

Muraro, Luisa (1992): L'ordine simbolico della madre. - Roma: Editori Riuniti.

Péry-Woodley, Marie-Paule (1991): Writing in LI an L2: analysing and evaluating learners' texts. - In: Language teaching 1, 69-83.

Portmann, Paul R. (1989): Schreiben als Mittel der Organisation von Unterrichts- und Lernprozessen. - In: Heid, Manfred (Hg.): Die Rolle des Schreibens im Unterricht Deutsch als Fremdsprache (München: iudicium) 91-100.

- (1991): Schreiben und Lernen. - Tübingen: Niemeyer.

Recktenwald, Horst C. (1981): Wörterbuch der Wirtschaft. - Stuttgart: Kröner.

Redder, Angelika/Ehlich, Konrad (Hgg.) (1994): Gesprochene Sprache und Tondokumente. - Tübingen: Niemeyer.

Sinclair, J. McH./Coulthard, R. (1975): Towards an Analysis of Discourse: the English Used by Teachers and Pupils. - London: Oxford University Press.

Sitta, Horst (1986): Satzverknüpfung als Problem der Textkonstitution in der Schule. - In: Sprachnormen in der Diskussion. Beiträge vorgelegt von Sprachfreunden (Berlin/New York: de Gruyter) 146-168.

Widmer, Peter (1990): Subversion des Begehrens. Jacques Lacan oder Die zweite Revolution der Psychoanalyse. - Frankfurt/M.: Fischer.

Weigand, Edda (1993): Mündlich und schriftlich - ein Verwirrspiel. - In: Löffler (Hg.) 137-150.

Wills, Jane (1992): Inner and outer spoken discourse in the language classroom. - In: Coulthard (Hg.) 162-182.

Wrobel, Arne (1995): Schreiben als Handlung. - Tübingen: Niemeyer.

수업자료

Carli, Augusto (1992): Deutsch für das Studium der Wirtschaftswissenschaften. - Venezia: Cafoscarina.

Hesse, Jürgen/Schräder, Hans Christian (1993): Erfolgreiche Bewerbungsstrategien für Frauen. - Frankfurt/M.: Fischer.

Manekeller, Wolfgang (1995): Die Bewerbung. - Niedernhausen/Ts.: Falken-Verlag.

Nicolas, Gerd/Sprenger, Margarete/Weermann, Wolfgang (1991): Wirtschaft - auf deutsch. - Stuttgart: Klett.

Reichel, Wolfgang (1995): Stellensuche und Bewerbung. - Niedernhausen/Ts.: Falken-Verlag.

Wilhelm, Jürgen (1989): Gespräche erfolgreich fuhren. - Stuttgart: Klett.

하이케 티즈 (할레)

텍스트언어학의 미래

토론을 위한 요약적 논평

"텍스트언어학의 미래"에 관한 3일간의 학술회의가 끝날 무렵 토론이 패널에서 시작되었지만(클라우스 브링커 Klaus Brinker, 칼-디터 뷘팅 Karl-Dieter Bünting, 콘라트 에리히 Konrad Ehlich, 볼프강 하이네만 Wolfgang Heinemann, 호르스트 시타 Horst Sitta 및 베른하르트 소빈스키 Bernhard Sowinski와 함께), 곧 전체 참석자가 토론에 참여하였다. 필자는 이 글에서 주제별 토론의 몇 가지 측면을 다루고 이를 텍스트언어학의 위치 및 관점 방향과 관련하여 논의하려고 한다.

1. 현대 텍스트언어학의 몇 가지 일반적 특성

언어학자들은 텍스트언어학이 다소 명확하게 정의된 영역이며, 인접한 영역과 명확하게 정의된 경계가 있다고 생각한다. 실제로 논문의 주제별 다양성과 방법론적 접근방식의 다양성은 대상 텍스트를 다루는 학제적 질문과 논쟁의 형식이 점점 더 호응을 얻고 있음을 나타낸다. 텍스트 관련 주제에 관한 비언어학적 학문적 담론에 참여하는 것은 매우 유익하고 자극적임이 입증되었으며, 여러 기고문에서 설득력 있게 입증된 바와 같이 이제 학문적 토론에서 당연한 것이 되었다. 또한, 오늘날의 텍스트언어학은 결코 협소한 패러다임적 맥락이 아니라 언어 내적 통합 노력과 학제 간 적용이 특징이다.

그러나 이 개방적이고 광범위한 틀 안에서 텍스트언어학의 진정한 독립성이 여전히 존재하는가? 이 분야의 대상의 정의, 이론의 형성, 방법론에 관한 새로운 강조점을 설정하기 위해 이전에는 당연하게 여겨졌던 텍스트언어학에 관한 태도와 학문으로서의 발전에 관한 가정이 도발적으로 질문되는 것은 놀라운 일이 아니다. 독일에는 특별히 텍스트언어학 석좌교수직(Lehrstuhl)이 하나도 없고 전문문헌들이 실용주의와 인지적 전환이라고는 하지만 텍스트언어학적 전환(textlinguistische Wende)이라고 하지 않는 사실에서 오늘날의 텍스트언어학이 텍스트현상을 언어학자의 의식의 한계점 이상으로 끌어올리는 데 필요했던 언어학 발전의 과도기적 단계라는 의미인가? 우리는 오늘날 다른 흐름에 흡수되고 있는 "단종모델"을 다루고 있는 것은 아닌가, 아니면 텍스트언어학은 언어학의 추가 발전에 필수불가결하고 이 학문 내에서 상응하는 관점을 갖는 특정 연구과제를 가진 별도의 학문인가(볼프강 하이네만 Wolfgang Heinemann)*?

이러한 질문에 관한 답은 텍스트언어학이 다른 분야와 구별되는 특성을 알게 되면 찾을 수 있다: 텍스트언어학의 활력은 폐쇄적이고 경직된 것에서 오는 것이 아니라 다른 학문 분야에 관한 개방성에서 비롯된다. 다른 영역 (음성학처럼)과 달리 텍스트언어학은 - 문체론과 유사하게 - 그 대상의 편재성으로 인해 생각할 수 있는 모든 영역에서 질문을 끌어내는 비제도적 학문으로 스스로를 인식한

---

* 이름은 라운드 테이블 대화 중 토론 논문을 나타낸다.

다. 따라서 텍스트언어학은 소쉬르(Saussure)처럼 패러다임을 만드는 전공의 경계설정을 불필요하게 만드는 발전, 즉 인문학뿐만 아니라 자연과학에도 영향을 미치는 발전을 따르고 있다. 특정 기간만 존재하는 분야를 훨씬 더 역동적이고 훨씬 더 변경 가능한 영역 병합으로 이끄는 다른 실용적인 목적이 있다. 이것이 텍스트언어학 또는 텍스트과학으로 정의되는지는 본질적 문제가 아니다. 문제는 그러한 연구 연결이 학문 활동에서 발견되고 구체적으로 구현될 수 있는지다 (콘라트 에리히 Konrad Ehlich). 이전의 텍스트 문법적 자극에서 시작하여 텍스트언어학 - 예를 들어 쓰기연구 또는 담화분석처럼 - 은 점점 더 확고하게 경계 지워진 “Claims”에 관한 속함에서가 아니라 실제를 포함한 다양한 영역의 요구사항과 요구에서 발생하는 질문으로 규정된다.

2. 텍스트개념에 관한 고찰

특히 개별 논문의 경계를 넘어선 토론에서 드러나는 매우 다양한 주제 초점과 각각의 특수한 방법론적 접근의 결과 중 하나는 복합적 대상과 각각의 연구 관심사에 적합한 적절한 텍스트개념을 위한 다툼에서 나타난다. 이 목표는 텍스트언어학의 딜레마를 보여준다: 패러다임 포괄적 이해라는 의미에서 통일되고 적어도 부분적으로는 구속력이 있는 개념적 기초가 권장된다. 그러나 구체적인 연구에서는 대상인 텍스트의 특정 구성요소를 강조하거나 부분적으로 분리하고 나머지는 무시하는 특정한 텍스트개념 (텍스트정의?)가 훨씬 더 의미 있는 것으로 입증되었다.

특히 이 마지막 측면은 광범위하고 때로는 상당히 논란이 되는 논의를 초래하여 이전 이해의 불확실성을 초래했다. 이는 문체학에 비해 텍스트언어학은 겉보기에 일정한 용어와 상대적으로 고칠 수 있는 일련의 도구를 사용하여 분석, 발견 및 결과에서 훨씬 더 안전한 것으로 보인다는 것이다. (베른하르트 소빈스키 Bernhard Sowinski)

지금까지 텍스트언어학은 일관성 있는 것으로서 텍스트의 은유에 크게 의존적이다. 이 원래의 텍스트개념은 널리 받아들여졌으며 은유가 학문의 발전에 얼마나 유용하고 강력한지를 분명히 해준다. 그러나 그것이 정확한 전문지식 대신 은유와 비유를 사용하고 그것을 이미 전문지식으로 제시하는 것을 의미해서는 안 된다 (콘라트 에리히 Konrad Ehlich). 텍스트개념은 다른 곳에서는 기본적으로 수신자와 관련하여서는 읽을 때마다 텍스트가 새로 생성된다는 것에 의문이 제기될 것이다. 그러나 이 문제는 이 주장이 뒤집힐 때, 즉 모든 수신자 또는 매우 많은 수신자가 여전히 유사하게 동일한 텍스트를 이해하는 이유를 묻는 경우 상대화된다, 즉 텍스트해체(그로써 텍스트개념)에 관한 의문의 여지가 없다는 (볼프디이트리히 하르퉁 Wolfdietrich Hartung).

그러나 이러한 질문에는 각각의 필요에 적합한 텍스트개념의 특성에 관한 근본적인 재고가 수반되어야 한다. 언어학사 및 텍스트언어학의 역사에서 이러한 시도와 집약적인 노력은 수없이 있었다. 그러나 환원주의적 정립이라는 비난에 자신을 노출시키고 싶지 않다면, 새로운 설정을 통해서가 아니라 텍스트에 관한 구체적인 작업에서 의미 있는 방식으로 (콘라트 에리히 Konrad Ehlich) 텍스트개념을 정당화하기 위한 이전의 절차를 비판적으로 검토하는 사전이해의 형태에 도달해야 한다.

각각의 연구관심과 대상에 따라 텍스트개념은 다양한 전조하에

포착된다. 논의에서 텍스트에 관한 이러한 측면과 관점 중 일부가 수행된다:

1. 지식전수의 관점

텍스트 관련 과정을 설명적으로 적절하게 - 서술적으로 적합한 방식뿐만 아니라 - 제시하고자 하는 요구와 함께 지식습득 및 전수, 2차 및 3차 단계에서의 언어습득, 텍스트생성 및 수신의 관점이 전면에 등장한다. 목표는 이러한 프로세스를 재구성하고 텍스트이론과 관련하여 이 과정을 설명할 수 있는 구상이다 (기스베르트 케셀링 Gisbert Keseling).

2. 형태관점

“다루기 힘든” 텍스트는 우리가 이를 잘 알려진 개별 관점으로 축소하면 방법적으로 그 텍스트의 전체 복합성을 체계적으로 파악할 수 없게 한다. 우리가 그 개별 관점들을 따르려고 하면, 우리는 형태개념과 텍스트의 소재의 개념을 다루기 위해 예를 들어 가능한 그의 형태의 다양한 측면을 인식해야 한다. 형식적 관점은 더는 잘 알려진 언어적, 통사론적-의미론적 분석에 국한되어서는 안 되며, 억양 현상에서 특정 형태의 행위를 넘어, 예를 들어 텍스트에 있는 지식의 조직적 형태로까지 확장되어야 한다. 텍스트에서 중요한 역할을 하는 시각적 형태, 텍스트의 매체가 무엇인지, 뉴미디어가 텍스트의 생산과 수용에 미치는 영향은 학문에 의해 더 많은 관심을 받아야 한다. 이를 바탕으로 교수법 논의하에 변화하는 사회적 조건으로 이러한 형식의 구성, 전달, 전유 및 재사용에 관한 질문으로 전환할 수 있다 (게르트 안토스 Gerd Antos, 크리스토프 사우어 Christoph

Sauer).

현대 문예학에서 텍스트는 “기억과 문화적 기억”이라는 키워드 아래 궁극적으로 문화적 기억의 장소로 이해된다. 이에 따라 언어학적 관점에서 텍스트는 매우 특정한 지식내용의 특정한 표현의 장소로 볼 수 있다 (앙겔리카 링케 Angelika Linke).

3. 텍스트영역과 텍스트구성

특정한 적용영역으로의 명확하고 화용론적인 텍스트의 편입을 기반으로 텍스트는 행위연관, 기능부여 및 효과의도를 통해 이해되고 취득된다. 개별 텍스트를 넘어 텍스트와 텍스트성의 원형적 특성과 텍스트성의 일반화가 나타나고 가르치고 배우는 과정을 위해 이 일반화가 이해 가능하게 된다. 각각의 텍스트영역에서 구체적 텍스트와의 조우에서 중심과 주변, 구술성과 문어성, 적합성 등의 문제가 테마화 된다 (칼-디터 뷘팅 Karl-Dieter Bünting, 호르스트 시타 Horst Sitta).

텍스트구성의 개념이 처음에 문법적, 의미론적 또는 교수법적 문제로 설명된 이후, 화용론적, 무엇보다 텍스트생산 및 수용의 행위이론적 측면이 점점 더 중요한 역할을 했다. 텍스트수용과 관련하여 어떤 요인을 통해 기능적 텍스트이해와 의미이해가 제어되는지에 관한 문제가 제기되었다. 화행이론에 따르는 발화수반행위지표에 관한 언어학의 이 고전적인 참조는 이 설명주장에 충분하게 부합하지 않는 것 같다. 이해분석은 텍스트이해가 일반적으로 특정 언어적 현상, 즉 지표에 맞춰지는 것이 아니라 전체적으로 구조화되고 조직화 된다는 것을 보여준다. 이해과정에서 텍스트에 관한 전반적인 의미구조가 설계되고, 이 구조에 지표로서 개별 언어적 현상이 관련된다. 의사소통적-기능적 텍스트이해는 궁극적으로 상위의 행위연관과 상황연관으로의 텍스트의 분류를 지향하며, 그 서술을 위해 텍스트영역과 텍스트유형 개념이 기초가 된다. 텍스트영역이라는 용어는 특정한 사회적 영역과 기관과 관련이 있으며, 이를 위해 각기 특정한 행위규범 및 평가규범이 근본적이다. 텍스트이해를 위한 참조 프레임으로서의 텍스트영역은 사회적으로 정의된 텍스트유형의 앙상블로 설명될 수 있으며, 이는 전통적인 유효성을 가진 복합적 언어적 커뮤니케이션 패턴으로 이해될 수 있으며 일차적으로 커뮤니케이션적-기능적으로 구분될 수 있다. 이로써 언어학적으로 규정 가능한 단위가 존재한다는 것이다. 구성적 텍스트유형이 있는 중심적 텍스트영역의 특정한 텍스트언어학적 서술은 행위론적 관점에서 이 단위를 기반으로 할 수 있다(클라우스 브링커 Klaus Brinker).

4. 텍스트생산 관점

행위모델을 기반으로 행위로서 텍스트는 그 의도가 텍스트개념의 규정을 위한 척도 (전적인 것은 아니지만)이다. 그로부터 다른 특성이 생겨난다: 테마적 텍스트기반, 의사소통영역, 특정 유형의 텍스트에 관한 선호도 및 그로써 특정 텍스트 패턴의 활성화, 절차모델 및 구성패턴이 의도와 연결된다. 이러한 접근의 도움으로 텍스트의 개념성을 보다 정확하게 파악할 수 있다(볼프강 하이네만Wolfgang Heinemann).

부분적으로 매우 다양한 접근방식은 텍스트개념에 관한 요청이 여러 해석의 형태로 통일된 정의에 관한 요청으로 오해되어서는 안 된다는 것을 분명히 한다. 목표는 텍스트에 관한 다양한 관점을 다룰 수 있는 공통 기반에서 합의하는 것일 수 있다. 따라서 통일적인 텍스트개념은 텍스트의 재료성 의미에서의 분석을 위한 것뿐만 아니라 물질적으로 파악 가능하지 않은 텍스트의 특성의 재구를 위해 그리고 그의 특정한 형성성, 화용적 편입 및 조직성을 위해 이론적 틀을 형성할 수 있어야 한다. 이로써 - 개별 텍스트 정의를 넘어 - 텍스트의 새로운 이론을 개발하기 위한 공동 노력이 더욱 필요해진다(콘라트 에리히Konrad Ehlich).

3. 상위 맥락으로의 텍스트의 편입

텍스트언어학적 문제제기에 관한 학문적 연구에서 실제적이고 텍스트언어학의 직접적인 영향권을 넘어서는 사회적 목적으로의 강력한 회귀는 자기이미지와 텍스트언어학의 위치에 관한 성찰과 결부돼있다. 이때 핵심은 텍스트의 차별화된 처리 수준에서 언어습득 문제, (텍스트)언어학적 인식의 교수법가능성에 관한 그리고 그와 관련된 요구, 특히 학생들이 대학 교수법의 수정의 틀 안에서 학문적 글쓰기를 가능하게 하는 노력으로의 방향전환이다.

이렇게 점점 더 사회 문제와 실질적인 규범화의 필요성에 관한 지각을 지지하는 그리고 텍스트생산 및 수신의 정신적 과정에 관한 교수법인 인식을 요구하는 목소리가 커지고 있다. 학문은 특히 특정 방향으로 발전하는 우리 인간들의 물음과 필요에 관한 답변의 복합체이다. 결정적인 것은 텍스트언어학이 스스로 발전하느냐 못하느냐보다 학문이 사회적 및 공익적 관심에 반응할 수 있느냐이다.

일부 기고문의 이에 상응하는 중요한 강조점은 무엇보다도 교수법에 있으며, 이는 무엇보다도 텍스트언어학이 규범적 관점을 만들고 완전한 서술적 관점에 추가하여 권장사항을 제시하는 것을 더는 두려워하지 않는 긍정적인 효과를 가져왔다 (호르스트 시타Horst Sitta).

대학에서의 교수법과 관련하여 현대적 텍스트생산 조건으로 학문적 글쓰기의 (훨씬 더 포괄적인) 전달의 통합이 요구된다. 학생들은 교육을 통해 오늘날의 학습조건 (어려운 도서관 상황과 광범위한 문헌규칙)에서 가능한 한 효과적으로 새로운 의사소통수단 (컴퓨터, 인터넷, 데이터베이스)을 사용하여 한정된 시간 내에 학문적으로 글을 쓸 수 있어야 한다 (칼-디터 뷘팅Karl-Dieter Bunting).

텍스트언어학은 그 인식대상, 즉 텍스트가 사회적으로 성찰되고 다뤄지면 미래가 있다. 이 점에서 텍스트언어학은 사회적 중요성을 가지고 있다. 그러나 텍스트언어학은 무엇보다도 실제적 분석을 더 잘 입증하는 경우에만, 즉, 다양한 텍스트 관련 학문을 서로 대화하도록 하는 데 성공할 때 경험주가 크게 강화되며, 그리고 텍스트가 유일한 현상은 아니지만, 원형적 현상인 미디어 문제에 더 강력하게 초점을 맞출 때. 이 임무를 충족할 수 있다.

텍스트는 생산되기를 원하고, 텍스트생산은 학습되어야 한다. 우리는 현재 대학에서 이 문제를 과소평가한 결과를 경험하고 있다. 여기에서 텍스트언어학은 연구와 대학교육교수법 모두에서 매우 즉각적인 과제를 가지고 있으며, 여기에는 아마도 독일 상황과 관련된 교육정책적 함의도 포함될 것이다. 이로써 예를 들어 학교와 대학 간의 새로운 형태의 협력을 고안하려는 노력과 연결되어야 한다. 여기에는 특히 사회적 의사결정 과정에 가능한 한 많은 사람이 참여할 수 있는 민주적 권한 부여라는 의미에서 상당히 폭발적이며 심지어 증가하는 사회적 과제가 있다. 광범위한 결과를 초래하는 이러한 질문은 지금까지 교수법에서 거의 다루어지지 않았거나 다른 맥락에서만 다루어졌다 (콘라트 에리히(Konrad Ehlich)).

4. 요약

마무리하며, '텍스트'를 다루는 데 여전히 활용되어야 하는 새로운 경향과 여전히 이용 가능한 잠재력을 표제어 방식으로 제시하고자 한다:

*** 텍스트언어학적 기초연구 및 텍스트이론 발전의 촉진**

- 포괄적, 화용적, 인지적 관점 통합
- 텍스트이론의 관점에서 기호이론에 관한 행위 분석적 처리
- 텍스트이론과 지식이론 (표현 및 전승) 사이의 연관
- 다양한 수준의 텍스트와 텍스트성을 고려한 프레임워크 모델 생성
- 텍스트의 물질성과 텍스트생산·수용의 인지적 과정 사이의 관계
- 이해과정에서의 텍스트구성의 기능적-전체적 재구성을 위한 노력
- 텍스트를 다루는 차원에서 언어습득의 재구성

*** 텍스트개념에 관한 토론에서 새로운 자극**

- 전통적이고 일상언어적인 텍스트개념에 관한 비판적 검토
- 현상 텍스트에 합당하지 않은 환원적 정의시도의 방지
- 이 분야(텍스트문법, 화용론) 발전의 초점에 관한 비판적 시각과 함께 텍스트언어학의 특성에 관한 장기적 오리엔테이션
- 다양한 층위에서의 형성성 속의 텍스트와 이러한 형태의 조직

- 각 연구대상과 구체적인 목적과의 연관 속에서의 관점적 텍스트정의의 관점 텍스트정의 파악(생산관점, 수신관점, 이해관점: 텍스트 해체의 문제 등등)
- 기능적 텍스트분석을 기반으로 원형적 텍스트특성 규명의 귀납적 방법
- 행위맥락에 텍스트생산 편입(의도의 역할, 커뮤니케이션영역, 텍스트유형·텍스트패턴, 전략 및 표현패턴)

*** 텍스트유형문제**

- 텍스트유형과 텍스트패턴 사이의 관계에 관한 연구
- 행위론적 관점에서 중심적 텍스트영역과 구성적 텍스트유형에 관한 서술
- 텍스트유형-전체계획의 실증적 보강을 위한 강화된 노력

*** 텍스트언어학의 사회적 중요성**

- 텍스트 처리에 있어 실용적 및 사회적 요구에 관한 강화된 대응 탐색
- 텍스트생성 및 수신을 위한 능력과 지식의 습득 및 적용의 사회적 과정에의 참여
- 텍스트언어학적 연구와 교수 및 학습 과정의 연결
- 텍스트언어학의 규범적 관점에 관한 논의
- 교수법적 및 대학교수법적 숙고의 구상으로의 포함 (학교와 대학에서의 (학문적) 글쓰기 능력의 문제)
- 교육 및 연구에 현대적인 생산 조건과 새로운 미디어 포함
- 학교와 대학 간의 새로운 형태의 협력 모색

옮긴이의 말

이 책은 게르트 안토스·하이케 티츠(Gerd Antos·Heike Tietz)가 편집한 『Die Zukunft der Textlinguistik』(Niemeyer, 1997)를 번역하였다. 독일어 원본에는 총 16편의 기고문이 수록되어 있으며, 저자 모두 텍스트언어학 분야에서 전문성을 갖추고 있어 그들의 통찰과 전망은 한국 학자나 학생들에게 텍스트언어학 연구에 많은 시사점을 줄 것이다.

1960년대 말과 1970년대 초의 화용론적 전환을 기반으로 독일에서 발생한 텍스트언어학은 기존의 미시적 언어연구를 대체한 패러다임의 전환을 이끌며 우리나라에도 소개되어 많은 영향을 주었다. 이렇게 텍스트언어학이 우리나라에 소개된 지도 30여 년이 넘어 이제 언어학의 한 분야로 확고한 지위를 누리고 있다. 특히 국어학에서 이를 적극적으로 수용하여 독일에서 수학한 독어학 및 언어학자들과 함께 텍스트언어학회를 결성하였고, 이를 중심으로 텍스트이론과 실제에 관한 연구가 활발히 진행되고 있다.

텍스트언어학은 텍스트의 구조와 기능, 그리고 그것이 생산되고 해석되는 과정에서 영향이 미치는 사회적, 문화적 요인 등을 연구하는 언어학의 한 분야이다. 텍스트 기반의 의사소통이 우리 삶의 많은 측면에서 지배적인 역할을 하고 있기에, 기술의 발전, 의사소통 패턴의 변화, 다양한 언어와 문화를 이해해야 하는 필요성이 증대됨에 따라 텍스트언어학의 미래는 다양한 요소에 따라 변화되는 모습을 보일 것이다.

『Die Zukunft der Textlinguistik』 독일어 원본은 1997년 출간되

었으나 여전히 텍스트언어학이 앞으로 나아가 발전하기 위한 길을 제시하고 있다. 게르트 안토스·하이케 티츠는 그들의 기고문에서 "텍스트언어학, 어디로 가는가?(Quo vadis, Textlinguistik?)"을 인용하며 텍스트언어학은 문법적 이론에서 화용론적 이론으로, 그리고는 인지언어학 지향적인 이론으로 전환되었으며, 텍스트언어학이 새로운 언어학적 경향에 어떻게 반응할 것인가 하는 물음이 제기된다고 하였다. 텍스트언어학이 텍스트생산 연구와 텍스트수용 연구, 특히 새로운 매체와 관련하여 어떤 위치를 차지할 것인가 하는 물음을 이미 그 당시에 던진 것이다. 그리고 마침내는 텍스트언어학에 통합학문성까지도 부여되었으며, 텍스트언어학에 부여되었던 "대체-언어학"으로서의 역할에서도 벗어났다고 하였다. 이는 현재도 유효하며, 따라서 우리나라 텍스트언어학 분야에 꼭 제공되어야 할 내용이 수록되어 있다.

독일어 원본의 기고문은 당시 발전하는 텍스트언어학에 새로운 활력을 불러일으키는 새로운 이론이나 관점을 다루었으며 다음과 같은 7가지 내용으로 분류된다:

1. 텍스트개념과 텍스트언어학의 기능: 개념정의 시도
2. 텍스트와 "상호-텍스트"의 관계
3. 텍스트언어학과 쓰기연구의 관계
4. 텍스트의 매체성으로부터의 결과
5. 텍스트언어학과 번역·통역
6. 역사적 단계에서의 텍스트언어학
7. 텍스트언어학과 교수법

따라서 이 책은 한국에서 아래와 같은 이유로 활용 가능성이 클 것이다.

첫째, 한국은 글쓰기와 독서에 대한 높은 관심과 높은 문해율을 가진 나라이다. 이는 언어와 의사소통에 관한 연구에 대한 기반과 관심이 이미 존재한다는 것을 의미하며, 텍스트언어학의 발전에 좋은 시작점을 제공한다는 점이다.

둘째, 한국이 세계화되고 다문화가 되는 가운데, 다른 언어와 문화적 배경을 가진 사람들과 이해하고 소통할 필요성이 증가하고 있다. 텍스트언어학은 문어와 구어의 구조와 기능에 초점을 둬서 이러한 의사소통 틈을 좁히는 데 중요한 역할을 할 수 있다.

셋째, 디지털 의사소통의 부상과 경제, 언론, 소셜 미디어와 같은 다양한 분야에서 텍스트 기반 의사소통이 점점 중요해지면서, 다양한 유형의 텍스트의 언어적 특징과 의사소통 기능을 분석하여 이해할 수 있는 텍스트언어학 전문가의 수요가 증가하고 있다.

마지막으로, 인공지능의 자연어 처리의 발전으로 기계 번역, 자동 요약, 감성 분석과 같은 분야에서 텍스트언어학의 응용 분야에 새로운 기회가 열리고 있다. 한국이 기술적 발전 수준이 높은 나라이므로 이러한 기술은 텍스트언어학의 연구와 응용 분야에 적용하는 것에 대한 큰 잠재력을 일깨울 수 있을 것이다.

하이케 티츠(Heike Tietz)는 자신의 기고문에서 텍스트언어학은 그 인식대상, 즉 텍스트가 사회적으로 성찰되고 다뤄지면 미래가 있다고 하였다. 그러나 텍스트언어학은 무엇보다도 실제적 분석을 더 잘 입증하는 경우에만, 즉, 다양한 텍스트 관련 학문을 서로 대화하도록 하는 데 성공할 때 가치가 크게 강화되며, 그리고 텍스트가 유일한 현상은 아니지만, 원형적 현상인 미디어 문제에 더 강력하게 초점을 맞출 때에야 이 임무를 충족할 수 있다고 하였다. 요약하면, 텍스트언어학에 미래가 있다고 하였다.

옮긴이는 『Die Zukunft der Textlinguistik』의 역서가 한국의 텍스트언어학 발전에 기여할 것으로 생각하기에 출간된 지 26년이 넘는 책의 서명(書名)을 『텍스트언어학의 미래』라고 정하며 한 치의 주저함이 없었다.

어려운 출판계 사정에도 불구하고 출판을 결정하신 어문학사 윤석전 대표님께 감사를 드리고, 고대교회슬라브어 감수를 맡아주신 수원대학교 러시아어학과의 박승찬 교수님, 편집을 맡아주신 어문학사 편집부 직원들에게도 고마움을 표한다.

2023년 3월
옮긴이 김갑년

텍스트언어학의 미래

초판 1쇄 발행일 2023년 04월 10일
지은이 게르트 안토스 · 하이케 티츠
옮긴이 김갑년
펴낸이 박영희
편집 문혜수
디자인 어진이
마케팅 김유미
인쇄·제본 제삼인쇄
펴낸곳 도서출판 어문학사
서울특별시 도봉구 해등로 357 나너울카운티 1층
대표전화: 02-998-0094 / 편집부1: 02-998-2267, 편집부2: 02-998-2269
홈페이지: www.amhbook.com
트위터: @with_amhbook
페이스북: www.facebook.com/amhbook
블로그: 네이버 http://blog.naver.com/amhbook
다음 http://blog.daum.net/amhbook
e-mail: am@amhbook.com
등록: 2004년 7월 26일 제2009-2호

ISBN 979-11-6905-013-5 (93700)
정가 23,000원